SPANIEN

Ein Porträt

30 Reportagen
von Ingrit Seibert und Harald Irnberger

Rasch und Röhring Verlag

Die Deutsche Bibliothek – CIP-Einheitsaufnahme

Seibert, Ingrit:
Spanien: ein Porträt; 30 Reportagen von Ingrit Seibert und Harald Irnberger/Ingrit Seibert und Harald Irnberger. – Hamburg: Rasch und Röhring; 1992
ISBN 3-89136-429-6
NE: Irnberger, Harald:

Umschlaggestaltung: Peter Albers
Fotos: Harald Irnberger
Satzherstellung: Utesch Satztechnik GmbH, Hamburg
Druck- und Bindearbeiten: Bercker, Kevelaer
Printed in Germany

Inhalt

Der Schmelztiegel

Einleitende Erkenntnisse aus der und über die Hauptstadt Madrid

Wo beginnen? Bei Null. Also an Madrids *Puerta del Sol,* wo der Kilometerstein 0 steht, von dem aus die Spanier ihre Straßen messen. Durch das alte Stadttor blickte man nach Osten – dorthin, wo die Sonne aufgeht. Und wo Mekka liegt – von Europa aus gesehen. Doch das kann es nicht sein. Die Mauren waren längst von der iberischen Halbinsel vertrieben, als Madrid 1561 nach dem Willen von Felipe II. zur Hauptstadt wurde.

Zum Jahreswechsel kämen alle auf diesen Platz, haben wir uns sagen lassen. Ganz Madrid – *todo el mundo.* Ein paar wohl doch nicht. Wir haben ihre Daimler-, Jaguar- oder wenigstens BMW-Karossen in drei Spuren vor Restaurants und Nachtclubs parken sehen, an deren Pforten bis zu drei livrierte Türsteher darauf achten, daß kein Unberufener eindringt in die Tempel des Luxus und der Moden.

Allerdings schlief zu dieser Stunde auch noch niemand auf einer der irgendwo erbeuteten Matratzen, die zu Dutzenden unter jeder großen Straßenkreuzung im Fußgängertunnel liegen. Die Leute, die da ihr Winterquartier aufgeschlagen haben, scheinen tatsächlich vollzählig an der *Puerta del Sol* versammelt. Und die meisten der unzähligen Bars in den Gassen ringsum sind geschlossen. Es sieht ganz so aus, als befürchte man in dieser Sylvesternacht den Zustrom eines wenig geschätzten Publikums: Touristen und Penner. Da könnte es Schwierigkeiten geben, wenn sich die anderen an den einen vergreifen. Obwohl das verständlich wäre. In Madrid ist vieles verständlich. In keiner spanischen Großstadt ist offenkundigere Armut zu sehen – und gleich daneben neureiches Protzgehabe.

El Club in der *Calle Victoria* hat wenigstens geöffnet. Die haben scheinbar immer offen – rund um die Uhr. Das beste aller volkstümlichen Wirtshäuser im alten Stadtzentrum ist *El Club:* ein langgezogener, hufeisenförmiger Tresen, auf dem die köstlichsten *Tapas* ausliegen. Natürlich sind Touristen da. Aber auch die alte Matrone, die einen minderjährigen Strichjungen freihält, bevor sie ihn abschleppt. Und ständig kommen neue Abordnungen der zahllosen Afrikaner von Madrid. Sie lassen sich extra große Portionen fettig glänzender *Paella* einpacken und wollen zuletzt um den Preis feilschen, bis die ansonsten gelassenen Kerle jenseits des Tresens das nicht mehr lustig finden.

Also hinaus auf die *Plaza,* es ist gleich Mitternacht. Da sind die Touristen nun alle versammelt. Doch von *todo el mundo* zeigt sich noch immer nur die ärmere Mehrheit: Lateinamerikaner, Araber, Afrikaner und die Spanier von unten, was in dieser Stadt wörtlich zu nehmen ist. Madrid steht auf einem Pateau, auf einer Hochebene. Das alte Zentrum liegt oben. Wo das Terrain abschüssig wird, um dann in graue Ebenen überzugehen, beginnt der Moloch der Vorstädte zu wuchern: billig hingeklotzte Wohnmaschinen mit rotbraunen Ziegeln und am anderen Rand dieses Ozeans von architektonischen Mißgeburten die Slums. Die ärmsten sind im Süden der Stadt zu finden.

Die Einheimischen unter den zur Feier des neuen Jahres Entschlossenen, die an der *Puerta del Sol* versammelt sind, haben wohl alle einen weiten Anmarschweg zur *Plaza* hinter sich. Obwohl: Auch hier, im Stadtzentrum mit seinen abgewohnten Altbauten, leben ebenfalls vorwiegend Habenichtse. Wer es sich leisten kann, bezieht ein *Piso* jenseits der *Avenida Castellana,* die Madrid in der Nord-Süd-Achse zerschneidet.

In Madrid sieht man den Armen ihre Armut an wie nirgendwo sonst in Spanien: Man erkennt sie an ihrer Kleidung, ihrer Köperhaltung, ihren Gesten, ihrer Art zu sprechen... Aber jetzt, kurz vor Mitternacht, sind sie offenkundig fest entschlossen zu Fiesta-Stimmung. Was liegt hinter ihnen? Ein Jahr, in dem sie wieder einmal unmenschlich viel Scheiße fressen mußten.

Was liegt vor ihnen? Dasselbe wie letztes Jahr. Aber sie haben sich bunte Papierhütchen übergestülpt und begrüßen das neue Jahr lärmend mit akkurat hochgeschüttelten Fontänen aus billigen Sektflaschen. Das Fernsehen überträgt live von der *Puerta del Sol,* und wie man sich im Angesicht von Fernsehkameras zu betragen hat, weiß jeder Mensch.

Aus den Lautsprechern – ein Beitrag der Stadtverwaltung – dröhnt ein alter Beatles-Song: *»All you need is love...«* Als nächstes wird wenigstens eine Art Flamenco gespielt, der sehr arabisch klingt. Das macht Sinn. Ein halbes Jahrtausend nach der Vertreibung der letzten Maurenherrscher aus Spanien hat eine schleichende *Reconquista* eingesetzt. Madrid werde immer arabischer, und die *Madrileños* würden immer rassistischer, warnen besorgte Zeitungskommentatoren.

Ein paar Gassen oberhalb der *Puerta del Sol* finden wir doch noch eine Bar, die in dieser Nacht geöffnet hat. Der Besitzer kommt aus Galicien – ebenso die drei Gäste. Sie trinken Bier und starren auf das Fernsehgerät. Es wird gerade eine Gala-Sylvestershow aus einem Nachtclub übertragen.

Abseits der protzigen und der schicken Fassaden ist die dominierende Stimmung von Madrid die Melancholie eines Emigrantenlagers. Die in Millionensphären gewachsene Stadt bezieht ihren Menschennachschub seit jeher von den spanischen Randlagen, wo nicht genug für alle da ist und daher viele wegziehen müssen, um ihr Glück anderswo zu versuchen. Viele kommen auf die unselige Idee, es augerechnet in der Hauptstadt zu versuchen. Was ihnen da noch bleibt, sind die Bars, die einem der ihren gehören und wo sie ihresgleichen treffen. Mitunter kommen auch Touristen und finden das pittoresk – diese streng galicischen, asturischen, baskischen, andalusischen Bars.

Die Touristen kommen zu jeder Jahreszeit, um über die *Castellana* und die *Gran Vía* hinauf zu promenieren zur *Plaza de España,* wo Cervantes steinern von seinem Obelisken herab blickt auf die überlebensgroßen Bronzefiguren von Don Quijote und Sancho Panza. Auch wenn der Königspalast gleich um die Ecke liegt: Die *Plaza de España* haben die Afrikaner von Madrid zu ihrem Dorfplatz gemacht. Gelegentlich hängen sie ihre Wäsche zum Trocknen am Cervantes-Monument auf, und erst jüngst ist wieder mal ein Afrikaner erfroren auf einer Parkbank aufgefunden worden.

Wir flanieren zur *Plaza Mayor,* die einem riesigen Innenhof ähnelt, ein Platz, dicht umstellt von längst angegammelten, ehemals gewiß prächtigen Gebäuden mit vielen Balkonen und steinernen Arkaden. In der Mitte der Plaza steht ein Reiterstandbild, und an dessen Seite ist auf einer Tafel zu lesen: »Königin Isabell II. ließ hier auf Ersuchen der Stadt Madrid dieses Standbild errichten zu Ehren von König Felipe III., dem Sohn dieser Stadt, der 1606 den Hof hierher zurückverlegte und 1619 die *Plaza Mayor* erbauen ließ. 1848.«

1848 – in diesem Jahr wurden anderswo in Europa Revolutionen wenigstens versucht. In Spanien versuchte man das einige Jahre später gleichfalls. Der zuverlässigste Pendelschlag war in diesem Land indes noch jedesmal jener der Konterrevolution. Spanien wendete sich nicht erst unter Franco von Europa ab und versuchte durch Eigenisolation im Lande die Zeit anzuhalten. Im Schutze solcher Maßnahmen pflegte man sich eigene Größe zu bescheinigen durch die Anlage gigantischer *Avenidas,* die Errichtung monumentaler Gebäude.

Auf dem Weg vom *Prado* zur *Puerta del Sol* sind wir am *Palacio de las Cortes* vorbeigekommen – das Parlament wirkt unscheinbar inmitten von Museums-, Hotel- und Bankpalästen. Und es ist augenscheinlich um nichts größer als das gleichfalls nicht weit entfernte Gebäude von *El Corte Inglés* – dem »Englischen Hof«. So heißt eine spanische Warenhauskette.

Zu Francos Zeiten galt Madrid als ein in jeder Hinsicht viel zu groß geratenes graues Monstrum, bewohnt von Heeren mausgrauer Unterstaatssekretäre. Die und ihre Nachkommenschaft leben da wohl noch immer. Man kann sie sonntags beim Familienspaziergang im *Parque Retiro* besichtigen. Doch inzwischen tragen selbst mittelalte Postbedienstete Miniröcke, die keinen Platz mehr für Vermutungen lassen.

Früher hatten wir uns Madrid ganz anders vorgestellt. Das hatte seine Ursache gewiß nicht zuletzt in den Erzählungen alter Genossen, die in den Interbrigaden gekämpft und uns dann vom heldenhaften Widerstand der *Madrileños* während der Belagerung durch Francos marokkanische Söldner berichtet hatten.

Gut, Franco hatte den Bürgerkrieg gewonnen und saß nun als Diktator in Madrid, wenn er sich nicht gerade irgendwo im Land Hasen, Rehe, Fasanen und sonstiges von jedem schießwütigen Kretin mühelos abzuknallendes Wild vor die Flinte treiben ließ. Doch die nächste europäische Revolution, soviel stand fest, werde von Madrid ausgehen. Man

mußte nur noch ein wenig Geduld haben, bis sich die geschlagenen Kräfte des Fortschritts neu formiert haben würden, um dann machtvoller denn je zum letzten Gefecht aufzustehen.
Gewiß würde im Untergrund von Madrid bereits eifrig konspiriert, würde letzte Hand an die Ausfeilung der Strategien gelegt, warteten die *Madrileños* schon ungeduldig auf das Signal zum allgemeinen Volksaufstand, der Franco und seine Gespenster der Vergangenheit hinwegfegen würde. Doch das dauerte und dauerte, und wir wurden durch erfreuliche revolutionäre Ereignisse in anderen Teilen der Welt von Spanien abgelenkt. Und dann starb Franco im Bett.
Erst jetzt erfahren wir, welche konsequenten Widerstandshandlungen es während der vielen Jahre der Diktatur in Spanien tatsächlich gegeben hat: Beharrlich hielt man im Kühlschrank die Sektflaschen bereit, die dann geöffnet wurden, als sich die Nachricht vom Tod des Diktators verbreitete. Das war die Geburtsstunde der *Movida* – des lärmenden Festes von scheinbar ziellos von einer Bar zur nächsten streunenden Zechern jeglichen Alters, das seither ohne Unterlaß fortgesetzt wird.
Wie gesagt, wir waren eher auf eine Revolution eingerichtet. Doch man kann sich irren. Also regieren heute in Madrid nicht konsequente Revolutionäre, die sich auf nichts im Leben mehr freuen, als auf das Absterben des Staates, sondern smarte Sozialdemokraten, die einen einträglichen Seperatfrieden zwischen den Mächten des neuen Staates und denen des alten Kapitals geschlossen haben.
Die Ursache unseres Irrtums liegt vermutlich darin, daß wir »das stillschweigend vereinbarte Vergessen« nicht rechtzeitig erkannt haben, als welches Manuel Vazquez Montalbán, ein in Barcelona lebender Krimi-Autor und zugleich der meistbeschäftigte politische Kolumnist der Madrider Tages- und Wochenzeitungen, den Grundkonsens der neuen spanischen Demokratie beschreibt.
Die wiederum entstand dadurch, daß mit Adolfo Suarez ausgerechnet ein vormaliger Franco-Vasall die Bastionen des *Franquismo* Schritt für Schritt einriß. Als er 1982 damit weit gediehen und seine *Unión del Centro Democrático* mit ihrem Latein am Ende war, zog die nicht zuletzt mit finanzkräftiger SPD-Hilfe bis zur Unkenntlichkeit reformierte *Sozialistische Arbeiterpartei Spaniens* (PSOE) zehn Millionen Wähler auf ihre Seite. Das war eine absolute Mehrheit.

Manuel Vasquez Montalbán kommentiert: »Die erste Fotografie der ersten sozialistischen Regierung wirkt beinahe rührend – ein Blick auf die historische Unschuld: junge Demokraten, die im Bürgerkrieg keinen Schuß abgegeben, nach dem Bürgerkrieg keinen Fehler gemacht und mit dem Franco-Regime nicht fraternisiert, es aber auch nicht bis hin zu Tragödien und Leid bekämpft haben. In ihnen erkannten sich zehn Millionen Wähler wieder, in dem Bewußtsein, daß vierzig Jahre Ausnahmezustand vorüber waren und der demokratische Sozialismus im Norden der Welt wirksam die Cholera und die Choleriker zum Verschwinden gebracht hat. Viele dieser zehn Millionen Wähler haben gewußt, daß der *Franquismo* eine Lüge war. Aber sie hätten niemals gewagt, den Bajonetten der Legionäre entgegenzutreten, die den Bürgerkrieg gewonnen hatten. Die Jungen auf dem Foto waren Franco-Gegner, aber stets maßvoll: Sie bringen andere Leute nicht in Verlegenheit mit dem Vorweisen langer Jahre im Gefängnis, langer Monate in verschärfter Einzelhaft, mit spektakulärem Exil und Foltermalen. Ihre Taten sind nicht peinlich für diejenigen, die weniger getan haben.«
Im übrigen habe diese Lösung vorzüglich mit dem in der westlichen Welt vorherrschenden Zeitgeist harmoniert: »Diese Unfähigkeit, die eigene Geschichte gründlich und kritisch zurückzuerobern, ist nicht nur Ausdruck der besonderen Eigenarten der spanischen Demokratie, sondern einer generellen Tendenz der Postmoderne.«
Da ist gewiß viel dran. Es waren schließlich nicht die *Madrileños* allein, die nun ihre Stadt als das New York Europas anpriesen – die Stadt der *Movida*, in der zumindest ein Wochenende lang durchgefeiert haben müsse, wer auf sich hält. Wer *cool, fit, in* oder sonstwas im Sinne des geistlosen Neusprech der Postmoderne ist. Sie kamen von überall her, aus ganz Europa – und weil sie einmal da waren, blieb ihnen nichts anderes übrig, als am Glauben festzuhalten, in Madrid passiere ES.
Es passiert, daß man sich an den Wochenenden nahezu rund um die Uhr in irgendwelchen häßlichen Schuppen in Anwesenheit stur vor sich hinschweigender Gleichgesinnter aus Lautsprecherboxen die Ohren volldröhnen lassen kann und dafür ordentlich löhnen darf. Doch inzwischen scheint sich herumgesprochen zu haben, daß dergleichen anderswo genausogut möglich ist. In den Discos von Madrid verkehren fast nur noch die einheimischen Kids.

Wes Geistes Kinder die sind, versuchen eifrige Sozialwissenschaftler aus Anlaß runder Jahrestage - des zehnten Jahrestages des bislang letzten Putschversuches, des 15. Todestages Francos, des 50. Jahrestages des Endes des Bürgerkrieges – zu erheben; und die in den Jahren nach Franco in beachtlicher Vielfalt entstandene Presse referiert die Ergebnisse. Man kann sie schwerlich unerwartet nennen: Eine konsumsüchtige, unpolitische, vermittels Haartracht und Klamotten bloß verkleidete Spießergeneration wächst da heran wie überall sonst in Westeuropa. Junge Spanier, die nicht wissen, wer wem im Bürgerkrieg aus welchem Anlaß gegenüberstand, und die über Franco erzählen, er sei in ihrer Familie gut gelitten, denn zu seiner Zeit sei Real Madrid viel häufiger Fußballmeister geworden. Es ist eine junge Generation, die sich langweilt, in hohem Maße zu Drogen greift, daher – doch keineswegs nur daher – stiehlt, was nicht niet- und nagelfest ist, und zum Wohlstandsvandalismus neigt. Madrid ist somit eine ganz normale europäische Stadt geworden – vielleicht mit einer etwas höheren Rate an Kleinkriminalität als andere, aber man hat ja in kurzer Zeit viel nachzuholen, was sich in anderen Ländern langsamer entwickeln konnte.

Jugendliche sind naturgemäß in erster Linie als Produkt ihrer Eltern zu sehen – und wie wir uns die spanischen Elterngenerationen vorstellen dürfen, wollten wir von einem alten Herrn erfahren, der Jahrzehnte im Exil verbracht hat, dabei ein wenig herumgekommen ist in der Welt und sich nun in Madrid erst recht wie im Exil zu fühlen scheint. »Spanier sind gewöhnlich ungehobelt, ungebildet, geschmacklos, selbstgefällig, laut, sprechen viel und schnell, denken langsam und wenig – und triefen vor Ehrgefühl«, brachte er seine Einsichten auf den Punkt.

»Doch was sie Ehre nennen, ist allein ihr grenzenloser Egoismus: Sie verkörpern das Phänomen des asozialen Herdenlebewesens – das wird ihnen häufig als ausgeprägter Hang zum Individualismus ausgelegt, doch in der Tat ist das schlichte Rücksichtslosigkeit.«

Pflichtschuldig wenden wir ein, derlei Eigenschaften ließen sich letztendlich in jedem Land der Welt beobachten, doch unser Gastgeber will das nicht gelten lassen: »Natürlich ist die Mehrheit der Leute fast überall ungenießbar – lassen Sie sich das von einem alten Sozialisten sagen, mein Freund! Doch in dieser Konzentration und Mischung wie

in Spanien treten die schlechten Eigenschaften nirgendwo sonst auf – oder höchstens in Ländern, die lange unter spanischer Knute waren und deren kreolische Oberschichten noch immer von den Spaniern geprägt sind. Es ist leider so, daß sich im Einflußgebiet Spaniens nichts so zuverlässig hält wie schlechte Traditionen – und darauf bin nicht erst ich gekommen!«
Der Gastgeber eilt zum Bücherbord, fischt aus dem dort herrschenden Chaos mit zielsicherem Griff die Memoiren von Giacomo Casanova und beginnt mit triumphierender Stimme zu rezitieren: »Der Spanier setzt seinen Stolz darein, wenn er einen von ihm beherbergten Fremden abreisen sieht, sagen zu können: ›Ich habe mir gar keine Mühe gegeben, ihn zu bedienen.‹ Das kommt von seiner großen, mit vielem Stolz gemischten Faulheit her.«
Der Gastgeber klappt das Buch zu: »Na bitte, das war vor dreihundert Jahren, und daran hat sich nichts geändert – dabei lebt dieses Land inzwischen nicht zuletzt vom Tourismus! Ich frage mich immer wieder, wie es kommt, daß sich so viele Ausländer all die Zumutungen, mit denen sie als Reisende in diesem Land konfrontiert werden, bieten lassen. Gewiß, Spanien hat sehr viele Reize – aber es gibt hier leider zu viele Spanier! Und ganz besonders gilt das für Madrid. Diese Stadt ist ein Schmelztiegel, hier vermischt sich die Ungehobeltheit der Landmenschen mit der dümmlichen Arroganz der Städter, und das Ergebnis ist unerträglich. Ich weiß wirklich nicht, welcher Teufel mich geritten hat, in diese Stadt zurückzukehren. Aber nun bin ich ja wohl schon zu alt, um nochmals auszuwandern. Lassen Sie sich also einen guten Rat von mir erteilen, mein Freund: Schreiben Sie etwas über Spanien, das man lesen kann und daraufhin erst gar nicht mehr herkommen muß, um Spanien kennenzulernen. Damit würden Sie vielen helfen, sich große Enttäuschungen zu ersparen. Und eines: Verraten Sie mich bitte nicht! Wenn man erfährt, daß ich gegenüber einem Ausländer die Wahrheit gesagt habe, kann ich mich hier nicht mehr blicken lassen!«
Als wir später in Casanovas Memoiren die zitierte Stelle nachschlagen, finden wir im Anschluß an das vernichtende Urteil über die Spanier den Satz: »Es versteht sich von selbst, daß Leute, die durch Erziehung oder Reisen abgeschliffen sind, nicht so denken und sprechen.«
Die Erziehung unzähliger Generationen von Spaniern war vorwiegend

ein Werk der katholischen Kirche, und mit dem Reisen war es für die meisten unter der Franco-Diktatur auch nicht weit her. Wie gesagt: Es besteht mannigfacher Nachholbedarf – auch hinsichtlich der Identitätsfindung. 1992, wenn überall in Spanien aus Anlaß des 500. Jahrestages der Landung Kolumbus' auf dem amerikanischen Kontinent in großem Stil Selbstdarstellung betrieben wird, ruft sich Madrid zur Kulturhauptstadt Europas aus. Das Konzept dieses Unternehmens ist ein gebündelter Ausdruck der in den letzten eineinhalb Jahrzehnten betriebenen Kulturpolitik der Stadtverwaltung und der zentralen Kulturbürokratie Spaniens: Man läßt sich nicht lumpen und kauft ein, holt her, führt vor, was gut, vor allem aber teuer ist – und hat im Grunde doch nur die Ergebnisse einer hektischen Importpolitik zu bieten.
Der große eigenständige Kulturschub, den viele nach dem Ende der Diktatur durch ein aufgestautes Bedürfnis nach künstlerischer Freiheit am Horizont aufziehen sahen, hat sich im Sande verlaufen. Die wenigen Maler, Dichter, Filmemacher, Fotografen, Modeschöpfer, Architekten und Designer, die hurtig zu neuen Zeichensetzern in europäischem Maßstab ausgerufen wurden, entpuppten sich mehrheitlich als lokale Größen, die allen großen Gesten zum Trotz den provinziellen Mief, den Spanien nicht zuletzt – aber nicht ausschließlich – Franco verdankt, doch nicht abschütteln konnten. Bedeutsam ist diese Künstlerszene gerade noch für die Redakteure der bunten Wochenendbeilagen, die regelmäßig mit Klatsch und großen Worten gefüllt werden müssen. Doch selbst da gibt es einsichtige Erklärungen zu registrieren. »Die künstliche Konjunktur« von Madrid und seiner Szene sei vorbei, hielt jüngst einer der Kolumnisten von *El País* fest. In den Spalten dieses am Ende der Franco-Ära entstandenen Madrider Weltblattes wird in dieser Stadt noch am ehesten eigenständiges Denken für eine größere Öffentlichkeit praktiziert.
Ansonsten ist Madrid eine Metropole des aus allen Landesteilen herbeigeströmten ländlichen Kleinbürgertums geblieben: eine Ansammlung unzähliger, sich gegenüber dem Nachbardorf abgrenzender Dörfer, in denen jeder jeden kennt, Klatsch und Standesdünkel prächtig gedeihen. Am Sonntag vormittag freilich, da pilgert man von überall her zum *Rastro,* dem sich nahe der *Plaza Mayor* gleich über mehrere Plätze und Straßenzüge erstreckenden Trödelmarkt, auf dem von schärfster

Damenunterwäsche bis zu wohlfeilen Antiquitäten mit allem gehandelt wird, was diese Welt an beweglichen Gütern zu bieten hat.
Doch der Großteil des Publikums scheint nicht des vielfältigen Angebotes wegen zu kommen, sondern vom dichten Menschengedränge, das auf dem *Rastro* herrscht, angezogen zu werden. Das ist ein Wesenszug der Spanier und somit vor allem der *Madrileños:* Wo eine Massenveranstaltung zu erwarten ist, dort müssen sie unbedingt hin. Daneben jedoch pflegen sie die kleinbürgerliche Eigenschaft, sich abzuschirmen und einzumauern: im teuer erworbenen *Piso* – der Etagenwohnung – in einem der trostlosen Neubauviertel. Selbst hier bestimmt der Schein das Bewußtsein: Der Wert einer solchen Wohnung hängt nicht zuletzt davon ab, ob das Haus über eine repräsentative Portiersloge verfügt. Auf die Ausstattung der Wohnung selbst wird wesentlich weniger Wert gelegt. Das rührt vermutlich daher, daß man sich ohnedies nicht zu Hause zu treffen pflegt, sondern in der Bar an der Ecke, wo einander immer wieder dieselben Leute begegnen, um dieselben Meinungen auszutauschen. Das plötzliche Auftauchen eines Fremden führt da häufig zu unübersehbaren Irritationen.
In einer solchen Bar an Madrids *Plaza Niño Jesus* wurden wir Zeugen des Auftrittes von drei wer weiß aus welchem Grund in diese Ecke der Stadt gelangten Japanern, die noch dazu etwas essen wollten. Mit heftiger Zeichensprache wurde ihnen von Kellnern und Gästen gleichzeitig bedeutet, darauf würde man sich hier nicht einlassen, und als die Exoten endlich frustriert den Rückzug antraten, machte sich allgemeine Erleichterung breit.
Dabei hätte man gerade in dieser Bar auf Fremde gefaßt sein können. Verkehrt hier doch regelmäßig ein Ausländer, der allerdings schon vor Jahrzehnten zugewandert ist und somit in dieser Stadt der Zuwanderer inzwischen als Einheimischer gelten kann: Ferenc Puskas, der ehemalige Real Madrid-Star aus Budapest, der – ebenso wie sein vielköpfiger familiärer Anhang, in dessen Begleitung er häufig erscheint – über die Jahre reichlich breit geworden ist und vor immer demselben Publikum in dieser kleinen Eckbar mit Olivenkernen kickt.
Und die Intellektuellen? Die ziehen sich gleichfalls zurück und bleiben unter sich. Sei es in den prächtigen Plüschkinos an der *Gran Vía* oder im *Café Gijon* an der *Castellana*. Diese gastliche Stätte ist selbst dadurch

nicht zu beeinträchtigen, daß sie in jedem Reiseführer empfohlen wird – das treibt allenfalls die Preise nach oben. Aber hier diskutieren noch immer zuverlässig immer wieder dieselben *Tertulias.*

So nennt man in Spanien – nach einem besonders haarspalterischen und streitlustigen Kirchenmann namens Quintus Septimus Tertulianus – in unveränderter Zusammensetzung regelmäßig tagende Kaffeehausrunden, von denen beispielsweise die Frage erörtert wird, ob die regierende PSOE und deren Parteichef Felipe Gonzalez noch marxistisch genannt werden dürften.

In einer wahren *Tertulia* gelangt man zum Schluß: Selbstverständlich! Schließlich habe Marx festgehalten, daß der Kapitalismus erst seine volle Barbarei entfaltet haben müsse, bevor die sozialistische Phase des Übergangs zur klassenlosen Gesellschaft begonnen werden könne. Da indes die tumben Franquisten sogar zur Entwicklung eines ernstzunehmenden Kapitalismus unfähig gewesen seien, obliege es nun eben der sozialistischen Partei, diese Etappe der Klassenkämpfe zu stimulieren.

Thesen dieser Art trug am Nebentisch ein nach der neuesten Mode gekleideter Herr leidenschaftlich vor, während wir uns in den Tage- und Wochenblättern über den spanischen Alltag der Gegenwart zu informieren versuchten. Dabei erfuhren wir, daß in einem Wohnviertel von Malaga bei einer Befragung 75 Prozent der Bewohner unumwunden erklärten, sie würden aus Überlebensgründen regelmäßig stehlen. Oder daß in Galicien ein Mann in den besten Jahren von einem herabstürzenden Felsblock erschlagen worden war, während er gerade mit einem Huhn kopulierte.

Diese zweite Meldung war in den folgenden Tagen Anlaß für allerlei gelehrige bis überraschende Betrachtungen hauptstädtischer Zeitungskolumnisten. Einer von ihnen vermißte die Antwort auf die Frage, ob das bedauernswerte Opfer dieses Zwischenfalls eine ständige Beziehung zu dem gleichfalls entleibten Huhn unterhalten oder aber Vielhühnerei betrieben habe.

Maria zu li'ie'ben

Erkundigungen über ein andalusisches Wunder

Wir waren dem Kollegen Hans Magnus Enzensberger dankbar für den Tip, den wir aus seinem Reportagen-Band »Ach Europa!« empfangen hatten, und gingen ins Wirtshaus: »Wer den Papst sehen will, wie er seinen Aperitif trinkt, der braucht sich nur gegen halb zwei Uhr mittags in der Schenke zum Goldenen Turm in Sevilla einzufinden«, steht in diesem Buche geschrieben.

Wir kamen vorsorglich etwas früher in die *Bodeguita Torre del Oro* in der *Calle Santander,* denn fraglos konnte unser Gewährsmann nur diese Lokalität gemeint haben.

In erster Linie waren da die Mitglieder wohlorganisierter Touristengruppen zu besichtigen, deren Anwesenheit indes offenkundig weniger auf höhere Weisung, als auf den Umstand zurückzuführen war, daß besagte Gaststätte in einem nahe gelegenen Hinterhof über einen eigenen, Reisebus-tauglichen Parkplatz verfügt. Wie nahe doch mitunter das Göttliche und das Profane beinander liegen. Zumal in Spanien.

Der Leser ahnt vermutlich schon: Wir hatten Zeit, unseren Gedanken nachzuhängen. Äußerlich war da nämlich alles so, wie beschrieben – nur die Attraktion, die zu sehen Enzensberger dem pünktlichen Besucher des *Torre el Oro* in Aussicht gestellt hatte, fehlte – noch?

»An der langen hölzernen Bar des geräumigen Lokals wird er einen fünfundvierzigjährigen, bärtigen, muskulösen Mann antreffen, der ein wenig wie ein Portier oder wie ein Metzger aussieht: Seine Heiligkeit Papst Gregor XVII., leicht zu erkennen an dem breitkrempigen Jesuitenhut und an der scharlachroten Schärpe. Mit einem wohlwollenden Blick des Oberhirten kann der Gast allerdings nicht rechnen, denn seit einem Unfall, den er vor zehn Jahren erlitt (1975; Anm. d. A.), hat Gregor XVII. keine Augen mehr. Auch gibt er keine Interviews, und sein Hofstaat, bestehend aus dem Kardinalssekretär Padre Manola und einem halben Dutzend von Bischöfen, die wie verkleidete Leibwächter wirken, schützt ihn vor lästigen Fragern.«

Wir warteten etwas länger, tranken dabei etliche *Finos* und hatten nach einiger Zeit auf diese Weise die Grundlage für eine zwischenmenschliche Kommunikation mit dem Kellner geschaffen. »Ah, Gregorio!« rief er aus, nachdem wir dezent nach dem Verbleiben des Papstes zu forschen begannen: »Ja, ja, der ist hier gut bekannt.«

»Und er kommt täglich um halb zwei?«

»Nein, täglich nicht – aber häufig. Der taucht zu den unterschiedlichsten Zeiten auf.«

Nun ja, Enzensberger scheint seit jeher ein Glückskind gewesen zu sein. Oder sollte der Kellner, zufrieden mit unseren Konsumationsgewohnheiten, seine Antwort mit geschäftlicher List formuliert haben? Gleichwohl kamen wir des öfteren ins *Torre del Oro* – zu den verschiedensten Tageszeiten. Alle möglichen Leute haben wir dort kennengelernt und gesprochen. Nur der Papst war vorerst nie da. Doch den wollten wir nicht so einfach fahrenlassen – schien uns seine Karriere doch ein mustergültiges Exempel zu sein für den religiösen Wahn, dessen Markenzeichen der spanische Katholizismus nach wie vor ist. Dabei waren wir auf das spezielle Phänomen, dem unsere Aufmerksamkeit galt, durch puren Zufall gestoßen. (Gut, in Andalusien würde man vermutlich von göttlicher Fügung sprechen). Jedenfalls fand diese Begegnung der neuen Art etwa vierzig Kilometer außerhalb von Sevilla statt – an der Verbindungsstraße, die von Utrera zur Autobahn nach Jerez führt. Dort sahen wir im Vorbeifahren eine gewaltige Stahlbetonkuppel und rundherum ein halbes Dutzend schlanker Türme. Auch ein Baukran ragte auf. Weitere Indizien deuteten auf eine Großbaustelle hin, beispielsweise die provisorisch wirkende, gleichwohl massive und mindestens fünf Meter hohe Betonmauer, die rund um das Gelände gezogen war. Wir nahmen uns vor, bei sich bietender Gelegenheit auf diesen Fall zurückzukommen, und spekulierten zunächst darüber, ob vielleicht einer der unsäglich reichen Araber aus dem so weit ja nicht entfernten Marbella eine protzige Moschee bauen läßt.

Wir fuhren in den folgenden Tagen noch zweimal an der Baustelle vorbei, ohne anzuhalten, und als wir das Ungetüm das vierte Mal passierten, stand das Stahltor in der Betonmauer offen, um einen Kleinbus einzulassen. Da schwenkten wir spontan auf den Parklplatz ein und brachten unseren Wagen vor dem schon wieder verschlossenen Tor zum Stehen.

Ein in die Stahltür eingebauter Spion deutete darauf hin, daß nicht jeglicher Besuch willkommen sei. Gleichwohl pochten wir an die Pforte, innerhalb derer sich nach einiger Zeit eine kleinere Tür auftat. Ein vierschrötig wirkender Mann in einer Wächteruniform blickte uns fragend an.

Wir wollten bloß wissen, was dies für ein eindrucksvolles Bauwerk sei, sagten wir ihm. Wir stellten uns diese Frage schon seit einiger Zeit und könnten inzwischen nicht anders, als sie an kompetenter Stelle loszuwerden.

Dies sei eine Kirche, wie man unschwer erkennen könne, antwortete der Wächter. Der Blick, mit dem er uns dabei maß, mag mit dem Wort »mißtrauisch« treffend beschrieben sein.

Aha, eine Kirche – aber was für eine? Eine Moschee? Oder etwas Katholisches?

Die *Kirche der Christenheit* sei dies, wurden wir belehrt.

Aha, sagten wir, das interessiere uns – ob wir uns das Ding ansehen dürften?

Nein, kam der knappe Bescheid.

Inzwischen erinnerten wir uns vage, irgendwo irgend etwas über diese Sache gelesen zu haben, und entgegneten, das sei doch nicht möglich, eine Kirche habe schließlich für die Gläubigen offenzustehen.

Morgen, antwortete der Wächter, morgen um 18 Uhr fände das nächste Hochamt statt. Dann knallte er die Tür zu, die für kurze Zeit den Blick auf ein kräftig gewachsenes Hundevieh freigegeben hatte, wie es sich unsereiner nicht zum Feind wünscht.

Wir fuhren in die nächstgelegene Ortschaft, ein Dorf namens Palma de Troya, bauten uns dort wie Zufallsgäste vor dem erstbesten Tresen auf und lenkten das Gespräch mit dem Wirt auf das benachbarte Sakralbauwerk.

Der Mann war ein umgänglicher Mensch, ehemals Gastarbeiter in der

BRD und daher der Gelegenheit zugetan, vor seiner Stammkundschaft mit Fremdsprachenkenntnissen zu glänzen. Nur über die Kirche da drüben wollte er offenkundig nicht so gern plaudern. »Lauter Fremde«, sagte er, »mit denen haben wir keinen Kontakt.«

»Na – und was treiben diese Fremden dort?«

»Oh, das weiß ich nicht, Señor. Etwas Heiliges soll dort sein.«

Kurzum, es bedurfte der Konsultation aufgeklärter Sevillaner Intellektueller, um mehr über die Herren des großen Gotteshauses in Erfahrung zu bringen. Diese Informanten zeigten sich dann allerdings nach einigen *Tintos* und *Finos* nicht unerfreut, über dieses Kapitel neuerer, gleichwohl bodenständiger Folklore referieren zu können, und schmückten ihre Kenntnisse je nach augenblicklicher Gemütslage derart aus, daß wir bei der nachträglichen Sichtung unserer Erkundungsergebnisse nicht unbeträchtliche Widersprüche entdeckten.

Nach Abzug aller groben Gegensätzlichkeiten bot sich folgender Zwischenstand der Erhebungen: An der Stelle der gegenwärtigen Baustelle, die dies schon seit nahezu zwanzig Jahren ist, war am 30. März 1968 die Heilige Jungfrau leibhaftig vier kleinen Mädchen erschienen. Solches ereignet sich dem Vernehmen nach in Andalusien recht häufig und wäre somit nicht weiter bedeutungs- und folgenreich gewesen, hätte nicht nahe dieses Gnadenortes die zu der Zeit dreiundneunzigjährige Baronesa de Castillo Chirel domiziliert – eine steinreiche Großgrundbesitzerin und Rioja-Weinproduzentin, bis dahin in spirituellem Sinne lediglich als großherzige Spenderin für die Kassen rechtsradikaler Organisationen hervorgetreten. Die Baronesa beschloß, den durch das wundersame Erscheinen der Jungfrau geheiligten Acker bei Palmar de Troya zum neuen Madonnen-Wallfahrtsort zu befördern und dieses Unternehmen mit einem Startkapital von 17 Millionen Peseten auszustatten – damals nahezu eine Million D-Mark.

Damit wurde die Sache interessant. Aus allen Landesteilen eilten in ihrem Glauben unerschütterliche Marien-Verehrer herbei, um die Baronesa von ihrer Eignung als Hüter der Heiligen Stätte zu überzeugen. Natürlich beriefen sie sich alle auf einen von der Madonna direkt empfangenen Auftrag, und die öffentliche Zwiesprache mit der Himmelskönigin wurde zu einer vielbeachteten, mitunter vor mehreren zehntausend Zuschauern auf besagtem Acker dargebotenen Vorstellung.

Gegen schärfste Konkurrenz setzte sich dabei – so muß das zumindest die greise Baronesa gesehen haben – ein damals zweiundzwanzig Jahre junger Mann aus Sevilla mit Namen Clemente Dominguez durch, der sein berufliches Fortkommen als Bürobote im Dienste der *Versicherungsanstalt zum Erzengel Raphael* fristete, nachdem er ein kurzes Gastspiel in einem Priesterseminar gegeben hatte. Dort sei die fromme Nachwuchskraft wegen »unzureichender Intelligenz« gefeuert worden, ließ der Erzbischof von Sevilla später aus gegebenem Anlaß verlauten. Von Zweiflern mußte er sich daraufhin allerdings vorhalten lassen, aus dem Grund sei noch nie jemandem die Priesterlaufbahn verwehrt worden.

In der andalusischen Hauptstadt kursiert jedenfalls die Vermutung, nicht gerade konforme sexuelle Neigungen von Clemente Dominguez hätten diesen beim ersten Anlauf zum Priesteramt scheitern lassen. Es wird kolportiert, Clemente sei zusammen mit einem Flamenco-Tänzer und einem wegen exzeptionell unorthodoxer Rechenwerke bei der *Versicherungsanstalt zum Erzengel Raphael* gefeuerten Buchhalter namens Manuel Alonso als die »allerbrüderlichste Dreifaltigkeit« stadtbekannt gewesen.

So viel steht fest: Diese beiden Gefährten gehörten zu den allerersten von bald – wenigstens – Hunderten durchweg jungen, häufig ausnehmend hübschen und nicht in jedem Fall volljährigen Vertretern des männlichen Geschlechts, die, von Clemente kundig angeleitet, auf Priester umlernten und binnen kürzester Zeit die Bischofswürde erlangten. Und Manuel Alonso, der Mann mit der unschön abgebrochenen Buchhalterkarriere, war unter allen Eminenzen von Anfang an die, auf deren Namen alle Geld- und sonstigen Vermögenswerte, die im nämlichen Zusammenhang anfielen, gegenüber Banken und Behörden eingetragen wurden.

Doch da haben wir der göttlichen Fügung etwas vorgegriffen. Nachzutragen ist an dieser Stelle, daß die allerbrüderlichste Dreifaltigkeit, sobald sie über die von der Baronesa gestifteten Millionen verfügen konnte, nicht nur am Ort der Marienerscheinung den Bau einer repräsentativen Weihestätte tatkräftig vorantrieb, sondern des weiteren die eigene geistliche Würde zielsicher im Auge behielt.

Auch dabei agierte das Trio erfolgreich und fand den richtigen Weg.

Den nach Rom. Dort nahm Clemente Dominguez Kontakt zu dem greisen vietnamesischen Bischof Petrus Ngo Dinh Thuc auf, einem Bruder des ehemals zu Saigon wirkenden Diktators Diem. Besagter Petrus war in einschlägig gebildeten Kreisen als glühender Marienverehrer bekannt und somit für die Botschaft empfänglich, die Himmelskönigin habe ihn zum Rapport nach Palmar de Troya bestellt. Dort angelangt, erfuhr der Bischof von allerhöchster Stelle, er habe ohne Verzug – *muy necesario urgente* – den frommen Clemente und dessen Freunde in den geistlichen Stand zu erheben.
Diesem Auftrag mochte sich Seine Eminenz nicht entziehen. Am 11. Januar 1975 fand nach allen Regeln des kanonischen Rechts die Priesterweihe statt. Ob die Mitglieder der allerbrüderlichsten Dreifaltigkeit schon bei dieser Gelegenheit zu Bischöfen befördert wurden, oder sich diese Würde kurz darauf selbst zusprachen, ist Gegenstand unterschiedlicher Darstellungen – aber letztendlich unerheblich. Außer Frage steht, daß den Herren des Vatikans keine statutarischen Möglichkeiten gegeben sind, den vom Bruder in Christo Petrus Ngo Dinh Thuc vollzogenen Akt rückgängig zu machen. Der Vietnamese verschwand denn auch bald darauf im vatikanischen Hausarrest, und die römische Kurie entlud ihren ohnmächtigen Zorn in einer *Excommunicatio specialissima* gegen die anmaßende andalusische Konkurrenz – eine dem Papst allein vorbehaltene Verdammung, die an den Fakten aber nichts zu ändern vermag.
Clemente und seine Brüder ließen sich durch den päpstlichen Zorn auch nicht beeindrucken. Sie begannen nun zu Hunderten Priester zu weihen und Bischöfe zu ernennen. Wie nicht anders zu erwarten und bereits angedeutet, wurde diese Gunst ausschließlich hübschen jungen Männern zuteil, darunter einigen knackigen Knaben im Alter von etwa fünfzehn Jahren. Diese neuen Nachfolger der Apostel wurden hart in die Pflicht genommen. Hatte Clemente doch aus dem Mund der Madonna erfahren, daß der Leibhaftige selbst im Vatikan die Herrschaft übernommen habe, indem er in die Leiber kommunistelnder Kardinäle gefahren sei, die dem Heiligen Vater täglich Rauschgift in den Meßwein schütteten. Logischerweise sei Papst Paul VI. nicht bei Sinnen gewesen, als er seinen Bannfluch gen Sevilla schleuderte.
Kurzum, die eingetretene dramatische Situation erforderte allerhöchste

geistliche Anstrengungen, und wie diese beschaffen waren, wissen wir dank eines in die Archive entsandten Sonderkorrespondenten: »Das Sühneprogramm beginnt jeden Abend gegen neun mit einem Tridentinischen Hochamt, gefolgt von Fronleichnams-Prozession, Maiandacht, Kreuzweg, Lauretanischer Litanei, Papst-Hymne, Herz-Jesu-Andacht, Rosenkränzen noch und noch, Sakramentsandacht und – besonders wichtig – dem Großen Römischen Exorzismus.«
So ist es nachzulesen in einem im Juni 1978 veröffentlichten Bericht aus der Feder des offenkundig theologisch sachkundigen STERN-Reporters Hans Conrad Zander: »Das alles hat es natürlich schon früher in der katholischen Kirche gegeben, aber ein bißchen verteilt übers ganze Jahr. Jetzt, in Palmar de Troya, findet das gesamte Programm jede Nacht statt: geballt zum totalen Katholizismus, garniert mit täglichen Wundern, Visionen und Ekstasen. Selten dauern die Botschaften der Gottesmutter aus dem Mund Clementes weniger als drei Stunden. Die bischöfliche Sühne-Nacht – abends um neun begonnen – dauert deshalb in der Regel bis sechs Uhr, oft bis neun Uhr früh.«
Auf die Dauer hält das der kräftigste Bischof nicht aus. Der sakrale Alltag in Palmar de Troya ist somit im Laufe der Zeit um einiges kommoder geworden. Um das zu erfahren, waren wir abermals dorthin gefahren und hatten an der Mauerpforte zur Stunde des täglichen Hochamtes unter Berufung auf die Wächter-Auskunft vom Vortag Einlaß begehrt. Allerdings scheiterte ein Teil unserer Delegation an der Bestimmung, die Frauen in Hosen oder zu kurzen Röcken das Betreten der Heiligen Stätte verbietet; ein anderer Teil durfte erst nach dem Schließen des Hemdkragens passieren. Doch einige von uns kamen allen widrigen Umständen zum Trotz durch und wissen nun aus eigener Wahrnehmung, daß der Gnadenort ein wenig einladender lehmiger Platz ist, an der Innenseite der ihn umgebenden Mauern mit Hundekäfigen bestückt.
In der Mitte freilich, da ragt das wohl noch lange nicht feriggestellte Herz des Unternehmens Marienwunder auf: eine Kathedrale aus grauem Beton, die aussieht, als hätte man sich in Disneyland zu einer Replik auf St. Peter entschlossen.
Wir treten durch das Hauptportal in die Kirche und finden uns in einem Raum wieder, der weithin giftgrün angemalt ist. Dazu voller Schnörkel

und Verzierungen, die den Charme von Plastik ausstrahlen. Vielleicht ein Zugeständnis an den unter den Finanziers des Bauwerkes vorherrschenden Geschmack. Die kämen nämlich – seit die Millionen der benachbarten Baronesa verbraucht und die danach angebohrten Spendenquellen, die vornehmlich im süddeutschen Raum und der Schweiz gelegen haben sollen, nahezu erschöpft sind – in der Hauptsache aus den Kreisen älterer nordamerikanischer und englischer Damen, lauten die in Sevilla kursierenden Gerüchte.

So oder so: Etliches muß hier schon investiert worden sein. Wir zählen entlang der Kirchenwände wenigstens zwei Dutzend Altäre aus schwerem Gold und Silber. Die scheinen echt zu sein. Sie stehen in bemerkenswertem Kontrast zu den Kirchenbesuchern: zum Zeitpunkt unserer Besichtigung kaum mehr als zwei Dutzend älteren Leuten, auf der einen Seite die Frauen, auf der anderen die Männer, allesamt in grobes graubraunes Tuch gehüllt wie Bettler.

Während vorn am Hauptaltar einige Herren in Meßgewändern allerlei fromme Verrichtungen tun, scheint in der Bank hinter uns ein stämmiger Farbiger (purpurne Schärpe zu schwarzem Priesterrock) kniend ins Gebet vertieft zu sein. Dabei ist es ihm aber gegeben, auf jede unserer Bewegungen zu reagieren, und sobald wir aufbrechen, um einen Besichtigungsrundgang einzulegen, folgt uns Seine Eminenz auf leisen Sohlen und alarmiert die Hüter der Eingangspforten. Also werden wir schon nach wenigen Schritten durch aufgeregtes Geschrei und Gepfeife von unserem Vorhaben abgebracht und zum Ausgang eskortiert. Hinter der Kirche hatten wir zuvor gerade noch ein flaches Gebäude mit der Aufschrift *Dormitorio hombres* sehen können. Darunter in steiler Fraktur: *Männerschlafsaal.*

Wie gesagt, ein nicht unerheblicher Teil der Anhängerschaft Clementes soll aus dem deutschsprachig-alpenländischen Raum kommen. Das Ziel dieser Pilger ist längst nicht mehr bloß ein etwas skurriler Bischofssitz in Andalusien, sondern gewissermaßen ein neuer Vatikan. Die geistliche Karriere des Clemente Dominguez war nämlich trotz aller Anfeindungen seitens der römischen Kurie nicht aufzuhalten, und schon bevor Papst Paul VI. das Zeitliche segnete, wußte der ehemalige Bürobote der *Versicherungsanstalt zum Erzengel Raphael* von allerhöchster Stelle, daß er zur Nachfolge auf dem Stuhle Petri ausersehen sei.

Wie der Amtsantritt exakt vollzogen wurde, ist wiederum Gegenstand widersprüchlicher Überlieferungen. Einigen in Archiven ausgegrabenen zeitgenössischen Zeitungsmeldungen ist zu entnehmen, Clemente habe sich sofort nach dem Ableben seines römischen Amtsvorgängers in Palmar de Troya zum Papst Gregor XVII. ausgerufen. Der Kollege Hans Magnus Enzensberger hat sich eine etwas kompliziertere, dafür aber komischere Version zu eigen gemacht: »1978, nach dem Tod des Papstes Paul VI., berief Clemente ein Konzil nach Bogota ein, das mit einem Hagelschauer von Enzykliken und Bullen eröffnet wurde. Zur Überraschung der Christenheit stellte sich heraus, daß der römische Woytila ein Hochstapler war, ja sogar der Antichrist in Person. In dieser ernsten Lage blieb dem Konzil von Bogota nichts anderes übrig, als sich zum Konklave zu erklären und einen neuen Papst zu wählen.«
Wie auch immer – mehr kann Clemente vorerst nicht werden. Vielleicht hat er deshalb seine ehemals ausufernde lithurgische Tätigkeit auf ein menschliches Maß zurückgefahren und sich eine zunehmende Zurückhaltung gegenüber der Öffentlichkeit auferlegt. Das stattliche Gebäude an der *Calle Abad Gordillo* in der Altstadt von Sevilla, in welchem Gregor XVII. zusammen mit seinen engsten Mitbrüdern domiziliert, ist vor allem der stets fest verrammelten Fensterläden wegen leicht zu identifizieren. Nur selten wird die massive Haustür geöffnet, um eine Schar kräftig gewachsener Kerle in Priesterröcken – darunter bemerkenswert viele Farbige – einzulassen, die vom Wirtshaus an der Ecke zurückkehren.
Die Nachbarn reagieren auf derlei Auftritte gelangweilt. Vermutlich sei der ganze Spuk ohnedies bald vorbei, vertrauen sie interessierten Fremden an – es heiße nämlich, Seine Heiligkeit stecke in einer chronischen Finanzkrise, welche das Lebenswerk dieses vorbildlich frommen Mannes gefährde. Und der war zu allen Zeiten nicht nur auf der Seite der Heiligen Kirche, sondern darüber hinaus ein treuer Gefolgsmann jener Repräsentanten Spaniens, die dem Heiligen Stuhl am nächsten standen. Aus Anlaß seines Amtsantritts machte Papst Gregor XVII. eine nette Geste der Dankbarkeit, indem er – einer Anregung der Madonna folgend – die Seeligsprechung einer ganzen Reihe verdienter Spanier vom Stapel ließ. Unter den bei dieser Gelegenheit Kanonisierten befanden sich San Francisco Franco und dessen ehemals designierter Nach-

folger San Luis Carrero Blanco, den ein Kommando der baskischen ETA vor der Zeit in das Reich aller Heiligen expedierte.
Es ist demnach mitnichten so, daß Clemente in allem und jedem mit den Anhängern der römischen Fraktion uneins wäre. Als uns nämlich Ignacio in seine Hauskapelle führte und dort als *Salud* für seine Besucher ein Glöcklein läutete, tat er dies verbunden mit der Versicherung, dieses Geläute habe er bislang nur zu Ehren von Papst Woytila und General Franco erklingen lassen.
Doch wer ist Ignacio?
Ohne Übertreibung darf er der Rührigste unter den Leuten genannt werden, die in Palmar de Troya die Stellung für den Vatikan halten. Mit vollem Namen heißt der fromme Mann Ignacio Irisos, ist von Beruf Schuster und war laut eigenem Bekunden ehemals ein in Sevilla gefeierter Kabarettist (was ihn nicht davon abgehalten habe, zeitweilig nach Venezuela auszuwandern) sowie vormals Priesterseminarist – als solcher wiederum Jahrgangskollege von Clemente Dominguez, dem nunmehrigen Papst Gregor XVII.
Kennengelernt hatten wir Ignacio unmittelbar außerhalb der Wirkungsstätte des andalusischen Pontifex, wo uns am Rande des Parkplatzes ein weißes Holzkreuz aufgefallen war, vor dem einige Menschen knieten. Wir näherten uns diskret diesem Ort, sahen auf dem Kreuz ein Bildnis des römischen Polen, mit Rosenkränzen und Blumen geschmückt. Aha, die andere Fraktion, dachten wir und wurden in diesem Moment von einem hochgewachsenen, korpulenten Mann angesprochen, der die Sonnengläser seiner Brille hochgeklappt hatte.
Nachdem er erfahren hatte, daß wir in berichterstattender Funktion unterwegs waren, wich der Mann mit dem geschäftigen Habitus nicht mehr von unserer Seite und wies uns wortreich in die Lage ein: Dort drüben, hinter der Mauer, wirkten die Mächte der Finsternis und des internationalen Freimaurertums, das im Auftrag des Satans zu dem Versuch angetreten sei, die Gemeinschaft der Gläubigen von innen her zu zerrütten. Hier draußen hingegen, an diesem weißen Kreuz, sei der von der Himmelskönigin auserwählte Ort, von dem die Rettung der Welt und der Menschheit ihren Ausgang nehmen werde. Und falls wir daran zweifelten, seien wir herzlich eingeladen, der nächsten Marienerscheinung beizuwohnen, welche wie jeden Samstag zuverlässig gegen

22 Uhr stattfinde. Ignacio riet uns, nach Möglichkeit etwas früher zu kommen, da der Andrang gewöhnlich groß sei.
Naturgemäß konnten wir dieser Verlockung nicht widerstehen und spekulierten darüber, welcher Hokuspokus zur Vorführung gelangen werde. Vorsorglich nahmen wir zwei Fotografen mit.
In der Tat hatten sich in der Abenddämmerung des Samstages einige Dutzend Personen am Weißen Kreuz versammelt. Es herrschte eine Atmosphäre nervöser Vorfreude. Mitunter kämen noch viel mehr Leute, und manche gelangten in Ekstase, tat Igancio zur Begrüßung kund. Dann wies er uns auf die inmitten der Versammlung in inniges Gebet vertiefte Señora Rosario Arenilla, eine Frau von imponierender Leibesfülle, hin, welche die Madonna als Sprachrohr zu benutzen pflege, und sorgte dafür, daß wir einen Platz nahe dem Medium bekamen. Da ahnten wir, wie die Vorstellung ablaufen würde und daß uns eine Rolle als Gastdarsteller zugedacht war, weshalb wir uns Haken schlagend der fürsorglichen Mann- und Raumdeckung Ignacios entzogen. Er muß daraufhin improvisierend umdisponiert haben.
Gegen 22 Uhr jedenfalls, wie versprochen, wurde das Medium von heftiger Trance geschüttelt, und in jenem Tonfall, den die Darsteller in seichten Fernsehspielen südlicher Herkunft bevorzugen, sobald Dramatik ausgedrückt werden soll, stieß sie erste Satzfragmente hervor. Dutzende Kassettenrecorder wurden ihr entgegengestreckt, denn jeder Laut der Offenbarung sollte auf Band gebannt werden. Daneben stand Ignacio, in Stimmlage und Gehabe nun die perfekte Kopie des Conférenciers eines provinziellen Bunten Abends, bei dem als Höhepunkt des Programms ein Zauberer auftritt, und interpretierte das Geschehen: »Jawohl, meine Damen und Herren, es ist soweit, soeben ist die *Virgen* in den Leib unserer Rosario eingetaucht ... gleich wird sie uns ihren Willen offenbaren ...«
Mag sein, daß die Anwesenheit der internationalen Presse auch die Himmelskönigin nicht unbeeindruckt ließ – jedenfalls geizte sie nicht mit interessanten Ankündigungen, und so wissen wir nun, daß Papst Woytila schweren Gefahren ausgesetzt ist: Kardinalstaatssekretär Caseroli plant, ihn in der Krypta von St. Peter zu vergiften. Auch dies, naturgemäß, eine Folge der Machenschaften des internationalen Freimaurertums.

Doch es kam zu einem versöhnlichen Ausklang des Abends: Plötzlich hatte Ignacio einen der uns begleitenden Fotografen, der zu nahe am Zentrum des Geschehens verweilte, mit festem Griff in die Arme genommen und den Zuhörern darzutun begonnen, die *Virgen* habe soeben einen deutschen Reporter dazu ausersehen, ihres besonderen Segens teilhaftig zu werden.

Nachdem das überstanden war, wollte uns Ignacio auf der Stelle in sein Haus mitnehmen, um den Eintritt unseres Kollegen in die Bruderschaft der Erleuchteten vom Weißen Kreuz gebührend zu begehen. Wir fanden indes, daß es besser sei, wenn sich die Emotionen etwas legten, schützten Terminprobleme vor und versprachen, anderntags zu kommen.

Da trafen wir Ignacio in einem geräumigen Einfamilienhaus am Rande von Palmar de Troya an, wo der Tisch bereits für die Besucher bereitet war. Für jeden von uns gab es fromme Schriften, Heiligenbildchen, einen Rosenkranz und ein Amulett mit dem Bildnis der Jungfrau. Für den erleuchteten Kollegen dazu noch eine Tonbandkassette mit dem Mitschnitt der ihn betreffenden Teile der Offenbarung sowie eine Abschrift derselben.

Er solle bloß aufpassen, hieß es da, und sich nicht über das Vorgefallene lustig machen, denn eines Tages könne er ihren – der Himmelskönigin – Sohn treffen, und sie wolle nicht, daß der Junior ihn – den Kollegen – dann zur Verantwortung ziehen müsse, weil er – der Kollege – über seine – des Juniors – Mutter gelästert habe.

Ignacio schien diese Möglichkeit bereits vollends auszuschließen und war noch immer voller Rührung über die Umsicht der Madonna. Bei ihm, erzählte er, sei es ähnlich gewesen. Auch er sei bloß eines Samstagabends zum Weißen Kreuz nach Palmar de Troya gekommen – ein wenig betrunken noch dazu und mit einer Zigarre im Mund –, um zu sehen, was dort vor sich gehe. Da habe die Virgen plötzlich »Ignacio aus Venezuela« zu sprechen gewünscht, und er habe sofort gewußt, da könne nur er gemeint sein.

Jedenfalls habe er nunmehr sein ganzes Lebenswerk in den Dienst der Marienverehrung am Weißen Kreuz gestellt und die Agenden der Öffentlichkeitsarbeit übernommen. Auch korrespondiere er viel mit den Anhängern dieses Gnadenorts in aller Welt, um sie über den jeweils jüngsten Stand der Verkündigungen auf dem laufenden zu halten und um Spenden zur Aufrechterhaltung des Marienerscheinungsbetriebs zu bitten. Desgleichen beherberge er häufig Besucher, die aus aller Herren Länder nach Palmar de Troya kämen, um selbst zu hören, was ihnen die *Virgen* zu sagen habe. Im übrigen müßten wir beim nächsten Besuch gleichfalls in seinem Haus Logis nehmen.

Bei diesen Worten erhob sich Ignacio beflissen, um uns seine von klösterlicher Schlichtheit erfüllten Gästezimmer zu zeigen sowie anschließend seine beiden Hauskapellen: eine für die Besucher und eine nur für ihn selbst. Die sei sein *Alcázar,* seine Burg, in der er sich geborgen fühle wie jener General des Generalissimus Franco, den die Roten damals in der Festung von Toledo belagert hätten und der selbst mit der Drohung, andernfalls würde sein Sohn erschossen, nicht zur Kapitulation gebracht worden sei. Gewiß würden wir die heroische Geschichte dieses Märtyrers für die Sache der Christenheit kennen...

Nachdem der Gastgeber des Umstandes gewahr geworden war, daß wir in der Zwischenzeit seine kümmerlichen Schnapsvorräte bis zum letzten Tropfen geleert hatten, nahm er unseren Wunsch, uns zurückzuziehen, ohne Einspruch zur Kenntnis. Wir aber vertieften uns anschließend in das Studium der gesammelten Offenbarungen, die bislang am Weißen Kreuz verkündet worden waren, und wissen demzufolge, daß dort nicht nur die Gottesmutter regelmäßig auftritt, sondern desgleichen ihr Sohn schon Gastspiele gegeben hat – um beispielsweise auf die Sündhaftigkeit der Mißachtung des Sakraments der Ehe sowie des Abbruchs einer gottgewollten Schwangerschaft hinzuweisen.

Des weiteren wurde bei einer solchen Gelegenheit jegliche Liturgiereform als Werk des Freimaurertums entlarvt, das eine Weltregierung als organisatorische Voraussetzung anstrebe, damit der Antichrist sein Reich errichten könne. Die Europäische Gemeinschaft müsse ebenso als ein Schritt in diese Richtung gesehen werden wie die Verweltlichung der Kirche, die zur Folge habe, daß heutzutage die Errichtung von Asylen, Spitälern und Schulen vor der Schaffung von Klöstern rangiere. Gleichfalls der Juniorchef selbst war es, der 1985 kundtat, im Vatikan sei der im Grunde gutwillige Woytila von Feinden umzingelt, die ihn dazu zwängen, als *Progresista,* als Fortschrittler, aufzutreten. Kurzum, der polnische Pontifex müsse als Gefangener in den Händen der Frei-

maurerei gesehen und daher milde beurteilt werden. Fürsorglich hingegen pflegte sich zumeist die Gottesmutter zu äußern – indem sie etwa den Weltuntergang als eine Art Gaskrieg ankündigte, weshalb den Gläubigern geraten sei, stets feuchte Tücher bereitzuhalten.
Die am Weißen Kreuz verkündeten Botschaften sind mithin von bleibendem Wert und frei von jeglicher Verwirrtheit, wie sie die Menschheit häufig als Folge kurzfristiger politischer Manöver befällt, welche beispielsweise vom Kreml praktiziert werden. Als wir einige Wochen später wieder einmal durch Palmar de Troya kamen und Ignacio in die Arme liefen, erzählte er uns mit unaufgeregter Bestimmtheit, was er in der Zwischenzeit von der Jungfrau erfahren hatte: Die Russen würden die Welt erobern!
Doch wir könnten unbesorgt sein: Von hier, vom Weißen Kreuz aus, werde die Armee aufbrechen, die uns daraufhin befreien werde.

Der Ebro

Eindrücke und Einsichten gelegentlich einer Reise entlang des spanischsten aller Flüsse

Es ist nicht zu übersehen: Viele waren schon hier. Leere Coladosen liegen da, achtlos weggeworfene Plastiktüten und sonstige Verpackungen aller Art – vom Wind über das gesamte Areal des Laubwäldchens verteilt, in dem wir auf schmalen Pfaden abwärts wandern. Unser Ziel leuchtet unten zwischen den Bäumen auf, hinter uns liegt der große Parkplatz, hinter dem wiederum sich ein Ausflugsrestaurant erhebt. Es ist für viele Besucher vorgesorgt.

Auf der anderen Seite des kleinen Taleinschnitts stehen einfache Häuser, aus rohem Stein gefügt – die Wirtschaftsgebäude wohl eines Bauern, der sich oberhalb des Wassers am Ortsende von Fontibre niedergelassen hat.

Fontibre, haben wir uns von altphilologisch gebildeten Zeitgenossen erklären lassen, könne als *Quelle Iberiens* gelesen werden. Und was für die Lateiner *Iberia* war, nennen die Spanier *Ebro:* Der spanischste aller Flüsse, der auf seinem an die 900 Kilometer langen Weg nahezu die gesamte iberische Halbinsel durchquert, so heißt es, entspringe hier in Fontibre.

Es ist ein Tümpel, an dem wir endlich angelangt sind, glucksend gespeist von unterirdischen Quellen. An seinem hinteren Rand steht auf einem schmalen Sockel eine Marienstatue, den Blick dorthin gerichtet, wo das Wasser in einem Bogen abrinnt, sich seinen Weg sprudelnd talwärts gebahnt hat. Gleich nach der Quelle ist der Ebro schon ein ansehnliches Bächlein.

Doch nichts da, sagt ein als Folge der Gicht oder auch nur eines arbeitsreichen Lebens humpelnder Alter, der sich zu uns gesellt hat –

vielleicht der Querulant von Fontibre. Jedenfalls beharrt er darauf: Mögen noch so viele Fremde kommen und in diesen Tümpel starren – die Quelle des Ebro sei das nicht. Die liege noch weiter oben in den kantabrischen Bergen, bei *Tres Mares,* wo der Wasserlauf, der dort entspringe, *Hijar* heiße, doch nur ein kurzes Stück über der Erde fließe. Dann verschwinde er in porösem Gestein, suche sich unterirdisch seinen Weg, bis der Fels zu hart werde und ihn dazu zwinge, wieder ans Licht zu treten. Das sei exakt hier. Der *Ebro* sei also in Wirklichkeit der an dieser Stelle wieder aufgetauchte *Hijar.* Diese Mitteilung lassen wir nicht auf sich beruhen und konsultieren bei nächster Gelegenheit allerlei gelehrtes Schrifttum, das mit unterschiedlichen Akzenten zum einhelligen Schluß kommt: Nichts Genaues weiß man nicht.
Jetzt erscheint es uns erst recht sinnfällig, nach Fontibre gefahren zu sein auf der Suche nach dem Ursprung des Gewässers, das einen großen Teil Spaniens speist und gewissermaßen die Grenze markiert zwischen den Mühen der Gebirge und jenen der Ebenen. Nahezu alles, was Spanien an Landschaftsformen und sonstigen Gegensätzen zu bieten hat, taucht irgendwann am Flußlauf zwischen der Quelle in den Bergen des Nordens, nahe am Atlantik, und dem Mündungsdelta in den Ebenen südlich von Barcelona am Mittelmeer auf.
Von da nach dort liegt noch ein weiter Weg vor uns. Noch sind wir in Kantabrien. Zur Zeit der maurischen Herrschaft über nahezu ganz Iberien gehörte diese Region zum asturischen, dem ersten christlichen Königreich Spaniens. Von hier ging in der Folge der im Jahre 718 vom Westgoten Pelayo siegreich gegen maurische Truppen geschlagenen Schlacht von Covadonga die *Reconquista,* die Rückeroberung des Landes aus, an deren Ende nach nahezu 800 Jahren der erste gesamtspanische Staat stand.
In dem Landstrich, in dem der Ebro entspringt, wurde somit Spanien geboren, soviel scheint gewiß. Doch allzusehr sollte man sich in diesem Land nicht auf Details festlegen lassen. Zu oft wurden Mythos und Wahrheit, Erkenntnis und Legende über die Jahrhunderte hinweg vermischt. Wir beginnen zu ahnen, warum wir in den konsultierten spanischen Quellen neben anschaulichen Beschreibungen so häufig die Nennung von Zahlen und Daten vermissen. Vieles bleibt im Ungefähren, und das hat so wohl seine Richtigkeit.

Also, ist es der Ebro oder der Hijar, dessen Lauf wir folgen? Einerlei, er hat sich als Ebro durchgesetzt – ein kräftig sprudelnder, über den Steinen Gischt aufwerfender Bach schon wenige Kilometer nach seiner vermeintlichen Quelle, in Reinosa, wo wir ihn von einer steinernen Brücke aus das nächste Mal sehen.

Daß hier Spanien ist, hätten wir unvorbereitet vielleicht nicht auf Anhieb geglaubt. Reinosa ist eine düstere Stadt am Rande einer Hochebene. Oder sollte man besser sagen: am Eingang zum nächsthöheren Gebirge? Aus rohen Steinen ist hier fast alles gefügt, was nicht erst in den letzten Jahrzehnten gebaut wurde. Unter steinernen Arkaden eilt der Besucher die Hauptstraße entlang. Wind und Kälte, dazu ein ausdauernder Nieselregen nehmen ihm die Lust am Flanieren. Die verglasten Erker und Veranden, die ihn an englische Seebäder erinnern, fallen ihm hier erstmals auf, bis er erkennen wird, daß dies eine architektonische Besonderheit der spanischen Atlantikküste und der direkt dahinter liegenden Gebirgstäler ist.

Doch der Ebro, wie gesagt, orientiert sich nicht zum Atlantik hin. Er entspringt auf der dem Landesinneren zugekehrten Seite des kantabrischen Gebirges und schon in der ersten Hochebene, die er erreicht, durchfließt der Wasserlauf die Grenze zwischen den Provinzen Kantabrien und Kastilien-Leon. Der Ebro kehrt in die nördlichen Randlagen von Altkastilien ein, des Kernlandes von Spanien, dessen Krone die *Reconquista* und die Schaffung des Zentralstaates wie kein anderer Herrscher über die Völker Iberiens vorantrieb. Leon, Burgos, Valladolid, Segovia und alle seine anderen historischen Zentren wurden indes zu einem wesentlichen Teil von den Gebirgen am Atlantik her besiedelt, bezogen von dort ihr Wesen, ihren Charakter – von edler Einfalt, schlichter Größe.

Doch das hier ist noch nicht die *Meseta,* die endlos scheinende Ebene mit dem tiefliegenden Horizont, hinter dem der klare Himmel des Hochlandes steil wie nirgendwo sonst aufzuragen scheint. Ein weites flaches Becken voll saurer Wiesen und gesäumt von einigen die Strenge des Mangels ausdrückenden Dörfern ist dieses Hochtal, dessen nicht geringen Teil der Ebro während der feuchten Jahreszeit überschwemmt. Kaum geboren, hat er samt den Bächen, die an seinen Flanken von den Höhenzügen herabrinnen, schon den ersten Stausee zu füllen, der angelegt wurde, um in trockenen Sommern die Gärten der angrenzenden *Meseta,* der Rioja und hinaus bis Aragon zu bewässern. Diese südöstlichen Nachbarregionen liegen um etliches tiefer. Der Ebro sucht sich, vom ersten Stausee ausgehend, seinen Weg durch enge Schluchten, wohin ihm die Straße nur noch über kurze Abschnitte folgen kann. Wir verlieren den Flußlauf aus den Augen, während wir drei weitere kleine Hochtäler durchqueren und dabei Dörfer passieren, die fernab der Neuzeit liegen: kleine steinerne Kirchen, bescheidene Gehöfte am Rande steiler Wiesen, auf denen da oder dort eine sehnige Kuh grast.

Die Menschen sind alt, die Jungen scheinen weggezogen zu sein. Verfall streicht um die Gemäuer, und wo ein Schild darüber Auskunft gibt, daß ein solches Haus zum Verkauf steht, hat auch an dieser Tafel schon der Zahn der Zeit unübersehbar genagt.

Dann wird das Tal noch enger, verjüngt sich zur Schlucht, eingefaßt von nahezu senkrecht aufragenden Felswänden. Hier ist er wieder, der Ebro, rauscht gurgelnd über steinigen Grund zu Tal und sorgt für an den Wänden sich brechenden Widerhall. Neben dem Fluß windet sich kurvenreich die Straße dahin und überquert ihn schließlich auf einer stattlichen Steinbrücke.

Wir halten an und lesen auf einer Tafel von Toten – Opfern –, derer hier zu gedenken sei. Daneben hängt eine andere Tafel am Brückengemäuer und tut kund, hier habe es keine Toten gegeben – das alles sei nicht wahr. Man möge die Finger von der Politk lassen und sich an die Religion halten.

Zumindest an eines werden wir durch diesen öffentlich ausgehängten Widerspruch erinnert: Wir sind in Spanien. Was die Äußerlichkeiten des Landschaftsbildes anlangt, könnten wir uns genausogut irgendwo in den einsamen Teilen Tirols befinden. Doch vielleicht liegen dort die Anlässe nur zu weit zurück, um derlei Tafeln aufzuhängen. Wir verspüren große Lust, den nächsten Bauern, an dessen einsam gelegener Kate wir vorbeikommen, zu fragen, ob er schon weiß, daß Franco tot ist. Gestorben im Bett, der kleine, dicke Mörderglatzkopf.

Aber das sind fremder Leute Angelegenheiten. Umständehalber verlassen wir den Ebro nun wieder und stoßen erst unten im Hügelland der Rioja auf ihn, wo Spaniens bester Wein wächst. Die Rebstöcke erheben sich kaum mehr als einen halben Meter über die Erde, deren fahles Braun nicht ahnen läßt, was hervorzubringen sie imstande ist.

Gewiß, es ist alte Erde. Die Rioja ist der Landstrich Spaniens mit den reichsten prähistorischen Fossilienfunden. Verewigt im Boden, der einmal – vermuten die Wissenschaftler – das Zentrum eines riesigen Flußdeltas gewesen sein muß, fand man an mehreren Orten die Fußspuren von Dinosauriern, die zirka 13 000 Jahre vor unserer Zeitrechnung gelebt haben dürften.

Der Wein sorgt für Wohlstand – für relativen zumindest. In Logroño, der Provinzhauptstadt, erbaut am linken Ufer des Ebro, hat der Fortschritt mächtig zugeschlagen. Wir müssen viele von Neubauten gesäumte Straßenzüge entlang fahren, um endlich an die Reste der Stadtmauer zu gelangen, hinter der dann doch noch die alten Bürgerhäuser mit ihren straßenseitigen Arkadengängen stehen. Aus den Schaufenstern, die in die Gewölbe gebrochen wurden, grüßt Gott Konsum in seiner den niedrigen Ständen zugedachten schlichten Erscheinungsform.

Auf einem kleinen Nebenplatz finden wir das *Café Moderno* und sind damit an einem vertrauten Ort spanischer Lebensart gelandet. Die Männer sitzen beim Karten- und Dominospiel an Marmortischen, vor sich den erdigen Rotwein der Rioja. Die Dekoration der Wände lehrt, worum sich das Leben der Kundschaft nach der Arbeit dreht: Fußball und Stierkampf.

Auf dem Tresen lagern hinter Glas in langer Reihe die Tabletts mit den köstlichsten *Pinchos,* die man sich denken kann – den kleinen Happen, die im Süden des Landes *Tapas* genannt werden. Eilig flitzen die Kellner hin und her und sind trotzdem jeder Zoll eine Autorität, deren wohlwollende Aufmerksamkeit erst erlangt sein will.

Ein gepflegter hagerer Herr mit Baskenmütze, der neben uns seinen *Tinto* trinkt, macht uns nach einem manierlichen Woher-Wohin-Wortwechsel darauf aufmerksam, daß Logroño ein altes wirtschaftliches und zugleich religiöses Zentrum sei, wo *Santiago Matamoros,* Jakob der Maurentöter, in Ehren gehalten werde.

Wir hatten den wehrhaften Heiligen, überlebensgroß in Sandstein gehauen, am Stadtrand oberhalb des Ebro stehen sehen. Die Stadt, erfahren wir nun, sei zu jener Zeit gegründet worden, als die ersten

Pilgerströme aus aller Welt auf dem Weg zu den Gebeinen des Heiligen Jakobus zu Santiago de Compostella – dem Jakobsweg – hier den Ebro überquerten.

Dem Tresennachbarn entgeht unsere geringe Begeisterung für traditionelle Pilgerwege wohl nicht, also weist er auf einen anderen Aspekt dieses Jakobweges hin: »Das war von einer enormen wirtschaftlichen Bedeutung, die man heute gar nicht mehr ermessen kann!« Rückgrat des gewissermaßen ersten gesamteuropäischen Unternehmens sei diese Pilgerstraße gewesen, die für alle sie diesseits der Pyrenäen säumenden Regionen einträglich gewesen sei. Wenn man so wolle, könne von einem frühen Beispiel erfolgreicher Strukturpolitik gesprochen werden.

Um diese Einsicht betreffend den Zusammenhang von Beicht- und Bankgeheimnis bereichert, fahren wir weiter den Ebro hinab und gelangen schon bald an den Ort, wo drei höchst gegensätzliche Landschaftsformationen zusammentreffen. Da ist die fruchtbare *Ribera del Ebro,* ein schmales Band nur, an das die Sandwüste der *Bardenas Reales* heranleckt, um schließlich langsam überzugehen in die mit Getreidefeldern bestandenen Hügel der Navarra. Mitten in all diesen Gegensätzlichkeiten liegt gleichfalls am linken Ebroufer Tudela, eine Stadt, umgeben von Obstpflanzungen, angelegt vermutlich von maurischen Bewässerungsgenies.

Tudela, lesen wir in unserem Reiseführer, gehörte vom 9. bis zum 12. Jahrhundert zur andalusischen Kultur und hatte dazu bis in die Mitte des 14. Jahrhunderts ein blühendes Judenviertel: »Deshalb darf man sie ruhig zu den Städten zählen, wo die drei Kulturen des spanischen Mittelalters miteinander verschmolzen.«

Reiseführer haben etwas Beruhigendes – indem sie aussparen, was nicht ins Bild der Beschaulichkeit paßt. Etwa die Vertreibung der Juden, welcher die Tilgung des islamischen Elements in Spanien folgen sollte, durch die katholischen Könige Isabella von Kastilien und Ferdinand von Aragon, kurz nachdem am 2. Januar 1492 in Granada das letzte Kalifat gefallen war. Im Ausweisungserlaß, der am 31. März 1492 erging, hieß es, daß »der Schaden, der den Christen aus dem Zusammensein, der Unterhaltung und der Verbindung mit Juden erwächst, sehr groß ist; diese rühmen sich nämlich, sie seien stets bemüht, wenn immer es möglich ist, die Gläubigen von unserem heiligen katholischen Glauben abzubringen, sie abspenstig zu machen und ihren verderblichen Auffassungen zuzuführen.«

Für Salvador de Madariaga, einen der angesehensten spanischen Gelehrten dieses Jahrhunderts, steht fest, daß aus diesen Zeilen der Geist von Isabella spricht. Seit 1469 ist sie mit dem Erben von Navarra, Aragon, Valencia, Katalonien, der Balearen und der italienischen Inseln verheiratet sowie seit 1474, als Folge der Auflehnung adliger Feudalherren gegen ihren Bruder, Königin von Kastilien. Als ihr Mann Ferdinand 1479 den Thron von Aragon besteigt, sind die beiden mächtigsten Reiche Iberiens vereint. Man kann daran gehen, aus dem spanischen Völkergemisch den ersten Zentralstaat Europas, eine Nation, zu formen. Das sollte zuallererst durch die Erzwingung einer einheitlichen Religion erreicht werden, schreibt Madariaga, der derlei ideologische Unternehmungen der Kompetenz von Isabella zuordnet – der »Tochter einer wahnsinnigen Fürstin und Mutter einer wahnsinnigen Königin.« Für den Geschichtsforscher ist sie »eine Frau von hochgespanntem Temperament, von Ernst, Festigkeit, Gewissenhaftigkeit und Verantwortungsgefühl als Beauftragte Gottes auf Erden erfüllt. Jede ihrer Handlungen erfolgt in dieser Perspektive von Ewigkeit.«

Keine fünfhundert Jahre später wurden mit ähnlichen Sekundärtugenden Konzentrationslager geführt – allerdings nicht in Spanien, dort geriet der Faschismus der geistigen Erben Isabellas etwas weniger monströs.

Doch auch diese vorerst letzte finstere Phase der spanischen Geschichte ist seit inzwischen fünfzehn Jahren begraben, und über den Gräbern der Franco-Diktatur boomt die im Gefolge der neuen Öffnung Spaniens nach Europa hin gewachsene Konjuktur der Modernisierung aller Lebensbereiche. Der historische Stadtkern von Tudela droht mit dem unvermeidlichen Neubaugürtel zu verschmelzen. Doch in ihrem geographischen Innersten hat die Stadt ihr Wesen bewahrt, und wir finden uns unversehens in einer der schönsten Siedlungen Spaniens wieder. Darauf weist schon die *Nueva Plaza* aus dem 18. Jahrhundert hin: ein stolzes Ensemble von behutsam erhaltenen Bürgerhäusern rund um einen schmiedeeisenen Pavillon.

Hinter diesem Platz beginnt die eigentliche Altstadt, ein verwirrendes

Geflecht enger Gassen zwischen mächtigen Steinhäusern. Prompt verirren wir uns in dem Labyrinth und stehen dann plötzlich doch vor der Kathedrale aus dem 12. Jahrhundert. Romanische Kirchen haben wir im Norden Spaniens viele gesehen, doch nun erblicken wir erstmals einen richtiggehenden romanischen Dom mit einem angeschlossenen Klostertrakt und vielen architektonischen Ergänzungen, Einfügungen und Zusätzen aus späteren Epochen bis hin zum Barock.

Neben dem Kreuzgang der Kathedrale stoßen wir auf ein Mudejarbauwerk. Das sei die ehemalige Hauptmoschee, erfahren wir von einem Einheimischen. Nein, nein, keineswegs, das sei die Synagoge von Tudela gewesen, korrigiert ein anderer und trägt uns auf, das kunsthistorisch wertvolle Seitenportal zu besichtigen, die *Puerta del Juicio.*

Dort wird allerdings gerade renoviert, und wir stehen unter dem das Kirchenportal überdeckenden Gewölbe vor einer Bretterwand. Sie dient nebenbei zur Anbringung von Todesanzeigen, und jede der alten, schwarzgekleideten Frauen, die des Weges kommen, informiert sich, bevor sie in die Kathedrale eintritt, um die tägliche Andacht zu verrichten, darüber, welche Mitbürger eben gestorben sind.

Es scheint uns, als husche ein befriedigtes Lächeln über die Züge jeder der Alten, während sie die Todesanzeigen lesen, und wir fragen uns, ob dies die Genugtuung sei, wieder jemanden überlebt zu haben, oder die Freude über die Mitteilung, der Verblichene sei mit den Sterbesakramenten versehen gewesen.

Der betont aufrecht gehende ältere Herr, der uns auf diese Pforte aufmerksam gemacht hatte, stößt hier wieder zu uns, stellt sich nun als pensionierter Professor vor und bittet uns in sein nahe gelegenes Haus. Er will uns seine Bibliothek präsentieren, in der er altes und neueres Schrifttum über diese Stadt und ihre Umgebung gesammelt hat. Er schlägt die vom Franzosen Jean Descula verfaßte Geschichte Spaniens auf, in der wir über den Ursprung des Namens dieses Landes lesen:

»Die Juden nannten es *Sepharad,* was soviel wie ›Grenze‹ oder ›Rand‹ bedeutet, die Griechen tauften es *Hesperia,* ›das Abendland‹, oder *He Spania,* ›das dünnbesiedelte Land‹. Die Zukunft freilich gehörte dem vom keltischen *aber,* ›Hafen‹ oder ›Fluß‹, hergeleiteten Begriff *Iberia.* Tatsächlich sind die aus dem Ebrotal stammenden Iberer die ältesten Bewohner der Halbinsel, von denen wir wissen.«

Anschließend reicht uns der Professor den Reprint des 1543 erstmals gedruckten Berichtes eines jüdischen Bürgers von Tudela namens Benjamin, der 1165 von hier aus zu einer Reise durch die damals bekannte Welt aufgebrochen war. Diese Tour widmete er dem Zweck, vor allem im Nahen Osten die Spuren der dortigen jüdischen Gemeinden zu suchen und ein Verzeichnis der ortsansässigen jüdischen Familien anzulegen, die in der Folge der Kreuzzüge aus den Zentren Palästinas zurückgedrängt worden waren.

Benjamin, so heißt es in Tudela, habe seine Weltreise angetreten, indem er sich auf dem Ebro zum Mittelmeer einschiffte. Der Fluß besitzt hier schon eine stattliche Breite, doch er muß damals ungleich tiefer gewesen sein, sollte diese Legende auf Wahrheit beruhen. Eher wohl wird der forschende Jude von Tudela zumindest die Strecke bis Zaragoza auf dem Landweg zurückgelegt haben. Der Ebro sieht in dieser öden Ebene nicht danach aus, als sei er jemals schiffbar gewesen.

Uns bleibt nicht viel Zeit, ungestört derlei Überlegungen anzustellen. Auf der Nationalstraße sind wir in eine Falle der uniformierten Straßenräuber von der *Guardia civil tráfico* geraten, die aus der Autokolonne willkürlich Wagen mit ausländischem Kennzeichen herausfischen, den Fahrer mit schlecht erfundenen Vergehen konfrontieren – wir sollen eine Sperrlinie überfahren haben, wo garantiert keine war – und ein astronomisches Bußgeld verlangen. Wobei sie durchblicken lassen, man könnte sich privat einigen. Dieses Erbe spanischer Eroberung wird in Mexico *mordida* genannt – der Biß.

Franco ist tot, doch die korrupten Schergen seines Sicherheitsapparates sind noch immer nicht vollständig an der Leine der Demokratie. Auf ein Zusammentreffen mit der alten Kulturnation Spaniens folgt in diesem Land scheinbar unweigerlich eine Begegnung mit einem Relikt spanischer Barbarei.

Zaragoza, die einzige Großstadt am Ebro und Hauptstadt von Aragon, ist der richtige Ort, um ärgerliche Belästigungen seitens der in Vertreter des alten und des neuen Spaniens aufgesplitterten Staatsmacht zu vergessen. Von weitem schon leuchten die *Azulejos,* die buntbemalten Kacheln maurischen Ursprungs, von den Kuppeln der Kathedrale, die sich im Wasser des Ebro spiegeln, dem Reisenden entgegen.

Nachdem die Punier von den Römern vom Ebro vertrieben worden waren, hatte Augustus die Stadt gegründet. Zu ihrer Blüte brachten sie die Mauren, deren Herrschaft über Zaragoza im Jahre 1118 endete, als es dem bis dahin unbedeutenden Pyrenäen-Königreich Aragon gelang, seine Grenzen bis zum Ebro auszudehnen. Zaragoza wurde Königssitz und in der Folge der 1137 durch Heirat vollzogenen Vereinigung mit Katalonien zum bedeutendsten christlichen Reich in Spanien – von Kastilien erst im 13. Jahrhundert übertroffen, als dessen Krone die Vorherrschaft über Galicien, Asturien und Leon errang.
Abermals durch Heirat wurden diese beiden Reiche vereinigt, und das mag ein wohlkalkulierter Akt des Thronerben von Aragon gewesen sein. Salvador de Madariaga schreibt über ihn: »Ferdinand ist ein Politiker, er ist der Politiker, das Vorbild, nach dem Machiavelli seinen Fürsten gezeichnet hat. List noch mehr als Gewalt ist sein Werkzeug. Als man ihm sagt, der König von Frankreich beklage sich, weil er ihn schon zweimal betrogen habe, antwortet er: ›Der König von Frankreich lügt, ich habe ihn zehnmal betrogen.‹ Seine Ziele sind nicht geistiger, sondern politischer Art. Ihm geht es nicht um die geistige Einheit Spaniens, sondern um die staatliche. Sein Denken ist real und national.«
Damit, so scheint es, war Ferdinand so charakteristisch für seine Vorfahren wie Isabella es für die ihren war. Während die islamische Kultur in Kastilien gründlich wie nirgendwo sonst in Spanien vernichtet und damit die Basis für feudalistische Strukturen gelegt wurde, die dort noch immer fortwirken, unterblieb in Aragon die Zerstörung der von Mauren errichteten Städte und der dem kargen Boden mit aufwendigen Bewässerungsanlagen abgerungenen landwirtschaftlichen Kulturen, die der Ebro hatte gedeihen lassen.
Gemeinsam schufen die gegensätzlichen Partner Ferdinand und Isabella den ersten Zentralstaat Europas und darüber hinaus ein Weltreich, wozu ihnen der – vermutlich aus mannigfachen Gründen – vor allem von Isabella protegierte Entdecker Christoph Kolumbus den Schlüssel in die Hand gab.
Dazu Madariaga: »Die Entdeckung war das Werk Kastiliens und nicht Aragons. Wieder stehen wir vor den Folgen der eigentümlichen Gestalt der Halbinsel. Die Krone Aragons, das ist das Ebrotal, das sich auf Italien zu öffnet, die Krone Kastiliens aber sucht das Meer durch das

Tal des Guadalquivir, der nach Südwesten fließt, und über die Häfen im Norden und Nordwesten. Und so kommt es, daß Ferdinand und Karl V. alle Hände voll in Europa zu tun haben, während ihre Untertanen aus Kastilien, Andalusien und den Ländern im Norden über den Ozean ausschwärmen und mit dem Rücken gegen Europa eine neue Welt erschließen.«

Macht und Reichtum verlagerten sich in den Süden Spaniens – eine Umkehr dieser Tendenz findet erst mit dem Zusammenbruch des spanischen Weltreiches statt, dessen Ende nicht weit entfernt liegt vom Beginn der industriellen Revolution in Europa. Nun sind es wieder die nach Europa hin orientierten Zentren im Norden Spaniens, die durch neugewonnene Wirtschaftskraft die Bedeutung der Städte des Südens verblassen lassen.

Am Rande von Zaragoza haben multinationale Unternehmen wie *General Motors* Zweigwerke errichtet – anknüpfend an die frühe industrielle Tradition dieser Stadt, die wie ein Schwamm die Ressourcen Aragons aufsaugt. Auch die menschlichen. Wohnghetto um Wohnghetto wächst in Zaragoza, während die Landflucht im dünn besiedelten Aragon stetig fortschreitet.

Nur der alte Stadtkern kündet noch von der bewegten Geschichte Zaragozas und deren seit der Vertreibung der Mauren wenig kulturstiftendem Verlauf. Die vor wenigen Jahren im Dienste des Tourismus restaurierte *Aljaferia,* der vormalige Palast des Kalifen, beherbergte in weiterer Folge den Thronsaal der katholischen Könige, die Kerker der Inquisition und zuletzt eine Kaserne.

Den real existierenden Wunderwerken der islamischen Kultur setzte der Staatskatholizismus folkloristischen Götzendienst entgegen und schuf die Legende, hier sei dem vom Tode auferstandenen und zum Zwecke des bewaffneten Kampfes gegen die Mauren nach Spanien gereisten Apostel Jakobus die Allerheiligste Jungfrau erschienen. An einem 2. Januar soll das gewesen sein. Jedenfalls pflegt das Volk alljährlich an diesem Tag auf die *Plaza de Nuestra Señora del Pilar* zu strömen, um mit Feuerwerken, reichlich Alkohol und der *Jota,* dem zu Gitarre, Tamburin und Triangel getanzten aragonischen Tanz, die *Devoción de la Virgen* zu begehen – die Anbetung der Heiligen. Das ist ein für das katholische Spanien typisches Fest: Jeder religiöse Vorwand wird dankbar aufgegriffen, um eine feuchtfröhliche *Fiesta* zu veranstalten.

Realistische Gründe existieren zumal an diesem Abschnitt des Ebro wohl wenige, um zu feiern. Hinter Zaragoza führt uns der Fluß in eine wüste, graue Landschaft und gräbt sich schließlich, gesäumt von faltigsteilen Abhängen, tief ein in die *Meseta de Secano,* die während der meisten Zeit des Jahres trockene Hochebene, über die alle Straßen Kilometer um Kilometer schnurgerade an steinigen Ackerböden vorbeiführen.

Vom Ebro her steigen Nebelschwaden auf und hüllen die knorrigen Olivenbäume in graue Schleier. Die zahlreichen Stauseen – insgesamt gibt es über fünfzig entlang des Flußlaufes und dazu ungezählte Ruß und Dampf speiende Industrieanlagen – sind die Hauptquellen dieses trüben Schauspiels. Der Nebel bildet eine sinnfällige Kulisse für die abseits der Schlucht des Flußlaufes gelegenen Dörfer: Die verfallenden Reste eines Kastells stehen da, meist umgeben von weißgekalkten oder erdig grauen Kalksteinhäusern mit flachen Dächern. Einzig die Kirche – darunter viele barocke Kapellen – hat erkennbare architektonische Zuwendung erfahren.

Salvador de Madariaga erinnert uns daran, daß das Ebrobecken »dem historischen Königreich Aragon entspricht«, und notiert: »Der Aragonese ist vielleicht der ursprünglichste und echteste Repräsentant spanischer Wesensart. Unbefangen und geradeaus, zu extremen Ansichten geneigt, unnachgiebig und eigensinnig, unabhängig, stolz und individualistisch läßt er sich mehr von der Intuition als der Überlegung leiten. Besser als irgendein Werk der Literatur verkörpert der Aragonese Goya den Genius von Aragon.«

Francisco Goya stammt aus Fuendetotos. Gleichfalls in einem aragonischen Dorf, in Callanda, wurde Luis Buñuel geboren.

Zumal an seinem Mittellauf bildet der Ebro eine natürliche Grenze, zu deren beiden Seiten dasselbe Land liegt: *Las dos Españas,* die zwei Spanien, die auf vielfältige Weise existieren – und einander seit jeher erbittert befehden. Es gab und gibt zur selben Zeit ein Spanien des Klerikalismus und eines der Aufklärung, der Inquisition und der Anarchie, des Militarismus und des Individualismus, der Hochkultur und der Barbarei, der Feudalherren und der Tagelöhner, des Absolutismus

und des Liberalismus, des Aberglaubens und des Nihilismus, der Isolation und der Weltoffenheit.
Wo Grenze ist, ist Krieg – die Uferstreifen des Ebro waren seit jeher Schlachtfelder. An diesem Fluß fochten Iberer, Kelten, Punier, Römer, Franken, Goten, Vandalen, Sweben und Mauren. Am Ebro erlitten die Heere Napoleons jene Niederlagen, die sie zwangen, Spanien zu räumen, und hier formierten sich in den Bürgerkriegen des 19. Jahrhunderts die Karlisten gegen die Liberalen.
Im jüngsten Bürgerkrieg markierte der Ebro den Frontverlauf, an dem die Internationalen Brigaden zu ihrer letzten Schlacht für die Freiheit Spaniens und Europas antraten. Juli 1938: Die Niederlage der Kräfte der Republik gegen die von den faschistischen Regierungen Italiens und Deutschlands hochgerüsteten sowie von den bürgerlichen Demokratien Europas und Nordamerikas durch Untätigkeit unterstützten Putschisten Francos zeichnete sich längst ab. Da überschritt die republikanische Armee in einer überraschenden Offensive den Fluß mit dem Ziel, die Verbindung zwischen den getrennten Landesteilen um die beiden Zentren Madrid und Barcelona wieder herzustellen. Der Angriff der 50 000 Republikaner blieb im Trommelfeuer der italienischen Artillerie und den Bombardements der deutschen *Legion Condor* stecken. Nach neunzigtägigen Kämpfen, die geschätzte 100 000 Tote forderten, wagten die Franco-Faschisten mit 300 000 Mann eine Gegenoffensive, setzten über den Ebro und stießen nach Katalonien vor. Das war der definitive Anfang vom Ende. Wenige Jahre später brach über ganz Europa die faschistische Nacht herein.
Wir haben bei Caspe den Flußlauf verlassen, der einen Bogen landeinwärts schlägt, wohin ihm keine Straße folgt, und die *Sierra de Caspe* mit ihren zahlreichen ausgetrockneten Zuflüssen des Ebro – den *Ramblas* – überquert. Knapp vor Gandesa sehen wir am Rande der Nationalstraße 420 einen Stein, der auf ein *Monumento histórico* hinweist, und zweigen auf einen Seitenweg ab, der sich in steilen Serpentinen nach oben windet. Auf der Hügelkuppe steht ein Obelisk, dessen Aufschrift zu entnehmen ist, Franco habe von dieser Stelle aus die Ebro-Schlacht befehligt – und einen Sieg für die Christenheit und die Ehre Spaniens errungen.
Letztendlich hat ihm das nichts genützt. Bunt hingemalte Parolen und

Embleme aller möglichen Franco-Gegner bis zu den Anarchisten bedecken nun den Stein. Einem Graffiti ist zu entnehmen, dies sei ein vorzüglicher Platz, um Wasser abzuschlagen.
Weiter geht die Fahrt über einen schroffen Gebirgszug, die *Sierra de Pandols,* bis wir endlich an der Stelle wieder auf den Fluß treffen, an welcher der Ebro gut 80 Kilometer vor seinem endgültigen Aufgehen im Mittelmeer vom Gebirge in die Ebene hinaustritt.
Im vierten Jahrhundert lag die Mündung des Ebro noch in der Gegend der heutigen Stadt Amposta, nun Handels- und Verwaltungszentrum der Delta-Region. Über die Jahrhunderte hinweg hat der Fluß genug Material angeschwemmt, um einen an die 30 Kilometer langen Mündungskeil von 320 Quadratkilometern Fläche ins Meer zu setzen. Dort entstand eine Pampa, durchsetzt von Lagunen, durchfurcht von Nebenarmen und Kanälen, gesäumt von mit Strandhafer bewachsenen Dünen und Sandbänken, die der Wind plattgepreßt hat, daß sie aussehen wie Wüstenstreifen. Mit dem den Katalanen eigenen Fleiß wird im Inneren dieser Ebene Obst und Gemüse in industriellem Ausmaß gezogen.
Besonders ideal sind diese Böden für den Reisanbau. An die 100 000 Tonnen pro Jahr, ein Viertel der gesamten spanischen Reisproduktion, werden im Ebro-Delta auf künstlich überfluteten Feldern geerntet. Wenn im Dezember die Raupentraktore der Reisbauern die von schwarzem Schlamm bedeckten Felder für die nächste Aussaat bestellen, lauern Tausendschaften von Enten und Bleßhühnern, Reihern und Möwen auf die Leckerbissen, die von den Schaufelrädern der Ackerfahrzeuge nach oben befördert werden. Das Mündungsgebiet des Ebro ist eines der wichtigsten Winterquartiere für Europas Wasservögel.
An die 300 Vogelarten seien da zu beobachten, dazu mehr als 500 Pflanzenarten, referiert die junge Frau hinter dem Tresen des Informationszentrums Nationalpark Ebro-Delta in La Cava. 1983 wurde dieser Landstrich zum Naturschutzgebiet erklärt, was freilich der intensiven landwirtschaftlichen Nutzung ebensowenig Abbruch tut wie der Ausbreitung des Tourismus. Längst verkehren Ausflugsdampfer auf den letzten Ebro-Kilometern, reisen Jäger und Fischer von weither an und werden ständig weitere Ferienhäuser gebaut.
In erster Linie Deutsche hätten sich da angesiedelt, berichtet Rafael, der

in Sichtweite der *Urbanicación Riumar* inmitten von Röhricht und Binsengebüsch an den Dünen seine kohlrabenschwarzen Rinder hütet. Die stellt der massige Mann, dessen Gesichtshaut von Wind und Wetter dunkelbraun gegerbt ist, als *Toros bravos* vor – tapfere Stiere, die dazu bestimmt seien, bei ländlichen Rodeos zu kämpfen.

Die Herde wird von einem halben Dutzend Mischlingshunden zusammengehalten, während Rafael die seltene Gelegenheit nutzt, mit Fremden zu plaudern, die seine Sprache verstehen. In kunterbunter Reihenfolge erzählt er Schwänke über das Leben im Delta. »Sie müssen wissen, die Zeiten sind schlecht«, resümiert er lachend: »Früher haben wir hier Blutegel gesammelt und gegen gutes Geld in alle Welt verkauft. Ich weiß auch nicht, warum damit keine Geschäfte mehr zu machen sind. Ja, die Reisbauern, die nehmen noch immer viel ein – aber um viel zu verdienen, muß man zuerst einmal viel haben. Auf den großen Reisfeldern säen sie inzwischen schon vom Flugzeug aus. Wie soll da unsereiner mit seinem bißchen Land mithalten?«

Wie lange noch etwas wachse, sei ohnedies ungewiß, zieht sich Rafael nach diesem Gemütsausbruch wieder in lächelndes Phlegma zurück: Der Fluß versalze vom Meer her immer stärker. Sogar oben in Amposta bestehe der Ebro bereits drei Meter unter der Wasseroberfläche aus purem Meerwasser. Das sei die Folge der vielen Stauseen entlang des Flusses, der nicht mehr mit genügend Druck ins Delta einfließe, um sich gegen die See behaupten zu können.

Jaja, so sei der Lauf der Welt, sagt Rafael und lacht abermals. Zuerst habe der Ebro dem Meer den Boden abgetrotzt, und nun sei er so erschöpft, daß sich das Meer im Flußlauf landeinwärts vorarbeite – »nichts ist umsonst im Leben.«

Es gibt ein Leben vor dem Tod am Nachmittag

Begegnungen mit tapferen Stieren, mutigen Toreros und noblen Stierzüchtern

Der Junge verbeugt sich artig vor der Loge des Präsidenten. Vielstimmig fordert das Publikum eine Trophäe für den *Torero:* ein Ohr des Stiers. Weiße Taschentücher werden als Ausdruck dieses Verlangens geschwenkt. Endlich legt auch der Präsident sein weißes Taschentuch über die Brüstung der Loge: Ein Ohr für den Mann, der den Stier nach den Regeln der Kunst getötet hat, bedeutet dieses Signal. Die Zuschauer jubeln, die Kapelle intoniert einen Marsch, ein Pferdegespann schleppt den toten Stier aus der Arena, die junge Meldereiterin küßt unseren Helden und überreicht ihm das Ohr.

Strahlend, auch ein wenig herausfordernd lächelnd, schreitet der ansonsten so verschlossen wirkende Domingo seine Ehrenrunde um die Arena ab, winkt mit dem Ohr ins Publikum, fängt Sitzkissen auf, die man ihm als Zeichen der Begeisterung zuwirft. Auch ein paar Pakete mit Knabbergebäck und der Spazierstock eines älteren Herrn kommen geflogen.

Das Publikum mag Domingo, der mit seinen 19 Jahren immer noch ein wenig wie ein Kind aussieht. *El chico,* rufen sie, der Kleine – und *el chaval,* das Kind. Tatsächlich ist er kaum mehr als 1,50 Meter groß und ungewöhnlich schmal. Seine Hüften erreichen gerade den Schenkelumfang eines ausgewachsenen Mannes. Ein dunkler, sehr ernster Kopf sitzt auf diesem Kinderkörper. Doch nun strahlt er. Das ist wieder einmal seine Stunde.

Seit er laufen kann, bewegt sich Domingo im Umfeld der Stiere. Einst nährte Vater Diego als junger *Jornalero* – Landarbeiter – aus Sevilla die Hoffnung, *Matador* zu werden. Er brachte es nur zum *Banderillero,* einem der Helfer des *Matadors,* die für diesen die buntumwickelten Stäbe mit den stählernen Widerhaken in den Rücken des Stiers rennen. Diego heiratete früh und wurde Vater eines Jungen ...

Wohl schon zeitig wird der kleine Domingo von seinem Vater gehört haben: Wer es zu etwas bringen wolle, müsse tunlichst dem weiblichen Geschlecht aus dem Wege gehen.

Wenn schon Diego Valderrama seinen Stierkämpfer-Traum begraben und in die Dienste eines *Señoritos,* eines andalusischen Großgrundbesitzers, hatte treten müssen, so sollte doch Domingo Valderrama diesen Weg zu Ende gehen. Diego, der mittlerweile zum Broterwerb die Landmaschinen seines *Patrón* wartete, bereitete seinen Sohn zielstrebig auf eine Stierkämpferkarriere vor.

Domingo kann sich nicht erinnern, wann in ihm der Entschluß, Stierkämpfer zu werden, reifte. Nie habe er an etwas anderes gedacht.

Und wenn er es aus irgendeinem Grund doch nicht schaffen sollte?

Dann würde er sich eben eine andere Arbeit suchen, die mit Stieren zu tun hat. Seit er sich erinnern kann, dreht sich sein Leben und damit das der ganzen Familie um die *Tauromaquia,* die Kunst des Stierkampfs.

Wann immer in der Umgebung auf den Gütern der Stierzüchter die Jungtiere erprobt wurden, waren Vater und Sohn Valderrama dabei. Keine *Capea,* keinen volkstümlichen, dörflichen Stierkampf, der in erreichbarer Nähe stattfand, ließen sie aus. Bis endlich Vater und Sohn den gewiß schon dutzende Male durchgesprochenen Moment für gekommen hielten: Als die beiden wieder einmal auf der *Finca* eines Stierzüchters einem mit Jungstieren trainierenden *Torero* zusahen, sprang Domingo plötzlich in die Arena und pflanzte sich vor dem Tier auf.

El chaval, das Kind, damals gerade acht Jahre alt, trat an gegen den schon recht riesigen, wilden Stier. Mut und Grazie vor der geballten Kraft.

»Er hat gefallen«, überliefert der Vater stolzen Blickes die Reaktionen der anwesenden Herrschaften auf diese Einlage seines Sohnes.

Borracho, der Jungstier, dem Domingo heute nachmittag das Ohr abgeschnitten hat, verlebte eine vergleichsweise luxuriöse und sorglose Kindheit. Als sie die Stunde kommen fühlte, entfernte sich die Kuh Borracha von der Herde und suchte nach einem abgeschiedenen, ebenen Stückchen Weide zum Gebären. Nach wenigen Minuten schon schleckte sie ihr Kälbchen, Borracho, trocken und versteckte es hinter ein paar Steinen, während sie nach Futter suchte, um sich von der Geburt zu erholen.

Luis Saavedra, der Gutsverwalter, der die Geburt von weitem beobachtet hatte, untersuchte das Neugeborene: *»Es macho«,* stellte er befriedigt fest – ein kleiner Stier.

Borracho wurde direkt hineingeboren ins Stierparadies. Frei wird er mit der Herde umherziehen auf den endlosen Weiden, den sanften Hügeln, die um Medina Sidonia von der andalusischen Atlantikküste zu den Bergen hin ansteigen. Er wird den kraftspendenden Blutklee fressen und *Armajo dulce,* dem nachgesagt wird, daß er den Mut der wilden Tiere fördere. Von den Weiden zur Tränke wird er ein gutes Stück zu laufen haben, doch das ist gut so, denn das stärkt die Beinmuskulatur. Bis zum Schluß wird er in keinem Stall eingepfercht sein und kaum je einen Menschen sehen. Borracho ist kein Haustier. Dem mitteleuropäischen Nutzrind ist er etwa so verwandt wie der Wolf dem Hund.

Schon stoßen die fünfzehn Kilo neugeborener Stier mit dem Köpfchen nach den Beinen von Luis Saavedra. Der lächelt zufrieden. Schon zeigt sich der Kampfgeist in den Genen des Kälbchens.

Der achtjährige Domingo Valderrama hat gefallen. Das bedeutet in Andalusien: Er gewann das Wohlwollen vermögender, im Stierkampfbetrieb einflußreicher Leute. Eine unabdingbare Voraussetzung, um *Matador* werden zu können.

Vater Diego sah sich in seinen Hoffnungen bestätigt und bereitete den Kleinen nun ernsthaft auf den Beruf vor. Als Elfjähriger lief Domingo täglich sechs Kilometer und lernte, die schwere *Capa,* das rote Tuch, zu handhaben. Gleichaltrige mußten dabei den Stier mimen, indem sie sich Hörner vor den Kopf hielten und Angriffe simulierten. Ein Jahr später erprobte sich Domingo bereits vor Jungkühen. In der kleinen Privatarena eines Züchters in der Umgebung besaß man auch eine auf ein Rad montierte Attrappe eines Stierkopfes. Domingo lernte, über die Hörner des zum Angriff gesenkten Stierhauptes hinweg die kleine Stelle am höchsten Punkt des Nackens mit dem Degen zu treffen. Jeden Tag trainierte er hier unter Anleitung von Diego.

Die Familie Valderrama wohnt an die 40 Kilometer außerhalb von

Sevilla. Rüben- und Baumwollfelder erstrecken sich flach von einem Horizont zum anderen. Darin hockt einsam und weiß Torviscal, die Arbeitersiedlung eines Gutshofes. Ein Haus sieht hier aus wie das andere: klein, niedrig und dicht um die Kirche zusammengedrängt – wie in einem ordentlich aufgeräumten Internierungslager. Der Gemischtwarenladen und die Bar im Zentrum der Siedlung gehören ebenso dem *Patrón* wie die Wohnhäuser, die Kirche und alles Land ringsum. Und recht eigentlich auch die Menschen. Die Häuser ducken sich wie ihre Bewohner und ziehen die Köpfe ein.

Doch im Umland gibt es einige Stierzüchter – also *Tientas:* Dabei werden die Jungkühe in Kämpfen mit nur simuliertem Todesstoß auf ihre Eignung für die Kampfstierzucht geprüft. Es heißt, der Stier erbe die körperlichen Merkmale vom Vater, aber den Charakter von der Mutter. Bei solchen *Tientas* dürfen Halbwüchsige, die Gnade vor den Augen des Züchters finden, in die Arena springen und mit der scharlachroten *Muleta* vor die Hörner der Kuh treten, deren Spitzen erst danach gekappt werden. Das Tier soll Angriffslust beweisen und die jungen Burschen, daß sie das Zeug dazu haben, *Torero* zu werden.

Für die *Señoritos* ist eine *Tienta* ein kleines gesellschaftliches Ereignis. Man empfängt am offenen Kamin des Salons der *Finca* eine handverlesene Schar befreundeter Standesgenossen bei Whisky und Sherry. Unter den Gästen ist auch mancher Stierkampfjournalist und der eine oder andere *Empresario* – Veranstalter von Stierkämpfen und somit potentieller Kunde. Es geht um einiges Geld. Ein Kampfstier kostet zirka eine Million Peseten.

Draußen treiben *Vaqueros* zu Pferd die zu testenden Kühe in die labyrinthartigen *Corrales* am Rande der kleinen Arena. Vor dem Salon besteigt ein *Picador* ein mit einem gepolsterten Schutzpanzer versehenes Pferd und trabt damit in die Arena, an deren Rand bereits ein Dutzend Halbwüchsige mit *Muletas* auf ihre Chance warten.

Gefolgt von seinen Gästen findet sich der Feudalherr auf dem Balkon oberhalb des Kampfplatzes ein. Er zelebriert diesen Auftritt, als wäre er Jupiter, und schleudert gelegentlich Blitze nach unten, wobei seine Kühe bei weitem besser fortkommen als die *Chicos*.

Der andere, ungleich gefährlichere, aber weniger demütigende Weg aus der Chancenlosigkeit zu Ruhm und Reichtum führt über die Dörfer, über die Stierweiden. *Hacer la luna,* den Mond machen, heißt dieses verbotene nächtliche Treiben. Bei Vollmond machen sich ein paar Burschen zu einer Stierweide auf, sondern ein Tier von der Herde ab und üben mit ihm ihre *Pases*. Als *Muleta* dient eine Jacke, da man sich ja nicht vom Züchter oder dessen Personal mit *Capa* oder *Muleta* auf dem Weg zur Weide erwischen lassen darf. Erst jüngst starben bei Albacete drei angehende *Toreros* unter den Kugeln eines Gutsbesitzers, der sie nächtens bei seinen Stieren erwischte.

Hacer la luna ist nicht nur für den sich einschleichenden *Torero* gefährlich, sondern vor allem auch für den, der dem Tier später einmal in der Arena gegenüberstehen wird: Lernt ein Stier doch angeblich in zwanzig Minuten so viel wie ein Mensch in einem ganzen Leben. Das Tier wird sich nicht mehr von dem roten Tuch verführen lassen, sondern das lohnendere Ziel aufs Korn nehmen: den Mann, der das Tuch hält.

Manch einer am Stadtrand von Sevilla oder in den umgebenden Dörfern verdient seinen Unterhalt damit, die stierkampfbegeisterten Jungen für Geld gegen sein Kalb antreten zu lassen – oft mehrere an einem Tag. So wird das Kalb nicht nur mit jedem Tag größer und stärker, sondern auch gewitzter. Tritt es dann als dreijähriges *Novillo,* als Neuling, bei einer dörflichen *Capea* offiziell in die Arena, hat der *Novillero* einen mit allen Wassern gewaschenen Teufel vor sich und gute Chancen, die improvisierte Arena auf der Tragbahre zu verlassen.

Eine weitere, verzweifelte Möglichkeit, Aufmerksamkeit für seine Begabung zum *Torero* zu erwecken, besteht darin, während einer regulären *Corrida* als *Espontaneo,* als »Sponti«, in der Hoffnung in die Arena zu springen, in der kurzen Zeit, bis man eingefangen und der Polizei übergeben wird, ein paar eindrucksvolle *Pases* mit dem Stier vorzuführen und so einen *Empresario* für sich zu interessieren.

Die *Espontaneos* werden von den *Matadores* gefürchtet, weil sie den Stier ablenken und verderben.

Der Weg in die Arena ist hart für einen jungen Habenichts, und vielleicht schützt die Allgegenwart seines Vaters den kleinen Domingo Valderrama doch vor den bösesten Erfahrungen. Vielleicht aber auch vor einigen großartigen, archaischen, wie sie der Gott aller Stierkampfbegeisterten, Juan Belmonte, in seinen Erinnerungen beschreibt. Er schlich sich als Halbwüchsiger sogar bei hellem Tageslicht auf die

Stierweiden. Weil er auf dem Weg dorthin einen Fluß durchschwimmen mußte, kämpfte er nackt gegen einen Stier: »Dieser Stierkampf auf dem freien Feld, das als *Barrera* den Horizont hatte, mit dem nackten Kämpfer, der seine goldene Haut der haarigen Bestie entgegensetzte, ist etwas anderes und meiner Meinung nach Großartigeres als der Kampf im Schutze der *Plaza* mit dem Lichtgewand am Leib und dem bunten Horizont einer sonntäglich aufgeputzten Menge.« Juan Belmonte meinte, er habe sich seine später vielgerühmte Fähigkeit, stets ganz dicht am Stier zu arbeiten, beim *Hacer la luna* angeeignet, wobei man fast nichts sieht und daher ständig dicht am Stier bleiben muß.
Trotz aller Stierbegeisterung, all dem Training, der *Tientas* und manchem heimlichen *Hacer la luna* muß Domingo Valderrama bis zu seinem 16. Lebensjahr zur Schule gehen. Manchmal spielt er Fußball mit Gleichaltrigen. Das aber nur, sagt er, um nicht allein zu sein. Eigentlich interessieren ihn nur die Stiere, die *Tauromaquia*.
Ein Jahr lang bringt ihn sein Vater dreimal wöchentlich nach Jerez zur Stierkampfschule. Dort trifft er auf Dutzende, die sich ihre Zukunft nur in der Arena vorstellen können – und nahezu jeder von ihnen hat einen Vater, der selbst *Matador* werden wollte und der nun als Handwerker oder Arbeiter sein Berufsleben fristet. Eduardo Ordoñez, der es bis zum *Matador* brachte, aber rechtzeitig einsah, daß er nie zur absoluten Spitze vorstoßen würde, und daher auf Landvermesser umlernte, leitet nun diese Schule. Eine seiner Hauptaufgaben sei es, sagt er, den Schülern rechtzeitig klarzumachen, wie gering ihre Chancen seien: In Spanien gibt es derzeit an die 150 Voll-*Matadores* und etwa 250 *Novilleros,* die darauf warten, als *Matadores* anerkannt zu werden – aber Tausende von Jugendlichen, begabten und unbegabten, die *Torero* werden wollen.
Vielleicht fühlt Diego Valderrama, wie ihm der Sohn an dieser Schule entgleitet, ihn nicht mehr braucht, und pfeift deshalb seinen Domingo zurück. Vielleicht ist Domingo dort eben nicht einer von vielen, sondern einer, der schon gefallen hat – der allein mehr Möglichkeiten hat. Jedenfalls bricht Domingo die Stierkampfschule nach einem Jahr ab, und der Vater nimmt wieder die Zügel in die Hand. Die regelmäßigen Fahrten nach Jerez seien zu teuer geworden, lautet das Argument, mit dem Diego Valderrama dieses Kapitel abschließt.

Ein bißchen einsam ist Domingo wohl in seinem einzig auf den Stierkampf konzentrierten Leben. Freunde unter den Gleichaltrigen der Umgebung hat er kaum, seit er nicht mehr in die Schule geht: »Die anderen arbeiten den ganzen Tag und gehen am Abend in eine Bar. Ich trainiere, rauche nicht, trinke nicht – daher ist mein Leben anders. Aber es geht mir nichts ab.«

Mädchen interessieren ihn nur theoretisch, denn: »Wenn man Ideale hat, muß man etwas dafür opfern. Vor dem Stier zu stehen, das entschädigt mich für alles. Sicher will ich einmal eine Frau und Kinder haben – aber erst dann, wenn ich Geld habe.« Vater Diego hat ganze Arbeit geleistet.

Borracho, der angehende Kampfstier, hat nach zwei üppigen Jahren auf den Weiden bei Medina Sidonia seine erste Prüfung zu bestehen. In seiner vertrauten Umgebung tauchen mit einem Mal zwei Reiter auf, zwei *Vaqueros,* und sondern ihn von der Herde ab. Im gestreckten Galopp geht es über die Wiese, und plötzlich fällt Borracho unter einem Stoß mit der *Garrocha,* der Lanze, gegen seine Kuppe, überschlägt sich und rappelt sich wieder auf. Der berittene *Tentador,* der Prüfer, lockt ihn mit Zurufen zu sich und stößt ihm – wie später der *Picador* in der Arena – die Spitze der Lanze, der *Pica,* in den Nackenmuskel.

Von der nun gezeigten Angriffsfreude und Ausdauer hängt es ab, ob der Jungstier für die Kastration und ein späteres Ende im Schlachthaus vorgemerkt wird oder für den rituellen Tod in der *Corrida* aufgezogen wird. Besonders vielversprechende Jungstiere, die dazu über einen erstklassigen Stammbaum verfügen, werden ein Jahr später nochmals in einer *Retienta* auf ihre allfällige Tauglichkeit als Deckstiere getestet.

Unser Borracho hat keinen außergewöhnlichen Stammbaum. Aber er ist zu mutig und angriffslustig für den Schlachthof. Allerdings stehen seine Hörner ein wenig zu eng. Man merkt ihn als *Novillo* vor. Im nächsten Jahr wird er, noch nicht ganz ausgewachsen, mit einem *Novillero,* einem noch nicht ganz fertigen *Matador* kämpfen.

Borracho gehört – wie Hunderte von Stieren und Weiden weit und breit – den Brüdern Guardiola, die von einem Stadtpalais an Sevillas *Puerta Jerez* aus eines der größten Familienvermögen Spaniens verwalten: Sie sind Europas zweitgrößte Baumwollproduzenten, Dritte in Rüben, besitzen Industriebeteiligungen ...

Der weltgewandteste unter ihnen ist Javier Guardiola, der in jungen Jahren im Gegensatz zu den meisten seiner Standesgenossen selbst ein gefeierter *Torero* war. An den Wänden seines Büros, das einem kleinen Museum gleicht, hängen die präparierten Köpfe hervorragender Kampfstiere, Urkunden und Trophäen, errungen bei der *Tauromaquia* und der Pferdezucht, sowie alte Waffen, mit denen seine Ahnen vor 500 Jahren bei Granada gegen die Mauren fochten.

Don Javier läßt indes keine Zweifel darüber aufkommen, daß ihn der Stammbaum seiner Stiere bei weitem mehr interessiert als sein eigener. Dazu philosophiert er gern über grundsätzliche Fragen der *Tauromaquia:* »Die *Corrida* ist die Kunst der Emotion – aber sie reicht über die Emotion hinaus. Sie ist ein Ritus, der uns an unsere Ursprünge, in den Nebel unseres Bewußtseins zurückführt. Der Stier ist um seiner selbst willen da und nicht für den Menschen. Anderswo hat man das nicht respektiert, und der Stier ist verkümmert.

Nur hier in Andalusien, wo er ideale Lebensbedingungen vorfindet und wo man das Wesen des Stieres versteht, bleibt er ein wild lebendes Herdentier von edlem Charakter.«

Der *Mayoral,* der Gutsverwalter der Guardiolas, Luis Saavedra, lernte sein Handwerk auf der Zucht-*Finca,* die Juan Belmonte nach seinem Rückzug aus der Arena aufbaute. Inzwischen ist Don Luis, wie ihn die *Vaqueros* respektvoll nennen, selbst eine Legende. »Der Mann ist ein Mythos«, hat sein Chef ihn uns angekündigt: »Er kann mit den Stieren sprechen und besitzt die Geduld, ihre Freundschaft zu erringen.«

Luis Saavedra, der Sohn eines Barbiers und Zahnziehers, ist inzwischen ein korpulenter älterer Herr, der wie ein Standbild des typischen Andalusiers zu Pferd sitzt. Seine Liebe zu den Stieren hat er in jungen Jahren als Landarbeiter entdeckt. Abends, wenn die anderen Arbeiter der *Finca* vor dem Fernsehgerät saßen, sei er hinausgegangen auf die Weide zu seinem Lieblingsstier. Und alle Stiere, zu denen er eine besondere Zuneigung gewonnen habe, hätten auf der *Plaza* eine prächtige Figur gemacht.

Nahezu in jeder Saison erleben einige Guardiola-Stiere einen *Indulto:* Sie liefern einen derart großartigen Kampf, daß die *Corrida* vor dem Todesstoß abgebrochen wird, damit der Stier der Zucht zugeführt werden kann.

Fachsimpeleien über die Auswirkungen bestimmter Fütterungsmethoden wischt der alte *Mayoral* mit einem Satz beiseite: »Es kommt auf die Rasse an.«

»Die wichtigsten Aspekte bei der Zucht sind die Nahrung und die *Tientas*«, präzisiert sein Chef Javier Guardiola: »Auslese, Auslese, Auslese – in die Arena und in die Zucht darf nur kommen, was allerbeste Qualität verspricht. Selbst dann ist man nicht vor Enttäuschungen gefeit.« In Borracho, obwohl nur zum *Novillo* bestimmt, setzt man einige Hoffnungen.

Diego Valderrama sitzt nervös in der Halle des ersten Hotels von Cuenca. Unentwegt spricht er auf einen ruhigen, grauhaarigen Mann ein: den *Mozo,* den Degenbewahrer seines Sohnes. Außenstehenden gegenüber bemüht sich der Vater Schweigen zu bewahren. Man müsse sich neuerdings an den *Apoderado* halten, den Manager von Domingo. Er, der Vater, dürfe nichts mehr sagen. Was er dennoch sage, sei ausschließlich seine private Meinung.

Domingo, nunmehr neunzehn Jahre alt, hat sich freigeschwommen. Er hat dem geschäftigen, stets an seiner statt antwortenden Übervater, derlei austreiben lassen. Er hat es geschafft, einen *Apoderado* für sich zu interessieren, der in Madrid eine Stierkampfagentur betreibt, dazu in Biarritz ein Restaurant besitzt und Domingos Karriere von nun an managen wird. Einen Profi.

Dennoch erlaubt sich Diego, eine Meinung zu äußern – ganz privat, versteht sich: »Diese Saison ist entscheidend für uns. Wenn sie gut verläuft, können wir nächstes Jahr die *Alternativa* nehmen. Natürlich in Sevilla. Als *Padrino,* Paten, hätten wir am liebsten Curro Romero.«

Der ist schon weit über die Fünfzig, steht aber noch immer in der Arena. In seiner langen Karriere hat er unzählige schlechte *Corridas* geliefert – aber dazu einige wenige, von denen man in Spanien noch nach Jahrzehnten spricht. Natürlich stammt Curro aus Sevilla.

Die *Alternativa* ist eine Art Doktorat für den *Torero,* womit er in den Kreis der Voll-*Matadores* aufgenommen wird, wobei ihm ein anderer, schon berühmter *Matador* als Pate zur Seite steht.

Domingo sieht die Sache inzwischen nüchterner als sein Vater: »Ich nehme dort die *Alternativa,* wo sie am meisten zahlen. Und den *Padrino,* der sich anbietet.«

In diesem Jahr hat Domingo schon einige *Corridas* in Frankreich hinter sich, und an diesem Nachmittag wird er bei einer *Novillada* in Cuenca, einer mittelgroßen Stadt in Neukastilien, erstmals in diesem Jahr in Spanien antreten. Wie immer ist Diego mit dem auf Kredit gekauften Auto, mit der auf Kredit gekauften Videokamera dabei.
Während Domingo eine Stunde vor dem Kampf im Hotelzimmer von seinem *Mozo* in das hautenge Lichtgewand, die *Traje de luz* des *Toreros,* verpackt wird, flimmern Videoclips über den Fernsehschirm. Vorbei scheinen die Zeiten, als die *Matadores* vor der *Corrida* an einem stets mitgeführten Hausaltar die Kerzen entzündeten und zum Gebet niederknieten. Ein Bildchen der *Virgen de Rocio* steckt allerdings am Hut von Domingo, und an seiner schmalen roten Krawatte ist ein Medaillon mit dem Bildnis der Madonna befestigt.
Während ihm der *Mozo* mit aller Kraft die Hose strammzieht, gibt sich der kleine Domingo gelassen, fast gelangweilt.
Nervös? »Ich doch nicht! Vielleicht der Stier, aber ich nicht.«
Der junge Mann mit dem Kinderkörper bemüht sich aufzutreten wie einer, der nahezu jeden Tag in der Arena steht. Tatsächlich wird er bereits von Züchtern aus allen Landesteilen zu *Tientas* eingeladen – als richtiger *Torero,* nicht als Junge aus der Nachbarschaft, den man gnadenhalber ein paar *Pases* versuchen läßt. Domingo ist dabei, sich seinen Weg freizukämpfen. Ohnedies weiß er recht gut, daß Geld die Welt regiert und vor allem was es heißt, kein Geld zu haben. Zwar kriegt er noch keine fetten Gagen, aber immerhin werden ihm seitens der *Empresarios* die Kosten erstattet. Sie quartieren ihn jeweils im ersten Haus am Platze ein.
»Vielleicht genießt man das Reichsein mehr, wenn man einmal arm war. Ein Reicher kann sich niemals vorstellen, was das heißt, arm zu sein«, wird uns Domingo später, nach dem Kampf sagen. In Andalusien lautet eine alte Volksweisheit: »Der Hunger hat spitzere Hörner als der Stier.«
Mit Frauen hat Domingo angeblich immer noch nichts im Sinn: »Die meisten *Toreros* sind wegen der Frauen gescheitert.« Der ständige Ortswechsel, die Gefährlichkeit des Berufs, die Männerwelt der *Tauromaquia* – das mache keine *Novia,* keine Braut, mit.
Mutter und Schwester knien nun in Torviscal vor dem Bildnis der

Madonna. Zur Stunde des Kampfes werden sie eine Kerze anzünden und beten. Gleich nach der *Corrida* wird Domingo sie anrufen, berichten und beruhigen.

»Klar will ich meine Familie herausbringen aus diesem Haus, aus dieser Umgebung, in eine andere Gesellschaft«, sagt er. »Deshalb hat man auch immer diese Angst: Wie werde ich ankommen? Es hängt ja nicht nur von einem selbst ab, sondern zur Hälfte davon, ob der Stier gut ist. Es ist viel Glück im Spiel.«

Wenn einer zu oft Pech hat, verliert er Illusion und Ehrgeiz, tritt in der nächsten Saison nur mehr als *Banderillero* an und in der nächsten ... wartet er vielleicht die Landmaschinen eines *Señorito*. Und vertagt seinen Traum von Ruhm und Reichtum in die nächste Generation. Das wird ihm nicht passieren. Domingo ist entschlossen. Er hat das Beispiel Diegos vor Augen.

Borrachos Leben hat einschneidende Änderungen erfahren. Vor wenigen Monaten hat man ihn zusammen mit einigen Gleichaltrigen von der Herde abgesondert und in einen Transporter getrieben. Das war fremd und neu, aber solange er mit den anderen zusammen war, hat er sich nicht besonders aufgeregt. Borracho ist zugleich ein wildes Tier und ein Herdentier. Die Anwesenheit der anderen Stiere und vor allem der *Mansos,* der zahmen Ochsen, beruhigt ihn.

Borracho kam mit den anderen nach *El Toruño,* auf ein schmuckes Gut aus dem 17. Jahrhundert inmitten scheinbar endloser Baumwoll- und Rübenfelder – aber nur wenige Kilometer Luftlinie vom Haus der Valderramas entfernt. Diese *Finca* heißt so, weil sich laut der Überlieferung bereits vor Hunderten von Jahren die wilden Stiere bei Hochwasser auf dieses etwas erhöht liegende Plateau zurückgezogen haben. *El Toruño* ist gewissermaßen die Verkaufsboutique des Zuchtbetriebs der Guardiola.

Gelassen käuend stehen die Tiere hier zu Dutzenden beisammen, während der *Empresario* von Cuenca sie begutachtet. Plötzlich kommt Hektik auf in diesem Stilleben. Ein Stier versucht einen anderen von hinten zu bespringen, zwei andere gehen mit Hornstößen aufeinander los. Im nächsten Moment ist wieder Ruhe eingekehrt.

In jeder Gruppe gäbe es einen Chef, sagt Don Luis, der *Mayoral.* Wenn sich ein Herausforderer stark genug fühle, diese Rolle zu beanspruchen, komme es zum Kampf mit dem Leittier, das dann von allen anderen Tieren der Gruppe daran gehindert werde zu fliehen. Sobald die Niederlage des bisherigen Chefs feststehe, rammten ihm die Stiere seiner vormaligen Gefolgschaft die Hörner in die Flanken, bis er verende. Pro Jahr kämen auf *Toruño* bis zu sechs ausgewachsene Kampfstiere auf diese Weise um.

Mit gutturalen *Hehe-Hoho*-Rufen lockt der *Mayoral* die gemächlich davontrottenden Tiere wieder heran. Der *Empresario* trifft seine Wahl: Borracho ist unter den sieben *Novillos,* die er kauft – sechs für die *Corrida,* einen als Reserve.

Wiederum reist Borracho mit seinen Gefährten im Transporter, fast durchs halbe Land, von Sevilla nach Cuenca. Stierleib an Stierleib, das beruhigt ihn.

Erst als er wenige Stunden vor der *Corrida* in den *Corral,* den Pferch der Arena, getrieben wird und sich mit einem Mal ganz allein in einem engen Gang findet, wird er unruhig, scharrt mit den Hufen und stößt mit den Hörnern gegen die Wände. Über seinem Kopf gehen Männer hin und her und treiben ihn mit langen Stangen weiter. Zu viele Menschen, zu wenige Stiere – das regt Borracho auf und macht ihn wütend.

Auf der *Plaza* draußen brodelt bereits das Volk. Platzanweiser weisen Plätze an, Bierverkäufer verkaufen Bier, die Herren von der Fachpresse nehmen ihre Plätze in der ersten Reihe an der *Barrera* ein. Hinter ihnen sitzen gestandene *Aficionados* – die sachkundigen Stierkampfanhänger: meist ältere Herren mit Schiebermütze auf dem Kopf und einer Zigarre im Mundwinkel. An der Schattenseite ist die Arena gedrängt voll, während nur wenige gegenüber in der Sonne sitzen: *Sol.* Dort ist es zwar billiger, aber wer auf sich hält, sitzt *Sombra.* In Cuenca, der Stadt mit den in einen Steilhang gebauten »hängenden Häusern«, hält man enorm auf sich.

Eine dicke, gewiß einiges über fünfzig Jahre alte Frau in Hausschuhen streut ihrem Vordermann periodisch Sonnenblumenkernschalen in den Nacken und schreit plötzlich mit weithin schallender Stimme: *»Señores,* anfangen! Es ist Zeit, das sagt euch die *Señorita* Martinez!«

Die Kapelle hoch oben in den letzten Rängen der Arena intoniert einen *Pasodoble,* und die drei *Novilleros* des Nachmittags ziehen, gefolgt von ihren *Cuadrillas,* den Helfern, vor die Loge des Präsidenten, der dieser

Corrida vorsitzt. Domingo ist viel kleiner und zarter gebaut als seine beiden Kollegen und alle anderen Männer, die einziehen. Er wird als zweiter kämpfen.
»Los! Wir wollen sehen, was der *Señor* Vasquez kann! Ein *Novillo* von 394 Kilo, erklärt euch die *Señorita* Martinez!« Die Umsitzenden drehen sich indignierten Blickes nach ihr um.
Domingos *Mozo* breitet dessen prächtig bestickte Ehrencapa vor den Plätzen der Begleiterin seines *Apoderado* und der Berichterstatter aus Deutschland auf der Brüstung der *Barrera* aus. In der Symbolsprache der *Tauromaquia* heißt das, man darf sich als Ehrengast des *Matadors* fühlen.
Nach dem exakt festgelegten Reglement läuft der erste Kampf ab – die Vorbereitung des Stiers mit *Capa, Pica, Banderillas* und *Muleta* auf den tödlichen Degenstoß. Ein guter *Novillo* und ein guter *Novillero* sind zusammengekommen – als das Tier tot im Sand der Arena liegt, schwenken die Zuschauer ihre weißen Taschentücher, und der Präsident bewilligt dem *Matador* ein Ohr.
Als nächster kommt Domingo dran. Wie berührt ihn der Triumph seines Vorgängers? Hat er Neidgefühle oder die Angst, nicht an ihn heranzureichen?
»Ich bin froh, wenn mein Vorgänger gut war«, sagt Domingo später, »dann ist die Stimmung auf der *Plaza* gut. Das ist wichtig, obwohl man beim Kampf so konzentriert ist, daß man nicht hört, was die Leute schreien.«
»*Señores,* den zweiten Stier! Jetzt wollen wir sehen, was der *Señor* Valderrama kann, sagt die *Señorita* Martinez!«
Der *Novillo* stürmt in die Arena und reagiert nicht so richtig auf die *Capas,* die ihm Domingos *Banderilleros* entgegenschwenken, um dann schnell hinter der *Barrera* zu verschwinden. Der Stier soll auf diese Weise einmal rund um die Arena getrieben werden, damit der *Matador* sehen kann, wie sich das Tier bewegt, mit welchem Horn es bevorzugt zustößt ...
Domingo nimmt ihn an seine *Capa,* führt ein paar saubere *Pases* vor, führt ihn an das Pferd des *Picadors* heran, läßt die *Banderillas* setzen, arbeitet ordentlich und ohne Mätzchen mit der *Muleta* – doch zum Schluß, bei der *Estocada,* dem Todesstoß, verfehlt er die richtige Stelle,

stößt mit dem Degen auf Knochen, die Klinge dringt nur ein Stück weit ein.

»*Vamos Chico,* los Kleiner, bravo, ein mutiges Kind!« wurde eben noch von den Rängen gerufen. Nun macht sich Murren breit. »Das war nichts. Obwohl es am Anfang so aussah...« murmelt der Stierkampfexperte der örtlichen Tageszeitung enttäuscht. Domingo braucht drei weitere Anläufe, bis der Stier endlich in den Vorderbeinen einknickt und verendet.

»Wir wollen unser Geld zurück! Das verlangt die *Señorita* Martinez!«

Ein einziger Unentwegter schwenkt sein weißes Taschentuch. Domingo geht zurück in den *Callejon,* den engen Rundgang zwischen der Arena und den Zuschauerrängen, und läßt sich vom *Mozo* Wasser reichen, trinkt, wäscht sein Gesicht.

Der dritte *Novillero* macht eine unübersehbar schlechtere Figur. Ein blasser Jüngling namens Luis de Pauloba, der eine blasse Vorstellung gibt.

»Der ist ja noch ganz grün hinter den Ohren, dieser *Señorito,* das sagt euch die *Señorita* Martinez!«

In der zweiten Runde ist der elegante Vasquez lange nicht mehr so elegant und stochert bei der *Estocada* nach dem Stier. Nach mehreren gescheiterten Versuchen, den *Novillo* auf klassische Weise zu töten, rennt er ihm den Degen von leicht seitwärts durch die Lunge in das Herz, was echte *Aficionados* verabscheuen. Die *Señorita* Martinez schweigt.

Jetzt ist es soweit: Domingos letzte Chance an diesem Nachmittag – Borrachos Stunde. 416 Kilo wiegt er und galoppiert wütend aus dem engen, dunklen *Corral* hinaus in die Weite der hellen Arena, vor Hunderte von schreienden Menschen. Er ist allein – bereit, sich auf alles zu stürzen, was sich bewegt, und es auf seine Hörner zu nehmen.

Während die Helfer ihre *Capas* schwenken, sieht Domingo ein großes, kräftiges Tier, das schnell auf den Beinen ist und trotz seiner Massigkeit sehr beweglich. Es sieht so aus, als neige Borracho dazu, ein wenig einseitig mit dem rechten Horn von unten nach oben zu stoßen. Doch als ihn Domingo dann mit der *Capa* annimmt, greift er beherzt in gerader Linie an, wendet in einem engen Bogen und greift wieder an. *»Olè!«* tönt es von den Rängen bei jedem *Paso,* und *»Si, Señor!«* schreit die *Señorita* Martinez mit den anderen. Nur der *Picador* erntet die obligaten Pfiffe. »Die Lanze ist zu lang! Wozu haben wir jetzt eine Demokratie, fragt euch die *Señorita* Martinez!?«

In der letzten Phase des Kampfes arbeitet Domingo mit der *Muleta* ganz dicht an Borracho, läßt die Hörner mehrere Male so knapp an sich passieren, daß er beinahe von dem nachfolgenden massigen Stierkörper zur Seite geschleudert wird. Borracho und Domingo haben zueinander gefunden. Es scheint, als tanzten die beiden miteinander. »Das ist *Arte,* das ist Kunst«, schreit jemand.

Zur *Estocada* führt Domingo den Stier dicht an die *Barrera* heran, visiert mit dem Degen den kleinen tödlichen Punkt an – den einzigen, der es erlaubt, Borracho einen schnellen, einen würdigen Tod zu bereiten. In der linken Hand hält Domingo die *Muleta,* der Borracho mit zum Angriff gesenktem Kopf folgt – ganz dicht rechts am *Matador* vorbei, der den Degen über die Hörner hinweg in die Nackenkuppe des Stiers stößt.

»Pflop«, sei das gegangen, und in dem Augenblick sei er glücklich gewesen, wird uns Domingo später im Hotel erzählen. Warum wird einer Stierkämpfer? Nur des Geldes wegen? »Nein«, sagt Domingo, »damit man etwas fühlt im Leben.«

Borracho hat sein in Freiheit geführtes Leben würdig im Kampf beendet und dem Namen seines Züchters Ehre gemacht. Domingo liebt Borracho und alle Stiere, die sind, wie er war.

Beim letzten Kampf des Nachmittags wird der blasse Luis de Pauloba mit dem sechsten *Novillo* nicht fertig, kann ihn nicht auf seine *Muleta* fixieren. »Viel Stier für den Jungen«, kommentiert ein *Aficionado.* *»Falta, falta, falta«,* ergänzt ein anderer: Bei dem fehlt noch viel.

Plötzlich hat der *Novillo* den *Novillero* erfaßt, rammt ihm ein Horn in die Wange, der Körper wirbelt durch die Luft, fällt zu Boden und bleibt liegen, der Stier stößt ein zweites Mal zu, bevor er von den Helfern abgelenkt werden kann. Nun blutet der *Novillero* auch aus dem Rükken. Auf seinen eigenen Beinen wankt er aus der Arena. Minuten später rast ein Ambulanzwagen durch Cuenca.

Der *Novillero* wird in die Intensivstation einer auf Stierkampfverletzungen spezialisierten Klinik nach Madrid gebracht. Tagelang schwebt er in Lebensgefahr. Dann berichtet eine Zeitung, er werde vermutlich nicht mehr sprechen können, wolle aber so rasch wie möglich in die Arena zurück.

»Der Stierkampf ist eine spirituelle Übung. Er findet vor allem im Kopf statt. Er ist eine wirkliche Kunst«, schrieb der für die *Aficionados* unsterbliche Juan Belmonte in seinen Memoiren. Der Geist des Menschen stehe gegen die Kraft, den Instinkt der Natur. Die ewige Dualität des Seins stecke in diesem archaischen Schauspiel – dem letzten, das sich aus den Nebeln der Geschichte in das moderne Heute überliefert habe: Geist und Körper, Idee und Kraft, Triumph und Tod.

Der kleingewachsene, große Belmonte, der bekannt war für sein Wolfslächeln, das er in der Arena zeigte, der Sohn eines mittellosen Straßenhändlers aus Sevillas proletarischem Viertel Triana, der gefeierte *Matador,* der in der Arena genug verdient hatte, um sich eine Kampfstierzucht leisten zu können, starb als Siebzigjähriger von eigener Hand. Nun, ließ er wissen, habe er das Alter erreicht, in dem man nichts mehr mit Stieren, mit Pferden und mit Frauen anfangen könne.

Lange zuvor schon hatte er erkannt: »Das Interessante ist, sich umzubringen – einfach sterben, das tut jeder.«

Aus bestem Stall

Besichtigung edler Pferde

»Alles hat mit der Einladung nach Wien begonnen«, erzählt Julian Gomez und schleppt Fotoalben herbei. Sein Gut, auf etwa halbem Weg zwischen Jerez und Arcos abseits aller größeren Straßen gelegen, war gewiß schon Zeuge besserer Zeiten. Doch in diesen Kreisen orientiert man sich nicht so sehr an profanen Äußerlichkeiten. Über dem Kamin hängt das Familienwappen, auf den Weiden ringsum stehen einige Rinder und vor allem Pferde – der Lebensinhalt des andalusischen Adels, auch wenn er auf den Hund gekommen sein sollte.

Blanca, die Hausherrin, hatte in Reithosen empfangen und die Besucher als erstes in die Rüstkammer geführt – alte Sättel, altes Zaumzeug. Auch da war die Rede auf Wien gekommen – auf die dort beheimatete *Spanische Hofreitschule,* eines der wenigen noch existierenden Zeugnisse der ehemaligen Habsburger-Herrschaft über die Donaumonarchie ebenso wie über den Großteil der iberischen Halbinsel.

»Die Wiener haben uns zur Feier ihres vierhundertjährigen Bestehens eingeladen«, berichtet Don Julian nun beim Kaffee in dem Wohnraum der *Finca,* der *Salon* genannt wird: »Da wurde den Leuten hier erst bewußt, daß bei uns die alte Pferdetradition in der Öffentlichkeit nahezu keine Rolle mehr spielte. Es gab keinerlei Institutionen, man wußte nicht, was man denn nun zum Jubiläum nach Wien schicken sollte. Schließlich hat mein Freund Alvaro Domecq etwas Spanisches improvisiert, das in Wien auch recht gut ankam. Ich war einer der ersten, die er einlud, mitzukommen. Nachdem wir die Hofreitschule in Wien gesehen hatten, war klar, daß wir etwas in der Art auch bei uns in Jerez machen sollten.«

Denn in Andalusien ist das Pferd zu Hause – autochthon. Seit nahezu fünf Jahrtausenden wird es hier domestiziert, taucht in Höhlenmalereien und geritzten Darstellungen an Felswänden auf. Phönizier, Griechen und Römer rühmten die iberischen Reiterkrieger, welche die klassische Reitkunst bereits in ihren Grundzügen beherrschten.

Andalusien ist wie für Pferde geschaffen: Da finden die Tiere ihre natürlichen Weidegründe, die sanft hügelige Landschaft bietet ihnen verhaltensgerechte Lebensbedingungen. Lange vor den Menschen, die aus Nordafrika einwanderten, gab es Pferde in Andalusien. Ihre Nützlichkeit lag auf der Hand: zur Fortbewegung (so wurden aus Jägern Nomaden), zur Arbeit und für den Krieg. Die andalusischen Pferde spielten eine wesentliche Rolle bei der arabischen *Conquista* Spaniens und ein Jahrtausend später bei der *Reconquista* der Christen, die schnell die Vorzüge der ausdauernden, wendigen, mit arabischen Pferden gekreuzten Tiere erkannten und für einen bis heute erhaltenen Reitsport einsetzten: *Rejoneo,* den Stierkampf zu Pferd.

Don Julian ist naturgemäß *Rejoneador,* war einmal einer der ganz großen Meister dieser Kunst. Fast jede andalusische Adelsfamilie hat wenigstens einen *Rejoneador* in ihren Reihen. Ein Sport, der sich aus dem feudalen Stier- und Pferdezüchterdasein logisch ergab. Eine anachronistische, höchst elegante und gefährliche Angelegenheit dazu, wie Don Julians zahlreiche Narben beweisen.

»Die klassische Dressur, wie sie in Wien und hier auf der *Real Escuela del Arte Ecuestre,* die seit 1973 existiert, gezeigt wird, leitet sich vom *Rejoneo* her«, sagt unser Gastgeber: »All diese Figuren dienen dazu, dem Stier auszuweichen. Diese schnellen Wendungen, die Gangarten... Was jetzt als Ballett gezeigt wird, hat seinen klaren Ursprung im Kampf.«

Alvaro Domecq Romero, ein Pate von Jerez, dessen Name für Wein, für Stiere, vor allem aber für Pferde steht, läßt an der *Königlichen Reitschule* Pferde für den Stierkampf ausbilden. »Ein Pferd lernt die klassische Dressur in etwa einem Jahr, hingegen braucht es drei, vier Jahre, um für den *Rejoneo* tauglich zu sein«, schätzt Don Julian. »Nicht jedes gute Pferd eignet sich dafür.«

Der wahre *Rejoneo*-Hengst – nur männliche Tiere kommen zur Dressur, Stuten seien zu launisch, heißt es – braucht kaum mehr Hilfen vom

Reiter, er hat selbst gelernt, auf den Stier zu reagieren. Der *Rejoneador* hat ohnedies alle Hände voll zu tun, den Stier mit der *Garrocha,* der Lanze, zu bearbeiten. Beim Dressurreiten ist davon geblieben, daß das Pferd nicht mit dem Zügel dirigiert wird, auch nicht mittels Schenkeldruck – das erlauben die breiten Sättel nicht –, sondern fast ausschließlich durch Gewichtsverlagerung. Der *Rejoneador* in seiner Tracht aus dem 17. Jahrhundert scheint verwachsen mit seinem Roß *de pura raza española.*

Natürlich ist die Reinrassigkeit auch bei Pferden ein leerer Wahn. »Reine spanische Rasse« steht einfach für das bodenständige Pferd des Südens. Das autochthone andalusische Tier kreuzte sich schon früh mit Arabern oder Berbern – im übrigen hat faktisch jedes Pferd der Welt arabisches Blut in den Adern. Um 1500 kreuzte man den *Español* zusätzlich mit dem schweren neapolitanischen Roß, um ihn – der Mode entsprechend – größer zu machen. Ein Unfug sei das, meint Don Julian, für den die Partnerwahl hinsichtlich seiner drei Pferde zu den wichtigsten Lebensentscheidungen zählt.

»Viele Züchter achten nur auf den Körperbau und experimentieren damit herum«, sagt er. »Dabei ist es ganz wichtig, den Charakter des Pferdes zu berücksichtigen – seine Intelligenz, seinen Mut. Was hat man von dem schönsten Tier, wenn es unbrauchbar ist?«

Ein solches scheinbar unbrauchbares Vieh hatte der große Alvaro Domecq ihm eines Tages verkauft: eine prächtige schwarze Stute, die sich indes von niemandem reiten ließ. Nach einem Monat, erinnert sich der Hausherr mit glänzenden Augen, saß seine Frau Blanca auf der gezähmten Widerspenstigen, mit zwei Kindern vorn im Sattel.

Zehn Jahre nach der Gründung der Reitschule von Jerez zeigte auch der spanische Staat Interesse an den Pferden und eröffnete vor den Toren der Stadt ein mittlerweile berühmtes Gestüt: die *Yeguada Militar,* von der Armee betrieben aus einem Grund, den Major Velasquez mit entwaffnender Offenheit nennt: Weil das billig ist. Und natürlich wegen der glorreichen Tradition der spanischen Kavallerie.

Also misten wehrpflichtige Jungmänner Ställe aus und führen Stuten zum Decken. Der Chef, Oberst Pimente, der kurz vor seiner Pensionierung steht, inspiziert morgens die in der Nacht geborenen Fohlen.

»Eigentlich sind wir eine Art Museum«, sinniert der alte Herr und saugt dabei an seinem Stumpen: »Wir sorgen dafür, daß die Rasse nicht ausstirbt. Hier haben wir zweihundert Muttertiere mit ihren Fohlen. Mit sechs Monaten werden sie nach Geschlecht getrennt. Die Hengste kommen zur Dressur und dann entweder in die Reitschule oder ins Hengstdepot. Wenn ein Züchter die Rasse seiner Pferde aufbessern will, leihen wir ihm einen Hengst zum Decken. Er zahlt dann pro geborenem Fohlen.«

Gezüchtet werden Pferde *de pura raza española* und Araber, aber auch Kreuzungen mit Engländern, die bekannt sind für ihre Schnelligkeit – das Sportpferd im Gegensatz zum andalusischen Reit- und Dressurpferd.

»Bei uns war das Pferd sehr lange ein Arbeitstier«, sagt der Oberst. »Deshalb mußte es einfach stark und schnell sein. In der Reitschule will man in jüngster Zeit wieder stärker auf den autochthonen Typ zurückkommen.«

Das ursprünglichste Pferd, das in Spanien existiert, heißt *Cartujano,* da es von Karthäusermönchen gezüchtet und vor fremden Einkreuzungen bewahrt wurde – abgelegen und versteckt gehalten, inzwischen eine kostbare Seltenheit.

Für Jerez hat sich die Besinnung auf die große Vergangenheit seiner Pferde gelohnt. Täglich kommen Touristen auf den ehemaligen Landsitz des Herzogs von Abrantes, um dem Training in der *Real Escuela del Arte Ecuestre* beizuwohnen. An jedem Donnerstag wird die große Show gezeigt: *Como bailan los caballos andaluces* – wie die andalusischen Pferde tanzen.

Nicht nur Pferde lernen in dieser Schule. Man kann sich zum Reiter, Reitknecht oder Wagenlenker ausbilden lassen. Der weltweit gute Ruf aus der Zeit, als andalusische Pferde an die Fürstenhöfe Europas verschenkt und nach Amerika exportiert wurden, soll durch internationale Tourneen des Balletts aufpoliert werden.

In Andalusien selbst hat das Pferd nie aufgehört, eine wichtige Rolle im Alltagsleben zu spielen. Die alljährlich im Mai in Jerez stattfindende *Feria de caballo* ist weniger eine Verkaufsmesse als ein Volksfest, in dessen Mittelpunkt die Rosse stehen. Alles, was vier Beine hat und einen Reiter auf dem Buckel erträgt, wird dann durch die Stadt getrieben. Angelegentlich der *Feria* trägt der *Caballero,* der Reiter, sein *Rejo-*

neo-Kostüm, hinter ihm im Sattel sitzt seine Dame, eine leuchtende Rüschenkaskade.

Zu Pferd wird die Weinlese gefeiert, zu Pferd geht es zur Prozession an kirchlichen Feiertagen, zu Pferd macht man sich auf die Wallfahrt, zu Pferd geht es zum Stierkampf. Das *Caballo* ist Teil der regionalen Identität – sei es der feine *Cartujano*-Hengst, ein Ballettänzer aus der Reitschule oder ein Rosinante, der schwer am Stolz seines Besitzers schleppt.

Ein Seelenzustand, den man auch tanzen kann

Empfindungen bei der Suche nach dem wahren Flamenco

Langsam schält das Scheinwerferlicht die Silhouette einer Frau aus dem Dunkel. Reglos und makellos bis in die Fingerspitzen sitzt sie da, die volantbesetzte Schleppe ihres Kleides um sich drapiert – eine Ikone unnahbarer Weiblichkeit. Im Hintergrund flehen zwei Sänger vergeblich um die Aufmerksamkeit der Schönen. Die beiden Gitarren tremolieren Klageschreie. Die Frau, dieses allem Anschein nach unerreichbare Objekt ihrer Begierde, wendet ihnen den Rücken zu, schön und kalt wie eine Statue.

Doch plötzlich fährt Leben in sie, beginnen ihre Hände zu spielen, ihre Arme in weichen, runden Bewegungen zu erwachen. Es hält sie nicht mehr auf dem Hocker, es treibt sie, es lockt sie zu tanzen. Sie wirft den Kopf hoch und sieht den Männern ins Gesicht. Rafft ihr Kleid, wirbelt die lange Schleppe – die *Bata de cola* – hinter sich und beginnt den Platz um sich zu erobern. Einen unendlichen Fächer der Gefühle breitet diese *Bailadora,* Tänzerin, vor den Zuschauern aus: die graziöse Verführung durch das Wellenspiel der Arme, das zierliche Locken der Finger, quälend langsame Drehungen des schlanken Körpers zum Pulsschlag der Kastagnetten …

Unvermutet unterbricht ein rauherer Ton die trügerische Süße: *»Vale!«* schreit einer der Sänger, und die Tänzerin Ana Maria Bueno rafft die Röcke hoch bis zum Knie und beginnt einen *Zapateado* – wörtlich: Schuhtanz –, stampft und trommelt mit Spitzen und Hacken, als wollte sie sich hineinarbeiten in den Boden, in diese Erde, als brenne ihr ein lange zurückgehaltenes Feuer unter den Füßen, als ließen ihre Leidenschaften sich so zertreten. Dieser *Zapateado* hat etwas Wütendes,

Verzweifeltes. Der Gesang der Männer im Hintergrund wird zur Klage, zum Schrei, die Gitarren klingen schmerzlich und laut.
Ana Maria Bueono hat sich den vier Männern nun zugewandt, zeigt sich ihnen in ihrem Tanz, bietet sich halb trotzig an und bleibt doch unerreichbar. Der rauhe *Cante,* Gesang, ihrer Begleiter steigert sich zu einer Wildheit, die dem Publikum den Atem nimmt und sogar hartgesottene Flamenco-*Aficionados* sekundenlang befürchten läßt, die Kerle in ihren fadenscheinigen schwarzen Anzügen mit offenen Hemdkragen stürzten sich im nächsten Augenblick tatsächlich auf die Tänzerin und rissen sie, wahnsinnig vor Gier, in Stücke. Dies ist der Moment der Wahrheit, die flüchtige Zeitspanne, da *Duende* eingekehrt ist – der geheimnisvolle Geist des Flamenco, der ein unberechenbarer Kobold ist.
Man kann Dutzende Flamenco-Veranstaltungen erlebt haben, berühmte Truppen wie die der Cristina Hoyos, schummrige *Tablados* für Eingeweihte und farbenfrohe Shows für Touristen, ohne dem *Duende* je begegnet zu sein. *Duende* äußert sich in einer fast schmerzhaften Form des persönlichen Gepacktwerdens jedes einzelnen Anwesenden – als bliebe das Herz einen Augenblick lang stehen, als setze der Atem plötzlich aus, als habe man den Zipfel einer großen Wahrheit zu fassen bekommen, die sich nicht in Worte kleiden, nicht weitergeben läßt. Als habe man dem Tod ins Auge gesehen – dem letzten, tiefsten Grund aller Erotik.
Wen *Duende* erfaßt, den packt er bis ins Mark. Ohne ihn bleibt der Flamenco hohl und leer – eine Form nur, eine Lüge im Grunde. Flamenco hat nur ganz oberflächlich mit Schönheit zu tun: dekorativen Kleidern, eleganter Haltung – schon gar nicht mit Jugend. Die meisten Flamenco-*Bailadoras* erreichen den höchsten Punkt ihrer Karriere in einem Alter, in dem klassische Ballettänzerinnen ihre Spitzenschuhe an den Nagel hängen müssen. Beim Flamenco kommt es auf die Lebenserfahrung an – auf die emotionale Verarbeitung von Schmerzen und Euphorien, von Liebesräuschen, Enttäuschungen, Kämpfen. Der wahre Flamenco, jener, der *Duende* hervorzubringen imstande ist, spricht vom Drama der menschlichen Existenz, vom Urgestein der Gefühle. Sexy Teenies haben dabei nichts verloren.
Federico Garcia Lorca, der große spanische Dichter und Apologet

Andalusiens, hat es erlebt: »Vor Jahren, bei einem Tanzwettbewerb in Jerez de la Frontera, trug eine Achtzigjährige den Preis davon gegen die schönsten Frauen und jungen Mädchen mit Hüften wie quicke Wellchen; und zwar einzig und allein dadurch, daß sie die Arme hochstieß, den Kopf in den Nacken warf und einmal mit dem Fuß aufs Podium stampfte. So also mußte in der Versammlung von Musen und Engeln, von Frauenschönheit und Schönheit des Lächelns dennoch jener todnahe Dämon gewinnen, der seine Flügel aus rostigen Messern über den Boden schleifte.«

Nicht jedem ist es gegeben, so zu empfinden. Carlos Saura, der Regisseur des weltweit erfolgreichen »Carmen«-Films, der dem Flamenco ein zweites goldenes Zeitalter zu bescheren scheint – das erste erlebte er im Gefolge von Bizets Oper –, mochte die wunderbare Cristina Hoyos, Partnerin des männlichen Protagonisten Antonio Gades seit zwanzig Jahren, nicht als Film-Carmen akzeptieren und gab dieser erstklassigen Flamencotänzerin eine zweitklassige Rolle. Die junge, hübsche, doch im Sinne des Flamenco belanglose Laura del Sol wurde Sauras Carmen.

Cristina Hoyos trennte sich daraufhin von Gades, stellte eine eigene Truppe zusammen, choreographierte ihre Flamenco-Vision *»Sueños Flamencos«* (Flamenco-Träume) und feiert damit ungeahnte Triumphe in ganz Europa, erlebte geradezu eine Apotheose an der Pariser Oper, deren Publikum für die spezielle Magie der Hoyos emfpänglicher war als Ballettchef Rudolf Nureyev, dessen erfolgloser Widerstand gegen die »Flamenco-Träume« – die ihm wohl nicht klassisch genug für die *Grande Opéra* schienen – seinen Abgang nicht unwesentlich mitbewirkte.

Eine Geschichte, die ahnen läßt, wie gut und wie hart eine Frau sein muß, um sich im Flamencomilieu, der *Macho*welt der Andalusier, der Zigeuner, durchzusetzen. Und gerade auf Frauen übt der Flamenco die größte Faszination aus. Von diesem Tanz als Ausdruck eines Seelenzustandes, der von Freude und Verzweiflung, von Lust und Schmerz kündet, fühlen sich vor allem Frauen angezogen, die schon ein Stück gelebt haben, die sich ihrer Persönlichkeit bereits bewußt sind, die etwas zu sagen haben und Freude daran, es mit ihrem Körper zu sagen. Frauen, die den *Duende* zu empfangen imstande sind.

Solche Frauen haben dem Flamenco in den letzten Jahren ein Aufleben beschert, ein Emportauchen aus den Niederungen der Folklore und der Touristennepperei, wie sie – beispielsweise – auf dem berühmten *Sacromonte* in Granada betrieben wird. Dort sitzen die in Reisebussen herangekarrten Fremden vor ihrem Bier und betrachten durch den Sucher ihrer Videokamera Bilderbuchzigeunerinnen, die sich sexy in bunten Kleidern drehen und mit den Fingern schnippen – *Olé!* Je mehr Frauen, desto besser, und das, obwohl der Flamenco eine zutiefst solistische Kunst ist. Aber mit Flamenco haben dergleichen Veranstaltungen so viel zu tun wie das Oktoberfest mit Fröhlichkeit.

Flamenco ist nicht nur ein Tanz, sondern eine in sich geschlossene Kultur, die jahrzehntelang vom Zugrundegehen bedroht schien – verdorben von zuviel Kommerz, dabei ausgehungert durch die dürftigen Gagen, die den tatsächlichen Künstlern in den *Tablados* – den Bars mit Auftrittsmöglichkeiten – gezahlt werden. Carlos Sauras Carmen-Film, kommerziell und gefällig genug, fachte dennoch das Interesse am wahren Flamenco in den achtziger Jahren neu an. Im Sommer jagt in Spanien ein Festival das andere, es gibt unzählige Wettbewerbe und Workshops, die von öffentlichen Institutionen unterstützt werden. Allerorten werden Flamenco-Tanzkurse angeboten, Schallplatten verkaufen sich glänzend, Dichter und Denker begeben sich auf die Suche nach dem *Duende*. Die *Aficionados* formieren sich in aller Welt. Die eifrigsten pilgern nach Sevilla, um hier eine Flamencoschule zu besuchen, wie etwa die von Manolo Marín, dem berühmten Tänzer und Choreographen. Seine *Academía* liegt in Triana, einem der traditionsreichsten Viertel der Stadt, ehemals Wohngebiet der Zigeuner – somit Flamenco-Muttererde.

»Uno, dos, tres y cuatro«, übertönt Carlos Robles, der Tanzlehrer, das *Traptraptrap* von sechzehn Paar Schuhen auf dem Holzfußboden. Fünfzehn Frauen und ein junger Mann folgen Carlos mit winziger bis beträchtlicher Verzögerung – je nach Stand des Könnens. Sie lassen die Füße des Lehrers nicht aus den Augen und kontrollieren zugleich die eigene Haltung in der frontalen Spiegelwand. Die meisten der Frauen sind deutlich erkennbar Ausländerinnen und keineswegs Teenager. Sie arbeiten konzentriert und mit Hingabe hinter dem Rücken ihres jungen Vortänzers, der sie kaum korrigiert. Wird er ans Telefon gerufen, üben

in der Zeit die fortgeschritteneren Schülerinnen mit den Anfängerinnen. Andere probieren besonders effektvolle Schrittkombinationen und Drehungen. Es herrscht eine ernsthafte, aber freundliche Arbeitsatmosphäre.

»In den letzten vier, fünf Jahren kommen viel mehr Leute«, sagt Carlos. »Ich glaube schon, daß das mit dem Film von Saura zu tun hat. Drei Viertel kommen aus dem Ausland – die meisten aus Japan und Deutschland. Sie sagen, der Flamenco sei wie eine Droge für sie.«

In ein bis zwei Jahren sei es für die Begabtesten möglich, den Flamenco in seinen Grundzügen zu erlernen. Man lerne aber nie aus, gäbe es doch mehr als 80 verschiedene Tänze mit unzähligen Schrittvariationen – all die *Soleas, Alegrías* und *Bulerías,* die *Siguiriyas, Tarantas* und *Farucas* ... Jedenfalls müsse man bereit sein, hart an sich zu arbeiten. Ein gut entwickeltes Gehör sei notwendig, eine physische Grundkondition, nicht zuletzt Willenskraft, Disziplin. Vielleicht seien deshalb die Japanerinnen und die Deutschen so vorbildliche Schülerinnen.

Wie Helga Kraus aus Esslingen, Mittvierzigerin, Hausfrau – Hobby: Ballett. Vom »Carmen«-Film angetan, wandte sie sich vor fünf Jahren der spanischen Folklore zu und stieß schließlich auf den Flamenco. Seit 1987 kommt sie alljährlich für zwei Monate nach Sevilla, um bei Manolo Marín *Baile flamenco* zu studieren, den sie zu Hause in Esslingen mittels Kursen weiterverbreitet.

Auch Keiko Kato aus Shimizu, Japan, unterrichtet bei sich zu Hause Flamenco. Vor fünfzehn Jahren hat sie ihn gelegentlich ihrer ersten Europareise entdeckt, und er hat sie nicht mehr losgelassen. »Ja, wie eine Droge«, sagt die höfliche Keiko, »im Flamenco liegt viel tiefes Gefühl. Wir Japaner können das gut verstehen. Diese Musik: orientalische Musik. Flamenco liegt uns sehr nahe.«

Früher hat Keiko als Hebamme gearbeitet, um sich ihre Reisen zu finanzieren. Mittlerweile unterrichtet sie nur mehr vier Monate in Japan Flamenco und lernt die restliche Zeit des Jahres bei Marín in Sevilla. »Um mich weiterzuentwickeln, brauche ich die Atmosphäre dieser Stadt«, erklärt sie.

Elisa Perez Acal ist um die Fünfzig und zählt zur Minderheit der Einheimischen in der Schule. Sie ist Hausfrau, hat drei Kinder und kann in jeder Hinsicht als eine typische *Sevilliana* gelten: freundlich und sehr selbstbewußt. »Vor zehn Jahren hat es mich mit einem Mal überfallen«, erzählt sie. »Bis dahin hat mich Flamenco nicht interessiert, auch als ich klein war, nicht. Plötzlich aber hat es mich gepackt – ich weiß auch nicht, warum –, und seither komme ich hierher, um zu lernen, und tanze nun bei jeder Gelegenheit – auf Familienfesten vor allem. Meiner Familie gefällt es.« Hat sie als Andalusierin einen anderen Zugang zu diesem Tanz? »Ich glaube schon«, sagt Elisa, »daß es für mich leichter ist als für Ausländerinnen. Wir haben eine andere Grazie ...«

Der *Baile,* der Tanz, ist freilich das jüngste Element im Dreiklang der *Arte flamenco:* Gesang – Gitarre – Tanz. Unentbehrlich ist lediglich die menschliche Stimme – der *Cante,* oftmals nur begleitet von *Palmas* (Händeklatschen) und *Bitos* (Fingerschnalzen).

»Manuel!« schreit einer aus der dunklen Masse des Publikums: »Jetzt hören wir *cante*!«

»Endlich!« sekundiert ein anderer, und sein Ruf klingt wie ein Stöhnen.

Cante – Gesang. Nein, Gesang ist das nicht. Nicht für mitteleuropäische Ohren. Der Mann dort oben auf der Bühne heizt seinem Publikum ein mit rauhen Schmerzensschreien – mit einer scheinbar atonalen, wilden Klage. Er zerrt an seinen Stimmbändern *Ayayayayay* –, quält sich und quält seine Zuhörer.

»Vale!« ruft immer wieder einer von ihnen – das heißt: Gut so, weiter so ...

Manuels Gesicht ist vor Anstrengung verzerrt, an den Schläfen treten die Adern hervor, Schweiß rinnt ihm in Bächen in den Hemdkragen, wo eine goldene Kette blitzt. Für den Flamencosänger geht es nicht darum, eine gute Stimme zu haben, sondern darum, den Zuhörern mit seinem Gesang weh zu tun, sie zur Teilnahme zu bewegen.

Es ist zwei Uhr nachts, und aus dem schwarzen Himmel funken die Sterne Botschaften aus der Unendlichkeit. In Sevillas *Barrio San Lorenzo,* im Hof des *Torre de Don Fadrique,* einem weitläufigen Gemäuer, das der Lokalhistorie zufolge verbotener Liebe als Unterschlupf gedient haben soll, hat der *Cantador* Manuel Mairena den *Duende* beschworen, jedem einzelnen seiner Zuhörer nicht bloß ans Herz gegriffen, sondern in den Eingeweiden gewühlt. Als er seine Ballade endlich schließt, seinen dunklen Kopf dramatisch senkt, dann hochwirft und ins Publikum starrt, holt der ganze *Patio,* Hunderte von Menschen, Atem zu einem Schrei der Begeisterung, der Leidenschaft, der Erlösung.

Manuel da oben verbeugt sich langsam und tut schließlich etwas Unerhörtes: Er kniet nieder und küßt den Boden, auf dem der *Duende* von ihm Besitz ergriffen hat. »Der Papst des Flamenco«, flüstert neben uns ein alter Mann mit Tränen in den Augen.

Sogar der Jubel, die Begeisterung der *Aficionados* sind erschreckend und packend zugleich. So muß es gewesen sein, damals, bei Manuel Cagancho, dem legendären Flamencosänger, bei dessen Vortrag – so wird dem Interessierten häufig versichert – sich die Haare seiner Zuhörer gesträubt haben sollen. Danach hätten die *Gitanos,* die Zigeuner im Publikum, sich vor Begeisterung die Kleider zerrissen und alles, was ihnen unter die Hände kam, zerschlagen. Ein Akt kollektiven Wahnsinns.

So freilich sieht das in Spanien niemand. Da würde man allenfalls zugestehen, daß ein wenig Spiritismus im Spiel sei: Der *Duende* verwandelt den Flamenco-Künstler in ein Medium – der Geist, der Dämon fährt in den Sänger, gebraucht ihn, um sich der Gemeinschaft mitzuteilen. Federico Garcia Lorca hat das so beschrieben:

»Da schoß *La Niña de los Peines* wie von Sinnen in die Höhe, auseinandergerissen wie ein mittelalterliches Klageweib, trank mit einem Zug ein großes Glas Cazalla, der wie Feuer ist, und fing zu singen an: ohne Stimme, ohne Atem, ohne Nuancen, mit verbrannter Kehle – aber mit Dämon. Es war ihr gelungen, das ganze Gerüst des Liedes zu zertrümmern, um einen wilden, versengenden Dämon durchbrechen zu lassen, einen Freund der Sandstürme ... Sie mußte ihre Stimme zerfetzen, weil sie wußte, daß Leute ihr zuhörten, die keine Formen, sondern das Mark der Formen verlangten; reine Musik mit gerade noch so viel Substanz, um sich in der Luft zu halten. Sie mußte sich des Wissens und der Sicherheiten begeben, das heißt, ihre Muse fortschicken, verlassen und schutzlos bleiben, bis der Dämon kommen und sich herbeilassen würde, Leib gegen Leib mit ihr zu kämpfen. Und wie sie sang! Ihre Stimme spielte nicht mehr: ihre Stimme war ein Blutstrahl, geadelt durch Schmerz und Ernst.«

Der Flamenco wurzelt in der Kultur der andalusischen Zigeuner, der

Calè, der Schwarzen, wie sie sich selbst nennen. Im 15. Jahrhundert waren sie nach langer Wanderschaft durch Vorderasien und Nordafrika schließlich nach Südspanien gelangt, wo sie sich in erster Linie im Dreieck Sevilla-Jerez-Cadiz niederließen. Zum *fahrenden Volk* gehören die *Calè* nur noch bedingt. Ihrem Kommunikationsbedürfnis folgend, ließen sich viele *Gitano*sippen bereits vor Jahrhunderten an der Peripherie der Städte nieder, von wo aus sie aber weiterhin ihren *ambulanten* Tätigkeiten nachgingen: Sie waren Scherenschleifer, Kesselflicker, Pferdehändler, Stierkämpfer oder Gehilfen eines *Matadors.* Oder eben Flamenco-Künstler.

Die Parallelen zwischen Flamenco und Stierkampf sind erstaunlich, wenngleich erst nach tieferem Eindringen in die Materie offenkundig. Obwohl der Stierkampf aus der Kultur der *Payos,* der Nichtzigeuner, kommt, entspricht er im wesentlichen der Gefühlswelt der *Gitanos:* Herausforderung, Triumph oder Tod, Enttäuschung, Euphorie, metaphysische Interpretation der Realität.

Die unzähligen öffentlichen und privaten Feste, die einander in Andalusien jagen, sind stets Domäne und Arbeitsplatz der *Gitanos.* Bei allen Wallfahrten, diesen Exzessen arachaischer Wundergläubigkeit, sind sie mit ihren eigenen Heiligenbildern, ihren religiösen *Gitano*-Bruderschaften dabei – aber auch als ambulante Händler mit einem Sortiment, das von Zigaretten bis zu Devotionalien reicht, oder als Schausteller einer tanzenden Ziege. Bei der extravaganten *Feria de Sevilla,* Höhepunkt des andalusischen Festkalenders, haben sie ihre eigenen Zelte, die zu betreten *Payos* gewöhnlich verwehrt bleibt. *Gitanos* bleiben gern unter sich, innerhalb des eigenen und befreundeter Clans. Einerseits sehen die *Payos* bis heute mit Mißtrauen und Verachtung auf sie herab, um gleichwohl die geheimnisvollen Bräuche von dunkler Herkunft – manches deutet auf Indien hin – zu romantisieren. Andererseits haben die *Gitanos* ihre eigenen Gesetze, ihren eigenen Moralkodex, und zeigen wenig Lust, diese Sonderstellung für ein Leben in der *Payo*-Welt einzutauschen, in der sie doch nur arm und ungebildet am Rande der Gesellschaft dahinvegetieren müssen. In einem *Canto* heißt es:

In der Kleidung bin ich Spanier
doch Gitano von Geburt

Spanier wünsche ich nicht zu sein
fühle als Gitano mich zufrieden.
In einem anderen Lied wird geklagt:
Im Viertel von Triana
hörte man mit lauter Stimme,
daß Leid im Leben tragen müsse,
wer ein Calè ist.

Für den *Gitano* gibt es zwei Möglichkeiten, sein Glück zu machen – auch wenn beide Wege innig mit dem Leid verbunden sind, ja geradezu darauf aufbauen: als Stierkämpfer oder als Flamenco-Künstler. Wie sehr eine solche Karriere als erstrebenswert angesehen wird, kommt in einem der vielen Riten der *Gitanos* Andalusiens zum Ausdruck – dem *Nagelfest*. Dabei werden dem *Gitano*-Säugling Finger- und Zehennägel beschnitten. Auf diese Weise wünscht man dem neuen Mitglied der Sippe Talent für den Flamencogesang, für das Gitarrenspiel und den Tanz.

Ein berühmter Künstler wird jeweils eingeladen, die Nägel zu beschneiden, gewissermaßen die Patenschaft zu übernehmen. Zugleich ist ein solches Fest ein Anlaß, um zu tanzen und zu singen. Bei den Familienfesten der *Gitanos,* die Außenstehenden in der Regel verschlossen bleiben, findet der authentische Flamenco statt. Aus der Höhle, dem Zelt des Zigeuners, drang vor Hunderten von Jahren der Schmerzensschrei derer, die ein Ventil brauchten für den Druck des Lebens im Bodensatz der Gesellschaft. Der Schrei verband sich mit den orientalischen Weisen, welche die *Gitanos* während ihrer langen Wanderschaft durch Jahrhunderte und Kontinente aufgelesen hatten, und er verband sich mit den Liedern der mehrere Jahrhunderte lang von den Mauren dominierten andalusischen Landbevölkerung. Im Grunde blieb er aber, was Ricardo Molina in seinem Buch »Misterios del arte Flamenco« so ausdrückte: »In seiner schlichtesten Art ist er, der Flamenco, der Schrei eines Volkes, das in Armut und Unwissenheit versunken ist und für das nur die drängende Notwendigkeit des unmittelbaren Überlebens und die instinkthaften Gefühle existieren.«

Es ist nicht leicht, wirklichen Flamenco in seiner Heimat, in Sevilla oder Granada, zu erleben. Viele Geheimtips erweisen sich inzwischen als Touristenfallen. Manche noch vor wenigen Wochen gerühmte *Tabla-*

dos werden über Nacht von der Polizei geschlossen: Spaniens Drogenhändler haben sich nicht zuletzt das Flamenco-Milieu als Absatzgebiet ausgesucht und mischen dort nach Mafia-Art mit. Längst ist es nicht mehr so wie noch vor wenigen Jahren, als in jeder Bar gesungen und getanzt werden konnte, sobald Stimmung aufkam. Spanien ist vergleichsweise reich geworden und schickt sich an, ein Vollmitglied der Europäischen Gemeinschaft zu werden – derlei Fortschritt drückt sich nicht zuletzt in der wuchernden Ausbreitung einer Bürokratie aus, die nach Konzessionen und Abgaben für alles und jedes verlangt – auch für die Berechtigung, seinen Seelenzustand hinauszuschreien, der Gitarre anzuvertrauen, in den Boden einer Bar zu stampfen.

Doch Andalusien ist noch immer jener Teil Spaniens, in dem obrigkeitliche Anordnungen nach Möglichkeit als unverbindliche Empfehlungen ausgelegt werden. Noch kann man nach Mitternacht in Sevilla den Guadalquivir überqueren, um jenseits des Flusses in Triana mit gespitzten Ohren den wahren Flamenco aufzustöbern – eine verrauchte Bar zu finden, aus der ein langgezogenes *Ayayayayay* stöhnt.

Dort sitzen sie im Kreis um eine Flasche *Fino* oder *Tinto,* unter ihnen der Kerl mit dem geölten schwarzen Haar und dem gelassenen Grinsen des begabten Schlitzohrs, das mangels Ehrgeiz nie zur großen Karriere weder in der bürgerlichen noch in der Unterwelt aufgebrochen ist. Dem genügt es offenkundig vollkommen, hier zu sitzen und auf seiner Gitarre zu improvisieren. Er läßt sie plaudern und mustert dazu nicht sonderlich interessiert seine Umgebung. Eine zweite Gitarre nimmt das Thema auf, mischt sich ein. Jemand fängt an zu klatschen, andere stimmen ein. Da fällt dem kleinen Dicken mit der Knollennase in der Ecke etwas ein. Halb *parlando* erzählt er der Gitarre eine Strophe.

»Vale!« feuert ihn sein Nachbar bewundernd an. Oliven und Wein werden gebracht. Eine junge *Gitana* im Minikleid steht auf und zeigt ein paar *Pasos* – Schrittkombinationen. *»Vale!«* rufen die Kerle. Das Mädchen setzt sich wieder hin. Der neue Tag ist erst zwei Stunden alt, der Abend noch nicht so weit gediehen. Da fällt dem kleinen Dicken – Carlos Heredia heißt er, und in Sevilla kennt ihn jeder *Aficionado* – noch etwas ein. Die Gitarren nehmen den Einfall auf, spinnen ihn fort, die Runde klatscht den Rhythmus, man lacht und schwatzt, belohnt den Sänger mit Zurufen, holt mehr Wein herbei.

Wieder steht jemand auf, setzt an zum Tanz, bricht wieder ab. Scherze fliegen hin und her. Langsam baut sich eine eigentümliche Spannung auf. Ganz behutsam wird die Bereitschaft der Anwesenden, in diese Stimmung einzusteigen, vorangetrieben. Flamenco ist eine höchst solistische Kunst – indes auch eine, die vom Gruppenerlebnis lebt. Sie duldet keine passiven Zuhörer, keine in distanzierter Konsumentenhaltung dasitzenden Zuseher. Wer dabei ist, ist am Flamenco beteiligt, hat zur Beschwörung des *Duende* beizutragen.
Gewiß, es gibt große Künstler, die pünktlich zu einem angekündigten Zeitpunkt auftreten und eine großartige Vorstellung bieten. Doch im Grunde verträgt sich Flamenco nicht mit Terminvereinbarungen, vorherbestimmten Abläufen. Was wir in dieser Nacht in Triana erleben, ist der Beginn einer *Juerga* – eines Gelages, das als Folge des zufälligen Zusammentreffens zweier Bekannter zustande kommt und bis zu einer Woche dauern kann. Die *Juerga* ist eine Orgie der Spontanität. Man singt und zecht und tanzt und trinkt, lädt Zufallsbekannte zum Fest, um gemeinsam zu weinen und zu lachen, sich selbst zu vergessen oder sich des Lebens so richtig bewußt zu werden. Wie ein Blitz schlägt dann irgendwann in die *Juerga* der *Duende* ein – der Dämon.
So ist Flamenco.

Grandezza Britanica

Entdeckungen am Rande des Sherry

José Munilla ist ein Mann von eher kleinem, rundlichem Wuchs und betont gepflegtem Äußeren. Sein Englisch klingt so britisch wie sein Spanisch andalusisch. Das bringt uns auf die Idee, ihn nach dem Ursprung der besonderen Rolle der Briten an diesem Ort Spaniens zu befragen.

Wir befinden uns in Jerez de la Frontera, und die Visitenkarte unseres Gastgebers weist diesen als *Area Director International Marketing & Sales Division* der WILLIAMS & HUMBERT LTD aus. Er ist ein Mann, der auf Anhieb logisch wirkende Zusammenhänge anzubieten weiß: Mitte des letzten Jahrhunderts habe der famose Pirat Sir Francis Drake bei Cadiz eine Schlacht gegen die glorreiche königlich-spanische Armada – naturgemäß – verloren, dabei aber eine Schiffsladung örtlichen Weins erbeutet und nach England gebracht. Seither die Passion der Briten für diesen exzeptionellen Rebensaft.

Zuvor schon hatte uns Don José kundgetan, der hier gekelterte Traubensaft verfüge über eine wenigstens dreitausendjährige Tradition: Man habe griechische Amphoren mit der Aufschrift *Xera* gefunden – dem arabischen Wort für *Sherry*. Nüchtern betrachtet, lassen sich diese Angaben nicht ganz mit den bei konventioneller Geschichtsexegese gebräuchlichen Daten in Einklang bringen. Phantasielose Besserwisser würden da geltend machen, daß Francis Drake einiges vor dem letzten Jahrhundert gelebt habe und die Araber erst im achten Jahrhundert unserer Zeitrechnung nach Spanien gekommen sein.

Doch derlei Kleinlichkeit eignet sich offenkundig nicht für den Umgang mit wahrhaft bedeutenden Dingen. Und um eine solche zeit-

lose, große Sache geht es hier – um den Sherry, in dessen Dunstkreis José Munilla sein gewiß segensreiches Wirken entfaltet: WILLIAMS & HUMBERT LTD darf zu den bedeutenden Sherry-Produzenten gezählt werden.
Der Begriff »Dunstkreis« kann im übrigen wörtlich genommen werden: An die drei Prozent des gelagerten Weines verdunsten jährlich, doziert der Direktor, inmitten des beeindruckenden Arrangements von in langen Reihen dreistöckig gelagerten Fässern in der *Bodega* seiner Firma stehend. Diese Angabe wollen wir erst recht nicht in Zweifel ziehen, denn es riecht eindeutig in diesen Lagerhallen, und das kann unmöglich Don José alleine bewirken. Es riecht säuerlich, denn die Fässer lagern offen – der Sherry braucht zur Reifung besonders viel Sauerstoff. Ohne die Brise vom nahen Atlantik, die über den Hefefilm auf dem Wein streicht, würde der Sherry kein Sherry. Aus diesem Grunde kann er auch nicht in Kellern reifen.
Die Stadt Jerez de la Frontera im Südwesten Andalusiens – so genannt seit der Zeit der Maurenkriege, als die Grenze sich ständig verschob – ist bekannt für dreierlei Dinge: Kampfstiere, edle Pferde und jenen besonderen Wein eben, dessen Namen die Engländer nicht aussprechen konnten, und folglich zu *Sherry* verballhornten.
Die fünfzehn großen Familien, die *tout Jerez* bedeuten, sind nahezu ausnahmslos auf allen drei Gebieten vertreten – also auch in der Stier- und Pferdezucht, obwohl die meisten von ihnen vor Generationen von der britischen Insel kamen, sich allerdings bald durch Einheirat mit dem andalusischen Landadel versippten. Die Namen der großen Sherry-Bodegas weisen noch immer auf die ursprüngliche Herkunft der Sherry-Barone hin: Humbert, Williams, Harvey, Osborne, Gervey, Domecq – ja, die Sachlage ist noch komplizierter.
Dies dürfen wir aus berufenem Mund erfahren – aus dem von José Ingnacio Domecq, mit seinen 75 Jahren, von denen er 50 an führender Stelle in dem nach seiner Familie benannten Unternehmen zugebracht hat, gegenwärtig der Patriarch unter den Patriarchen von Jerez. Dies ist ihm anzusehen. Seine hochaufgeschossene, hagere Gestalt läßt ihn überaus würdevoll erscheinen, seine markante, mühelos jegliches Trinkgefäß füllende Nase seinen Beruf und seine Berufung erkennen. Über ein solches offenkundig berufsspezifisch ausgeprägtes Riechor-

gan verfügt übrigens auch Direktor José Munilla, obwohl er ansonsten in allem den exakten Gegensatz zu Don José Ignacio repräsentiert. Dessen Vorfahren waren französische Aristokraten, deren einer – Pierre de Domecq – indes in London sein Glück versuchte und dort Teilhaber an der englischen Weinhandelsfirma *Ruskin, Telefort & Ruskin* wurde, welche ihn schließlich damit beauftragte, ihre Interessen in Spanien wahrzunehmen. Vor zweihundert Jahren war dies, und Pierre de Domecq verlor diesen Auftrag bald aus den Augen. Er tauschte sein französisches *Pierre* gegen ein spanisches *Pedro* ein, gründete sein eigenes Unternehmen und bewies Tatkraft und Spürsinn beim Aufkauf von Weinanbaugebieten und Kellereien. Dank seiner vorzüglichen englischen Verbindungen stieg der zum Spanier gewordene Franzose bald zum Hoflieferanten der britischen Krone auf.

So einfach entsteht ein der Trinkkultur verpflichtetes Weltunternehmen – zumindest laut den Schilderungen von Don José Ignacio, der sich mit solchen Darlegungen nicht lange aufhalten kann. Vielfältige geschäftliche und gesellschaftliche Verpflichtungen gestatten dem alten Herrn noch immer keinerlei Zeitverschwendung, und angesichts seiner zum autochthon andalusischen Umfeld bemerkenswert kontrastierenden Akkuratesse beginnen wir die tatsächliche Ursache der britischen Dominanz im Sherry-Geschäft zu Jerez zu ahnen.

Doch für die ausführlichen Erklärungen steht uns zum Glück bei WILLIAMS & HUMBERT Direktor José Munilla zur Verfügung, der ein gewiß kundiger Führer ist, solange er den unsicheren Boden der Historie meidet. Man unterscheide beim Sherry drei Grundtypen, lernen wir von ihm: den *Fino*, das ist der Trockene, der im Zuge der Gärung viel Hefe produziert, den *Amontillado*, das ist der Halbtrockene mit wenig Hefe, sowie den süßen *Oloroso* ohne Hefe.

»Nach der stürmischen ersten Gärung über den Winter kommt der Wein in die *Criadera*, die Kinderstube«, geht Don José nun ins Detail. »Nach zwei Jahren ständiger Beobachtung weiß man dann, zu welchem der drei Typen der Wein sich entwickeln wird. Dann kommt er in die *Solera* und reift heran. Mit acht Jahren hat der Wein ausgelernt.«

Solera ist eine Methode der Reifung, die auf dem Prinzip ständigen Umfüllens beruht, wobei der Wein jedesmal viel Sauerstoff aufnimmt. Die Fässer lagern in Pyramiden, unten der älteste Wein, oben der jüngste. Wenn von unten fertiger Sherry entnommen wird, füllt man vom nächsthöher gelegenen Faß nach – und so weiter bis zum jüngsten Wein, wobei einem Faß stets nur ein Drittel entnommen werden darf. So wird die Kontinuität in Geschmack und Qualität garantiert.

Der Direktor führt uns schließlich in eine Halle voll riesiger Container und Röhrensysteme. »Wenn der Sherry ausgereift ist, wird er ein paar Tage lang auf einer Temperatur von Minus sieben Grad gestoppt, gefiltert und dann abgefüllt«, erläutert Don José hier.

Ganz so einfach ist die Sache indes nicht, denn einer der wichtigsten Prozesse bei der Herstellung von Marken-Sherry ist der Verschnitt – die Mischung der Sorten. So besteht etwa *Dry Sack,* die Hausmarke von WILLIAMS & HUMBERT, aus allen drei Grundtypen, die im Alter von zwei Jahren zusammengemixt werden und miteinander reifen. Auch hat die Abstimmung der Sorten *Amontillado* und *Oloroso* mit dem sirupartigen Süßwein *Pedro Ximenes* entscheidenen Einfluß auf den Geschmack.

»Der *Pedro Ximenes* heißt so nach einem Soldaten von Karl V.«, doziert José Munilla während der Fahrt in die rund um Jerez angelegten Weingärten. »Der Schwabe Peter Siemens hat die Setzlinge dieser Traube im Marschgepäck aus seiner Heimat mitgebracht.«

Wir wollen nicht an die griechischen Amphoren erinnern. In denen kann sich im übrigen nur *Palomino* befunden haben, wie die Grundsubstanz des Sherry genannt wird. Der *Palomino* wird 24 Stunden nach der Ernte gekeltert, während *Pedro Ximenes* zwei Wochen an der Sonne liegt und aus Rosinen gepreßt wird.

»Sehen Sie, wie hell die Erde hier ist«, weist Don José in die hügelige Landschaft, die bis zum Horizont mit den Zeilen der Weinstöcke bestanden ist. »Das kommt vom Kalk, er speichert die Feuchtigkeit. Die *Albarizas* (Kalkböden) saugen sich im Winter mit warmem Regen voll, die Winzer klopfen die Böden fest, damit die Feuchtigkeit erhalten bleibt. Ideale Bedingungen für den Weinstock.«

Weithin sichtbar leuchtet das weiße Gutshaus auf der Kuppe eines Weinberges. Ein einzelner Arbeiter klopft die Erde zwischen endlosen kaum kniehohen Zeilen. Die Villa mit ihrem prächtigen Innenhof und ihren Repräsentationsräumen für üppige Gelage und Degustationen liegt halb verlassen.

Im Frühjahr gehört dieses Reich ausschließlich der Verwalterfamilie, wovon Kinderspielzeug und zum Trocknen aufgehängte Wäsche im *Patio* zeugen. Zur Weinlese hingegen rauschten hier die Feste, zwinkert Don José bedeutungsvoll.

Was macht nun den Sherry zum Sherry? Warum gibt es ihn auf der ganzen Welt nur hier? Drei Gründe nennt der Direktor: »Traube, Boden und Mikroklima. Der Sherry gedeiht nur auf den etwa 100 Quadratkilometern zwischen den Städten Jerez, Puerto Santa Maria und San lucar Barrameda. Hier liefert der Boden Kalzium und Magnesium, der *Poniente* (Westwind) bringt die nötige Feuchtigkeit und Kühle, der *Levante* (Ostwind) trocknet die Luft und beschleunigt die Reifung.«

Von Belang ist natürlich auch die Arbeit – Handarbeit. Zur Erntezeit werden pro Weingut etwa 600 Arbeiter eingestellt, die die Trauben von Hand pflücken. Zwar gibt es dafür schon Maschinen, doch die zerdrükken zu viele Gewächse, was der Qualität des Mostes schadet. Je sanfter die Pressung, desto besser der Most.

Als wir den edlen Saft schließlich in den Repräsentationsräumen der *Bodega* degustieren dürfen, wird er uns mit großen Namen serviert: Winston Churchill was here, der spanische König, Edward Heath, Prince Charles ... Salud! Und natürlich die Firmengründer, Mister Williams und Mister Humbert. Schnauzbärtig mit Vatermörder der eine, schnauzbärtig mit verwegener Blume im Knopfloch der andere. So begegnen sie uns auf den hier am Ehrenplatz aufgehängten Porträts.

Dies müßten Zeiten gewesen sein, sinniert Don José, der vor jeder neuen Sorte seine beeindruckende Nase schnüffelnd ins Glas versenkt. 1877 gründeten die beiden Briten die Compagnie.

Der Sherry boomte und mit ihm Jerez. Auf der britischen Insel trank man sich mit diesem besonderen Wein die Sonne des Südens, Rosinen und Mandeln herbei. Heute hingegen – Don José dekantiert eine ganz besonders feurige Spezialität, *Dos Cortados – a wine for kings* –, heute sei das Angebot beim Sherry größer als die Nachfrage. Nur etwa ein Drittel der möglichen Anbaufläche werde genutzt. Diese Gesundheitskampagnen! Die Leute tränken einfach nicht genug. Als ob so ein Gläschen schon jemandem geschadet hätte ...

Allerdings, all die Mittel zur Schädlingsbekämpfung, um große Erträge zu erzielen ... Verglichen mit den Sherrys von früher schmeckten die

heutigen einfach chemischer – nein, nicht gesundheitsschädlich, aber irgendwie chemischer und nicht mehr so wie früher, hatte uns der Verwalter eines Weingutes arglos erzählt.
Solches mag Don José nicht hören. »Ach, früher!« äußert er als Zeichen eines jähen Stimmungsumschwungs.
Eben früher, als Sir Francis Drake die Schlacht gegen die griechischen Amphoren gewann ... Salud!

Ein frivoles Nichts

Verkostung einer spanischen Spezialität, genannt Tapas

Ein Geständnis sei gleich eingangs abgelegt: Trotz intensiver Befragung von Praktikern dies- und jenseits des Tresens, trotz der Konsultierung kluger Bücher sowie der Inanspruchnahme von Experten der völkischen Kunde des nämlichen Raumes ist es uns nicht gelungen, den exakten historischen Ursprung der Sache zu klären. Nur soviel scheint gewiß: Obwohl sie sich inzwischen über – zumindest – ganz Spanien ausgebreitet hat, ist ihr Ursprung in Andalusien zu suchen. Dessen Hauptstadt Sevilla wird – naturgemäß vor allem in Sevilla selbst – als die *Welthauptstadt der Tapas* gepriesen.

Um diese also geht es. Irgendwann muß irgendwer hierselbst gefunden haben, ein einsames, nacktes Glas *Tinto* oder *Fino* sähe nach nichts aus. Schlimmer noch: Sein Konsument könnte für einen Trinker gehalten werden. Dieser Verlauf der Dinge erschiene logisch für Andalusien, wo man wie kaum irgendwo sonst exzessiv zu feiern versteht – sich dabei aber nahezu ausnahmslos auf einen religiösen Anlaß beruft, den unsensible Gemüter einen Vorwand nennen könnten.

Jedenfalls, um zu unserem Thema zurückzukehren: Wie ungleich seriöser sieht die ganz Szene doch aus, wenn neben dem Glas auch feste Nahrung die Anwesenheit in der Bar erklärt. Und sei es nur eine Handvoll Oliven. Gegebenenfalls könnte man sich sogar darauf berufen, die gastliche Stätte überhaupt nur betreten zu haben, um einen Happen zu essen, was ohne begleitende Aufnahme flüssiger Nahrung indes weder praktisch noch fair gegenüber dem Wirt wäre. Doch solches braucht man nicht zu behaupten, nicht in Spanien, weil hier kein anständiger Mensch solche Fragen stellt.

Jedenfalls, der Gedanke hat sich durchgesetzt und gedieh zur Tradition: kein Glas ohne *Tapa*. Was, wörtlich übertragen, *Deckel* heißt und so genannt wird, weil früher einmal automatisch auf jedes neu georderte Weinglas wie ein Deckel ein Tellerchen mit Geräuchertem, Eingelegtem, Gesottenem oder Geschmortem gesetzt wurde: eine Gratis-Zugabe. Leider hat sich dieser schöne Brauch nur in den einsamsten Gegenden des Landes gehalten, und heute muß man *Tapas* gesondert bestellen und bezahlen.

Beschrieben wird mit diesem Wort ein Portiönchen – ein Häppchen, das freilich in vielerlei Gestalt anzutreffen ist. Selbst für geübte Trinker ist es mithin ein Leichtes, zu jedem Glas eine andere *Tapa* zu sich zu nehmen, und man könnte auf diese Weise nach und nach die Gesamtmenge einer ordentlichen Abendmahlzeit zu sich nehmen (natürlich aber auch Mittagsmahlzeit, denn in Spanien ist immer *Tapa*-Zeit), was indes nur Touristen tun. Ein richtiger Spanier macht sich mit *Tapas* lediglich Appetit auf ein spätes mehrgängiges Diner.

Tapas sind mithin nicht eigentlich Gerichte, sondern eher pikante Naschereien, welche die Diskussion über Fußball, über Politik und nicht zu vergessen, über die letzte und die nächste *Corrida* auf ein solides Fundament stellen und den Moment des Aufbruchs an den heimatlichen Herd immer noch einmal hinauszögern. In einem nicht geringen Teil der etwa dreitausend Bars von Sevilla kann man unter wenigstens zwei Dutzend verschiedener *Tapas* wählen. Fast immer ist darunter der *Jamón Serrano* (luftgetrockneter Schinken), fast überall gibt es *Gambas* und *Boquerones* – gebratene Sardellen. Diverse Salate gehören ebenso zum Standardangebot, und fast überall ist Thunfisch ein wesentlicher Bestandteil derselben. In kälteren Jahreszeiten kommt dazu *Cola de Toro,* eine Art Gulasch aus Ochsenschwanz – in Andalusien naturgemäß Stierschwanz –, im Sommer Schnecken.

Vergessen werden dürfen bei dieser Aufzählung keineswegs die diversen hierorts handelsüblichen Käsesorten, Würste – *Chorizo* oder *Morcilla* gerufen –, die marinierten Fleisch- und Gemüsegerichte. Doch *Tapas,* wir deuteten dies schon an, sind keineswegs nur eine Abteilung der kalten Küche Spaniens. *Caliente,* warm, serviert werden nach vielfältigster Art zubereitete *Mariscos,* Meeresgetier, als da wären: Muscheln, Tintenfische, Krebse, Garnelen und die zahlreiche, kleingewachsene Verwandtschaft der Langusten. Von Fischen erst gar nicht zu reden, sie werden in allen nur denkbaren Größen und Zubereitungsarten angeboten: die in Öl gebackenen *Pescados fritos* oder die in Hefeteig getauchten und erst dann in siedendem Öl geschwenkten Flossentiere – frische Sardinen vor allem.

Auch alle bekannten Fleischsorten entgehen der Zubereitung am Herd nicht. Da gibt es *Calderata*, einen Schmortopf, oder *Albondigas* genannte Fleischklößchen. Und weil spanische Wirtshausbesitzer in ihrem Vorleben des öfteren etwas herumgekommen sind, muß niemand überrascht sein, wenn ihm eine Miniaturausgabe eines Mailänder oder Wiener Schnitzel als *Tapa* offeriert wird. Gleichwohl dominieren örtliche Eßgewohnheiten, weshalb in einem wohlsortierten *Tapa*-Angebot die Innereien wie *Higado* (Leber) oder *Riñones* (Nieren) sowenig fehlen wie Singvögel – *Zorrales* nennt man die Drosseln hier.

Auf diesen Schreck hin wird es den Mitteleuropäer vielleicht nach Gemüsen gelüsten, was indes gleichfalls kein Problem sein sollte. Zuletzt wollen wir es nicht verabsäumt haben, auf den wilden Spargel – *Esparrago triguero* – hinzuweisen.

Mag diese Aufzählung bereits manchen Leser ermüdet haben – die eben genannten Erscheinungsformen der *Tapa* sind lediglich ein willkürlich zusammengestellter Hinweis auf die Fülle der Offerten. Jede Bar, die auf sich hält, hat ihre Spezialitäten.

Die *Tapas* sind das Aushängeschild des Ladens.

Zum Wesen der *Tapas* gehört es unvermeidlich, daß sie am Tresen, im Stehen und mit bloßen Händen – allenfalls mit Hilfe eines Zahnstochers – eingenommen werden. Die öligen, salzigen Finger reinigt der routinierte *Tapa*-Konsument, begleitet von allen Anzeichen geistiger Entrücktheit, notdürftig mit Papierblättchen, welche in eigens konstruierten Blech- oder Plastikbehältnissen auf jedem spanischen Tresen bereitstehen und nach der Benutzung achtlos auf den Boden geworfen werden. Dies gilt im vornehmsten Laden ebenso wie im urigsten. Nach Ladenschluß – in lange geöffneten Lokalitäten irgendwann zwischendurch – wird der angesammelte Abfall weggekehrt.

Wir sagten es schon: *Tapa*-Zeit ist grundsätzlich immer. Doch es gibt fraglos Höhepunkte. Abends gegen neun, nach des Tages Arbeit, wenn in Spanien die Geschäfte schließen, strömt alles zur Tränke, zu den

Tapas. Nicht nur, wer als Szene-Figur anerkannt werden will, sondern tatsächlich alle: Angestellte aller Gehalts- und Leistungsklassen, schwarze Witwen um die Sechzig, dynamische Aufsteiger beiderlei Geschlechts, Mütter mit im Kinderwagen mitgeführtem Baby, Studenten jeglicher Wissenschaftsdisziplinen, Frührentner, Künstlerdarsteller...

Das jeweilige *Tapa*-Angebot hängt, meist mit Kreide auf eine Schiefertafel geschrieben, im Zwielicht oberhalb des Tresens und ist somit häufig nicht ganz einfach zu entziffern, doch darunter leiden nur die sehgestörten und/oder unschlüssigen Touristen. Und die hinter der Theke nicht selten mit eiligem Gehabe ihrem Beruf nachgehenden Kellner. Mag man ansonsten in Spanien, zumal in Andalusien, die Hektik nicht erfunden haben: Bei der Bestellung zögerlicher Fremder haben wir in den unterschiedlichsten *Tapa*-Schuppen schon manchen Serviersohn ungeduldig werden sehen.

In einer solchen Situation sollte der ortsunkundige Gast Wagemut zeigen, bestellen, was gut klingt – und sich im übrigen überraschen lassen. Allzugroß ist das Risiko nicht, schließlich handelt es sich um Häppchen, etwa drei gesalzene *Gambas* oder zwei eingelegte Muscheln auf einem kleinen Stück Brot.

Einheimischen stellen sich derlei Probleme gewöhnlich nicht, sie wissen ohnedies genau, was sie wollen – andernfalls wären sie ja nicht von allen Bars ausgerechnet in diese gekommen.

Doch da wir schon dabei sind, daß in der Fremde manches fremd ist: Vorsicht ist im Sommer bei dem die *Tapa* begleitenden Rotwein geboten. Man bestelle ihn ausdrücklich als *Tinto solo,* um nicht automatisch einen *Tinto de verano* gereicht zu bekommen. Dieser *Sommerwein* ist mit Eiswürfeln und süßem Sprudel versetzt. Eine ähnliche Barbarei kann Bierfreunden aus dem Norden widerfahren: die *Cerveza clara* – mit Selters gestrecktes Bier.

Unser Tip, wie solchen Überraschungen vorzubeugen ist: Man gönne sich einen *Fino* oder – noch besser – *Manzanilla,* den trockensten aller Sherrys, dessen lupenreine Qualität hier vorausgesetzt werden kann. Dazu ein Schälchen großer, saftiger, wunderbar würzig eingelegter Oliven...

Derart vorbereitet, sollte selbst der Fremde in Spaniens Nachtleben über alle Hürden kommen. Dieses nämlich hält mannigfache Überra-

schungen bereit – und sei es in Form von *Tapas,* wie man sie nirgendwo sonst angetroffen hat, die es also schon deshalb verdienten, international Verbreitung zu finden.
Doch Mensch, sei stets eingedenk: *Tapas* haben nichts mit Hunger zu tun und viel mit Appetit. Ihre Philosophie ist: Nach zwei Bissen spätestens muß klar geworden sein, was Sache ist. Wozu die Eintönigkeit größerer Mengen, solange eine Vielfalt kleiner Köstlichkeiten winkt? *Tapas* passen somit vorzüglich zur *Movida,* die 1975 jäh einsetzte, als sich die Nachricht von Francos Tod verbreitete.
Tapas sind kein solides Essen, sondern Gaumenschmeichler – *Amuse-gueles:* ein frivoles, phantasievolles Nichts. Ein Vorwand nebenbei, um ein Glas zu sich zu nehmen, das hier ein Gläschen ist und kein Humpen – und das die Gelegenheit schafft, noch ein Häppchen zu probieren...

Die heilige Woche

Beobachtungen, österliche Bräuche betreffend

Es ist zu laut, und zuerst ist es schmerzhaft: *Taratatata-taratatata-tatata-tatata-tatata-ta*... Der scheppernde Klang von straff gespannten Becken. Es mögen deren Hunderte, vielleicht schon Tausende sein, auf die geschlagen wird. Und es werden immer mehr. Daneben die dumpfen Einschläge von Paukenschlegeln: *Bumbumbum-bum-bumbumbum-bum*...

Der Platz vor dem Rathaus von Calanda füllt sich mit Menschen, die allesamt violette Seidenkutten tragen: Männer und Frauen, Jugendliche, Kinder und Alte. Jeder von ihnen führt eine Trommel mit sich, auf die er einschlägt. Es bilden sich lose Kreise, da und dort sich von anderen abgrenzend, an anderer Stelle in größere Gruppen und Kreise aufgehend. Immer noch strömen neue Trommler herbei. Sie füllen den Platz schon zur Gänze. Der ungeordnete Zug stockt in Nebengassen. Aber niemand läßt sich davon abhalten, sein Instrument zu bearbeiten: *Bum-bum-bum, Taram-tam-tam* ... Sie waren alle da, als es losging: zwölf Uhr mittags am Karfreitag. Viele haben zwischendurch eine Pause eingelegt, Besorgungen erledigt, die Familie versorgt. Doch das Trommeln hat nie aufgehört. Etliche trommeln stundenlang ohne Unterlaß – sechsundzwanzig Stunden lang. Sie schlagen, bis das Blut aus ihren Händen fließt, schlagen ihre mächtigen Pauken blutig.

Calanda liegt in Aragon – im tiefsten Spanien: inmitten einer Hochebene, die weithin aussieht, als wären hier einer Horde von Riesen alle Gallensteine mit einem Schlag abgegangen und deren Urheber seien beim Versuch gestört worden, sie notdürftig zu verscharren. Doch Calanda ist nicht arm, sagen die Leute: Rundum wachsen Pfirsiche, die

hier verarbeitet werden. Wenn Fremde herkommen, so meist versponnene Figuren auf den Spuren von Luis Buñuel, der in Calanda geboren wurde.
Doch in der *Semana Santa,* der Karwoche, sind die wenigen Hotels und Pensionen in weitem Umkreis ausgebucht. Großteils freilich von Einheimischen, die irgendwann weggezogen sind, aber die *Semana Santa* in ihrem Heimatort verbringen. Einmal im Jahr wird Calanda aus seinem Schlaf gerissen – getrommelt. *Romper la hora* heißt der Brauch, trommelnd das Gewitter und das Erdbeben erlebbar zu machen, das mit dem Tod des Jesus von Nazrareth einhergegangen sein soll. Tatsächlich, in Calanda scheint das Pflaster zu vibrieren: *Taram-taram-taram-tam-tam ... Bum-bum-bumbum-bum ...*
Im immer gleichen Takt heben und senken sich Trommlerhände, Gesichter drücken einen Gemütszustand aus, der Hingabe und Entrücktheit vereint. Keiner weiß in Calanda zu sagen, seit wann es diesen Brauch gibt: *die Stunde schlagen.* Schon immer, vermutlich. Wer hier geboren wird, kommt mit der Trommel um den Hals zur Welt. Kaum kann einer laufen, wird er in eine violette Kutte gesteckt und am Karfreitag mit auf die *Plaza* genommen.
Die Becken und Pauken übertönen jedes andere Geräusch, machen taub für jeden sonstigen Laut. Der Boden scheint sich im Takt zu bewegen, und was die Ohren wahrnehmen, umwölkt den Blick – doch es ist nicht mehr schmerzhaft. Nun ist es so, daß man vorsatzlos aufgeht in der Masse, die alles andere ignoriert. Selbst die drei betrunkenen Jugendlichen in Lederjacken. Einer von ihnen trägt sein Haar nach Art der Irokesen geschnitten. Alle drei stieren dumpf vor sich hin; sie reißen die Münder auf und torkeln unter den Arkaden von einer Bar zu nächsten. Doch da die drei niemand hört, nimmt sie allem Anschein nach keiner wahr.
*Taratatata-taratatata-bum-bum-bum-taram-tam-tam-taram-tam-tam-*bumbum-bum-bumbum-bum ... Plötzlich fangen die Trommeln an zu singen. Jeder Kreis intoniert seine eigene Melodie, trachtet danach, die anderen zu übertönen. Es formieren sich Familien und Bruderschaften zu Gruppen, geeint durch den gemeinsamen Trommelschlag. Es sind auffallend viele junge Mädchen – manche mit Zigarette im Mundwinkel –, die auf Becken und Pauken schlagen. Schweiß rinnt ihnen übers

Gesicht, trotz Bandagen und Handschuhen sind die Hände wund, zeigen sich erste Blutflecken.
Blut ist das Signal des Todes – nirgendwo in Europa lebt man in innigerer Beziehung mit dem Tod als in Spanien. Der Tod des Herrn, Anlaß der *Semana Santa,* verlangt nach Blut. Der Schmerz ist der Inhalt der Karwochen-Bräuche. In den Dörfern Spaniens wird er mit Genuß erzeugt und verehrt. Daran hat sich seit dem Mittelalter nichts verändert.
Während die Leute von Calanda trommeln, lassen die von Valmaseda, einem Dorf in Bizkaya, einen der ihren mit einem schweren Kreuz auf dem Rücken Spießruten laufen und schlagen ihn mit Stöcken blutig. In Berciano de Aliste in Altkastilien ziehen sich die Männer zur Prozession eine Henkerkapuze über den Kopf und das knöchellange weiße Totenhemd an, mit dem man sie in den Sarg legen wird, wenn es soweit ist. Blut fließt beim tödlichen Schauspiel des Stierkampfs – die *Semana Santa* ist in Spanien auch eine Woche der Stierkämpfe.
Und in Calanda bebt die Erde im Trommeltakt, röten sich die Trommelfelle, sind die Blicke himmelwärts gerichtet, schlagen die Herzen im Takt der Pauken: *Bum-bum-bum*... Wenn am Samstag die Rathausuhr die vierzehnte Stunde anzeigt, werden auf dem Balkon Fanfaren geblasen, und der Bürgermeister gebietet mit einer Handbewegung Schweigen. Der absolute Lärm, das Dröhnen des Jüngsten Tages bricht mit einem Mal ab. Nur ganz hinten hat es ein Tambourenkreis noch nicht erfaßt: Ein versprengtes *Taratattata* – dann ist es wirklich still. Jedes Geräusch durch eine Wattewand. Die Ohren sausen.
Schwankend vor Müdigkeit und mit dem Blick des Verwirrten, der plötzlich aus dem Schlaf gerissen wurde, lösen die Trommler die Riemen ihres Instruments und blicken sich um nach Freunden, Verwandten. Es ist vorbei. Vielleicht beginnen jetzt die Hände zu schmerzen.
Spanien ist ein großes, ein vielfältiges Land. Ostern ist ursprünglich das Fest des Erwachens der Natur und jedenfalls älter als das Christentum, das in dieser Woche die Leidensgeschichte seines Messias zelebriert. In Andalusien, das ein halbes Jahrtausend unter maurischer Herrschaft stand, dessen Volk nach dem Sieg der christlichen *Reconquista* zwangsbekehrt wurde, herrschen zur *Semana Santa* vor allem Prunk und Pomp: Augenlust, Maßlosigkeit.

In Malaga landen die Fremdenlegionäre von den spanischen Enklaven in Marokko an und tragen, im Stechschritt paradierend, die ihnen geweihte Statue des *Christus vom guten Tod* durch die Stadt. Im Anschluß an die Heilige Woche wird traditionell ein Strafgefangener begnadigt. Jüngst widerfuhr dieses Glück einer Giftmischerin. Zugleich mußte ein Gynäkologe eine Haftstrafe antreten, weil er eine Abtreibung an einer vergewaltigten Vierzehnjährigen vorgenommen hatte.
In Andalusien hinterließen vielerlei Herrscher ihre Spuren. Sevilla, die Hauptstadt, ist in der ganzen Welt berühmt für die Prachtentfaltung zur *Semana Santa.* Sie gilt als Ausdruck der tiefen Religiosität des Volkes, das – wie die Kirche es befiehlt – an einen Gott glaubt. Dazu an die wundertätige Kraft von Skulpturen, ganzen Figurengruppen, die Gottes Sohn, dessen Mutter Maria und andere Heilige darstellen: die *Pasos.* Christentum hat sich vermengt mit Resten der hellenistischen und der römischen Kultur, dem Glauben an viele, je nach Lebenssituation hervortretende Götter, die vereinigt sind in einer Person – vermengt mit einer Vermenschlichung der Götter. Bei den Prozessionen mitgeführt wird der *Christus vom Heil, Unser Vater Jesus der Betrübten* ...
Auch in Arcos de la Frontera waren schon lange vor Ostern Trommeln zu hören: ein monotoner Marschrhytmus, ein *Taram Taram,* das verklang und gleich darauf aus einer ganz anderen Richtung wieder da war. Manchmal mischte sich dissonantes Blech in die dumpfen Schläge. Wer in der Frühlingskälte durch die engen, dunklen Gassen strich, stieß womöglich auf eine Gruppe von zwei Dutzend Männern, die – im feierlichen Gleichschritt – ein mit Steinen beschwertes Holzgestell schleppten. »Sie üben«, erklärten dann die Leute von Arcos, »für die *Semana Santa.*«
Nächtelang saß der Hotelportier in seiner Loge und ließ die Nähmaschine rattern, über ein glitzerndes Etwas gebeugt. »Ein neues Kleid für die *Heiligste Maria von der Frömmigkeit*«, beschied er Neugierige – »für die *Semana Santa.*« Durch die Gassen eilten würdige Herren mit wohlverpackten Schultüten unter dem Arm. »Das sind *Capirotes*«, war zu erfahren, »die Kapuzenhüte für die *Semana Santa.*«
Capirotes kennt man von Darstellungen der Prozesse der Heiligen Inquisition: Der Schuldige, der Büßer, trug einen derartigen Spitzenhut. Beim Abendessen im Restaurant huscht ein Männchen durch die

Tür und verteilt wortlos Faltblätter auf den Tischen. Rot auf schwarz steht es da: *Semana Santa – Arcos,* der detaillierte Aufmarschplan der Prozessionen, Bruderschaft nach Bruderschaft, auch die der *Heiligen Maria von der Frömmigkeit.*

In Arcos de la Frontera, so genannt, weil hier die Grenze zum Maurenreich Granada verlaufen war, gibt es vierundzwanzig *Hermandades:* Laienbruderschaften, die sich dem Kult einer bestimmten Heiligenstatue verschrieben haben. Vierundzwanzig *Pasos* werden vor Ostern für die Prozessionen geschmückt, Kerzenleuchter werden geputzt, Blumenaltäre errichtet, die Tuniken der Kinder wieder ein Stück länger gemacht.

Arcos ist eines der *Weißen Dörfer* Andalusiens. Wie ein Adlerhorst thront es auf einem hohen Felsen und blickt weit hinein ins hügelige Land. Die Gassen sind so eng, daß die Hunde mit dem Schwanz auf und ab wedeln, sagt man, die Häuser sind ineinander verschachtelt. Alles strebt nach oben, in den kalten, blauen Osterhimmel. Um die vielen Ecken pfeift der Wind und treibt wenige Menschen vor sich her. Aus einer Bar trotzt endloser arabischer Gesang der Großdemonstration der Christenheit. Die Musik kommt vom Band, und dieses ist nicht die einzige Geräuschquelle des Lokals. Vor dem Fernsehgerät hat sich eine Menschentraube gebildet: Direktübertragung der *Semana Santa* aus der großen Stadt, aus Sevilla.

Da, die berühmte *Macarena,* die wundertätige Madonnenfigur, glitzernde Glastränen weinend hinter einem Wall von Kerzenlicht, im Blumenmeer ihres Altars, der über den dunklen Köpfen Unzähliger schwankt. *Macarena,* die seidene Unterwäsche und den Schmuck der Herzogin von Alba trägt. *Macarena,* auf die im Bürgerkrieg geschossen wurde, die der Diktator Franco feierlich zu einer Art Heiligen Faschistin krönen ließ und deren Bruderschaft nun der örtliche Vorsitzende des kommunistischen Gewerkschaftsverbandes anhängt.

Die jungfräuliche Mutter des Herrn tritt in Andalusien in Gestalt vielerlei Madonnen auf, deren jede viele Anhänger um sich schart. Selbst die treuesten unter ihnen machen ihr auch anzügliche Komplimente, besingen ihre Augen, Lippen, Brüste – sehen sie in Konkurrenz zu anderen Madonnen.

In Arcos vor dem Fernsehgerät sitzt auch Don Manolo, Direktor der örtlichen Bankfiliale. Er trägt den blauen Blazer mit der Anstecknadel seiner Bruderschaft vom *Süßen Namen Jesus* und erklärt den Hintergrund der *Semana Santa*-Bräuche: »Das kam mit den fremden Soldaten aus dem Norden, aus Deutschland und Holland. Mit ihnen gelangte die Pest hierher, als Spanien über Flandern regierte. Das war nach dem Ende der *Reconquista,* als wir die Mauren aus dem Land geworfen hatten. Unter den Arabern hat es hier keine Pest gegeben, die hatten Kanäle angelegt, Bäder eingeführt. Ein hygienisches Volk!«

Der Bankdirektor fixiert kurz die marokkanische Frau des Barbesitzers. »Dann haben die Leute geglaubt, die Pest sei die Strafe für ihre Sünden. Also haben sie die Heiligen aus den Kirchen geholt und durch die Straßen getragen, damit sie sähen, wie groß das Elend ist. Die Leute gingen zur Buße barfuß oder auf den Knien. Weil aber niemand wissen sollte, wer da so gesündigt hat, daß er derart hart büßen muß, haben sie sich die *Capirotes* über den Kopf gestülpt.«

Am späten Nachmittag herrscht rege Betriebsamkeit auf dem Platz vor der Kathedrale. Junge Männer laufen in bodenlangen, violetten Tuniken über die *Plaza,* die *Capirotes* noch in der Hand, und verschwinden alle im selben schmalen Durchgang. Zwei Jünglinge in Phantasieuniform schleppen eine Pauke. Ein großer Kapuzenmann führt an der Hand einen, dessen *Capirote* so groß ist wie er selbst.

Langsam wird es dunkel im *Weißen Dorf.* Um 21 Uhr soll es losgehen, heißt es im Faltblatt. Drei *Pasos* derselben Pfarre werden durch den Ort getragen: der *Heiligste Christus der Vergebung,* die *Heiligste Maria von der Frömmigkeit* und der *Heilige Johannes der Täufer.* Der Weg ist penibel angegeben, obwohl wegen der Enge der Gassen ohnedies nur eine Route in Frage kommt. Mit der Dämmerung schlüpfen sie aus ihren Häusern, drängen aus dem Labyrinth der Wege auf die *Cuesta de Belem,* die einzige mit dem Auto passierbare Straße: alte, schwarzgekleidete Weiblein mit krummen Beinen, Kinderhorden, Großfamilien in Formation. *Chicos* zu dritt, zu viert, die sich Mühe geben, schräg und verwegen zu wirken, auch die Mädchen in Gruppen, die Arme untergefaßt. Mancher Büßer hat schon die Tüte über den Kopf gestülpt, hält die brennende Kerze in der einen Hand und drückt mit der anderen schnell noch einmal seine Freundin, die in Spanien spätestens am zweiten Tag der Bekanntschaft *Novia* – Braut – genannt wird.

Der erste Vorbote des *Christus der Vergebung* ist der ambulante Händler in Zuckerwatte. Er schwimmt mit seinem Handkarren gegen den Strom der Menschen, der sich dem *Paso* entgegen wälzt. Schon hört man die längst vertrauten Trommeln, die dissonanten Töne der Bläser. Das Gemurmel schwillt an. Da teilen sich die Massen vor dem Musikzug und verstummen. Einige der Musikanten sind noch Kinder, die, starr vor Konzentration, mit dem synkopierten Gleichschritt und den Tücken ihres Instruments raufen. Hinter ihnen schlängelt sich beiderseits der Straße eine lange Reihe violetter Kapuzenzwerge mit ihren riesig langen Kerzen. Die Kleinen fühlen sich offenkundig wenigstens so wichtig wie der *Christus von der Vergebung,* auch wenn die *Capirote* des öfteren gelüpft werden muß, weil die Nase läuft. Ohnedies weiß hier jeder, wer sich unter welcher Tüte verbirgt. So kann man unbesorgt zur Mutter an den Straßenrand laufen, wenn die Kerze wieder einmal erloschen ist.
Da wankt er am Ende der Schlange einher, flankiert von erwachsenen Kapuzenmännern, dümpelt wie ein Boot über den Köpfen der Leute von Arcos: der *Paso,* strahlend im Kerzenschein, fast lebensgroß die Figur. Die Träger haben sich wohl verspätet, sie verschwenden keine Zeit mehr auf die üblichen schwierigen Schrittkombinationen unter ihrer Last, sondern erklimmen die Anhöhe hurtig im Gleichschritt, angefeuert vom *Capataz,* der sie, rückwärts gehend, dirigiert, den *Costaleros* befiehlt, den Altar abzusetzen, einen Krug Wein herumreicht. Da eine Prozession fünf Stunden dauert, der schwere *Paso* also häufig abgesetzt werden muß, kommt eine hübsche Anzahl geleerter Krüge zusammen, und böse Zungen behaupten, die *Costaleros* schwanken wie die Statue über ihren Köpfen, wenn sie es endlich bis zur Kathedrale geschafft hätten.
Ist der *Paso* vorbeigezogen, verschwinden die Zuschauer zähneklappernd in den alten Häusern. Morgen zieht eine andere Prozession vorbei – jede Nacht, bis zum Karfreitag.
Oben in Avila zieht jede Nacht eine Prozession entlang der alten, mächtigen Stadtmauer – beleuchtet vom flackernden Licht der mitgeführten Fackeln, matt beschienen vom Vollmond – um die Stadt. In Cuenca, am Rande der Mancha, folgen – in Hörner blasend, Trommeln schlagend – im Morgengrauen des Karfreitages die *Turbas* dem Kreuzweg Jesu: die Horden lärmender, betrunkener Rüpel. In Lorca, drüben

in Murcia, tritt zur *Semana Santa* Kleopatra samt Hofstaat in Begleitung römischer Legionäre auf. Und in Baeza, einer anderen Stadt Andalusiens, wo die nicht mehr existierende erste Universität Spaniens gegründet wurde, vollführen ehemalige Studenten, inzwischen bedeutende Herrschaften, mit beweglichen Figuren das Schauspiel, wie Maria ihrem Sohn die Tränen abwischt, worauf dessen Antlitz im Schweißtuch verewigt bleibt.

Mächtig erheben sich die Konturen des *Castillos* von San Vicente de la Sonsierra aus dem Morgennebel. Das Dorf duckt sich in seinem Schatten. Am Fuß des Hügels schlängelt sich der Ebro durch die Weinberge der Rioja. Ganz still ist es in San Vicente am Morgen des Karfreitags. Die Türen sind fest verschlossen, die Läden dicht, die Gäßchen und Plätze verlassen. Die Schritte einer kleinen, molligen *Señora* hallen wider auf dem Steinpflaster. Sie hat eine Stange Weißbrot gekauft und eilt damit hügelan zur *Basilica de Nuestra Señora de La Piscina* gleich unter der Festung.

Die Festung San Vicente, im 10. Jahrhundert erbaut, ist längst zur Ruine verfallen, die Basilika ein bescheidenes romanisches Kirchlein, errichtet im Auftrag des Kreuzritters Don Ramiro zur Aufbewahrung eines Holzstücks, von dem es heißt, es stamme vom Kreuz Christi. Sofort gründete sich eine Bruderschaft zum Zwecke der Verehrung diese Reliquie: die *Disciplinantes*, von deren Karfreitagsprozessionen man sich bald in ganz Spanien erzählte.

Die *Pasos* der *Disciplinantes* sind nicht aufsehenerregend. Die Musik kommt von einem Kassettenrecorder. Keine Blumen, keine Kerzen, keine Kostüme. Trotzdem kommen mit jedem Karfreitag mehr Menschen in die Rioja, verstopfen mit ihren jüngst erworbenen Autos die Zufahrtswege und sammeln sich – die einen im Sonntagsstaat, die anderen im Jogginganzug oder in der ledernen Motorradkluft – vor der Basilika, in der die Einheimischen gerade ihr Brot segnen lassen. Kurz bevor sich die Prozession samt Schaulustigen lawinenartig den Hügel hinabwälzt, haben sich drei vom Kopf bis zu den nackten Füßen schwarz verhüllte Frauen hinter einem *Paso* eingreiht. Ihre Füße sind aneinandergekettet. *»Las Marias«,* murmelt jemand.

Plötzlich tauchen hinter der Marienstatue fünf Männer in bodenlangen weißen Gewändern auf. Über die Köpfe haben sie eng anliegende

Henkersmasken gestülpt. Um diese Männer herum schart sich drängelnd und rempelnd das von weit her angereiste Volk. Der Prozessionszug drängt sich durch die engen Gassen des Dorfes und hinauf zu einer flachen Hügelkuppe, dem *Calvario* mit seinen von einfachen steinernen Kreuzen gebildeten Kreuzwegstationen. Der Priester spricht hastig vor jedem Kreuz die fällige Passage aus der Passion; die Frauen haspeln Vaterunser und Avemaria herunter und drängeln schon weiter, weiter. Der Großteil der Angereisten hat sich gleich oben auf dem *Calvario* versammelt, Fernsehkameras sind postiert, der Rundfunkreporter mit dem roten Anorak von *Antena* 3 wartet auf seinen Live-Einsatz, unzählige Videokameras werden das Geschehen für die Lieben daheim aufzeichnen. Nach der letzten Kreuzwegstation entblößen die vermummten Männer ihre Rücken und schlagen mit einer Geißel aus Baumwollstricken über die Schultern. Mit lüsternem Grinsen und blanken Augen drängen mittelalte *Señoras* zu den Büßern. Die Herren kommentieren mit sportlichem Sachverstand: »Der da hat keine Ahnung vom Schlagen!« Der Radiomann ist auf Sendung und hält sein Mikrophon dicht an den sich zunehmend rötenden Rücken eines *Disciplinante*, damit die Hörer zu Hause das Aufklatschen der Geißel auch gut mitbekommen. Die Rempler und Drängler stoßen alle zur Seite, die ihnen in den Weg kommen.

Hoch steht die Sonne am Himmel über dem *Calvario* und läßt die Versammelten zu einer dunklen Masse verschmelzen, aus der die Kreuze, die *Pasos* herausragen, die weißen Gewänder der Büßer herausleuchten. Jeder von ihnen hat der *Virgen*, der Madonna, Blut versprochen, wenn sie ihm eine Bitte erfüllt. Anonym bietet er ihr nun seine Schmerzen dar – als Dank für ihre Gnade. Auch für die Zusicherung künftiger Leistungen seitens des Himmels wird er bluten.

»Der da ist mein Schwiegersohn«, tut inmitten der drängelnden Menge eine ältere Dame begeistert kund. Die Polizisten haben Mühe, eine Gasse für die maskierten Büßer freizuhalten. Wild und wütend schlägt einer seinen Rücken, während ein zweiter eher zaghaft zu Werke geht und damit den Unmut des Publikums erregt. Leiernd sprechen die versprengten Prozessionsteilnehmer ihre Gebete.

Ein Kollege aus der Bruderschaft inspiziert immer wieder den Rücken des Flagellanten. Endlich ist der erste blaurot geschlagen. Der Büßer kann *gestochen* werden. Der betreuende Bruder klemmt zwischen seinen Schenkeln den Kopf des *Disciplinante* ein und sticht ihm mit einem spitzen Instrument sechs Wunden in den blutunterlaufenen Rücken. Nun schlägt der Büßer auf seine Wunden ein, Blut fließt, schließlich wird die Rückenklappe des Büßergewandes wieder hochgezogen. Auf dem weißen Stoff zeichnen sich Blutflecken ab.

Ah! und Oh! tönt die Menge und versucht sich aufzulösen. Umständehalber dauert es noch ein wenig, bis San Vicente wieder zu dem ruhigen Winzerdorf wird, in dem sich in den letzten tausend Jahren so viel nicht verändert hat. Rundum verknäueln sich Hunderte von Autos zu Verkehrsstaus. Vielleicht wollen einige noch hinüberfahren nach Palencia in Altkastilien, wo man sich rühmt, buchstäblich den Leib des Herrn bei der Prozession mitzutragen. Den Rest des Jahres über liegt er in einem Glassarg in der Klosterkirche: eine mumifizierte Leiche, die ein Admiral im 14. Jahrhundert aus dem Atlantik gefischt haben soll. Die Frage, wie der Leichnam Jesu dorthin gelangt sein soll, gilt in Palencia als unschicklich. An der Mumie muß auch etwas nachgebessert worden sein: Der aufmerksame Betrachter stellt fest, daß sie zwei rechte Hände hat.

Kann aber auch sein, die Massen strömen nun nach Chinchon, einem mittelalterlichen Städtchen nahe von Madrid. Alle Holzbalkone der sie umgebenden, bis zu dreistöckigen Häuser sind der weiten *Plaza* zugekehrt, dem Hauptschauplatz der alljährlichen Aufführung eines Passionsspiels. Seit achtundzwanzig Jahren, seitdem man diese im 17. Jahrhundert begründete Tradition wieder aufgenommen hat, spielt der Tischler Juan Varea den Apostel *Felipe*. Kein bedeutender Jünger, aber Juan hat sich über die Jahre derart mit seiner Rolle identifiziert, daß er manchmal selbst glaubt, er sei der Apostel, sagt der Apostel, während er sich im steingepflasterten Innenhof des Rathauses auf seinen Auftritt vorbereitet.

Juan kennt diesen Ort nicht nur vom Passionsspiel her sehr gut. Im Sommer, wenn die *Plaza mayor* zur Stierkampfarena umgebaut wird und die bedeutendsten Matadore Spaniens nach Chinchon kommen, befinden sich im Rathaushof die *Corrales*, in denen die Stiere vor dem Kampf eingesperrt sind. Und Juan ist dann der Chef, der *Jefe de Corrales*, der darauf zu achten hat, daß die Stiere in bestmöglicher

Verfassung in die Arena hinausstürmen. Ein Fingerglied hat er dabei schon verloren. Es kam zwischen Pfosten und die Tür, gegen die ein Stier anrannte. Juan weist diese Hand gerne vor. Nun aber muß er gleich hinauf in die Arkaden im ersten Stock, die bereits von Fackeln erleuchtet werden. Dort oben, direkt vor dem Amtszimmer des Bürgermeisters, wird die erste Szene gespielt: das letzte Abendmahl. Am anderen Ende der *Plaza* steht ein künstlicher Hügel für die Kreuzigungsszene bereit.

Juan, der *Felipe*, ist fiebrig vor Nervosität. Dieser Abend ist für ihn der Höhepunkt des Jahres. »Ich bin nicht mehr ich«, sagt der fünfzigjährige Mann. »Ich mache zwar auch Laientheater mit den Jugendlichen, weil ich sie gerne mag und sie mich. Aber das ist etwas ganz anderes als die Passion. Im Theater soll man die Leute unterhalten und zum Lachen bringen. Hier geht es darum, die Passion zu leben. Ich weiß nicht, was da mit mir passiert.« Juan sagt, er sei nicht sonderlich fromm. In die Kirche gehe er nur, wann es ihm passe. Außerdem zählt er zur Minderheit der Roten in Chinchon.

Draußen auf der *Plaza* brodelt die Menge, die den riesigen Platz zur Gänze füllt. Alle Lichter ringsum sind gelöscht. Der Vollmond, der über der Stadt steht, läßt die einander stützenden alten Häuser lange Nachtschatten werfen. Die Laienschauspieler – vorzugsweise Angestellte des Sponsors, der *Sparkasse von Madrid* – treten, begleitet von Fackelträgern, hinaus auf den Balkon, wo Jesus seinen Jüngern die Füße waschen wird.

Plötzlich erleuchten riesige Scheinwerfer die gerade noch mittelalterliche Szene, vom Band erklingen die *Preludes* von Chopin, und anschließend wird die Liste der Protagonisten verlesen. Auch die Worte der Darsteller kommen vom Band – sie selbst üben sich dazu ein wenig in Pantomime.

»Seit Beginn des Jahres habe ich mir den Bart stehen lassen«, wird uns Juan Varea später erzählen, »obwohl mich manche Leute deshalb auslachen. Aber ich mag keinen angeklebten Bart. Alles soll echt sein.« Seit einem Monat haben er und seine Kollegen geübt, täglich von elf bis drei Uhr nachts. »Für die Jungen ist das nichts, die machen lieber einen drauf... Aber, um die Wahrheit zu sagen: Wenn wir Alten proben, machen wir eigentlich auch einen drauf.« Seine Rolle in der Passion legt

der Bürger von Chinchon nur mit dem Tod ab. Juan Varea hat sich schon der Bereitschaft seines Sohnes zur Apostelnachfolge versichert.
Nach dem *Abendmahl* zieht die Truppe von der *Plaza mayor* zu den Gärten von Chinchon, wo die Szene *Christus auf dem Ölberg* nachgestellt wird, während eine pathetische Stimme aus den in Büschen versteckten Lautsprechern krächzt. Klirrend naht aus dem Dunkel der erste Höhepunkt. Auftritt der römischen Kohorten, dargestellt vom Volk von Chinchon.
Die jungen Männer marschieren, mit Speeren und Fackeln bewehrt, starren Blicks im Gleichschritt, entschlossen, über alles und jeden hinwegzutrampeln. Das *Viva la muerte!* der Kohorten Francos ist so lange noch nicht verklungen.
»Wenn es um die Passion geht, habe ich mit Politik nichts im Sinn«, wird uns Juan später erklären, als das Gespräch auf den heiklen Punkt kommt. In Chinchon, das weithin für seinen Knoblauch berühmt ist, regiert eine Allianz von Rechtsparteien, die *Alianza Popular.* Und das, obwohl der Großteil der Bevölkerung aus Landarbeitern, Tagelöhnern, besteht. »Das ist der Kazikismus – den Oberen gehorchen. Immer noch wie im Mittelalter. Aber bei den nächsten Wahlen hoffen wir zu gewinnen.« Um klarzustellen, wer WIR ist, zückt Juan seinen Mitgliedsausweis der PSOE, der Sozialisten, denen er angehört, seit sie aus der Illegalität auftauchen konnten.
Das Passionsspiel hat sich vor einen Balkon verlagert – den Palast des *Pontius Pilatus.* Er ist eindeutig der begabteste unter den Laiendarstellern, und der arme Christus mit gesenktem Kopf und über dem Gemächte gefalteten Händen ist in jeder Hinsicht bejammernswert. Entgegen einer alten Theaterregel, derzufolge Kinder und Tiere auf der Bühne nichts zu suchen haben, reitet *Centurio* auf einem weißen Pferd, dem ab sofort das Publikumsinteresse am meisten gilt. Nervös gegen die Scheinwerfer schnaubend, in den engen Gassen unberechenbar tänzelnd, schlägt der Gaul zuweilen gegen die sich an den Wänden drängenden Zuschauer aus.
Der Passionszug betritt nun wieder die *Plaza mayor,* wo die beiden Stürze Christi und die Kreuzigung stattfinden. »Jedesmal wieder passiert es mir, daß ich in dem Moment weine«, erzählt Juan, der *Felipe:* »So viele Jahre mache ich schon die Kreuzabnahme, wir proben all das,

aber wenn es soweit ist, packt es mich. Ich weiß nicht, was dann mit mir geschieht.« Juan hört nicht, wie respektlos sich ein Teil des Publikums gleich hinter ihm benimmt. Während vom Band die letzten Worte Jesu krächzen und *Felipe* weint, wird auf der *Plaza* gelacht und geflucht, es kommt sogar zu einer kleinen Rauferei, und einer der die Darsteller begleitenden Ortspolizisten muß amtshandeln.
Dann schallt Händels *Halleluja* aus den Lautsprechern, die Scheinwerfer werden auf die Fassade der Kirche gerichtet, die drohend am höchsten Punkt von Chinchon steht. Rauchwolken steigen aus den Fenstern des Glockenturms auf, und Christus fährt auf der Plattform eines Lastenaufzugs einen halben Stock himmelwärts. Es ist geschafft: Auferstehung und Himmelfahrt in einem Arbeitsgang vollzogen. Die Menge applaudiert begeistert, Kinder werden auf die Schultern gehoben, das *Halleluja* getanzt und mitgesungen. Die Absperrungen werden niedergerissen, die Kreuzigungsinstallationen inspiziert.
Schulter an Schulter mit einem römischen Legionär im Kostüm, der sein Bier stemmt, kippt sich Juan in der Bar an der Ecke der *Plaza* einen *Vino* hinter den Bart. Sein Kostüm steckt in einer Nylontüte, er sieht erschöpft und glücklich aus. Ein Tropfen roter Farbe glänzt auf seiner Wange: »Das Blut Christi, das herausspritzt, wenn sie ihm die Lanze in die Seite stoßen. Ich bin ja die ganze Zeit direkt neben dem Kreuz. Da hat mich ein Tropfen erwischt.« Als erstes, sagt Juan, wird er sich jetzt den Bart abrasieren. Aber praktisch werde schon morgen damit begonnen, die Passion des nächsten Jahres vorzubereiten.
In Valverde de la Vera werde gar nichts organisiert, erklären die würdigen Herren auf dem Kichplatz. Ja, natürlich, die *Empalados,* die an den Pfahl gebundenen, die gäbe es wie jedes Jahr in der Gründonnerstagnacht. Aber man wisse nicht wer, nicht wann, nicht wo. Alles sei sehr geheim, die Büßer wünschten, anonym zu bleiben.
Um acht Uhr abends ist der Vollmond über den alten Bauernhäusern mit ihren hölzernen Balkonen aufgegangen. Verwinkelte, gepflasterte Gassen – in der Mitte eine Rinne für die Abwässer – führen von der Kirche hinunter zu dem arkadengesäumten kleinen Platz, wo der Dorfbrunnen steht. Als sich vor der Kirche die übliche Prozession formiert, gehört Valverde, das Nest in der Extremadura, dem ärmsten Landstrich Spaniens, noch seinen Einwohnern. Doch so wird es nicht bleiben.

Darauf weisen zwei große Transparente hin, deren Aufschriften dazu auffordern, ab Mitternacht absolute Ruhe zu bewahren.
Die *Guardia Civil* aus den umliegenden Gemeinden wird aufgeboten, um der Blechlawine Herr zu werden, die sich in dieser Nacht aus allen Landesteilen in das 500-Seelen-Dorf wälzt. Simona, die am Ortsrand Süßigkeiten verkauft, weiß Bescheid: »In den letzten Jahren kommen die Leute von überall her, sogar aus dem Ausland. Das Fernsehen war schon ein paarmal da. Ich helfe deshalb ein bißchen aus, denn ich habe lange in Paris gelebt.« Simonas Neffe wird dieses Jahr den Kreuzweg als *Empalado* zurücklegen. Er macht das schon zum zweiten Mal. Der Fünfundzwanzigjährige arbeitet als Anstreicher in Madrid. Aber in der Karwoche kommt er wie die meisten Spanier in sein Heimatdorf.
Vor der Madonna hat er ein Gelübde abgelegt – das muß wohl etwas mit seiner Mutter zu tun haben, die keinen Schritt von seiner Seite weicht –, und nun, kurz vor Mitternacht, steht der Empalado mit einer sackartigen weißen Leinenhose bekleidet in einer Tenne. Zeremoniös bandagieren zwei ältere Männer den sehnigen Oberkörper Runde um Runde mit einem langen, fingerdicken Kälberstrick.
Trotz der angeblichen Geheimhaltung muß es sich herumgesprochen haben, wo dieses Jahr *Empalados* vorbereitet werden. Draußen auf der Gasse drängen sich Schaulustige. Auch die Tenne selbst ist voller Leute – Verwandte und Freunde von Javier Correa, Simonas Neffen. Der Bürgermeister ist gekommen, um die Vorbereitungen zu inspizieren – ein kleiner, sich würdevoll gebender Mann mit kugelrundem Glatzkopf. »Er gehört zur Rechten«, flüstert uns Simona zu, »und ich zur Linken.« Javiers seitlich ausgestreckte Arme werden inzwischen mit dem Kälberstrick an ein in den Nacken des Mannes gepreßtes Ochsenjoch bandagiert und die Hände daran festgebunden. Seine Mutter legt ihm einen Schleier über das Gesicht und setzt ihm eine Dornenkrone auf den Kopf.
Die Tennentür wird aufgestoßen, und der *Empalado* wankt hinaus auf die Gasse, gefolgt von einem Begleiter, der ein Kreuz trägt, und einem, der ihn führen wird. Der kleine Zug eilt die steile Gasse hinauf zur Kirche. Am Ortsrand ist es still, man hört die vom Joch hängenden Ochsengeschirre klirren. Im Mittelalter wurde in Valverde auf diese Weise bestraft und gefoltert. Im Dorf sei vieles nicht mehr so wie früher,

hatten uns die alten Männer vor der Kirche gesagt: »Die Jungen wollen nicht mehr auf den Tabakfeldern arbeiten wie wir. Landarbeit ist schwere Arbeit, da gehen sie lieber fort.«

Im fahlen Vollmondlicht hat der *Empalado* barfuß den Weg bis zur ersten Kreuzwegstation erklommen. Mit dem Joch im Nacken kniet er hin, murmelt ein rasches Gebet und eilt weiter zur nächsten Station an der Kirche. Von dort wendet er sich hinunter zur Nationalstraße am Rande von Valverde. Die enge Gasse führt vorbei am *Pub*, vor dem einige Jugendliche sitzen und über ihre Bierflaschen hinweg dem Büßer stiere Blicke nachsenden. Dessen Helfer bemühen sich, ihn an den Glasscherben, die auf dem Pflaster liegen, vorbeizulotsen.

Die Ränder der Umgehungsstraße sind inzwischen zugeparkt, daneben stehen Schießbuden und die Tische von Krimskramsverkäufern. Die Bars sind voller lärmender Gäste, der Schlachter kommt in seinem noch immer geöffneten Laden nicht nach mit der Produktion von *Bocadillos*, den Schinkenstullen.

An der *Plaza* campieren Trauben von Schaulustigen unter den Arkaden, scherzen und lachen lauthals, während sie darauf warten, daß wieder eines der gekreuzigten Gespenster vorbeihuscht. Beim vierten Büßer ist das Interesse vieler schon erschöpft, die ersten Gruppen brechen auf zu ihren Autos.

Auch Javier hat es überstanden. Nahezu eine halbe Stunde ist er unterwegs gewesen. So schnell es geht, wickeln ihn die Helfer nun aus der Zwangsjacke, während die Frauen schon beginnen, seine blutleeren Arme mit Alkohol zu massieren. *»Tranquilo«*, läßt sich der Bürgermeister vernehmen: »Ruhig bleiben, ganz ruhig!« Wenig später schlüpft Javier in Jeans und ein schwarzes T-Shirt und macht sich auf zur *Disco* am Rande von Valverde.

In Yepes, einem Dorf in der Provinz Toledo, findet der Höhepunkt der Karwoche am Ostersonntag statt. Gefeiert wird nicht die Auferstehung des Herrn, sondern der Tod des Judas, des Verräters, der sich selbst gerichtet, gehenkt hat. Während die frommen alten Frauen in der *Catedral* dem Hochamt lauschen, stehen deren Ehemänner auf der *Plaza* davor in Gruppen beisammen. Eine junge Frau schiebt einen Kinderwagen, ihre beiden Begleiter sind über die Zeitung gebeugt ins Gespräch vertieft. Es geht um das Kreuzworträtsel, hören wir.

Knaben mit wichtiger Miene und einem Blasinstrument unter dem Arm eilen über den Platz. Kleine Mädchen, Schleifen im Haar, teilen flüsternd Geheimnisse. Endlich wird die Christusstatue aus der Kirche getragen, findet indes kaum Beachtung. Die *Virgen* hingegen, die durch die Straßen von Yepes zur *Catedral* zurückkehrt, wird mit Applaus begrüßt, mit Papierschlangen und Konfetti beworfen, nachdem man ihr den schwarzen Trauerschleier abgenommen hat. Darunter trägt sie eine rote Langhaarperücke.

Der Zug formiert sich. Ganz vorn die Kinder und Halbwüchsigen, dahinter die Blaskapelle, dann die beiden Heiligenstatuen, zuletzt das gesetztere Volk. Es ist keine Prozession, die sich in Bewegung setzt, sondern ein Defilee mit Pasodobeles, ein Tanzen, ein Ringelreihen nach Polkas und Märschen. Luftballons steigen. An der Spitze des Zuges grimmassiert der Dorfdepp, reihenweise untergehakt hüpft und tanzt die Jugend, läßt die Räuber durchmarschieren, vor und ganz plötzlich zurück auf die Zehen der Hinteren – ein Schrei vor Lust, vor Schreck, vor wilder Ausgelassenheit. Nach Yepes verirrt sich kein Tourist. Jeder Fremde wird sofort registriert, befragt und recht schnell in die Reihen der Tanzenden aufgenommen, *Ro-sa-linde-dada-dadadaa-dadaa,* wird im Polkarhythmus mitgeschwemmt.

An zahlreiche Hauswände sind große Hakenkreuze geschmiert. Daneben: *Rojos no* – die *Rojos* sind die Roten. Oder: *Vota FN,* wähle FN – das ist die alten Franco-Partei. Yepes lebt von den Olivenbäumen und den Weinstöcken, die außerhalb des Ortes wachsen, dort, wo die Mancha beginnt, durch die Don Quijote ritt. Den Bürgermeister stellt die konservative *Partido Popular,* erfragen wir. Doch das sei hier von Gemeinde zu Gemeinde verschieden, sagen die Leute – Aranjuez, die nächstgelegene Stadt, sei in Händen der PSOE.

Der lärmende Zug nähert sich wieder der *Plaza* und zweigt nun in eine andere Seitengasse ab. Voran stürmen die Kinder auf der Suche nach dem ersten *Pelele*. Eine Fetzenpuppe hängt mit dem Strick um den Hals vom Balkon eines Hauses: Judas, der Gehenkte.

In anderen Orten der Umgebung wird er verbrannt oder erschossen oder gesteinigt, oder er hängt aus dem Kirchturm, und jeden Tag wird ihm ein Stück der Beine abgeschnitten. In Yepes wird der *Pelele* von den Kindern, die um die Wette nach ihm springen, in Fetzen gerissen. Dazu

fliegt Konfetti durch die Luft. Brave Knaben zerren sich wütend ihre braven Krawatten vom Hals, um der proletarischen Konkurrenz bei der Hatz nach der Lumpenpuppe gewachsen zu sein.
Da hat aber schon einer den Stoffball gefaßt, der das Herz des Judas ist. Mit dieser Trophäe in der Hand drängt er sich aus der Meute an den Straßenrand und überreicht seine Beute einem Mädchen. Die anderen eilen weiter, den nächsten *Pelele* zu suchen. So geht es in Yepes den ganzen Nachmittag.
Auf der anderen Seite der Mancha findet eine *Nevillada* statt – eine *Corrida* von angehenden Matadores mit Jungstieren. Der letzte der sechs Stiere treibt sein Horn durch die Kehle eines *Novillero*.

Im Tollhaus des Glaubens

Diagnostische Teilnahme an einer Pfingstwallfahrt nach Rocio

Zuerst, während des dreitägigen Anmarsches durch das Schwemmland der Guadalquivir-Mündung, glaubten wir, in eine Mischung aus Karneval und organisiertem Aberglauben geraten zu sein. Aus allen Himmelsrichtungen strebten Karawanen von vermittels Planen und Bettüchern in rollende Schrebergartenhäuschen verwandelten Ochsenkarren und Traktoranhängern herbei – begleitet von viel Volk zu Fuß und zu Pferde, das großenteils die andalusische Landestracht trug: knallbunte, mit Rüschen und Spitzen besetzte Flamenco-Kleider die *Señoras* und *Señoritas*, den grau-schwarz längsgestreiften *Traje corto* und dazu den flachen Cordobeser-Hut die *Señores*, die der Volksmund hier *Señoritos* nennt.

Feuerwerkskörper knallten unentwegt; auf den Karren, in begleitenden Geländewagen, zu Pferderücken, im Gehen und Stehen wurde ausdauernd gezecht. Jede Marschkolonne hinterließ eine breite Fährte aus geleerten Bier- und Weinflaschen, weggeworfenen Plastikbechern und sonstigem Zivilisationsmüll, was seinen besonderen Reiz durch den Umstand gewann, daß die Route weithin durch das Naturschutzgebiet der Donaña führte.

Voran rollte jeweils ein von einem Ochsengespann gezogener Altarwagen mit einem aufgepackten Marienschrein aus schwerem Silber. An den klammerte sich in jedem Fall ein gutes Dutzend meist älterer Damen, die Augen gottesfürchtig verdreht. Und es wurde gesungen, mit gespreizten Fingern in die Hände geklatscht und ein Blick zur Schau getragen, der Kindern in den letzten Stunden vor der Weihnachtsbescherung eigen ist, so sie sich in der Gnade der Bravheit wissen.

Gesungen wurden *Sevillanas* – gewissermaßen die Vorstufe des Flamenco –, deren Text allemal die Huldigung der Jungfrau von Rocio zum Inhalt hatte, welche meist *Weiße Taube* genannt wurde. Das legte die Vermutung nahe, Ziel dieser Wallfahrt sei eine geglückte Kreuzung von Gottesmutter und Heiligem Geist.

Im Gnadenort Rocio angelangt, fanden wir den Vergleich passend, hier finde alljährlich zu Pfingsten eine Art Frühlingsoktoberfest für katholische Campingenthusiasten statt. Bierzelte und Jahrmarktbuden säumten die Pfade zur Kirche, fliegende Händler warfen sich den Besuchern in den Weg, und in weitem Umkreis war der den Rest des Jahres über nahezu unbewohnte Ort von Zelten, Wohnwagen und sonstigen improvisierten Quartieren umstellt. Der Appell des für Rocio zuständigen Bürgermeisters von Almonte, Rafael Diaz, möglichst unmotorisiert anzureisen, um »karnevalistische Züge zu vermeiden«, war ebensowenig beachtet worden wie das von dem für seine originellen Erlässe weithin bekannten streitbaren Sozialisten statuierte Verbot betreffend des »Verkaufs von Waren, die untypisch für die Wallfahrt sind, wie mexikanische Sombreros oder Karnevalsartikel«. Hier wurde vom Kriegsspielzeug aus Plastik bis hin zu Abortreinigungsinstrumenten alles verkauft.

Des weiteren hatte das Gemeindeoberhaupt auf dem Erlaßwege den Gebrauch von Pauken und Trompeten sowie die Ausübung unandalusischer Tänze untersagt. Die für uns eindrücklichste Tanzdarbietung bot gleich neben der Kirchentür eine von einem mit viel Grandezza ausgestatteten Zigeuner angeleitete Ziege, die auf einer Konservendose Pirouetten drehte. Trompetenklang drang tatsächlich nicht an unsere Ohren, und getanzt wurden ansonsten zum Klang von Trommeln und Tambourinen ausschließlich *Sevillanas* – doch die unentwegt und allerorten: in den die Kirche umstehenden Häusern, die sich Andalusiens erste Familien und die meisten der Bruderschaften, welche das organisatorische Rückgrat der Pilgerei bilden, zum alleinigen Gebrauch während der Pfingstfeiertage in Rocio leisten, auf den staubigen Sandstraßen, in den Bierzelten, den Hähnchenbratereien und auch auf den wildwüchsigen Campingplätzen, wo ohnedies nur schlafen konnte, wen Alkohol und Sonnenstich nach jenseits der Sinne befördert hatten.

Am Pfingstmontag dann, kurz vor zwei Uhr morgens, ereilte uns –

naturgemäß in der Kirche – die Erleuchtung: Über Rocio berichten heißt notgedrungen, eine Krankengeschichte zu schreiben. Eingekeilt in eine unübersehbare Masse Tobsüchtiger und mit aller Kraft dagegen ankämpfend, niedergetrampelt zu werden, wurde uns klar: Schickte man mehrere Hundertschaften von Sexualneurotikern zu einem Popkonzert, versehen mit der Aussicht, Madonna unter den Rock fassen zu dürfen – es ginge wohl kommoder zu als bei diesem berühmtesten Pilgertreffen Spaniens.

Damit wären wir beim religiösen Aspekt der Sache angelangt, den nicht zu vernachlässigen wir zuvor von eingeschworenen Anhängern des Rocio-Kultes mehrfach ermahnt worden waren. In dieser Kirche kämpfte nämlich gerade der überwiegende Teil der männlichen Bevölkerung des Nachbardorfes Almonte wie besessen um das Privileg, beim Transport eines tonnenschweren Marienaltars Hand anlegen zu dürfen und auswärtigem Gesindel das Berühren dieser Reliquie zu verwehren. Solch religiöser Veitstanz beruht auf einer weit zurückreichenden Tradition und ist für den Süden Spaniens um nichts weniger typisch als Flamenco und Stierkampf. Mag man sich dort ansonsten neuerdings jeglichem Modernisierungsunfug hingeben – in Glaubensfragen herrscht noch immer tiefes Mittelalter. Hier hat es keinen Luther und keine Epoche der Aufklärung gegeben. Da werden für wundertätig gehaltene Statuen und Heiligenbilder direkt angebetet. Dazu kommt der Hang insbesondere der Andalusier zu exzessivem Feiern – dem man auf gut katholische Art freilich nur unter dem Vorwand religiöser Verrichtung frönt.

Irgendwo in diesem Nebel muß wohl der Schlüssel zum Phänomen Rocio verborgen sein – welcher Name *Morgentau* bedeutet und welcher von Sümpfen umgebene Ort von den Gläubigen als das *Gelobte Land* gepriesen wird, das zu betreten nur für den Pilger statthaft ist, der auf dem Weg dahin durch einen *Jordan* – einen der benachbarten Flüsse – geschritten ist.

Dabei begann die Sache recht unspektakulär damit, daß König Alfonso X. im Jahre 1820 in dieser Gegend eine Einsiedelei errichten und in dieser eine gotische Marienstatue aufstellen ließ. Zur Zeit der muselmanischen Eroberung Iberiens pflegte man derlei Statuen zu verstecken. Da die *Moros* in dieser Gegend sehr lange herrschten, gerieten die

Verstecke in Vergessenheit. Wurde eine solche Heiligenstatue nach der katholischen Rückeroberung Spaniens zufällig irgendwo gefunden, galt dies als ein von göttlicher Fügung bewirktes Wunder. Die *Virgen de las Rocinas* wurde im 15. Jahrhundert von einem Jäger aus Villamanrique zur Stunde des Morgentaus in einem hohlen Baum gefunden – und dieses Ereignis umgehend zur Marienerscheinung verklärt. Die Leute aus dem benachbarten Almonte nahmen sich der Sache an und errichteten an dieser Stelle eine Einsiedelei. Der neue Wallfahrtsort war geboren.

Ursprünglich trugen Andalusiens Feudalherren zu dessen Gedeihen nur insofern bei, als sie dem Heer der Landarbeiter genug Anlaß boten, zur *Virgen* zu pilgern, damit diese sie erlöse von der alltäglichen Pein der Schwerarbeit und Hungerleiderei. Rocio war eine Sache der Armen, vornehmlich der aus Almonte, die den Marienaltar einmal jährlich in ihr Dorf und zurück schleppten. Wie und warum diese Wallfahrt schließlich zum teuren Großspektabel wurde, ist nirgendwo verzeichnet. Zu Anfang des 20. Jahrhunderts gab es jedenfalls erst neun Bruderschaften, die sich dem Rocio-Kult verschrieben hatten. Inzwischen sind es deren 80 in zwölf Provinzen Spaniens – bis hin nach Madrid, Barcelona und Las Palmas auf Gran Canaria. Sogar die Emigranten haben ihre eigene *Hermandad* und bescheren ihren Mitpilgern jedes Jahr eine Spezialität: mit unüberhörbar französischem oder deutschem Akzent gesungene *Sevillanas*.

Die Landarbeiter kommen nur noch als Ochsentreiber und sonstige Dienstboten von Wallfahrern nach Rocio, die es sich leisten können, aus Anlaß der Pfingstrallye vorzuführen, was sie sich leisten können: rassige Reitpferde, von örtlichen Antiquitätenhändlern hoch taxierte Kutschen oder wenigstens einen vollklimatisierten, allradgetriebenen Geländewagen, dazu mehrere Garnituren der ortsüblichen Festtagskleidung und ein reichhaltiges Sortiment an Speis und Trank, um jede Rast auf dem Weg zum Gnadenort zur Völlerei gestalten zu können, zu welcher demonstrativ eingeladen wird, wer gerade des Weges kommt. Solcher Brauch mag das Mißverständnis genährt haben, gelegentlich dieser Wallfahrt vermischten sich die Schichten und Klassen zu einer unterschiedslosen Pilgerschar. Tatsache ist, daß sich aufstiegsorientierte Kleinbürgerfamilien restlos verausgaben, um standesgemäß dabei sein zu können – und dann trotzdem die Grenzen ihrer materiellen Leistungskraft vorgeführt bekommen. »Die Reichen kommen mit dem Pferd, die Armen mit dem Auto«, referiert ein Bankangestellter aus Jerez ein wichtiges Unterscheidungsmerkmal. Er selbst investiert wenigstens den Gegenwert von 3000 Mark, um im Kreise der besseren Kreise seiner Wirkungsstätte den Weg machen – *hacer el camino* – zu können. Wer in Rocio ein Haus besitzt, kann für dessen Vermietung während der Pfingstwoche zumindest eine Million Peseten verlangen – an die 16 000 Mark.

Die wirklich reichen Leute freilich, die Sherry-Barone von Jerez, die *Latifundistas* und die Kampfstierzüchter Andalusiens oder die Autoimporteure von Sevilla, die besitzen ihr eigenes Haus nahe der Kirche, um dort einmal im Jahr hofhalten zu können – zu Pferd, versteht sich, mit der im züchtigen Damensitz auf den Hinterbacken des Gaules thronenden *Señora*. Im Sattel verharren gleichfalls die ausgesuchten Geladenen, die reitend von Empfang zu Empfang promenieren, um sich von berittenen Gastgebern einen Sherry kredenzen zu lassen.

Die Pferde sind selbst dann ein dominierendes Thema, wenn sie – wie 1990 wegen einer in Andalusien grassierenden Pferdepest – nicht dabei sein dürfen. Da tauchen dann unter den Wallfahrern Traktorlenker auf, die sich Sporen an die Stiefel geschnallt haben, oder ein buntbemalter 2 CV mit zwei großen Plastikpferden auf der Kühlerhaube.

Auf dem Weg nach Rocio belauschten wir folgenden Dialog zweier distinguierter Damen in Flamenco-Kleidern: »Mein einziges Unglück waren die Tränen meiner Esmeralda, als sie sah, daß wir nach Rocio aufbrechen«, berichtete die eine mit Schmerz in der Stimme. »Wer ist Esmeralda – Ihre Tochter?« fragte die andere voll Anteilnahme. »Nein, *Señora*, meine Stute.«

Eine andere Besonderheit dieser Wallfahrt offenbarte uns Pepe Meza aus Puerto Santa Maria, der alljährlich am Wegrand den Pilgern *Huevos de choco,* Schokoladeneier, verkauft. »Die wirken garantiert als Aphrodisiakum«, preist er seine Ware an. Braucht man denn das hier? »Aber natürlich«, sagt er. »Rocio ist anders als normale Religion. Hier kann man beten, ohne sich zu quälen. Wer sich mit uns auf den Weg macht, wird die Nächte dieser Wallfahrt sein Lebtag lang nicht vergessen.

Wissen Sie, *Señor*, ich glaube an Mann und Frau – wir beten hier auf eine andere Art.«

Zu vergessen sind die Nächte dieser Wallfahrt in der Tat nur schwer – schon der Schlaflosikeit wegen. Sobald der *Alcalde de carretas,* der Anführer der Kolonne, den Lageplatz bestimmt hat und die Gefährte zu einer Wagenburg um den Altarwagen gruppiert sind, hebt allseits lautstarke Betriebsamkeit an. Aus dem Inneren der Wagen werden Zelte, Matratzen, Stühle, Lampen, Gaskocher und sogar transportable Duschen hervorgeholt. Von einem Klappsessel aus dirigiert eine Großmutter im Flamenco-Kleid die Aktivitäten ihrer Sippe. Ein Pfarrer bemüht sich um Gefolgschaft, mit der er den Rosenkranz beten will, und sobald er damit fertig ist, wird eine Salve von Feuerwerkskörpern abgeschossen. Es wird gezecht, getanzt und gesungen, als sei dies erste Christenpflicht. Einige junge Leute verdrückten sich in den benachbarten Pinienhain.

So geht das bis zum Morgengrauen – bis Carmelo, der seit 50 Jahren dabei ist, und sein Sohn Celedon, der seit 13 Jahren regelmäßig den Weg macht, mit Flöte und Tambourin ausrücken, um die Pilger zum Abmarsch zu mahnen. Von den Leuten aus Triana, dem populären Stadtteil Sevillas jenseits des Guadalquivir, kennt jeder dieses Duo. Da heißen die beiden schlicht *Los Carmelos.*

Einige Stunden später erreicht der Pilgerzug den Río Quema, über den Soldaten einer Pioniereinheit eine Brücke geschlagen haben. Nun stehen die Rekruten am Rande ihres Werkes und wollen dieses erstmals im Einsatz sehen – doch nahezu alle Wallfahrer kämpfen sich neben der Brücke durch das Wasser, werfen Blütenblätter in den Fluß und lassen weiße Tauben aufsteigen. Die mit einem goldenen Hutband markierten Rocio-Debütanten werden zum Zwecke der Taufe untergetaucht.

»Irgendwas läuft da falsch«, kommentiert ein Rekrut fassungslos das Treiben. »Die einen oder die anderen müssen verrückt sein.« »Ha, ihr habt keine Ahnung«, belehrt ihn Luis Romero, ein Zigeuner, der seit sieben Jahren zuverlässig an dieser Stelle der Pilger harrt, um ihnen Bier und Pommes frites zu verkaufen. »Über eine Brücke gehen kann jeder Idiot!«

Als endlich die ganze Pilgerschar am anderen Ufer angelangt ist und sich die Damen scharenweise in die Planwagen verdrücken, um das

durchnäßte Flamenco-Kleid zu wechseln, wird eine *Señora* beinahe von einem Gefährt – halb Motorrad, halb Traktor – über den Haufen gefahren, an dessen Steuer *Iberia*-Pilot Fernando Merlot sitzt. Er lobt sein Transportmittel in den höchsten Tönen: »Man kann damit nicht umstürzen, wenn man zuviel Wein getrunken hat, und wenn man eine Braut gefunden hat, kann man damit bequem in die Büsche fahren.«
Manuel, ein Ochsentreiber aus Sanluca la Mayor, belehrt uns inzwischen über die Probleme seines Berufsstandes. Seine Tiere hören auf die Namen *Galonero* und *Volontario* – letzterer ist Rocio-Debütant und wird von Manuel sorgfältig in die Obliegenheiten eines Wallfahrtsochsen eingewiesen. Wird das Tier doch schon im nächsten Jahr den Weg mit einem neuen Partner machen müssen, weil der altersbedingte Austausch von Galonero bevorsteht. »Damit die Tiere gleich wissen, wer gemeint ist, wenn man sie ruft, wird der neue Ochse auch Galonero heißen«, erklärt uns Manuel. »Dabei ist der Neue ein schwaches und unansehliches Vieh, das diesen Namen eigentlich gar nicht verdient. Aber da kann man nichts machen – *así es la cosa.*«
Am Samstag hat das Verkehrschaos rund um das ansonsten gottverlassene Rocio himmlische Züge angenommen. Ein Pilgerpulk nach dem anderen kämpft sich durch das Gewühl in den Ort vor. Etlichen Wallfahrern rinnen ob der Anstrengung des zeitweiligen Fußmarsches die Tränen übers Gesicht. Gleichwohl putzen sich alle rasch heraus für die Präsentation der einzelnen Bruderschaften vor dem Hauptportal der Kirche. Diese Zeremonie erfolgt in einer penibel zu beachtenden Reihenfolge. Diese wiederum wird bestimmt von der gastgebenden Bruderschaft von Almonte.
In der Nacht von Sonntag auf Montag kommt es schließlich zum Höhepunkt des frommen Treibens. Schon seit dem Nachmittag halten Männer aus Almonte in braunen Uniformhemden in der Kirche die Plätze am halbkreisförmigen Gitter besetzt, das den Hauptaltar mit der Statue der *Weißen Taube* umgibt. Hinter diesem Gitter dürfen sich einzig Manuel Martinez und Diego Torres aufhalten, die beiden Meßdiener von Almonte. »Unsere Aufgabe ist es, bei der Jungfrau zu sein, die Blumen einzusammeln, die Devotionalien und Geschenke, die ihr die Pilger mitgebracht haben«, hat uns Manuel belehrt. »Manche Gläubige schenken der *Virgen* auch Schmuck – dann stellen wir eine

Bestätigung aus. Außerdem werden viele Briefe an die *Virgen* deponiert, und nur die Bruderschaft von Almonte ist befugt, diese Korrespondenz zu lesen. Mitunter wird eine Antwort verfaßt.« – »Die Jungfrau hat etwas Spezielles«, hatte uns Diego wissen lassen: »Wenn die Leute nahe an das Gitter herankommen, spüren sie etwas, das es nur hier gibt, und Zweifler werden bekehrt.«

Inzwischen ist der Kordon der Braunhemden zu einer aggressiven Menschenmauer angewachsen. Warum er bloß so hektisch sei, fragen wir einen jungen Mann, der mich wegdrängen will. »Die *Virgen* von Ricio hat einen Besitzer, und das sind wir«, stößt er keuchend hervor. »Hier leben alle für die *Virgen* – warum sollen wir anderen, die nur einmal im Jahr kommen, die Kontrolle über die *Virgen* überlassen? Noch dazu, wo das so gefährlich ist!«

Aha, denken wir und ziehen uns in die hinteren Reihen zurück. Das hilft indes nicht viel, denn ständig drängen neue Braunhemden in die Kirche und bahnen sich ihren Weg rücksichtslos durch die Massen nach vorn – mit dem finsteren Blick von Wirtshausraufern, kurz bevor die Schlägerei losgeht. Wer sich zu weit an den Altar heranwagt, wird mit Tritten und Hieben abgedrängt. Immer wieder werden Leute am Rande der Ohnmacht durch den Pulk schwitzender Leiber zum Ausgang gezerrt. Vor uns unterhalten sich drei Halbwüchsige ungeniert darüber, wem sie die Uhr klauen könnten. Neben dem Altar hängt ein Schild mit der Aufschrift: *Por favor NO FOTOS,* bitte nicht fotografieren!

Weitere Braunhemden prügeln sich den Weg zum Altar frei, das Menschenknäuel im Kircheninneren wankt zur Seite, eine ältere Frau fällt beinahe hin. »Lauter Verrückte!« schimpft sie. »Sie müssen verstehen, *Señora,* das ist die Luft hier und die *Virgen*«, wendet sich ihr Nachbar an sie. »Nichts da«, zetert die Alte, »die Kerle sind alle verrückt! Die gehören nicht in die Kirche, die gehören in den Narrenturm!«

Kurz nach zwei Uhr morgens, das Gedränge und Geschiebe hat hochgradig lebensgefährliche Ausmaße angenommen, ist es soweit: Die Braunhemden springen wie gesengte Ferkel über das Altargitter und laden sich den schweren Marienschrein auf, der sich wie auf Wellen schwimmend über den Häuptern der Pilger durch das Kirchenschiff und zum Portal hinaus auf den Platz bewegt. Eine Million Menschen

seien dort versammelt gewesen, heißt es anderntags in den offiziellen Verlautbarungen.
Applaus brandet auf, sobald die Statue die Kirche verläßt, hysterisches Geschrei ist von allen Seiten her zu hören. Die Pilger rufen der *Virgen* ihre Wünsche, Bitten und Beschwerden entgegen, manche versuchen sich bis zu ihr durchzukämpfen, um den Schrein oder gar den Rocksaum der Wundertätigen zu berühren, was die eifersüchtigen Hüter der Jungfrau zu verhindern trachten. Sie schleppen ihre Last nun zwölf Stunden lang durch den Ort – zu den Häusern jeder der für würdig befundenen auswärtigen Bruderschaften, damit deren mitgeführte Marienstatuen der *Weißen Taube* ansichtig werden.
Am Vormittag kann man in der Sanitätsstation von Rocio eine erste Bilanz ziehen: Ein vierundsiebzigjähriger Mann ist an einem Herzinfarkt gestorben, und ansonsten gab es an die 2000 Einsätze – vornehmlich in Sachen Sonnenstich und Fußkrankheiten. In seinem Schweiß, in Blut und Tränen liegt da Diego Jumilla, ein junger Mann aus Sevilla, der zusammengeschlagen wurde, nachdem es ihm gelungen war, die *Virgen* zu berühren: »Das hat *mir* große Freude bereitet«, sagt er.
Die ersten heil gebliebenen Pilger machen sich auf den Heimweg. Der wird wieder wenigstens drei Tage dauern. Es wird viel gezecht, getanzt und gesungen werden. Und man wird einander versichern, man werde nächstes Jahr wieder nach Rocio gehen.
In manchen andalusischen Bars hängen Abreißkalender, die anzeigen, wie viele Tage es bis zur nächsten Wallfahrt noch sind.

Der Schrecken der Señoritos

Momentaufnahmen aus dem Kampf um das Land

In den Schaufenstern der Läden entlang der *Calle Sierpes,* Sevillas teuerster Einkaufsstraße, liegen exquisite Flamenco-Kleider und Cordobeser-Hüte, *Mantillas* aus filigran gearbeiteter Spitze und handbemalte Fächer zum Verkauf aus. Andalusien rüstet zur traditionellen Wallfahrt nach Rocio – und da ist den Herrschaften, die auf sich halten, nichts zu teuer.

Mit einem Mal mischen sich unter die Flaneure scharenweise Leute, wie man sie hier gewöhnlich nicht sieht: Eine lange Schlange von Frauen und Männern in abgetragenen Kleidern zieht durch die Fußgängerpassage, in den Händen die grün-weiße Fahne Andalusiens, auf den Lippen eine Parole, die an diesem Ort etwas derb klingt: *»Lo que queremos es la tierra/y no queremos la reforma de mierda!«* – Wir brauchen Land und nicht diese Scheißreform.

Auf Flugblättern entschuldigen sich die Manifestanten bei den Städtern für die leider notwendige Störung und geben Auskunft, wer und woher sie sind: Aktivisten des SOC, des *Sindicato de Obreros de Campo,* der Landarbeitergewerkschaft, aus Marinaleda, einem Nest von gerade 2500 Einwohnern, auf etwa halbem Weg zwischen Sevilla und Granada gelegen. Äußerlich ist Marinaleda ein Dorf wie zahllose andere in Andalusien – eine Ansammlung meist niedriger, weißgetünchter Häuser inmitten von Olivenhainen und Weizenfeldern, die auf dem sanft hügeligen Terrain von einem Horizont zum anderen reichen. Ein paar Läden gibt es, ein paar Werkstätten von Handwerkern, die eine oder andere Bar. Vereinzelt streunen Katzen und Hunde in der drückenden Mittagshitze über menschenleere Straßen.

Doch Marinaleda ist anders. Schon ein Besuch in der erstbesten Bar läßt dies ahnen. Gerade ein Dutzend Gäste stehen am Tresen. Die Unterhaltung der Männer wird landesüblich lautstark geführt. Aus dem Stimmengewirr sind Worte zu hören, die anderswo in den Debatten von Wirtshausbesuchern selten fallen: *Materialismus, Kapitalismus, Religion, Revolution ...*

Der Weg zur nächsten Bar führt durch einen Triumphbogen aus handgeschmiedeten Lettern, die verkünden, daß man die *Avenida de la Libertad* betritt. Besagte Bar befindet sich in der *Casa del Pueblo,* einem zum Versammlungslokal ausgebauten, mit Plakaten und Transparenten voll kämpferischer Botschaften geschmückten ehemaligen Lagerhaus. Handschriftliche Ankündigungen weisen auf Alphabetisierungskurse für Erwachsene und demnächst stattfindende Kulturveranstaltungen hin. Volk hält sich in diesem »Haus des Volkes« gegenwärtig nur wenig auf. Die Leute seien fast alle draußen auf der *Finca,* sagt ein stämmiger älterer Mann und ermuntert uns, dorthin zu fahren – bei dieser Gelegenheit könnten wir ihn im Wagen mitnehmen. Er sei nämlich ein Kämpfer der ersten Stunde und müsse dabeisein auf *La Humosa,* der *Finca,* die gerade wieder einmal – und das seit nunmehr schon 24 Tagen – besetzt gehalten werde. Vor dem Beginn dieser Aktion hätten sich die Landarbeiter von Marinaleda zu einem dreitägigen Hungerstreik hier im Haus der Landarbeitergewerkschaft eingeschlossen.

Während der zehn Kilometer langen Fahrt zum besetzten *Cortijo,* dem Gutshof inmitten eines Weizenfeldes, berichtet unser Passagier, es sei erst wenige Jahre her, da seien hier Menschen Hungers gestorben. Lesen und schreiben könnten die allerwenigsten. Eine Schule gäbe es erst seit kurzer Zeit. Die Sozialisten des Ortes seien unter Franco umgebracht worden, und alles Land ringsum habe seit jeher dem Duque de Infantado gehört – der besitze so viel, daß er selbst nicht wisse, was ihm alles gehöre.

Marinaleda scheint demnach doch recht typisch zu sein für jene Landstriche der Extremadura, von La Mancha, vor allem aber von Andalusien, in denen feudale Zustände herrschen wie nirgendwo sonst in Europa: ein überaus fruchtbares Land – vorausgesetzt, man hat die Mittel und Möglichkeiten, es zu bewässern –, dessen Reichtum von

einem Heer nur sporadisch beschäftigter Tagelöhner erarbeitet und von einer Handvoll müßiggängerischer *Latifundistas* verpraßt wird. In Andalusien, dessen Bevölkerung noch immer zu nahezu einem Viertel in der Landwirtschaft tätig ist – gleich hoch ist auch die Arbeitslosenrate –, besitzen 4800 *Señoritos* (zwei Prozent aller Bauern) an die 50 Prozent des kultivierbaren Bodens. Eine Fläche, die so groß ist wie die Schweiz. Ihnen stehen Hunderttausende landloser Tagelöhner gegenüber – zu etwa 60 Prozent Analphabeten.
Diese Zustände gehen zurück auf die *Reconquista*. Die Könige überließen im Zuge der Rückeroberung des Landes von den Mauren den adeligen Familien und den Militärorden zum Zwecke der Herrschaftssicherung stattliche Latifundien. Die mit inquisitorischen Vollmachten ausgestattete Kirche sorgte für Frömmigkeit und Gehorsam unter dem zu diesen Besitztümern gehörenden Menschenmaterial.
Mit der Industrialisierung der städtischen Regionen – in Spanien war dabei Barcelona führend – setzte die erste Emigrationswelle der Landarbeiter ein. Viele von ihnen verstanden aus gutem Grund die Ideen der Sozialisten und Anarchisten sehr rasch und brachten die revolutionäre Saat in ihre Dörfer zurück. Nicht zuletzt im allerkatholischsten Andalusien fand der Kampfruf zahlreiche Anhänger: *»In der Politik Anarchisten, in der Wirtschaft Kollektivisten, in der Religion Atheisten!«* Schon im 19. Jahrhundert kam es zu ersten Landarbeiteraufständen – die allesamt blutig niedergeschlagen wurden. Die 1931 ausgerufene Zweite Republik brachte erste Versuche einer Landreform mit sich, die spätestens 1939, im Jahr des endgültigen Sieges der von Hitler und Mussolini an die Macht gebrachten Franco-Diktatur, allesamt rückgängig gemacht wurden. Zwischen 1940 und 1970 emigrierten erneut 2,5 Millionen Andalusier ins Ausland oder in die industrialisierten Teile Spaniens.
Genauso sei es in Marinaleda gewesen, wird uns der Bürgermeister erzählen: Die Linke habe die Mehrheit, aber nicht in ausreichendem Maße Bewußtsein und Machtmittel besessen, um sich gegen die *Señoritos*, die Pfaffen und vor allem die putschenden Militärs behaupten zu können. 30 Landarbeiter seien von Francos Bluthunden füsiliert worden, Dutzende nach Frankreich geflohen. Danach haben wieder Hunger, Knechtschaft und Friedhofsruhe geherrscht. Außerhalb der Land-

wirtschaft gäbe es noch immer so gut wie keine Arbeitsmöglichkeiten, 84 Prozent der Gemeindebürger seien *Jornaleros* – Tagelöhner –, und nur 75 Prozent der aktiven Bevölkerung fänden sporadisch Arbeit. Die Mehrheit lebe somit von der Arbeitslosenunterstützung: 26 000 Peseten im Monat, von denen noch 5 000 für die Sozialversicherung abgingen – blieben also 21 000, gut 350 Mark.
Diese Arbeitslosenunterstützung hat die sozialdemokratische Regierung in Madrid eingeführt. Anspruch darauf hat, wer wenigstens 60 Arbeitstage im Jahr nachweisen kann. Nicht wenige Gutsbesitzer lassen sich dafür bezahlen, eine solche Bestätigung solchen Landarbeitern auszustellen, die mitnichten von ihnen eingestellt wurden.
Es werden nämlich immer weniger *Jornaleros* benötigt, seit die *Señoritos* ihre Betriebe zu rationalisieren begonnen haben. Auch das hat die PSOE-Regierung von Felipe Gonzalez bewirkt, die 1983 ein Landreformgesetz verabschiedete, um das drei Jahre lang vor dem Verfassungsgerichtshof gestritten wurde. Seither gilt der Grundsatz der »sozialen Funktion« des Bodens. Erwirtschaften Großbauern auf Gütern von mehr als 300 Hektar (und 50 Hektar bewässertem Land) weniger als ein Viertel eines errechneten Optimalwertes, kann ihr Besitz bis zu einer Dauer von 18 Jahren zwangsverpachtet werden. Bleiben Latifundisten unter der Hälfte dieses Wertes, müssen sie einen Produktions-Erhöhungsplan akzeptieren, und bleiben sie unter 80 Prozent, können sie zur Leistung einer Sondersteuer verpflichtet werden.
Der Mann, der dieses Gesetz exekutieren sollte, bis er im Herbst 1990 in der politischen Versenkung verschwand, heißt Miguel Manaute, ist ein Kerl von massiger Gestalt und ehemaliger *Jornalero*. Er war dabei, als sich noch zu Lebzeiten Francos überall im Land geheime Landarbeitergewerkschaften bildeten, gehörte nach der Legalisierung der Bewegung zu den Gründungsmitgliedern des SOC, wurde einer dessen führender Funktionäre – und 1982 von der PSOE als Agrarreformminister in die andalusische Provinzregierung berufen.
Bei den SOC-Aktivisten von Marinaleda, die ihn alle gut von früher kennen, ist sein Ansehen inzwischen ruiniert. In Spanien herrschten »die gleichen Hunde wie früher«, sagen sie – »nur jetzt mit einem anderen Halsband«. Da gäbe es keinen Sozialismus, nicht einmal Sozialdemokratismus, sondern »versteckten Franquismus«.

Und Miguel Manaute – nun ja, fast jeder Mann habe seinen Preis, doch der habe sich spottbillig verkauft. Früher sei er eben ein Niemand gewesen, und jetzt dürfe er eine wichtige Persönlichkeit spielen. Früher habe er kein Geld gehabt, und jetzt beziehe er ein stattliches Gehalt. Trotzdem – diesen Verrat hätten sie ihm nicht zugetraut. Der solle sich ein Beispiel an ihrem Juan Manuel nehmen!

Juan Manuel Sanchez Gordillo ist knapp über 40 Jahre alt, Enkel eines Tischlers und Sohn eines Elektrikers aus Marinaleda. Der korpulente, kleingewachsene Mann, der mit seiner schwarzen Haartolle, dem krausen Vollbart und den großen, lebhaften Augen aussieht wie eine Figur aus einem Bild von Goya, ist seit 1979 – den ersten freien Wahlen nach der Diktatur – Bürgermeister seiner Heimatgemeinde. Er ist immer dort zu finden, wo gerade aufgemischt wird. Eigentlich, sagen die Leute, werde in Marinaleda nur deshalb so unbeugsam gekämpft, weil Juan Manuel alle mitreiße.

Der sollte Lehrer werden, wurde von seinen Eltern zum Studium nach Sevilla geschickt – und lernte dort in den billigen Arbeitervierteln, in denen er umständehalber wohnte, die klandestinen Reste der Arbeiterbewegung kennen. Und an der Universität die klammheimlich organisierten Zirkel marxistischer Intellektueller. Das, was er dort gelernt, die Erfahrungen, die er dort gemacht habe, hätten ihn dazu bewogen, den Kontakt zu den *Jornaleros* seines Dorfes nicht abreißen zu lassen, sich an deren Aktionen schon zur Zeit der Illegalität zu beteiligen.

Nun sitzt er im besetzten *Cortijo* von *La Humosa* inmitten von Männern und Frauen, Jugendlichen und Erwachsenen, Kleinkindern und Greisen, löffelt seine Portion Eintopf aus einem Blechgeschirr und wartet, bis die *Guardia Civil* kommt, um sie einmal mehr von hier zu vertreiben. Wie so was abläuft, wissen alle Anwesenden nur zu gut. Seit der ersten Besetzung einer *Finca* im Jahre 1978 hat es in Marinaleda immer wieder kämpferische Aktionen gegeben: Straßensperren, Hungerstreiks, Demonstrationen um Land, um eine Trinkwasserleitung, um Bewässerungsanlagen...

Als Bürgermeister hat Juan Manuel der Provinzregierung das Geld für eine Schule, für Wohnhäuser, für die Einrichtung von Ausbildungskursen abgetrotzt. Ohne Besetzungsaktionen, wie sie vor allem in Marinaleda immer wieder stattgefunden haben, wäre das Wort *Landreform*

möglicherweise längst aus dem Sprachschatz der neuen Regierenden getilgt worden. 1986 wurde gar die Enteignung eines Teiles der Latifundien des *Duque* durchgesetzt, und 1988 wurden den *Jornaleros* von Marinaleda 1000 Hektar Ackerland zum Aufbau einer Kooperative vom andalusischen Agrarreforminstitut zugesagt.
Doch nun warten die Landarbeiter seit mehr als zwei Jahren darauf, daß die Provinzregierung dieses Versprechen in aller Form einlöst. Juan Manuel gibt sich keinen Illusionen über das, was da gespielt wird, hin: »Das Landreformgesetz war eine Antwort auf unsere Aktionen – um die Leute zu beruhigen und unsere Bewegung ihres Inhalts zu berauben. Die Chefs der PSOE wollen keine von ihnen unkontrollierte Bewegung – die wollen die Sache in ihre Hand kriegen und zwei Fliegen mit einer Klappe schlagen. Einerseits haben sie die sogar für den Kapitalismus zu konservativen *Señoritos* dazu gezwungen, die *Fincas* zu modernisieren, zu rationaliseren und die Produktion auf EG-Niveau zu bringen. Das ist ihnen gelungen. Jetzt werden mehr Pestizide eingesetzt als früher, es liegt kein Land mehr brach – und der Reichtum der *Latifundistas* ist noch größer geworden. Auf der anderen Seite stehen 400 000 Landarbeiter vor dem Nichts und sind auf die Almosen der Regierung angewiesen. Wir wollen einen solchen Paternalismus aber nicht, der die Leute unfähig und unterwürfig macht. Wir wollen keine moderne Verwaltung der Arbeitslosigkeit, sondern Arbeit. Wir wollen unsere eigenen Kooperativen, auf denen wir beweisen können, daß wir konkurrenzfähig sind. Und wir brauchen hier Betriebe, in denen unsere Produkte weiterverarbeitet werden, damit es eine Alternative bei der Wahl des Arbeitsplatzes gibt.«
Bei diesen Ausführungen des Bürgermeisters ist Bewegung unter die Besetzer gekommen, die sich hinter den dicken Steinmauern des *Cortijo* zur *Siesta* hingelegt hatten. Immer mehr Leute bilden einen Kreis um uns und bekunden ihre Übereinstimmung mit den Worten des Gemeindeoberhauptes. »Diese Regierung«, sagte Juan Manuel, »die macht nicht einmal eine sozialdemokratische Politik – das sind Neoliberale wie Thatcher und Bush, und die interessiert nur eines: Sie wollen an der Macht bleiben. Deshalb fürchten sie, daß die Leute hier ein eigenes Bewußtsein entwickeln und sich nicht länger gängeln lassen. In dem Punkt sind wir aber schon weiter, denn Bewußtsein entsteht in

dem Kampf, den sie uns aufzwingen. Wir haben hier ein Stück Land gepachtet und den *Roten Sonntag* eingeführt – da arbeiten alle freiwillig daran mit, Melonen zu ziehen.«
Etwas später erzählt uns der junge Bürgermeister von seinen Erfahrungen, die er auf Reisen nach Nicaragua und zu anderen Landreformbewegungen in Zentralamerika gesammelt hat. Dort hat er erleben müssen, wie rasch solche Initiativen zusammenbrechen können, wenn die Leute mit Versprechungen kurzfristiger Vorteile kopfscheu gemacht werden. Und wenn bei der mühseligen Alltagsarbeit auf einer selbstverwalteten *Finca* erste größere Probleme auftauchen. Bei aller Zustimmung, die ihm hier entgegengebracht wird, baut Juan Manuel wohl noch immer nicht zu fest darauf, daß ihm die *Jornaleros* von Marinaleda in jeder Situation zu ihrem eigenen langfristigen Vorteil folgen werden. »Da ist noch viel Bewußtseinsarbeit nötig«, betont er mehrmals. »Man muß den Menschen einen anderen Horizont anbieten, mit ihnen für das Entstehen einer neuen Kultur kämpfen. Es hilft gar nichts, sich bei den Leuten anzubiedern, indem man demonstrativ bei der religiösen Folklore mitmacht, wie das verschiedene linke Politiker und Gewerkschafter in Sevilla tun, die in der *Semana Santa* den Altar schleppen und jedes Jahr nach Rocio rennen. In Andalusien gibt es eine Mischung aus Angst, Tradition und Religion, die mich immer noch erstaunt, obwohl ich hier aufgewachsen bin. Und die Religion war immer ein Mittel, um die Leute zu disziplinieren, weil die Kirche immer auf der Seite der Macht war. Früher hat sie Francos Kanonen gesegnet. Dann, als der Übergang kam, hat sie versucht, sich etwas liberaler zu geben. Doch seit dieser Woityla Papst ist, ist die Hierarchie wieder ultrarechts. Es gibt zwar ein paar Pfarrer, die auf der Seite der *Jornaleros* stehen, aber die spielen keine Rolle.«
In Marinaleda gibt es keinen Pfarrer. Alle paar Wochen kommt einer von auswärts, um Ehen zu schließen und Taufen vorzunehmen. Ansonsten mische der sich nicht ein, sagt der Bürgermeister. Dafür bemühten sich die Rechten im Dorf, den religiösen Aberglauben zu beleben: »Die machen das so wie die Contras in Nicaragua.« Vorderhand, so scheint es, mit wenig Erfolg. In Marinaleda werden immer mehr nichtkirchliche Ehen geschlossen, »was für Andalusien sehr untypisch ist«, wie Juan Manuel betont.

Während die Besetzung der *Finca La Humosa* weitergeht, strebt 150 Kilometer weiter die traditionelle Wallfahrt nach Rocio ihrem Höhepunkt zu. Ob denn von hier niemand nach Rocio gehe, fragen wir die Leute, die im Schatten eines Lagerschuppens sitzen. »Das ist nichts für uns, das ist für die Reichen«, antwortet eine junge Frau. »Und die Leute werden durch das Fernsehen mit solchen Sachen blöd gemacht.«
»Ich bin jetzt fünfundfünfzig Jahre alt und habe Rocio noch nie gesehen«, fügt ihr Nachbar hinzu: »Wenn das Zeug im Fernsehen gezeigt wird, schalte ich auf ein anderes Programm um, weil ich ansonsten wütend werde!«
Eine ältere Frau erhebt sich aus ihrem Stuhl. »Wissen Sie was«, ruft sie. »Genau das ist das Problem – daß viel zu viele Leute blödsinnig nach Rocio laufen, statt eine *Finca* nach der anderen zu besetzen!«
Juan Manuel, der Bürgermeister, hat den *Jornaleros* eine andere Wallfahrt versprochen: »Wenn in Sevilla die EXPO stattfindet und wir bis dahin unser Land noch immer nicht haben, dann marschieren wir zu Zehntausenden dorthin und legen eine friedliche Bombe. Am besten dann, wenn der König dort ist, damit der einmal erfährt, wie es um dieses Land steht!«

Immer dem Gehör nach

Streifzüge durch das alte und das junge Sevilla

Ein Todesfall, denkst du, hier muß es einen Todesfall gegeben haben. Ein jäher Szenenwechsel ist das nach diesen Nachtstunden, die du durch enge Gassen gestreift bist, deine Ohren als einzige Orientierungshilfe benutzend, von einer Bar zur nächsten Kneipe, von einem *Tinto* zum nächsten *Fino* und ein paar *Tapas* dazwischen, weil essen soll, wer sich um das Trinken verdient macht.

Immer deinem Gehör nach bist du durch die verwinkelten Gassen, die engen, der Altstadt von Sevilla gezogen, weil das die beste Methode ist, sich in dieser Stadt zurechtzufinden. Wo sich da gerade etwas tut, ist nicht zu überhören. In der Metropole des spanischen Südens dröhnt man sich die Ohren nicht in geschlossenen Räumen zu, hier gehören zu den beliebtesten Tränken vor allem die paar Gassenquadratmeter davor. Da wird gestanden, gezecht und gequatscht. Niedersetzen kannst du dich auf der Kühlerhaube des nächstgeparkten Autos, dessen Dach als Abstellfläche für Dutzende voller, halbvoller und leerer Gläser dient. Wer etwas trinken will, erdrängt sich das drinnen am Tresen, läßt sich sein neues Glas im günstigen Fall durch das geöffnete Kneipenfenster reichen. Kellner sind jedenfalls keine zugange. Die Jungs mit den großen Schürzen sind bloß dazu da, im benachbarten öffentlichen Stadtbereich die geleerten Trinkgefäße auf Autodächern, Bordsteinen, Fenstersimsen und Denkmalsockeln einzusammeln. Das geht ganz ohne Streß, und kein Wirt versteigt sich zu der Barbarei, dir einen Wegwerfbecher als Behältnis für den herben Roten oder den trockenen Sherry zuzumuten.

Kurzum, du kannst dir deinen *Tinto* holen, dich draußen in der Gasse von einem Debattierzirkel zum nächsten treiben lassen und findest dich plötzlich vor einer ganz anderen Bar wieder. Das macht nichts – das geleerte Glas auf dem nächstbesten Autodach abgestellt und hineingedrängt an den Tresen, weil dir nach dem letzten *Tinto* jetzt nach einem neuen *Fino* ist.

Solange du dich im Zentrum einer Klangwolke hältst, die von den Zechern mit ihrem Palaver gespeist wird, bist du stets am richtigen Ort. Auf diese Weise hat es dich die *Eloy* nach oben gespült, heraus aus dem *Rincon San Eloy,* wo Stierkampfplakate aus der Zeit hängen, als Joselito und Belmonte ihren Konkurrenzkampf in der Arena *mano a mano,* Hand in Hand, austrugen und wo dir die Bierpipe von *Cerveza Aguila,* der Adlerbrauerei, endlich eine Ahnung beschert hat, welchen faszinierenden ästhetischen Möglichkeiten der Kampfruf *Schwerter zu Zapfhähnen* zum Durchbruch verhelfen kann.

Als nächstes bist du im *Patio San Eloy* gelandet mit seinen appetitfördernden Schinken und Würsten über dem Tresen und der Tribüne voller miniberockter *Muchachas* im Hintergrund – breite, hohe Stufen sind die Sitzplätze dort, ausgelegt mit *Azulejos,* den knallbunten handbemalten Sevillaner Kacheln. Direkt davor hatte der neongrelle Spielautomat gedudelt und musiziert, wie dergleichen Gerät das in diesem Land allerorten tut.

Doch weiter, weiter, weiter; in Sevilla hält man sich nachts nirgendwo lange auf. Am Eingang der *Sierpes* mit ihren teuren Boutiquen war dir einmal mehr der Freßtempel *La Campana* ins Auge gestochen – ein Arrangement in schönstem Jugendstil. Da müßtest du noch einmal rein, wenn dir nach Konditorei zumute sein sollte, hattest du gedacht. Ein paar Häuser weiter dachtest du etwas ähnliches vor dem drinnen ganz und gar maurisch gestylten Spielsalon, und die Worte des Ortskundigen fielen dir dabei ein, der erklärt hatte, die Sevillaner seien die Spielverrücktesten unter allen Spaniern. Nirgendwo sonst in der iberischen Ecke würden mehr Ehen wegen der exzessiven Spielwut einer Hälfte der Gattenschaft geschieden.

Das sei typisch, hattest du gedacht, denn inzwischen warst du an der Kathedrale angelangt, von der es heißt, sie sei nach St. Peter zu Rom und St. Paul zu London die drittgrößte der Christenheit, und ihr gewaltiger goldener Hauptaltar, das Ergebnis fünfundvierzigjähriger ununterbrochener Arbeit, sei überhaupt der größte der Welt – da also haben die Pfaffen und ihre Komplizen den Reichtum hineingebuttert, den sie den lateinamerikanischen Indios klauen ließen. Daß in fast jeder Pfarrerskutte sozusagen das sublimierte Gangstertum herumläuft, war dir indes ohnedies längst klar gewesen.

Doch die Leute hier, die ließen sich von derlei Gesocks noch immer auf der Nase herumtanzen, hatte dir der Ortskundige von vorhin gesagt. Die Andalusier seien die bigottesten unter den allesamt zur Kerzenschluckerei neigenden Spaniern – und da Sevilla nun einmal Andalusiens Hauptstadt ist, entkäme dem langen Arm der Kirche hier keiner. Mögen sich die Leute ansonsten noch so zuverlässig rote Regierungen wählen.

Daraufhin hatte es dich naturgemäß nach einem *Tinto* verlangt, und dafür warst du gerade am rechten Ort. Hier hinter dem über eine maurische Moschee gestülpten Pfaffenhauptquartier und rund um den *Alcazar,* wo seinerzeit Königs wohnten, liegt das *Barrio de Santa Cruz,* das häufig als ehemaliges Judenviertel angekündigt wird, was ein offenkundig unausrottbarer Mumpiz, aber unerheblich ist. Sevillas jüdische Gemeinde pflegte vielmehr im jetzigen *Barrio de San Bartolomé* zu siedeln. Eines aber stimmt: An keiner anderen Ecke Sevillas findest du momentan mehr in den Kreisen ambitionierter Kneipengeher beliebte Bars als in *Santa Cruz.* Das fängt in der *Mateos Gago* an der Stelle an, wo *El Tenorio* residiert, wo früher vornehmlich die mit dem Stierkampf in geschäftlicher Weise verbundenen Herrschaften zu speisen pflegten. Nun drängeln sich die YuppieInnen um die wenigen, also unter renommierbedachten Leuten erst recht begehrten Plätze dieser gleichwohl vorzüglichen Futterkrippe.

Doch draußen vor der Tür, da brodelt sie, die *Movida* von Sevilla, wie nächtens umherziehendes Trinkertum in Spanien modebewußt genannt wird. Nur die wenigsten Tränken haben Namen, die man sich merken müßte. Früher oder später kommst du ohnedies an jeder vorbei, sobald du dich in den Strom der Nachtschwärmer eingespeist hast, der einmal da und einmal dort einen kleinen Wirbel bildet, an dem sich alles etwas staut. Der Ort, an dem das gerade geschieht, kann von Woche zu Woche wechseln.

Freilich, ein paar *Evergreens* gibt es auch hier. Die einen, weil sie gut,

die anderen, weil sie teuer sind – ein Zusammenhang besteht selten. Wenn dir nach einer originellen *Tapa* oder einem späten *Diner* ist, dann schau ins *Los Venerables* in der *Jamerdana*. Wenn es dir Freude macht, für einen *Tinto* zwei- bis dreimal soviel auszugeben als in den meisten Kneipen rundum, so bist du im *Meson del Moro* in der *Mateos Gago* richtig. Gut, die Pinte domiziliert in einem Gewölbe, das einmal ein arabisches Bad beherbergt hat und 1491 errichtet wurde – ein Jahr, bevor Kolumbus der Irrtum in Sachen Indien unterlief. Vom tiefen Keller geht es im überdachten *Patio* noch zwei Etagen nach oben, trotzdem sind die Mauernischen Nacht für Nacht absolut voll.
Aber es geht auch beflissener. Du kannst hinauftippeln bis in die *Levies*, wo die *Cabonería* liegt mit ihrem großen Garten für Musikkultur. Da, heißt es, sei erstmals der bodenständige Flamenco mit dem weit hergeholten Rock verschnitten worden. Da spielen mitunter Camaron und Lebrija, die in der Szene gegenwärtig gefragtesten Flamenco-Gitarristen. Und da kannst du an manchen Abenden José Romero, der das Klavier für den Flamenco entdeckt hat, in den Tasten wühlen hören.
Wo immer du indes gerade hockst, stehst oder lehnst – überall kann dich der Typ ereilen, der mit einem Säugling auf dem Arm die Szene betritt und anhebt zu flammender Rede, die darauf hinausläuft, daß du ihm Geld geben sollst, weil er nicht mehr stehlen wolle, welcher Vorsatz deine Unterstützung allemal wert sei.
Also gib ihm ein paar Peseten, in Sevilla wird sich dadurch nichts ändern. Daß die Leute hier kreuzkatholisch und krankhafte Spieler sind, haben wir schon gehört. Daß 80 Prozent aller in Spanien hauptberuflich auf den Strich gehenden Damen aus Andalusien kämen, hat uns die in Barcelona erscheinende »Vanguardia«, das Zentralorgan des durch Betulichkeit gemilderten Katalanentums, nicht ohne hämischen Unterton mitgeteilt. Und daß in Andalusiens gottesfürchtiger Hauptstadt die fingerfertigsten und unverfrorensten Autoknacker und Diebe Europas zugange sind, darf guten Gewissens ohne Quellenangabe behauptet werden. Das könnte sogar Spaniens König Juan Carlos bezeugen. Als der sich jüngst an den Guadalquivir begab und leutselig händeschüttelnd das Spalier seiner Untertanen abschritt, stand Seine Majestät plötzlich ohne die schöne goldene Uhr da, die gerade noch am königlichen Handgelenk gebaumelt hatte. Ein Erbstück vermutlich.

Während man dir Geschichten dieser Art erzählt, bis du von *Santa Cruz* nach Westen abgetrieben worden, zur *Plaza del Salvador* hin, wo vor der *Bodeguita La Antigua* die nächste Menschenansammlung nicht zu überhören ist und in dem Häuserblock, der den Platz von der *Sierpes* trennt, die schrillsten Neontempel der Stadt untergebracht sind.
Da irgendwo, zwischen der *Plaza del Salvador* und der *Plaza de la Alfalfa,* muß es dann gewesen sein, daß dich ein in einem Hauseingang aufgestelltes Heiligenbild mit brennenden Kerzen davor und einem üppigen Blumenarrangement zu beiden Seiten plötzlich innehalten ließ. Ein Todesfall, dachtest du – gewiß liegt dort drinnen jemand aufgebahrt: mitten im turbulentesten *Movida*-Eck sterben Leute.
Aus purer Neugierde hattest du noch etwas weiter hineingeblickt in den Hauseingang, hattest noch mehr Heiligenbilder, noch mehr entzündete Kerzen, noch mehr düstere Blumenarrangements gesehen. Es roch nach Kirche und Verwesung, und du warst darauf gefaßt, im nächsten Moment auf einen offenen Sarg zu blicken. Aber mit einem Mal sahst du einen Tresen vor dir, hörtest nun auch den Trauermarsch aus den Boxen dröhnen und wußtest nach einem Moment der Überraschung, daß es dir aus purem Zufall gelungen war, Sevillas schwülste Bar zu orten.
Kurzum, die Stadt ist allemal für Überraschungen gut. Und sie ist – wie die Sprachgestörten das so treffend nennen – *in.* Der spanischen Ausgabe von GEO verdanken wir die Einsicht, daß Sevilla in dieser unserer Zeit neben Venedig, Florenz, Paris und Rom, London und New York zu den »meistbewunderten Städten« zählt. Das könnte stimmen. Auch der STERN war schon da und hat vor Ort einen Mann gefunden, der das Motto ausgab: »Die *Movida* von Madrid ist tot, es lebe die *Movida* Sevilla.«
Der Reporter besagten Blattes geizte gleichfalls nicht mit Erkenntnissen: »Aus allen Teilen Andalusiens strömen junge Leute nach Sevilla, um hier zu arbeiten oder zu studieren. Sie prägen die *Movida,* die lauter, bäuerlicher, aber auch fröhlicher ist als das Nachtleben Madrids oder Barcelonas.«
Unmöglich können wir uns da noch länger zieren. In Form eines Vergleichs sei wie folgt unser erkenntnistheoretischer Beitrag geleistet: Sevilla verhält sich zu Madrid und Barcelona wie München zu Berlin

und Hamburg. Das hat mitnichten vorrangig mit dem Hang zur Prostitution von katholisch-spielbesessenem Diebsgesindel zu tun. Die Metropole von Spaniens Süden verlangt danach, von ihrer Lebensbasis her beschrieben zu werden.

Vordergründig lebt Sevilla von Banken, Versicherungen, Verwaltung, Universität und Flugzeugindustrie – und die vielen Arbeitslosen, sollte hinzugefügt werden, leben möglicherweise zu einem Teil von den Touristen, die sie notgedrungen beklauen. Das große Geld aber, das wird auf der *Pampa* ringsum gemacht – mit Baumwolle und Rüben. Andalusiens Latifundisten haben es ganz dick. Da gehört noch immer die Hälfte des Ackerbodens ganzen zwei Prozent der landwirtschaftlichen Betriebe, und die wiederum gehören zum Großteil alteingesessenen Landadelssippen, die gleichwohl auf ihr Stadtpalais nicht verzichten müssen, sich so richtig zu Hause aber hinter meterdicken Mauern in ihren *Cortijos* fühlen. Das sind schon eher weißgetünchte Burgen denn Gutshäuser, mit einem eigenen Dorf für das Gesinde – möglichst außerhalb der Sichtweite.

Die Youngsters aus solch begüterten Kreisen studieren inzwischen in New York oder Paris. Und doch, von Ausnahmen abgesehen: Wenn sie Leuten begegnen, bei denen das Oben und das Unten, die Herr- und Knecht-Sache, nicht von vornherein klar ist, stehen die Pinkel daneben wie ihre Alten und versuchen das mit plumper Arroganz zu übertünchen, die freilich in sich zusammenfällt wie ein leerer Kartoffelsack, sobald du nur ein wenig distinguiert näselst.

Kurzum, von denen hat die Szene außer Bargeld nicht viel zu erwarten. Was die *Movida* hier tatsächlich bunt macht, ist die Mischung. Da sind die vielen Leute, die nichts haben – das aber zuverlässig verprassen. Und da sind die vielen zugewanderten Kriegsgewinnler, die von der Schlacht um den Anschluß Sevillas an die Neuzeit profitieren. Der Countdown für das große Geschäft läuft längst: Am 20. April 1992 wird auf der 215 Hektar großen Guadalquivir-Insel *Cartuja* die EXPO 92 eröffnet. Die nächste Weltausstellung also, deren Organisatoren ein Budget von umgerechnet etwa 2,5 Milliarden Mark verplanen dürfen. Dazu pumpt der spanische Staat weitere 12 Milliarden Mark in Runduminvestitionen. Andalusien, das 1987 über knapp 90 Kilometer Autobahnen verfügte, wird 1992 deren 1000 besitzen, sieben neue

Brücken werden über den Guadalquivir geschlagen, ein neuer Bahnhof für superschnelle Züge gebaut, drei neue Umgehungsstraßen angelegt, um den Ring zu entlasten, der die 2000 Jahre alte Stadt einschnürt. Da läßt sich schon einiges verdienen. Das zu tun, sind etliche fixe Burschen aus allen Landesteilen nach Sevilla gezogen. Die Einwohnerzahl stieg in den letzten Jahren um ein Viertel auf 800 000; der private Autopark wuchs zwischen 1984 und 1988 von 277 993 auf 354 047 Karren; und während 1984 noch weniger als 300 neue Lizenzen für Firmengründungen beantragt wurden, waren es 1989 bereits 3048.

Die Mieten stiegen im Durchschnitt um 430 Prozent, was den örtlichen Ökonomen Camilo Lebón behaupten läßt, alle alteingesessenen Sevillaner seien »die Verdammten von 92«. In Sachen Weltausstellung ist man hier nämlich nicht ganz unerfahren. Bereits 1929 fand in der Stadt, die einst den Handel der spanischen Kolonialmacht mit der *Neuen Welt* monopolisierte, ein iberoamerikanisches Ausstellungsspektakel von nahezu EXPO-Ausmaßen statt. Die Sache reichte jedenfalls aus, um den Stadtsäckel noch bis 1972 zu belasten, und geblieben ist von damals neben einigen prächtigen, doch schwierig zu nutzenden Gebäuden ein überaus schöner, nur mit großem Geldaufwand zu erhaltender Park.

Deshalb werden heute Sevillas Offizielle nicht müde zu beteuern, die EXPO 92, auf Initiative des spanischen Königs nach Andalusien gelotst, werde die Stadt keine Pesete kosten, sondern zur Gänze von der Regierung in Madrid bezahlt. Ein »königliches Geschenk« mithin, das Sevilla eine »Infrastruktur für das 21. Jahrhundert beschere«.

Der örtliche Ästhetikprofessor Diego Romero de Solis ist trotzdem skeptisch: »Aus einer neokapitalistischen Perspektive gesehen, mag das alles sehr gut sein. Aber es wird hier eine Lebensform zugrunde gehen und der künstlerische Ruf der Stadt. Es werden so viele Leute da sein, daß man nicht mehr durch die prächtige Architektur flanieren kann.«

Während der EXPO-Monate zwischen 20. April und 12. Oktober werden 18 Millionen Besucher erwartet – im Schnitt 250 000 pro Tag, um ein »Festival der Entdeckungen seit der Landung von Kolumbus in der Neuen Welt vor 500 Jahren bis heute« zu erleben, wie die ehrgeizige Vorgabe der EXPO-Veranstalter lautet.

So was pflegt man in Andalusien nicht still hinzunehmen, sondern trinkend zu zelebrieren, ohne sich dabei nach Generationen und Cliquen geordnet auf bewährte Nistplätze zu verteilen. Nein, hier kannst du als Oldie von Vierzig in jede Kneipe gehen, ohne vom hoffnungsvollen Nachwuchs gefragt zu werden, ob du aus dem Altersheim getürmt seist. Hier scheint es nahezu unmöglich zu sein, unangenehm aufzufallen. Und wenn du dazu in der Landessprache etwas zur Erbauung beitragen kannst – um so besser. Da spricht man nämlich noch miteinander. Kurzum, so einfach ist es auch wieder nicht – man sollte etwas zu sagen haben.

Das aber ist nur eine Facette von Sevilla – wie *Santa Cruz* und die Plätze ringsum nur eine Weide der *Movida* sind. Inzwischen hast du den Fluß überquert, bist in *Triana* gelandet, wo die Lokalpatrioten sagen, daß sie »nach Sevilla« gehen, wenn sie bloß über die Brücke wandern. In die *Calle Betis* bist du eingebogen, immer am Guadalquivir entlang, auf einen *Tinto* eingekehrt im *La Albariza* und auf einen *Fino* im *La Tertulia.* Gleich wirst du noch am *Kiosco de Las Flores* die frischesten Sardinen der Stadt verkosten und dich in der *Calle Salado* vergewissern, daß es zwischen den Chinesen, Griechen, Italienern und sonstigen Touristenschuppen tatsächlich keine der typischen Sevillaner Pinten mehr gibt, die da noch vor wenigen Jahren geöffnet hatten. Und den echten Flamenco, den suchst du hier erst recht vergebens. Dem begegnest du, wenn du Glück hast und Mitternacht längst vorbei ist, allenfalls noch in einer der Seitengassen der *Calle San Jacinto.*

Die großen Flamenco-Schuppen in der Gegend der Stierkampfarena, die wirst du meiden, so du bei Trost bist, denn was dort geboten wird, ist gequirlter Nepp. Da könntest du ebensogut die *Calle Salado* hinaufziehen nach *Los Remedios,* in das Neubauviertel mit den Pubs und Bars, deretwegen du nicht erst nach Sevilla hättest kommen müssen. Du aber bist hinter Typischem her, deshalb verschlägt es dich garantiert irgendwann nach *San Bernardo,* wo die *Toreros* von Sevilla herkommen und die Eingeweihten des Stierkampfes beim -zigten *Fino* die Tricks erklären, mit denen seinerzeit Manolete die Stiere hypnotisierte, worauf sie dastanden wie angewachsen und der *Matador* sie zwischen den Hörnern kraulen konnte – was eine lächerliche, doch auf den billigen Rängen beliebte Einlage gewesen sei.

Die *Toreros* von heute, hörst du in *San Bernardo,* seien bürgerliche

Typen, die nicht mehr herumzögen, weil sie neben der Stierkämpferei auf Anwalt oder Architekt studierten. Und die ganz jungen, die lebten zum Zwecke der Schonung ihres kostbaren Körpers überhaupt wie Mönche, nachdem ihnen das Saufen verboten worden sei.

Weil es jetzt noch viel zu früh ist, um in den morgendlichen Betrieb des Marktes von *Arenal* einzutauchen, und schon viel zu spät, um das neue Opernhaus aufzusuchen, das im Sog der EXPO auf einem Teil des Kasernengeländes der *Real Maestranza de Artillería* errichtet worden ist, damit man den »Barbier von Sevilla«, »Carmen« oder »Don Giovanni« endlich auch in der Stadt sehen kann, die den Ort der Opernhandlung abgibt, zieht es dich den *Paseo Colón* entlang zur *Casa Luís,* welche schon der alte Hemingway auf dem Weg zur *Corrida* aufzusuchen pflegte. Der *Cola*-Automat wird damals noch nicht dagestanden haben, doch ansonsten kann sich kaum etwas seit der Zeit verändert haben, und du kommst nicht umhin, E. H. eine gute Nase für Wirtshäuser zu bescheinigen, was um so erstaunlicher ist, weil er ja *Yanqui* war – und die haben es gewöhnlich nicht besonders mit der Kultur.

In der *Casa Luís* triffst du deinen Ortskundigen wieder, der morgens im Kaffeehaus die Zeitungen liest, anschließend bis in den frühen Abend hinein *Siesta* hält und dann rasch binnen zwei, drei Stunden das Geld für die *Finos* verdient, die er anschließend bis weit nach Mitternacht konsumiert. Mehr, behauptet er, arbeiteten in dieser Stadt nur die Zugewanderten, die es sich noch nicht besser einzurichten wüßten – doch die würden wohl auch noch dahinterkommen.

Dein Ortskundiger kann diesbezüglich als zuverlässiger Informant gelten. Er schreibt für eine örtliche Zeitung Kolumnen, die in der Rubrik *Espectáculo* erscheinen, und er tut dies nach bester Landessitte, was heißt, daß er eines schnöden Faktums wegen nie im Leben einen hochfliegenden Gedanken in Gefahr bringen würde.

Von der angeblich so bunten und lauten und fröhlichen *Movida* erzählst du ihm, die – bäurisch noch dazu – im Rest der Welt Furore zu machen beginne. Ha, fröhlich, lacht er mit schmerzverzerrtem Gesicht und weist dich hin auf die von Manuel Chaves verfaßte romanhafte Biographie des großen Juan Belmonte, eines der *Matadore* von ewigem Ruhm. In diesem bemerkenswerten Buch könntest du nachlesen, daß die *Patios* von Sevilla voll von Traurigkeit seien, und wenn da gelacht werde, so einzig aus Widerstand und aus der Sehnsucht heraus, sich über die Geschichte der Stadt zu erheben, die sich bleiern auf aller Bewohner Seelen lege. Indes wird nicht klar, ob dein Ortskundiger mit der Seelenbeschwernis die Stadt oder ihre Geschichte meint, weil er es sich nicht nehmen läßt, dir dazulegen, wie sehr der Kreuzzugscharakter des Kampfes gegen die mehr als ein halbes Jahrhundert Sevilla beherrschenden Mauren noch immer das Denken in dieser Stadt dominiere. Dies erkläre die Hegemonie der Kirche und auch die Unterwerfung unter Klassenrituale, welche hinter dem Schein der Offenheit praktiziert würden und ihren Ursprung in der hierarchischen Ordnung hätten, die auf den Ruinen der islamischen Hinterlassenschaft gebaut worden sei wie die Kathedrale über die vormalige Moschee.

Aber die *Movida*, willst du reichlich unpassend einwenden, die erscheine dir doch bemerkenswert bunt. Zu deinem Glück läßt dich der Ortskundige nicht zu Wort kommen, weil er nun bei den Festen angelangt ist, die in Wahrheit eine einzige Orgie des Kastenwesens seien und in Sevilla den ganzen Frühling füllten – angefangen bei den pittoresken Prozessionen der Osterwoche über die sich anschließende *Feria*, während der bis hinauf in die Ränge der Stierkampfarena strenge hierarchische Scheidung gewahrt werde, und endend mit der Pfingstwallfahrt nach Rocio. Wo sonst, hörst du den Ortskundigen sagen, sei es üblich, daß eine mittellose Familie einen Kredit aufnehme, bloß um wie die hochmögenden Herrschaften mit eigenem Pferd und Wagen zu einer einsam gelegenen Wallfahrtskirche ziehen zu können.

Und was die Roten anlange, die seien in dem Punkt um nichts weniger hirnrissig. Erst jüngst habe sich Antonio Herrera, der regionale Präsident der *Comisiones Obreras*, in einem Interview nicht nur als praktizierender Kommunist und Atheist bekannt, sondern desgleichen als Aktiver in der Bruderschaft der *Macarena*, die zur *Semana Santa* die Prozession hinter dieser schwülstigsten aller Marienstatuen, die während der Osterwoche durch die Stadt geschleppt werden, organisiert.

Nein, nein, sagt dein Ortskundiger, der in Fahrt geraten ist, hier sei der organisierte Wahnsinn zum Zwecke der Erhaltung der alten Scheiße höchst lebendig. Nötigenfalls greife man eben zu den Mitteln der Korruption. In die *Real e Illustre Academía de las Buenas Letras Sevillanas* (allenfalls als städtisches Pendant zu den Sprachhütern der *Académie*

Francaise zu erklären), die ob ihrer strikten protokollarischen Formen weltweit ihresgleichen suche, sei jüngst ein Mitarbeiter eines kommunistischen Wochenblattes mit allem Pomp aufgenommen worden.
Verwirrt von solcher Anklage suchst du den Rat eines Landsmanns und brichst daher auf nach *San Lorenzo,* wo in der *Calle Miguél Cid* – unweit des Herkules, um den herum an den Sonntagen ein Flohmarkt stattfindet, welchen zu besuchen sich lohnt – das Galerie-Café *Anima* domiziliert. Dessen *Patrón* heißt Peter Mair, war früher Architekt und ein gefürchteter kultureller Aufmischer im Tirolischen. Seines ist bloß eines unter etwa 3000 Lokalen in Sevilla – doch eines, das wie kaum ein anderes Gegensätze anzieht. Dort kann es dem Gast durchaus passieren, daß er sich unversehens zwischen einer Flamenco-Legende und einem Star der örtlichen Fußballtruppe wiederfindet.
Der Wirt besitzt somit ausreichend Überblick, um einen geordneten Querschnitt durch Sevillas Szene zu entwerfen. Die Musiker, sagt er, die zöge es eher nach Madrid, wo in der Branche mehr Geld zu verdienen sei. Auch der literarische Nachwuchs siedle sich bevorzugt an den traditionellen Verlagsstandorten Madrid und Barcelona an. Die Maler hingegen, die wüßten das steile Licht unter dem Himmel Andalusiens zu schätzen, und wenn irgendeine Kunstgattung die Szene Sevillas präge, so die bildende Kunst samt allen artverwandten Zweigen – von der Mode bis zur Architektur. Dafür gäbe es hier inzwischen einen beachtlichen Markt und viele Wettbewerbe, Preise, Galerien – was aber alles in allem bei weitem nicht ausreiche als Erklärung für das Phänomen der prallen *Movida* von Sevilla. Denn von künstlerischer Tätigkeit könne höchstens ein Bruchteil der Leute leben, die allnächtlich mit einer Beharrlichkeit unterwegs sind, die sich mit einem bürgerlichen Beruf kaum vereinbaren läßt.
Diese Entdeckung führt uns zu letzten Fragen, ohne eine Antwort in Sichtweite zu bringen. »Jetzt bin ich seit mehr als fünf Jahren in dieser Stadt und habe noch immer nicht durchschaut, wovon die Leute hier leben«, sagt Peter Mair. »Irgendwoher haben sie jedoch immer wieder Geld, und das geben sie nicht anspruchslos aus.«
Die Sevillaner, soviel scheint gewiß zu sein, sind Weltspitze im Feiern – und unnachahmlich, wenn es darum geht, sich nicht bei der Arbeit ertappen zu lassen.

Fallencia

Feurige Selbstdarstellungen einer selbsternannten Musikstadt

Mitternacht ist seit einer guten Stunde vorbei, als *David* in Flammen aufgeht. Wenigstens 200 000 Menschen treten einander auf dem Rathausplatz von Valencia auf die Füße, um kein Detail dieses Spektakels zu versäumen.

David ist das Ebenbild der von Michelangelo geschaffenen, mithin allseits bekannten gleichnamigen Figur. Nur ist dieser *David* achtundzwanzig Meter groß, aus Pappe, die ein verborgenes Holzgerüst stützt, dazu musenumschwirrt und lorbeergekrönt. Und er muß brennen. Zuvor aber geht ein Feuerwerk ab, das den riesigen Rathausplatz vibrieren läßt. Valencias Feuerwerker, Leute von einschlägigem internationalem Ruf, inszenieren eine regelrechte Schlacht. Wie die Geschosse aus Schnellfeuerkanonen rattern die Abertausende von Feuerwerkskörpern nach oben. Penible Statistiker haben herausgefunden, in dieser einen Nacht würden in Valencia mehr Raketen auf die Reise geschickt, als in ganz Deutschland während der Sylvesternacht.

Beißender Rauch legt sich über die auf dem Rathausplatz versammelte Menge, im Himmel explodieren Strahlenfeuer, explodieren ohne Unterlaß zu Kaskaden von Farbe und Licht: *Castillo de fuego* – Feuerschloß – nennen die Spanier diese Orgie.

Dann das Feuer. Wenige Augenblick lang war es fast still auf der *Plaza* – eine erwartungsvolle, nervöse Stille. Nun endlich brennt *David*, Flammen züngeln erst um das musenumschwebte Haupt, lecken nach unten zum Rumpf, schlagen aus den wohlgeformten Füßen, verschlingen das penibel ausgeführte Geschlecht. Gebannt starren die Versammelten auf diesen Großbrand, dessen Flammen buchstäblich hochauf zum Himmel lodern. Nach einer Woche faktisch ununterbrochenen Lärmens lauscht die Menge jetzt feierlich den eigentümlichen Geräuschen, die dieser gewaltige Scheiterhaufen produziert. Das ist der Höhepunkt und Schlußakt der *Fallas* von Valencia.

Valencia ist die Stadt der *Fallas* – der Fackeln. Ohne *Fallas* ist Valencia undenkbar, so undenkbar wie jede andere Stadt mit *Fallas*.

Fallas ist eine Festwoche Mitte März, welche die Stadt das ganze Jahr hindurch in Atem hält. *Fallas*, das bedeutet Pappskulpturen, teure und kunstvolle Theaterszenerien, die letztendlich nur für den Zweck geschaffen wurden, sie in Feuer aufgehen zu lassen. *Fallas*, das ist Feuerwerk und Böllerschießen. *Fallas*, das heißt Blumenspenden auf der *Plaza de la Virgen de los Desamparados. Fallas*, das ist laute Musik, das sind endlose Umzüge in kostbaren Kostümen. *Fallas*, das ist, wenn die Valencianer sich am valencianischsten fühlen und mächtig stolz auf sich sind.

In allen Teilen Spaniens werden Busreisen zu den *Fallas* organisiert. Sonderzüge, Sonderflüge speien Touristen in die Stadt – vorwiegend spanische, wohlgemerkt.

Fallas haben ihren eigenen Geruch: nach Nelken, Rauch und Krapfen – *Buñuelos* genannt. Und es riecht nach *Paella*, jenem safrangelben Reisgericht, das hier zu Hause ist und anläßlich der *Fallas* wettbewerbsmäßig gekocht wird. *Fallas* haben des weiteren ihren eigenen Klang, der vornehmlich laut ist. Dabei begreift sich Valencia als Stadt der Musik, ja als Musikhauptstadt der Welt – zumindest im Hinblick auf den Rummel, den Spanien 1992 aus Anlaß des 500. Jahrestages der sogenannten Entdeckung Amerikas zur Mehrung des eigenen Ruhmes zu inszenieren gedenkt: Olympische Spiele in Barcelona, Weltausstellung in Sevilla, Madrid ruft sich zur Kulturhauptstadt Europas aus ... und Valencia kontert mit der Selbstausrufung zur Weltmusikhauptstadt.

Einen modernen Musikpalast gibt es hier schon – im Volksmund *Mikrowelle* genannt. Das hat damit zu tun, daß das Gebäude vornehmlich aus Glas besteht, im Sommer häufig beachtliche Temperaturen in Valencia herrschen – und die Installierung einer Klimaanlage leider vergessen wurde.

Der Besucher wird in der Weltmusikhauptstadt freilich auch auf ein bemerkenswertes anthropologisches Phänomen stoßen, das vorerst zu

Mißverständnissen Anlaß geben mag. Etwa, wenn der Fremde eine Bar betritt und in normaler Lautstärke seine Bestellung kundtut. Er wird in der Regel von dem regungslos an seinem Platz hinter dem Tresen verharrenden Kellner verständnislos angeblickt werden. Dies ist indes kein Ausdruck von Fremdenfeindlichkeit, sondern lediglich eine Folge der ausgerechnet in der Musikhauptstadt phantastisch weit verbreiteten Beethovenschen Krankheit, der Schwerhörigkeit, die dazu führt, daß einheimisches Volk gewöhnlich brüllend miteinander kommuniziert. Drei vereinsamt in einer Bar plaudernde alte Herren reichen aus, um das Lokal quantitativ optimal zu beschallen.

Vielleicht ist dies aber auch eine Folge der *Fallas* mit ihrer täglichen *Mascleta:* einem Böllersperrfeuer von sieben bis acht Minuten Dauer, das traditionell auf der *Plaza de Ayuntamiento* veranstaltet wird.

Die *Mascleta* hat kurz und so laut wie irgend möglich zu sein. Spaniens Vizepräsident Narcis Serra, der sich unlängst in der Funktion des Verteidigungsministers durch umsichtige Lenkung des spanischen Beitrags zum Krieg gegen den Irak für das höhere Amt qualifiziert hatte, gestand als Ehrengast in Valencia, von einer *Mascleta* überrascht, daß er einen Schock erlitten habe. Das hat die Valencianer entzückt. So soll es sein.

Valencia ist das Zentrum eines der fruchtbarsten Gebiete Spaniens, eines wahren Gartens. Der betörende Duft, der von den endlosen Orangenhainen ausgeht, liegt in der Luft. »Du stampfst mit dem Fuß auf, und aus dem Boden kommt eine Artischocke«, sagen die Bauern hier. Sie verdanken ihren relativen Reichtum den immer noch funktionierenden Bewässerungssystemen, die von den Mauren während deren fünfhundertjähriger Herrschaft über Valencia angelegt wurden.

Den Valencianern eignet, sehr zum Verdruß der *Art directors* und *Stylisten*, die es natürlich auch hier gibt, ein eher bäuerliches Gebaren. Moderne Kunst im Gewand von *Fallas* hat es schwer. Die *Ninots*, die bunten Pappmachépuppen, die einzig zum Zweck des Verbranntwerdens entstehen, sind Teil der valencianischen Identität. Behandelt werden auf satirische Weise vor allem lokalpolitische Themen, deren Witz dem Außenstehenden verborgen bleibt, auch wenn er ein Heftchen mit gereimten Kommentaren zu jeder Figurengruppe kauft.

Nahezu auf jedem noch so engen Platz der Altstadt steht ein solches

Gebilde – da kitschig, dort avantgardistisch. Um die größeren *Fallas* hat man Zäune gezogen, wer die *Ninots* aus der Nähe besichtigen will, muß Eintritt bezahlen. An jeder Ecke brät man *Buñuelos* – Würstchen oder Kringel aus Krapfenteig, die mit Schokolade verzehrt werden. Einige *Fallas*-Zeitschriften werden angeboten, in denen Routen zur Besichtigung der spektakulären Pappszenerien empfohlen werden.
Selbstverständlich ist die Innenstadt während der *Fallas*-Tage für Autos gesperrt, denn es strömen Menschenmassen, die spanischen Großfamilien – Kinder, Hunde, Onkel, Großmütter –, die Menge wälzt sich zäh und amorph über *Plazas* und *Avenidas*. Fußgängerstaus sind nicht selten.
Vorbei wälzt sich die Masse an einer Szenerie namens *Der Nabel der Welt,* nach dem *David* die zweithöchste, also zweitattraktivste *Falla* dieses Jahres: Chinesischer Tempel neben *Empire State Building,* dekoriert mit den Porträts nordamerikanischer Stars: »Das soll Tina Turner sein und das dieser Michael Jackson, oder nein, Prince – *dios,* was für eine musikalische Unbildung!«
Gelächter, und weiter geht es zum *Quinto Centenario,* dem fünfhundertsten Jahrestag der Entdeckung Amerikas: ein riesiger Kopf, welcher die Welt symbolisiert, betrachtet durch ein Mikroskop den Alltag der spanischen Entdecker – eine Art andalusische *Fiesta* ist dieser Alltag.
Die Valencianer betrachten ihre südlichen Nachbarn, die Andalusier, mit Mißtrauen. Gleichwohl hüten sie sich vor ihren nördlichen Nachbarn, den Katalanen, die Valencia angeblich für sich vereinnahmen wollen. Vor allem aber sträuben sie sich gegen Kastilien, Madrid, die Zentralmacht. Valencia ist ein autonomes Gebilde im Bereich des autonomen Katalonien. Ganz eigen eben, was insbesondere anläßlich der *Fallas* immer wieder betont wird.
Dabei sind die Wurzeln der *Fallas* in einem auf der ganzen Welt in unterschiedlichsten Kulturen verbreiteten Brauch zu suchen: dem Verabschieden des Winters mit einem Feuer, in welchem Reste, das Alte eben, verbrannt werden. Ein reinigendes Feuer, mit dem auch die bösen Geister, die schlechten Sitten vertrieben werden sollen. Daher rührt die Tradition der Satire bei den *Fallas*. Bereits aus dem 14. Jahrhundert gibt es die berühmten *aucas* – Pamphlete, in welchen Bräuche und Autoritäten der Stadt lächerlich gemacht werden, oft mit eroti-

schem Hintergrund, eine Tradition, die sich nicht nur erhalten, sondern verstärkt hat. Folglich wurde von kirchlicher Seite immer wieder die Suspendierung der *Fallas* verlangt, um unzüchtigen Darstellungen vorzubeugen.

Die Geburtsstunde der *Fallas*, wie sie heute noch stattfinden, schlug wohl mit jenem Entschluß der Tischler von Valencia im 16. Jahrhundert, ihren traditionellen Schutzpatron, *San Lucas*, gegen den keuschen Josef, den Schreiner, zu tauschen. Also fackelte man von nun an zu Frühlingsbeginn die Sägespäne und Holzreste aus den Tischlerwerkstätten zu Ehren des Heiligen Josef ab. Aus den Holzresten wurden Puppen, ganze theatralische Szenen, aus dem Feuer Feuerwerk, Böllerschlacht. Aus Valencia die unumstrittene Welthauptstadt der Pyromanen.

Vor der Kathedrale steht die *Virgen*, die Jungfrau. Eine Madonna von zehn Meter Höhe, eine Madonna ganz aus bunten Nelken, die sich über das Blumenmeer der *Plaza* erhebt.

Auf der *Plaza de la Virgen de los Desamparados* entfaltet sich ein Schauspiel von orientalischer Pracht – ein Eindruck, den ein Umzug von Honoratioren, die sich mittels Turbanen und Krummschwertern arabisiert haben, noch verstärkt. Die militärische Blasmusik tönt falsch, aber orientalisch, und die Honoratiorengattinnen wiegen sich in Pumphosen und Schleiern. Es riecht wie in Mohammeds Paradies, einem Blumengarten der Superlative.

Naturgemäß fehlen in diesem Paradies nicht die *Huris*, die lieblichen Jungfrauen, hier *Falleras* genannt. Zu jeder *Falla* gehören zwei *Falleras*, eine kindliche und eine bereits mannbare. Und über allen *Fallas* thronen die zwei höchsten *Falleras*, die *Mayores*, dekorativ in valencianischer Tracht und zur Leutseligkeit gehalten.

Um diese Ehre streiten sich jährlich die höheren Töchter der Stadt, deren Familien ihnen mit großzügigen Spenden für die jeweilige *Falla* den Rücken stärken. Das Amt der *Fallera mayor* hebt den Marktwert der jungen Damen vor Ort in den Himmel.

Fallas sind eine identitätsstiftende Angelegenheit, ein janusköpfiges Straßenfest: einerseits Hohelied auf die Individualität, indem sich nicht nur jedes Stadtviertel, sondern jeder Straßenzug, jede Ecke eine eigene *Falla* samt der dazugehörigen Kommission – bestehend aus Präsident,

Vizepräsident, Schatzmeister, Schriftführer und Beiräten – leistet. Andererseits die Manifestation des Kollektivs – all dessen, was sich Valencia nennt. Man grenzt sich gegen das Nachbarviertel, die Nachbar*falla* ab, tritt in Konkurrenz zu allen anderen und feiert doch gemeinsam mit jenen anderen sich selbst – Valencia.

Minutiös werden die alten Rituale befolgt, neue kommen hinzu: Seit Spanien demokratische Zustände erlangt hat, ruft alljährlich pünktlich zu den *Fallas* die örtliche Organisation der Gewerkschaft der Hotel- und Gaststättenbediensteten zum Streik auf. Alle Jahre wieder bricht daraufhin Panik aus bei den Hoteliers und den *Autoridades* der Stadt. Und alle Jahre wieder einigen sich die Sozialpartner im letzten Moment.

Ein weiteres Ritual besteht darin, bei der Eröffnung der *Fallas* den Bürgermeister – gegenwärtig eine Bürgermeisterin – auszupfeifen. Zu Francos Zeiten ließ man ihn – eine Frau im Amt war undenkbar – hochleben. Die demokratischen Pfiffe bedeuten indes nicht, daß man mehrheitlich etwas gegen Clementina Rodenas, die *Alcaldesa*, hätte. Bei anderen Gelegenheiten wird ihr reichlich applaudiert. Aber zur Eröffnung der *Fallas* gilt es, die *Autoridades* zu schmähen. Ein Ritual. Immerhin kommen sie nicht auf den Scheiterhaufen. Und wenn, dann nur symbolisch.

1987 löste eine von der Stadtverwaltung finanzierte Haupt*falla* erregte Debatten aus: Gegenüber dem Rathaus stellte die *Falla* wie im Spiegel eben das *Ayuntamiento* dar. Auf dem Balkon saßen ebenjene Personen aus Pappmaché, die sie vom gegenüberliegenden Balkon aus betrachteten. Und sie brannten. Um ein Uhr nachts des letzten Festtages gingen die *Autoridades* in Flammen auf und sahen ihrer eigenen Verbrennung zu.

Fast haushoch stehen die *Fallas* auf den engen Plätzen. Haushoch schlagen die Flammen. Trotz der bereitstehenden Feuerwehr, trotz der gezückten Löschschläuche bleibt das Spektakel, was *Fallas* wohl im Unterbewußtsein der Valencianer so reizvoll macht: ein Spiel mit dem Feuer, der Gefahr der Selbstzerstörung.

Bei so viel Knall und Rauch kann es nicht ohne Brandverletzungen abgehen. Die bisher größte Katastrophe passierte 1971, als an der Stelle des *David* der *Koloß von Rhodos* stand. Die Absperrungen waren der Rede nicht wert, und die Sensationslust der Leute war groß. Drei Menschen starben unter dem brennenden, einstürzenden Koloß, 215 wurden verletzt. Zehn Jahre später zählte man 38 Verletzte.

Und dennoch: Am Sonntag nach dem Großbrand marschieren die *Falleros* in Formation durch die Stadt und laden zur Mitarbeit ein. Die *Fallas* des nächsten Jahres gilt es vorzubereiten: Geld muß gesammelt werden, Mitglieder sollen sich melden, Kommissionen müssen gewählt, ein *Fallero*-Lokal gekürt werden. Dort wird man sich im Laufe des Jahres einmal wöchentlich treffen, wird sein *Bocadillo* verzehren und dabei die anstehenden Probleme erörtern; beim *Tinto* überlegen, welche Geschäftsleute und wohlhabende Nachbarn man um Spenden für die *Falla* angehen soll, wann die Lotterie zugunsten der Sache zu veranstalten sei, wie man den Tortenbackwettbewerb organisieren solle.

Unter dem Vorwand der *Fallas* blühen nachbarschaftlicher Tratsch, Protz und Renommiersucht, aber auch Freundschaft und Solidarität. Und ganz gewiß Liebesaffären. Kurz, es menschelt gewaltig. Da tut einmal jährlich ein reinigendes Feuer not.

Glühend verwandelt sich die *Falla* in absurde Traumgebilde, Alptraumszenerien, Endzeitvisionen, bis unter den Flammen das Skelett des Gebildes erscheint: die solide Konstruktion, Grund und Anfang der *Falla*, bevor noch der bunte, frivole Schaum sich darum gebauscht hat. Und langsam bricht das Skelett zusammen, die letzten Flammen sterben unter dem Wasserstrahl des Feuerwehrmannes, des natürlichen Feindes jeden wahren Valencianers.

Nasse Asche ist, was bleibt – bis zum nächsten Morgen. Und die rituellen Tränen der *Fallera mayor* auf dem Balkon des Rathauses, nachdem *David* verbrannt ist und die Hymne verklungen: *Valencia*... Vielleicht sollte es richtig *Fallencia* heißen.

Mehr als ein Club

Erörterungen des katalanischen Wesens am Beispiel des reichsten Fußballvereins der Welt

Ein Heimspielsonntag beginnt für Manolo Molina gleich nach Mitternacht. Sobald er sein in Brüssel befindliches Restaurant *Casa Monolo* geschlossen hat, setzt sich der FC Barcelona-Fan in seinen Chrysler und düst los zum Match: Brüssel – Luxemburg – Metz (jedesmal, wenn er da durchkomme, müsse er an die verheerende Niederlage damals denken, wirft er an dieser Stelle ein; bevor wir jedoch nachfragen können, an welche Niederlage er denkt, ist Manolo schon weiter) – Nancy – Dijon – Lyon – Barcelona.

Dort angekommen, fährt er direkt zum *Camp nou,* wie das Stadion von *Barca* heißt. So wird der *Futbol Club Barcelona* in Katalonien allgemein genannt. Manolo passiert von den 314 Stadiontoren stets eines der vierzehn für Autofahrer mit reserviertem Parkplatz innerhalb des Stadiongeländes. Exakt 1362 Kilometer seien es von seinem Restaurant bis zum Parkplatz von *Camp nou,* weiß Manolo. Er fährt nie einen Schritt weiter, sondern nach dem Match gleich wieder zurück nach Belgien.

Doch diese Reise absolviert er sieben- bis achtmal pro Jahr. In der Saison 1990/91, in der *Barca* auf seinen elften spanischen Meistertitel zusteuert, werden es noch mehr Heimspielbesuche sein. Das ist Manolo sich und dem Club ganz einfach schuldig. Er ist nicht nur *Barca*-Fan, sondern auch Mitglied – eines von mehr als 108 000, die einen Jahresbeitrag von 13 700 Peseten leisten und nominell Eigentümer von *Barca* samt aller beweglichen und unbeweglichen Vermögenswerte des Clubs sind.

Die Zahl der Beitragszahler hat sich in den letzten fünfzehn Jahren verdoppelt, und es gibt in Katalonien nicht wenige Väter, die ihre Söhne bereits unmittelbar nach der Geburt in das *Barca*-Mitgliedsregister eintragen lassen. An die 2000 *Socios* sind Kinder unter sechs Jahren und etwa zwanzig Prozent Frauen.

Als das Club-Präsidium 1953 den Bau von *Camp nou* beschloß und die um Sonderzuwendungen gebetenen Reichen unter den *Barca*-Fans dafür kein Geld riskieren wollten, half die Masse der Mitglieder, den ehrgeizigen Plan zu realisieren, indem sie einige Jahresbeiträge vorschoß. Und als 1982 die Stadionerweiterung auf über 120000 Plätze anstand (mit 85000 Sitz- und 43000 Stehplätzen ist das *Camp nou* nun das größte und modernste Fußballstadion zumindest Europas), wurde das wiederum aus eigenen Mitteln finanziert, indem die Mitglieder fünf Jahresbeiträge vorauszahlten.

Dafür haben sie Anspruch auf einen kostenlosen Stehplatz bei allen Sportveranstaltungen des FC Barcelona. Wer einen Sitzplatz will, muß einen kräftigen Zuschlag zahlen. Die besten Zuschauerplätze werden auf dem Schwarzmarkt gegenwärtig mit bis zu 70000 Peseten gehandelt. Durchschnittlich sind 88 Prozent der Match-Besucher *Barca*-Mitglieder.

»Das Einzigartige an unserem Club und unser größtes Kapital sind unsere Mitglieder, deren Beiträge die Hälfte der Einnahmen des Clubs ausmachen«, sagt *Barca*-Vizepräsident Nicolau Casaus de la Fuente Gené: »Soviel ich weiß, sind wir der mitgliederstärkste Sportclub der Welt.«

Mit Sportbegeisterung allein ist das nicht zu erklären. Der in Barcelona lebende Krimi-Autor und scharfsinnige politische Kolumnist Manolo Vasquez Montalbán meint denn auch: »*Barca* ist ein Phänomen – volkstümlich durchdrungen wie die Heilige Dreifaltigkeit für die Gläubigen. An die zu glauben ist, wie an *Barca* zu glauben: nämlich außerhalb jeglicher Vernunft.«

Club-Vizepräsident Nicolau Casau, der innerhalb des neunzehnköpfigen *Barca*-Präsidiums als der große Ideologe des *Barcelonismo* gilt, erkennt das *Camp nou* jedenfalls als den Platz, »von dem der Katalane träumt: das Ziel der Sehnsucht nach einem Refugium, wo das Gefühl alles ist. Ein guter Katalane kann nicht sterben, ohne zumindest einmal in seinem Leben ins *Camp nou* gepilgert zu sein.«

Viele von ihnen kommen häufiger, und naturgemäß sind darunter etliche, die hinsichtlich der internationalen Gepflogenheiten von Fußball-Pilgern einen Spitzenplatz für Barcelona erkämpfen wollen. Das ist nicht zu überhören: Ein einzelner, langgezogener Schrei bricht sich Bahn in dem wie ein Orkan anschwellenden Getöse: *»Baaaaar-caaaaa...!«*

Gleich darauf ist auf den billigen Rängen hinter dem Südtor das Inferno perfekt: Knall- und Feuerwerkskörper explodieren, ein ganzer Sektor des Stadions verschwindet hinter einer Wand von eigentümlich rotem Rauch. Wo sich der Nebel lichtet, taucht ein aufgewühltes Meer ekstatisch geschwenkter blau-roter Fahnen auf. Was dazu Tausende von Kehlen an Geräuschkulisse produzieren, sucht in Europas Fußballstadien seinesgleichen.

Soeben hat der Bulgare Hristo Stoichkov, gegenwärtig der erfolgreichste Torjäger des FC Barcelona, wieder einmal beim gegnerischen Torhüter seine Visitenkarte abgegeben. Derlei bringt den Nachwuchs der barcelonischen Fußballfans jedesmal zuverlässig außer Rand und Band.

Boixos nois heißt die stets zu Randale aufgelegte Truppe, die das *Camp nou* traditionell durch die Tür 48 betritt, um hinter dem Südtor Stellung zu beziehen. Um 1980 hat sich dieser lautstärkste und angeblich auch gewalttätigste aller Anhängerclubs zumindest Spaniens zusammengefunden. Er zählt inzwischen einen harten Kern von einigen tausend Mitgliedern, die einen jährlichen Beitrag von 500 Peseten in ihre Vereinskasse zahlen. Diese Einnahmen können nicht ausreichen, um das pyrotechnische Spektabel zu finanzieren, das die *Boixos nois* bei jedem Heimspiel von *Barca* allen Verboten zum Trotz abfackeln.

Wenn die Mannschaft aus Barcelona zu einem Auswärtsspiel reist, fehlt im Gefolge nie eine zahlen- und lautstarke Abordnung der rüden Ultras, die ihre Combatanten in der Regel aus den Reihen der deklassierten Jugendlichen der Millionenstadt und Industriemetropole Barcelona rekrutieren: Arbeitslose, Kleinkriminelle, Fixer...

Die *Boixos nois* stehen in einem bemerkenswerten Gegensatz zum traditionellen *Barca*-Publikum, von dem der Autor Manolo Vasquez Montalbán behauptete, es verfolge ein Fußballspiel mit der noblen Zurückhaltung, die zu elitäreren Zeiten dieser Diziplin ansonsten nur dem Tennispublikum eigen war.

Von spanischen Konkurrenzclubs wird mitunter das Gerücht lanciert, die vornehmen Herren des *Barca*-Präsidiums, die nach außen hin so tun, als sei ihnen die Existenz der Schmuddelkinder vom Süd-Sektor etwas peinlich, finanzierten klammheimlich deren rowdiehafte Aktivitäten.
Ein Blick hinter die *Barca*-Kulissen läßt derlei Behauptungen bösartig erscheinen. Im *Palau blau grana,* dem nach den Vereinsfarben benannten Clubgebäude zwischen den beiden *Barca*-eigenen Stadien, der Kunsteishalle, sonstigen Sporthallen und Trainingsplätzen, herrscht die gedämpft betriebsame Atmosphäre einer Konzernzentrale. Allein 135 Verwaltungsangestellte sorgen für einen geregelten Geschäftsablauf, referiert Vizepräsident Casaus. Die Ausgaben des Clubs beliefen sich derzeit auf 5600 Millionen Peseten pro Jahr, die Einnahmen lägen seit Jahren um 300 bis 400 Millionen über diesem Betrag. Es könnten also regelmäßig Rücklagen gebildet werden. Der FC Barcelona sei neben Osasuna und Atlético Bilbao der einzige Club in der ersten spanischen Liga, der schwarze Zahlen schreibe.
Derlei überrascht in einer Branche, über deren Marktleadern mehrheitlich und weltweit der Pleitegeier kreist. Mit – bis zur Saison 1990/91 – zehn spanischen Meistertiteln, zwanzig Pokalsiegen, vier UEFA-Cups, zwei Europacups und einem Supercup-Sieg zählt *Barca* zu den weltweit erfolgreichsten Clubs, doch es gibt erfolgreichere – sportlich gesehen. Ökonomisch gesehen, sind die Barcelonesen vermutlich die Nummer Eins: der reichste Sportclub der Welt. Allein die riesige Immobilie, auf der die 1957 eröffneten Sportanlagen des *Camp nou* stehen, stelle ein unschätzbares Vermögen dar, bestätigt Vizepräsident Casaus.
Der stets korrekt gekleidete, sich betont aufrecht haltende ältere Herr, der sich aus seinen Funktionen in den familieneigenen Textilfabriken zurückzog, als er in das *Barca*-Präsidium gewählt wurde, und nun wenigstens fünf Stunden täglich ehrenamtliche Vereinsarbeit leistet, will nicht ausschließen, daß derlei branchenunübliche Solidität mit einem spezifischen Erbe des FC Barcelona zu tun habe: Der Club wurde im November 1899 von einem Schweizer gegründet – dem aus Geschäftsgründen nach Barcelona übersiedelten Züricher Industriellen Hans Gamper, der seinen Vornamen hier wahlweise auf *Juan* kastilianisierte, beziehungsweise auf *Joan* katalonisierte.

Der Mann war ein begeisterter Fußballspieler, und nachdem sein Ersuchen, ihn in einer einheimischen Mannschaft mitspielen zu lassen, abschlägig beschieden worden war, gründete er kurzerhand sein eigenes Team, den *Futbol Club Barcelona,* dessen erster Mannschaftskapitän er war. Die Würde des ersten Club-Präsidenten wurde einem Briten namens White übertragen.

In der bewegten Klubgeschichte gelangten noch mehrere in der alten Hafen- und Handelsstadt Barcelona lebende Ausländer in das Präsidentenamt. Zugleich aber gedieh *Barca* zu einem Symbol des Katalanentums wie das Kloster Montserrat, der *Templo de la Sagrada Familia* oder der *Palau de música.*

»Mehr als ein Club«, lautet die zum Vereinsmotto erhobene Selbsteinschätzung, über deren Urheberschaft und exakte Interpretation allerlei gegensätzliche Einschätzungen kursieren. Unbestritten ist, daß dieser Sportclub stets ein bewährtes Instrument zur Integration von Immigranten war, die auf der Suche nach Arbeit aus allen Teilen Spaniens in die reiche katalanische Metropole zogen, in der ein rigider Regionalismus vorherrscht und sozial erst akzeptiert wird, wer seine gebührende Hinwendung zum Katalanentum glaubhaft machen kann.

In der *Barca*-Hymne heißt es: »Woher wir auch kommen, aus Nord oder Süd – in einem sind wir einig und unter einer Fahne vereint...«

Vereinigung gedeiht am besten angesichts eines gemeinsamen Feindbildes. Der vormalige *Barca*-Präsident Nareis de Carreras gab dieses global vor: »Wir müssen gegen alle und alles kämpfen, weil wir die Besten sind und das repräsentieren, was wir repräsentieren.«

Diese Sicht der Dinge kursierte immer wieder in mannigfaltiger Feinabstimmung. Einheimische Kollegen erinnern sich, ein katalanisches Lokalblatt habe einmal eine Niederlage des FC Barcelona gegen die Mannschaft aus Valladolid als »erneuten Versuch Kastiliens« kommentiert, »Katalonien zu demütigen.«

Selbst die Dichter sind aufgerufen, sinnstiftende Beiträge zur Positionsbestimmung zu leisten. Manolo Vasquez Montalbán konstatierte, *Barca* sei *la sublimación épica del pueblo catalán* (die epische Sublimierung des katalanischen Volkes), und sein Kollege Josep María Gironella beschrieb den Club als *la caja de ahorros sentimental de Cataluña* (die Sparkasse der Sentimentalität Kataloniens).

Da mochte der gegenwärtige *Barca*-Präsident José Luis Nuñez nicht nachstehen und formulierte, sein Club sei der »bewaffnete Arm Kataloniens«. Über diesen poetischen Leistungsabfall darf man sich nicht wundern: Der Präsident ist Bauunternehmer. Dazu wird ihm nachgesagt, er sei nicht nur kein Musterexemplar eines aufgeklärten Demokraten, sondern – schlimmer noch – beherrsche dazu die katalanische Sprache nur mangelhaft.

An dieser Stelle läßt sich das weite Feld der Mysterien und Widersprüche nicht länger umgehen. Denn – Punkt Eins – im Präsidium wird nicht die spanische Staatssprache Kastilisch gesprochen, sondern das regionale Idiom Katalanisch. Das habe einzig damit zu tun, »daß wir in diesem Gremium alle Katalanen sind«, blockt Nicolau Casaus allfällige Mißverständnisse ab. »Wir sind keine Rassisten!«

Schon gar nicht gehe man so weit wie beim baskischen Fußball-Flaggschiff Atlético Bilbao: In dieser Spitzenmannschaft darf nur mitspielen, wer *Euskera*, die baskische Sprache beherrscht.

Punkt Zwei der Mysterien: Der offenkundig nicht sonderlich beliebte Präsident Nuñez wurde seit 1978 bereits dreimal wiedergewählt. Und derlei erreicht man bei *Barca* nicht mit Einsatz des Scheckbuches. Wie sich das für einen von einem Schweizer gegründeten Verein gehört, besitzen die Mitglieder weitgehende demokratische Rechte. Pro 1000 *Socios* werden 33 Delegierte gewählt, die regelmäßig über wichtige Vorhaben abstimmen. Wenn alle vier Jahre das Präsidium gewählt wird, sind alle volljährigen Mitglieder stimmberechtigt. Die Wahl wird in aller Form ausgeschrieben, am Wahltag stehen im *Palau blau grana* die Urnen bereit wie bei Parlamentswahlen. In Barcelona gelten die 1953 abgehaltenen ersten *Barca*-Wahlen seit dem Bürgerkrieg als die ersten freien Wahlen in Spanien seit dem Beginn der Franco-Diktatur.

Wer es schafft, in das Präsidium von *Barca* gewählt zu werden – derzeit sitzen dort hauptsächlich erfolgreiche Unternehmer, Anwälte und Ärzte –, besitzt in Katalonien einen Status, der nicht geringer ist als der eines Mitglieds der *Académie francaise* in Paris – der sogenannten *Unsterblichen*, in deren Reihen erst wieder ein Platz frei wird, nachdem einer von ihnen das Zeitliche gesegnet hat.

Bei den Unsterblichen von Barcelona verhält es sich etwas anders: Sie werden nicht auf Lebenszeit berufen, wohl aber wirkt sich ihr hohes

Amt mitunter lebensverkürzend aus. Eine katalanische Volksweisheit lautet: *Tants caps, tants barrets* – so viele Köpfe, so viele Hüte. Was die regionale Tradition maximaler Vielfalt an Meinungsgegensätzen beschreibt, die auch in den Kreisen der *Barca*-Mitglieder gepflegt wird. Das mußte bereits Club-Gründer Gamper erfahren, der im Laufe seines bis 1930 währenden Lebens viermal zum Präsidenten gewählt wurde (1908, 1910, 1917 und 1921) und alle vier Male vorzeitig zurücktrat. Er teilte dieses Schicksal mit allen insgesamt 36 Präsidenten, die zwischen 1888 und 1956 amtierten: Keiner von ihnen konnte seine Amtszeit regulär beenden.

Die Rücktrittsgründe waren vielfältig, hatten aber zumeist damit zu tun, daß sich unter den Mitgliedern eine unüberbrückbar scheinende Kluft hinsichtlich grundsätzlicher Fragen auftat. In Katalonien sieht man vieles grundsätzlich – vor allem die eigene Stellung innerhalb der spanischen Gesellschaft. *Barca* ist unter anderem eine Art politische Partei, in der sich vom Anarchisten bis zum Monarchisten jeder heimisch fühlen kann, solange er in erster Linie Katalane ist. Bereits 1918 unterstützte der Sportclub in aller Form das Begehren der Stadtverwaltung von Katalonien nach Autonomie.

Man war stets gegen die kastilische Zentralmacht, die von Madrid repräsentiert wird – zumal von *Real Madrid,* dem Club, der insbesondere während der Franco-Diktatur als Regime-Mannschaft schlechthin galt.

»*Barca* war immer separatistisch, aber faktisch alle Präsidenten des Clubs kamen aus der Barceloneser Bourgeoisie, die zu jeder Zeit mit den spanischen Kapitalkreisen verflochten war«, skizziert der Journalist und *Barca*-Chronist José Martí Gomez das Dilemma: »Das Präsidium hat häufig eine nicht ausreichend klare politische Position bezogen und damit den Unwillen vieler Mitglieder erregt. Das war so unter der Diktatur von Primo de Rivera, der alles Katalanische auslöschen wollte, und das war so unter Franco, als das Regime den Unternehmern im Präsidium nur mit einer Steuerprüfung drohen mußte, um sie zum Schweigen zu bringen.«

So gilt als eines der dunkelsten Kapitel in der Clubgeschichte die Tatsache, daß das Präsidium von *Barca* schandbar schwieg, als das Franco-Regime die Benennung einer Straße in Barcelona nach dem

Barca-Gründer Gamper verhinderte. Offiziell wurde das mit dem unchristlichen Selbstmord begründet, den der zu Ehrende verübt hatte. 1953 mußte wieder einmal ein Präsident seinen Hut nehmen, nachdem es dem FC Barcelona gelungen war, den südamerikanischen Ballkünstler Alfredo di Stefano zu engangieren und der nationale Fußballverband daraufhin bestimmte, der kickende Weltstar dürfe nur eine Saison lang den blau-roten Dreß tragen und müsse anschließend die weiße Kluft von Real Madrid überziehen.
»Besonders in Krisenzeiten ist *Barca* wie eine Gasflasche, die explodiert, sobald in ihrer Nähe eine Flamme entzündet wird«, faßt José Martí Gomez seine Erfahrungen zusammen.
Sein Kollege Eugenio Madueno neigt zu einem noch explosiveren Vergleich: »*Barca* ist ein schlafender Vulkan, der jäh ausbrechen kann, vor allem bei großen Siegen über Real Madrid. Da ist zuerst das Stadion ein Hexenkessel, und dann breitet sich das bis mitten in die Stadt hinein aus.«
Ein Siegestor, erzielt vom Holländer Johan Cruyf oder zuvor noch vom legendären Ladislav Kubala (er schaffte es, in drei Nationalteams berufen zu werden: das ungarische, das der ĆSSR und Spaniens) reichte zur Franco-Zeit so manches Mal aus, um »*Barca, Barca*«-Sprechchöre unversehens in patriotische Lieder und den Ruf nach Freiheit übergehen zu lassen. Daraufhin heulten die Polizeisirenen auf, was wiederum das Signal dafür war, daß überall in Barcelona auf den Straßen Autonomie für Katalonien und die Freilassung der politischen Gefangenen gefordert wurde.
Vielleicht vermißt inzwischen mancher *Barca*-Fan diese kämpferische Zeit. »Katalanismus war immer ein Zeichen für Widerstand, und *Barca* war immer ein Zeichen für Katalanismus«, resümiert Eugenio Madueno: »Aber in einer Demokratie braucht man keine ideologischen Vehikel wie *Barca*.«
Die katalanische Seele sei ein weites Land mit noch immer ausreichend Auslaufmöglichkeiten für *Barca*, hält dem der Psychologe Joan Corbella entgegen: »Der Katalane oder der Immigrant sieht in *Barca* alle seine Lieben und alle seine Gespenster gespiegelt. Da ist der sentimentale Katalanismus, die Liebe zur Stadt, eine Neigung zum Ästhetizismus, eine Sehnsucht danach, sich zu internationalisieren, dem Trauma

der Pyrenäen zu entkommen – da ist andererseits das Gespenst des Zentralismus, der die große Phobie des Volkes von Katalonien ist, da ist das Scheitern als Motiv zur Überwindung und auch die Tatsache, daß man sich als reiches Volk fühlt, das hart gearbeitet hat, um etwas zu erreichen, und dem es gefällt, das zu genießen.«

Selbst die angesehensten Intellektuellen erachten es hier für angemessen, lang und breit zu analysieren, warum *Barca* zwei todsichere Torchancen vergeben hat – um dann gewöhnlich zu dem grundsätzlichen Ergebnis zu gelangen, Katalonien sei von der Vorsehung zur Unfähigkeit verdammt, eine funktionierende Bank und einen funktionierenden Fußballclub zustande zu bringen. Das Teuflische an der Sache ist: Man kann zahlreiche Belege beibringen, um zu beweisen, daß die Katalanen den Kastiliern in faktisch allem überlegen seien – doch was organisatorische Schlagkraft und interne Disziplin anlangt, war Real Madrid dem Club aus Barcelona meist unleugbar voraus.

Nicht zuletzt dieser Umstand führte dazu, daß immer wieder selbst eingefleischte Katalanen unter den *Barca*-Stars wie José Samitier (der Magier hält mit 326 Treffern den zweiten Rang in der ewigen Torschützenliste des Clubs) oder Viola, der Namenspatron einer effektvollen Erscheinungsform des Fallrückziehers, ihre Karrierechancen bei Real besser aufgehoben sahen und ins ungeliebte Madrid abwanderten. Das scheint man ihnen später verziehen zu haben: Viola brachte es in der Folge noch zum Bürgermeister von Barcelona.

All dies wird dokumentiert im clubeigenen Museum, das 1984 unter der Haupttribüne des *Camp nou* eingerichtet wurde und inzwischen nach dem Dalí- und dem Picasso-Museum das meistbesuchte Kataloniens ist. Trophäen, Fotos, Reliquien und viel audiovisuelles Material werden hier aufbewahrt – dazu zahlreiche Kunstwerke. Zum 75. Geburtstag von *Barca* stellten sich weltberühmte katalanische Künstler wie Tapies, Dalí oder Subirach mit eigens geschaffenen Werken ein, und Miró fertigte ein Fresko für das *Camp nou* an.

Das bemerkenswerteste Stück der Sammlung ist deren Konservator Jaume Ramón, *Barca*-Mitglied seit 1928, Chef des Vereins der Rentner des FC Barcelona, unter dem Präsidenten Laci Kubala weiterhin zuständig für Organisation im Club der *Barca*-Veteranen und vor allem ein lebendes Lexikon in Sachen *Barca*.

Ohne einen Augenblick lang nachdenken zu müssen, weiß er, daß es die grausamste Niederlage am 18. Juni 1943 gesetzt habe (11 : 1 gegen Real Madrid) und der glorreichste Sieg in der Spielzeit 1950/51 gefeiert wurde (7 : 2 gegen Real Madrid).
Das spektakulärste Tor habe Cesar 1952 in einem Spiel gegen *Olimpique de Vica* mit dem Kopf von außerhalb des Spielfeldes erzielt, und die spielerisch bestechendste, menschlich indes kaum harmonierende Formation sei der von Trainer Herrera gebildete Traumsturm Kubala, Kocsis, Evaristo, Suarez und Czibor an der Wende von den fünfziger zu den sechziger Jahren gewesen. Als besonders schwarzes Jahr nennt Jaume 1984, als gleich beide Millionen-teuren Weltstars, die man unter Vertrag hatte, Bernd Schuster und Diego Maradona, unter das Messer des Chirurgen mußten.
Das *Barca*-Museum ist ein beliebter Treffpunkt für *Barca*-Fans, die hier in Erinnerungen schwelgen und künftige Triumphe der Mannschaft erörtern. »An Heimspiel-Tagen haben wir allerdings geschlossen«, sagt der Konservator. »Ansonsten wäre hier der Wahnsinn los.« Abgesehen davon hat Jaume an solchen Tagen keine Zeit für die Historie – da muß er die große elektronische Anzeigetafel im Stadion bedienen.
Die hat Daniel Queril von seinem Wohnzimmer aus im Auge. Der Bankangestellte ist Schatzmeister der *Gesellschaft der Nachbarn von Camp nou* und wie alle diese von der Stadtverwaltung mit einem Passierschein ausgestattet worden, um im Fall weiträumiger Absperrungen vor und nach einem Spiel mit dem Auto zu seinem Haus durchzukommen. Von diesem Papier macht er selten Gebrauch. Er hält sich an seinen *Barca*-Mitgliedsausweis zum Passieren der Drehtore des Stadions.
Daniel lädt an Heimspieltagen häufig Freunde zum Essen zu sich ein. Während die Herren das bevorstehende Ereignis in allen zu erwartenden Spielzügen besprechen, beziehen auf der anderen Straßenseite die rund 900 Stadion-Bediensteten ihre Positionen: 60 sitzen an den Kassenschaltern, an die 500 stehen an den Eingängen. Das Los bestimmt, welche der Portiers der Außentore die erste und welche die zweite Halbzeit sehen dürfen. Ihre Kollegen von den Innentoren wechseln einander während des Spiels alle fünfzehn Minuten ab, und die drei Nachtwächter, die mit vier Hunden auf Streife gehen, schieben eine freiwillige Tagesschicht ein.

Das weitere Personal verteilt sich auf den Stadion-Kindergarten, der eingerichtet wurde, um fußballbegeisterten Vätern Dispens von ihren sonntäglichen Erzieherpflichten zu schaffen, sowie auf die 85 Bars und 80 Bedürfnisanstalten des *Camp nou.* Zehn Ärzte finden sich auf sieben Sanitätsstationen ein – mehrheitlich Spezialisten für Herzattacken.
Als der 1974 für eine Ablöse von offiziell 300 Millionen Peseten aus den Niederlanden geholte Star-Kicker Johan Cruyf, der inzwischen zum technischen Direktor des FC Barcelona aufgestiegen ist (Jahresgage ohne Prämien: 120 Millionen Peseten), jüngst über physisches Herzeleid klagte, wurden landesweit in den TV-Abendnachrichten ärztliche Bulletins verlesen. Kurz vor Ende einer Meisterschaft ist in Spanien Fußball zumindest um nichts weniger wichtig als Politik.
»Vor zwei Jahren waren wir häufig nicht mehr als zwanzig Mann, die zum Match gefahren sind, und jetzt, da alle erwarten, daß *Barca* Meister wird, brauchen wir meist mehrere Autobusse«, erzählt Ricardo Ascaso, der in der vereinseigenen Bar des *Barca*-Anhängerclubs von Tarragona letzte geistige Vorbereitungen für den Besuch im Stadion trifft.
Tarragona ist die nächste größere Stadt im Umfeld von Barcelona, und Ricardo ist der Präsident der mit 1300 Mitgliedern größten *Peña,* wie Fanclubs in Spanien heißen. In Katalonien gibt es laut neuestem Stand der Zählungen 251 *Barca-Pēnas,* und im Rest von Spanien 261 weitere. Dazu kommen 17 im Ausland – darunter an so exotischen Orten wie Buenos Aires, Caracas, Leningrad, Biskra (Algerien), Bangui (Zentralafrika), Lausanne, Solothurn und Unternhrendingen (Schweiz).
Als größte aller *Peñas* pflegt die von Tarragona im *Camp nou* mit dem größten Transparent präsent zu sein: 25 mal 8 Meter mißt es und wird am höchsten Punkt des Stadions aufgepflanzt. »Wenn ein starker Wind weht, ist es eine fürchterliche Anstrengung, das Ding dort oben festzuhalten«, berichtet Präsident Ascado über die Mühen des Fanlebens.
Inzwischen sind Daniel Querol und seine Freunde bei Kaffee und Cognac angelangt. Gleich werden sie die Straße überqueren und ihre Stadionplätze einnehmen. In der Umkleidekabine hat der dafür zuständige Josep María Corbella längst die blau-roten Dresses für die Spieler bereitgelegt, die gerade mit dem Mannschaftsbus aus dem Vorort Sant Just angefahren kommen. Dort werden sie vor jedem Heimspiel in einem Hotel kaserniert.

Die Fußballprofis von *Barca* verdienen im Jahr zwischen zehn und mehr als 100 Millionen Peseten. Die zur Zeit bestbezahlten sind der Holländer Ronald Koeman und der Däne Michael Laudrup, der Älteste im Team ist der vierunddreißigjährige Mannschaftskapitän José Ramón, die Jüngsten im Kader sind Josep Guardiola und Antonio Pinilla, beide neunzehn Jahre alt und Zöglinge der *Masia*, der clubeigenen Internatsschule, in der jährlich um die vierzig Schüler von vierzehn Jahren an auf alle Facetten des Kicker-Berufes vorbereitet werden.
»Es ist wie beim Wein: Manchmal gibt es einen schlechten Jahrgang, manchmal einen guten«, hat uns Vizepräsident Nicolau Casau erzählt. »Aus guten Jahrgängen schaffen es bis zu fünf, sechs Spieler, in den Kader zu kommen.«
Der bislang bestbezahlte *Barca*-Kicker war der Argentinier Diego Maradona, für dessen Erwerb der FC Barcelona 1982 offiziell 900 Millionen Peseten hingelegt hat. Wieviel dazu an Gage kam, wisse er nicht, behauptet der Vizepräsident. Als sicher gilt jedoch, daß sich die spanische Nationalbank mahnend eingeschaltet habe, um den Abfluß von Devisen ins Ausland in Grenzen zu halten.
Der FC Barcelona kann sich das leisten. *Barca* besitzt eine eigene Bank, die mehr als 18 000 Konten führt; eine Radiostation, deren Programm in ganz Katalonien empfangen werden kann; sowie in der örtlichen Niederlassung der Warenhauskette *Galerías preciadas* einen Laden, der vom Schal bis zum Schlüsselanhänger ausschließlich in den Clubfarben gehaltene Produkte führt. In den Clubgebäuden sind unter anderem eine Lotto-Annahmestelle und eine Leibwächterschule untergebracht... All diese Unternehmungen decken zusammen mit Eintrittsgeldern, Werbe- und TV-Einnahmen die zweiten fünfzig Prozent des Budgets. Der FC Barcelona unterhält elf Sektionen – darunter solche für exotische Diziplinen wie Rugby oder Baseball –, die alle mehr kosten, als sie einspielen. Mit Ausnahme der Kicker, die den gesamten anderen Sportbetrieb mittragen und sich dazu noch den Luxus leisten können, auf Dreß-Werbung durch einen Sponsor zu verzichten. »Wir wollen unser Hemd nicht beflecken«, sagt Nicolau Casau.
Bevor die Spieler auf das Feld laufen, finden sie sich zu einer Andacht in der Kapelle des *Camp nou* ein. Dort hängt über dem Altar *La Moreneta* – die *Barca*-eigene schwarze Madonna.

Neuer Glanz an alten Orten

Debatten über die architektonische Umgestaltung der Olympiastadt Barcelona

Der Meister arbeitet und wohnt in der sogenannten *Fábrica:* einem ehemaligen Zementwerk in Barcelonas Vorort Sant Just. In den Resten dieser Industrieanlage mit ihren zylinderförmigen Zementsilos installierte der Architekt Ricardo Bofill seine schlicht »Architekturwerkstatt« genannten Studios und sein Wohnhaus. Dort genießt er offenkundig die verklärende Hochachtung einer vielköpfigen Mitarbeiterschar. Wenn in deren Kreisen die Kunde umgeht, »ER arbeitet gerade«, so klingt das, als verkündeten himmlische Heerscharen über ihren Chef: »Er wirkt gerade Wunder!«

Solche Assoziationen scheinen dem weltweit tätigen Baukünstler nicht fremd zu sein. Läßt Bofill doch die interessierte Öffentlichkeit ohne falsche Bescheidenheit wissen: »Ein Architekt ist nicht Gott, auch wenn sich Gott manchmal seiner Kunst bedient. Deshalb hat der Architekt aber nicht weniger Verantwortlichkeiten, die er genau kennen muß, um sie erfüllen zu können.«

Gegenwärtig bedienen sich in erster Linie das Organisationskomitee für die Ende Juli, Anfang August 1992 stattfindenden Olympischen Sommerspiele und die Stadtverwaltung von Barcelona der Kunst des dreiundfünfzigjährigen Architekten Bofill. Er baut neben einer Sporthochschule, die zunächst als olympisches Pressezentrum dienen wird, den Erweiterungskomplex des örtlichen Flughafens, 113 Appartements im olympischen Dorf, einen Kommunikationsturm und im Anschluß daran – in Barcelona soll mit Olympia die städtebauliche Offensive nicht abgeschlossen sein – das neue Nationaltheater von Katalonien. Damit ist er der meistbeschäftigte unter den Dutzenden von in Barce-

lona zu Olympia-Aufträgen gelangten Architekten sowie, gemeinsam mit seinem siebenundsechzigjährigen Barceloneser Kollegen Oriol Bohigas, die herausragendste Erscheinung unter ihnen.
Bohigas beschränkt sein eigenes bauliches Wirken zwar auf einen Komplex des olympischen Dorfes und den davor entstehenden Olympiahafen. Doch ihm obliegt die Gesamtplanung der *Villa Olímpica,* und darüber hinaus ist er der Chefideologe des städtebaulichen Großunternehmers Olympia, an dessen Zustandekommen der Architekt als vormaliger Berater der Stadtverwaltung möglicherweise entscheidenden Anteil hatte.
Die nach Francos Tod in Barcelona ans Ruder gelangten sozialistischen Rathaus-Regenten sahen sich gleich nach ihrem Amtsantritt dazu aufgerufen, die Tradition großzügiger architektonischer Projekte aufzunehmen, die das Gesicht der Stadt prägen: etwa das *Eixample* mit seinen klassizistischen und Jugendstil-Blöcken, die entstanden, nachdem in der Mitte des 19. Jahrhunderts die das gotische Altstadtviertel umgebende Stadtmauer niedergerissen worden war und die Stadt planmäßig Quadrat für Quadrat erweitert wurde.
Wegen dieser nun schon wieder historischen Bausubstanz gilt Barcelona unter Kennern als weltweit einzigartiges lebendiges Architekturmuseum. Und was seit den frühen achtziger Jahren hinzukam, findet gleichfalls internationale Anerkennung: Die Havard Universität in Massachusetts, USA, stellte sich jüngst mit ihrem begehrten Preis für städtebaulische Leistungen ein.
Barcelonas führender Architekturkritiker Lluis Permanyer ist jedenfalls überzeugt: »Die städtebauliche Neugestaltung Barcelonas hat nicht erst mit der Vorbereitung der Olympischen Spiele begonnen, sondern bereits um 1980 mit dem Einzug der sozialistischen Stadtverwaltung, deren politische Vorstellungen im Einklang mit den Konzepten ihres Beraters Bohigas standen, der ein eminent politischer Kopf ist. Und Barcelona hat diese Spiele nicht zuletzt in der Folge der bereits begonnenen städtebaulichen Maßnahmen zugesprochen bekommen, die zumindest so bedeutsam sind wie alle seit dem 19. Jahrhundert jeweils in Phasen eines politischen Aufbruchs in großen Schüben vorgenommenen Stadterweiterungen. Leider spricht die konservative Opposition im Rathaus nun von hübscher Fassadenkosmetik ohne bleibenden

Wert. Sie beweist damit nur, daß sie nichts, aber auch gar nichts begriffen hat.«
Städtebaulich gesehen, ist das olympische Barcelona ein deklariert sozialistisches Barcelona, wie Chefplaner Oriol Bohigas unumwunden erklärt: »Ganz Europa ist inzwischen in den Händen der Privatwirtschaft. Nahezu alle Städte haben sich mit gebundenen Händen dem Kapital ausgeliefert. Der Erfolg des Kapitalismus und das Scheitern des sogenannten real existierenden Sozialismus haben zu einem noch aggressiveren Kapitalismus geführt, der seine Vorstellungen den Städten aufzwingt und die Städte damit vernichtet. Diese Entwicklung ist auch in Barcelona zu spüren, aber ich glaube, daß die unsere jene Stadt in Europa ist, in der noch am meisten politische Kontrolle wirksam ist. In jeder anderen Stadt hat die Privatwirtschaft zehnmal mehr Einfluß als hier. Vergleichsweise ist Barcelona also die Stadt mit der sozialistischsten Stadtplanung in Europa.«
Der architektonische Olympia-Chefplaner Bohigas, der aus dem Kultur stets als kollektive Angelegenheit begreifenden katalanischen Kleinbürgertum stammt, läßt somit keinen Zweifel daran aufkommen, daß er es mit den Sozialisten hält.
Ganz im Gegensatz dazu Bofill, der Sohn eines elitebewußten Bauunternehmers: Der am meisten für Olympia bauende Architekt beriet die konservative Rathausopposition städtebaulich und scheute nicht davor zurück, Bohigas öffentlich zu attackieren.
Daß die beiden nun doch mehr oder minder gemeinsam die baulichen Olympia-Vorbereitungen prägen, macht nicht zuletzt die Alterssouveränität von Bohigas möglich, der über seinen jüngeren, international erfolgreicheren Kollegen mit milder Gelassenheit erklärt: »Von seinen letzten Arbeiten finde ich die Flughafenerweiterung am interessantesten: ein sehr klares architektonisches Konzept mit einer herausragenden formalen Lösung. Zwar irritieren mich die vielen Säulen ein wenig, aber zum Glück treten sie im Gesamteindruck, der vom Glas bestimmt wird, ja zurück.«
Außerdem hat die zustande gekommene architektonische Bipolarität damit zu tun, daß Chefplaner Bohigas zwar klare Ansichten hat, aber kein Dogmatiker ist und andere neben sich leben läßt. Jeder der dreißig Architekten, die in den letzten dreißig Jahren den bedeutendsten

Architekturpreis Kataloniens erhalten haben, konnte einen Komplex für das olympische Dorf entwerfen, das in der Nähe des alten Hafens auf einem Areal entsteht, wo noch vor wenigen Jahren unansehliche und dazu überalterte, also weithin nutzlos gewordene Industriekomplexe den nördlichen Teil der Küstenlinie dieser mediterranen Großstadt verunzierten. Mit der *Villa Olímpica* wächst dort nun ein komplexes neues Stadtviertel samt vorgelagertem Jachthafen – zugleich eine permanente Exposition zeitgenössischer katalanischer Architektur.
»Barcelona, das dem Meer so lange den Rücken zugekehrt hat, erhält damit endlich wieder ein repräsentatives Tor zum Meer«, freut sich der Architekturkritiker Permanyer.
In Barcelona, der alten, weltoffenen Hafenstadt, zugleich aber Zentrum des rigorosen katalanischen Regionalismus, neigt man seit jeher zur Gigantomanie. Als dieser Stadt vom Olympischen Komitee 1986 die Spiele '92 zugesprochen wurden, machte man sich in der bevölkerungsdichtesten Siedlung Europas daran, dem Rest der Welt vorzuführen, wie moderne Stadterneuerung und -erweiterung funktionieren kann: Die Realisierung von über 350 Einzelprojekten – vom Bau einer U-Bahn bis zur Errichtung eines riesigen Sportpalastes – mit einem Kostenrahmen, über den niemand exakt Auskunft geben kann, der aber in die Milliarden Mark geht, wurden beschlossen.
Neben der Créme der – innerhalb Spaniens ohnedies konkurrenzlosen – katalanischen Architekten wurde für Olympia in Barcelona auch eine bunte Schar ausländischer baukünstlerischer Kapazitäten tätig – angeführt vom stillen jungen Japaner Arata Isozaki, der den 17000 Zuschauer fassenden Sportpalast *Sant Jordi* auf dem direkt am Meer liegenden zweihundert Meter hohen Stadtberg Montjuic errichtet hat und schon wieder dabei ist, seine Zelte in Barcelona abzubrechen. »Hier habe ich erstmals zusammen mit meiner Frau gearbeitet, und es wird vermutlich die letzte derartige Zusammenarbeit sein«, berichtet er. Die Frau ist Bildhauerin, ihre Skulpturen umgeben den Sportpalast: »Sie hat mich in ihrer Entwicklung überholt«, sagt Isozaki.
»Das hier war jedenfalls mein bislang bedeutendster Auftrag«, faßt dieser Ausbund an fernöstlicher Zurückhaltung zusammen und blickt auf das Modell seines Werkes: eine im Grundriß rechteckige, flache Kuppelkonstruktion, die zum Boden hin in wellenförmigen Linien

weich ausläuft. Der Japaner begann die Arbeit daran mit einer Serie von Landschaftszeichnungen, die nun in einem Buch gesammelt vorliegen. Der *Palau Sant Jordi* ist das größte, optisch dominierende und architektonisch wichtigste neue Bauwerk auf dem zum *Anell olimpic* nobilitierten Montjuic. Das unmittelbar daneben in den Abhang gesetzte Olympiastadion stammt noch aus den zwanziger Jahren, als Barcelona im Hinblick auf die Weltausstellung 1929 einen seiner periodischen Wachstumsschübe vollzug. Eigentlich war diese Anlage für die Olympischen Spiele 1936 gedacht, die indes (»aus politischen Gründen, um Hitler zu ehren«, wie noch heute in Barcelona häufig erklärt wird) an Berlin vergeben wurden.

In Barcelona sollte daraufhin als Gegenveranstaltung eine internationale Arbeiterolympiade stattfinden. Zwei Tage vor der Eröffnung putschte General Franco und löste den Spanischen Bürgerkrieg aus.

Nun haben zwei katalanische und ein italienischer Architekt dieses alte Stadion auf den modernsten Ausstattungsstand gebracht und seine rational-klassizistische Fassade (eine Vorwegnahme nachfolgender postmoderner Stilformen) authentisch rekonstruiert.

Dahinter steckt eine generelle Programmatik. »Wir wollten die olympischen Bauten nicht irgendwo in ein freies Feld setzen, wo sie dann nach den Spielen als kaum genutzte Fremdkörper in der Landschaft stehen, sondern vor allem Bestehendes verbessern und das Neue möglichst zentral, aber an Orten plazieren, die ohnedies einer grundlegenden städtebaulichen Sanierung bedurften«, erklärt Oriol Bohigas, der Doyen unter den katalanischen Architekten, langjährige Direktor der örtlichen Architekturakademie und städtebauliche Berater der Stadtverwaltung. »Der Standort des olympischen Dorfes – ein sanierungsreifes Industriegebiet in zentraler und bester Lage am Meer – und der Montjuic zeigen deutlich, welcher Grundkonzeption wir gefolgt sind.«

Dieser kleine Stadtberg war für die Barcelonesen über Generationen hinweg ein weithin kahler, feindlicher Fremdkörper, denn auf dem Montjuic entstand ein Kastell, von dem aus die spanische Zentralmacht die Bürger der katalanischen Metropole disziplinierte. Zu allem Überfluß ließ auch noch Franco ein Monument zu seiner Verherrlichung dorthin setzen. Die Barcelonesen plazierten auf dem Berg sinnigerweise ihren größten Friedhof.

Allerdings wurden erste städtebauliche Vitalisierungsversuche bereits anläßlich der EXPO 1929 gesetzt, als dort oben das Stadion und andere Anlagen entstanden und am Fuße des Montjuic an der *Plaza España* Ausstellungshallen gebaut wurden, die nunmehr als Messegelände dienen sowie gelegentlich der Spiele '92 Austragungsort der Wettkämpfe der Fechter, Boxer und Gewichtheber sein werden.
Als jüngst der deutsche Bundespräsident Richard von Weizsäcker den Montjuic besichtigte, sprach er vom »wahren Olymp des Sports«, der da entstanden sei.
Einer der repräsentativsten Neubauten, die auf dem Berg vor dem Abschluß stehen, ist das klassizistische Gebäude der künftigen Sporthochschule – ein Werk des zugleich an zumindest einem Dutzend kreuz und quer über den Globus verteilten Großbauvorhaben beschäftigten Architekten Ricardo Bofill. Er ist Arbeitgeber für weltweit mehr als einhundert Architekten, die in Büros in Barcelona, New York und Paris sowie in temporären Studios in Moskau, Brüssel, Montpellier, Stockholm ... für ihren Meister tätig sind.
Der selbst regiert sein Architekturimperium von dem Dorf Sant Just aus, das der Moloch Barcelona längst geschluckt hat. Dort baute Bofill in den Siebzigern den Satellitenstadtkomplex *Walden 7* – ein monströses Gebilde, das an einen Termitenhügel, ein indianisches *Pueblo* und Elemente mittelalterlicher Militärarchitektur zugleich erinnert. Der gesamte Fassadenbereich ist mit roten Kacheln verkleidet, die inzwischen nach und nach herunterfallen, weshalb der Komplex von schützenden Fangnetzen umgeben ist. Möglicherweise handelt es sich dabei aber um ein architektonisches Gestaltungselement. Das endgültig klarzustellen wäre an Bofills unmittelbar benachbarter Wirkungsstätte nur mit unhöflich obstinatem Nachfragen möglich.
Vom ehemaligen Verwendungszweck der Bofill'schen *Fábrica* kündet ein rundum renovierter Fabrikschlot. Ein solcher, gleichfalls hübsch runderneuert, steht des weiteren im Zentrum des von Bohigas geplanten olympischen Dorfes als Relikt der vormaligen Industriezone. Abgesehen von dieser Übereinstimmung verkörpern Bohigas und Bofill nicht nur zwei unterschiedliche Generationen und politische Einstellungen, sondern auch zwei gegensätzliche Lebensstile und architektonische Konzepte.

Das beginnt bei der äußerlichen Erscheinung der Person. Der grauhaarige Brillenträger Bohigas, dessen Studio eher unauffällig in der Dachetage eines außerhalb des Stadtzentrums liegenden Neubaus untergebracht ist, wirkt auf den ersten Blick wie ein Mann ohne Eigenschaften. »Diese Person zu beschreiben ist ungemein schwierig, und das liegt nicht nur daran, daß sie so komplex ist«, erklärt Bohigas' langjähriger Weggefährte Lluis Domenech. »Hinter der ruhigen Erscheinung verbirgt sich ein intellektueller Abenteurer, der dermaßen vereinnahmend ist, daß man leicht die nötige Distanz zu ihm verliert.«

Bohigas bekennt sich zum Eklektizismus als einem »in der katalanischen Kunst typischen Gestaltungsmerkmal«. Domenech konstatiert bei ihm die Neigung, »Bestehendes zu erhalten«, und zugleich eine »avantgardistische Ethik«: »Er verbindet radikale Gedanken mit der Nostalgie für traditionelle Werte – dem Heimweh nach der katalanischen Kleinbourgeoisie der Jahrhundertwende. Vor allem aber ist er an innersozialen Themen interessiert.«

Bofill hingegen tritt als polyglotter, dynamischer Erfolgsmensch auf, bekennt sich zum »Klassizismus als Ausdruck der Abwesenheit von Zufriedenheit« und dazu, daß Katalonien für ihn »kein Zentrum« ist, sondern »ein Trampolin«. Regionale Stilelemente greift der vorwiegend in Genf ausgebildete Architekt überall auf, und er nennt zwei Arten, diesen Beruf auszuüben: »Die traditionelle, etwa die von Gaudí, der ein genau eingegrenztes Gebiet überschaute, und eine mehr zeitgemäße: Architekt auf der ganzen Welt zu sein«.

Man könnte auch sagen: Der Mann neigt zur Grenzen- wie zur Maßlosigkeit, was er positiv so formuliert: »Ich bin nicht für kleine Sachen ... Am meisten befriedigt mich die Einteilung von weiten Räumen. Ich war im Grunde immer ein Baumeister der Leere.«

Kritiker wie Lluis Permanyer bescheinigen ihm denn auch eine inhaltliche Beliebigkeit, deren Grenze zum Opportunismus nicht immer einfach zu ziehen sei – welche Haltung aber angesichts des weltweit vorherrschenden postmodernen Zeitgeistes eine gute Voraussetzung für internationalen Erfolg sei.

Allerdings streicht Bofill durchaus gern seine politische Vergangenheit heraus: Er sei selbstverständlich gegen Franco gewesen und als Siebzehnjähriger an der Universität Mitbegründer der ersten freien Studen-

tengewerkschaft Spaniens, die eine »offene Provokation des Regimes« dargestellt habe. »Damals«, erinnert sich der nunmehrige Stararchitekt, »traf ich mich auch mit kommunistischen Studenten, die als einzige wirklich organisiert waren.«
Nach dem Übergang des Landes zur Demokratie habe er aber »von jeder politischen Aktivität abgesehen, um definitiv meine Individualität zu erlangen und eine persönliche Vision der Welt.«
Heute gehe es für ihn in erster Linie darum, gegenüber Finanziers und Politikern, die seine Auftraggeber sind, »den kreativen Freiraum zu behaupten, in dem ich arbeite.«
Zum Abschied macht Bofills hauptamtlicher Pressereferent dezent, aber unüberhörbar darauf aufmerksam, daß es an der Zeit sei, den Meister endlich auch in Deutschland mit einem ihm gemäßen Auftrag zu würdigen.
Oriol Bohigas hat zusammen mit seinen Kollegen Martorell und Makkay, mit denen er seit Jahrzehnten im Team arbeitet, in den achtziger Jahren im Rahmen eines Wettbewerbes für ein Areal zwischen der Berliner Koch- und der Friedrichstraße eine Wohnhausanlage konzipiert und wurde 1990 als Ehrenmitglied in den *Bund Deutscher Architekten* aufgenommen. Was ihn von den meisten deutschen – und weltweit fast allen zeitgenössischen – Architekten unterscheidet, ist wohl sein Verständnis von der Architektur als vorwiegend gesellschaftspolitischem Instrument.
Mit dieser Grundeinstellung erscheint Bohigas inzwischen als Relikt aus einer Zeit, als die Architekten öffentlicher Bauten nicht vorwiegend baukünstlerische Selbstdarstellung betrieben, sondern im Rahmen klar vorgegebener politischer Konzepte ihre Beiträge zu städtebaulichen Lösungen von dauerhafter Bedeutung leisteten – wie beispielsweise dem längst legendären sozialen Wohnungsbau im *Roten Wien* der zwanziger Jahre. Die weltweite Krise der Städte einerseits und andererseits die Lösungen, die man in Barcelona zur Bewältigung dieser Krise versucht, lassen ahnen, daß die Zukunft der Architektur in der konzeptionellen Methodik eines scheinbaren Relikts wie Bohigas zu suchen ist.

Die endlose Geschichte der Sagrada Familia

Dissonante Bemühungen zur Fertigstellung eines Wahrzeichens

»Was heißt hier Skulpturen? Man sollte die ganze Kirche abtragen und an die Japaner verkaufen! Wir werden es den Schotten gleichtun, die den Nordamerikanern ihre Schlösser samt Schloßgespenst verkaufen!« Josep Maria Subirachs, Bildhauer, hört so etwas gewiß nicht gerne. Es ist Juli 1990: Barcelonesische Künstler und Intellektuelle haben eine Tribüne vor der Kathedralen-Baustelle des *Templo de Sagrada Familia* aufgestellt und protestieren via Megaphon gegen Subirachs Skulpturen, welche die *Fachada de la Pasión,* die Leidensfassade dieses unvollendeten Bauwerkes – nun ja – füllen.
»Subirachs auf den Tibidabo!« Was ein bekannter Vergnügungspark oberhalb Barcelonas ist. »Subirachs: Gaudí wünscht dich zu sprechen!« Subirachs kann sich diesen Anwürfen nicht entziehen, sie dringen durch die verschlossenen Türen seiner Wohnung. Der Künstler hat nämlich, um es dem großen Gaudí gleichzutun, seinen Wohnsitz in der *Sagrada Familia,* in der Kathedrale, mitten auf der Baustelle genommen.
Diese Baustelle unweit der Barcelona in der gesamten Querachse durchschneidenden *Diagonal* gibt es seit mehr als hundert Jahren. Fast genauso lange ist sie umstritten. Eine Fertigstellung des Bauwerkes ist nicht abzusehen, doch es gilt längst als Wahrzeichen von Barcelona. Und unumstritten ist, daß das Unvollendete das Hauptwerk des genialen und umstrittenen Architekten Antoni Gaudí ist.
Wie riesige Maiskolben streben die vier Türme der *Sagrada Familia* himmelwärts. Zwölf Türme und drei Fassaden sollte die fertige Kathedrale nach Gaudís Vorstellungen haben – ein Mammutwerk, für das der

Architekt eine Bauzeit von zweihundert Jahren veranschlagte. 1926, nach dem Tod des Meisters – er wurde in Barcelona von einer Straßenbahn überfahren und starb drei Tage später unerkannt in einem Armenhospital – setzten seine Schüler das Werk fort, und der Streit um die *Heilige Familie* begann.

Die einen verlangten einen Baustop: Es sei lächerlich, Gaudí imitieren zu wollen und im zwanzigsten Jahrhundert wie im neunzehnten zu bauen – zumal Gaudí selbst alte Techniken und Materialien bevorzugte. Auch könne niemand wissen, wie Gaudí sich die Fertigstellung gedacht habe. Dieses Argument gewann an Bedeutung, nachdem 1936 die ohnedies eher als Skizzen denn als Pläne vorliegenden Aufzeichnungen des Architekten für dieses Bauwerk einem Brand zum Opfer fielen. Zudem sei Gaudí ein Meister der Improvisation gewesen und habe sich letztendlich nie an seine eigenen Pläne gehalten.

Aber, warfen die anderen ein, Gaudí habe gewußt, daß es kommende Generationen sein müßten, die sein Werk vollenden würden. Genau das solle geschehen – finanziert im übrigen aus den Zuwendungen freiwilliger Spender und nicht mit öffentlichen Geldern.

Fraglos war Gaudí eine Ausnahmeerscheinung in der Welt der Architektur. Er wurde 1852 im katalanischen Tarragona geboren und kam als Siebzehnjähriger nach Barcelona, in die Stadt, die er bis ans Ende seines Lebens nur wenige Male verlassen sollte. Hier besuchte er die Architektenschule, hier geriet er mitten hinein in einen Bauboom, wie ihn die Stadt seit dem Mittelalter nicht mehr erlebt hatte. 1869 waren die Stadtmauern geschliffen worden, der Handel mit Amerika blühte, seitdem die *Prohibition* für die Mittelmeerhäfen aufgehoben worden war. 1888 fand in Barcelona die Weltaustellung statt. Der *Modernismo*, die katalanische Erscheinungsform des Jugendstil, war eben dabei, sich zu etablieren.

Gaudí verstand sich als Architekt aus Berufung. Die Baukunst war seine große Leidenschaft; in ihr gab er seiner Bewunderung für die Natur und seiner tiefen Religiosität Ausdruck. Er war fasziniert von den Konstruktionen im Tier- und Pflanzenreich, in der Geologie. Die Säulen der *Sagrada Familia* gleichen Bäumen, denn nach Ansicht des Architekten besitze der Baum eine absolut ausgereifte Struktur, die sich seit Jahrhunderten bewährt habe.

Gaudí blieb zeitlebens unverheiratet und lehnte alle politischen Ämter, die man ihm antrug, ab. Er zeigte sich gleichgültig gegenüber den Kunstrichtungen seiner Zeit und lebte, obwohl hochgeehrt, zunehmend isoliert. Schließlich zog er in die Baustelle der *Sagrada Familia,* der er sich während der letzten zwölf Jahre seines Lebens ausschließlich widmete.

Als Sohn eines Schmiedes schätzte Gaudí handwerkliches Können hoch, lernte selbst schnitzen, tischlern, modellieren und glasern. Nachdem er die *Casa Mila* an Barcelonas Prachtboulevard *Paseig de Gracia* errichtet hatte, sagte Gaudí: »An diesem Haus haben zwei Brüder mitgearbeitet. Der eine war ein einfacher Maurer, der andere ein diplomierter Architekt und Dozent. Ob Sie es glauben oder nicht: Der Maurer war für mich von weit größerem Nutzen.«

Oft wurde Gaudí mit den Baumeistern des Mittelalters verglichen. Wie sie war er Perfektionist, durchdrungen von seiner Mission, der Verherrlichung Gottes. Seine Liebe zur Natur und seine Bedürfnislosigkeit muten franziskanisch an.

Häufig verwendet er in seinem Werk Glasstückchen und Kachelsplitter – Abfallmaterialien, um zu demonstrieren, daß der ästhetische Wert eines Bauwerkes nichts mit dem Wert der dafür verwendeten Materialien zu tun habe.

Seine Schöpfungen sind – sosehr die Meinungen darüber auseinandergehen mögen – mit Sicherheit eines: abenteuerlich. Es gibt an ihnen keinen rechten Winkel, keine Gerade; der Stein wird bunt und wellig. Man mag das kindisch, kitschig, verrückt finden – die überbordende barocke Phantasie des Architekten, die in den von ihm errichteten Gebäuden und gestalteten Parks manifest geworden ist, entfaltet einen eigentümlichen Zauber. Nur ein Katalane habe so etwas schaffen können, behaupten die Barcelonesen. Das hänge mit dem Wind zusammen, mit dem *Tramuntana,* der von den Pyrenäen zum Meer hin tobt und die Leute verrückt mache – oder zu großen Künstlern wie Gaudí, Miró, Tapies, Picasso...

Die *Sagrada Familia* war ursprünglich die verrückte Idee des angesehenen barcelonesischen Buchhändlers Josep M. Bocabella, der sich insbesondere dem Heiligen Josef verpflichtet fühlte und eine Gesellschaft zu dem ausschließlichen Zwecke gründete, denselben zu verehren.

Bocabella hielt es für angemessen, Josefs Haus zu Nazareth in Barcelona nachbauen und in einer Kathedrale errichten zu lassen, die der *Heiligen Familie* gewidmet sein sollte. Das Gesamtwerk dachte er sich als Sühnetempel für die von den Bewohnern Barcelonas während der Karlistenkriege begangenen Untaten wider die Kirche. Es fanden sich genug betuchte Bürger, die von der Idee des Buchhändlers angetan waren und fleißig spendeten, so daß bald ein Grundstück in bester Lage erworben und ein planender Architekt verpflichtet werden konnten: Francesco P. de Villar, der denn auch 1882 in brav neugotischer Manier zu bauen anhub.
Er schaffte gerade einen Teil der Krypta, bis ihm der Buchhändler im Streit die Bauleitung entzog, um sie 1883 in die Hände von Gaudí zu legen, der dreiundvierzig Jahre seines Lebens an dem Monument arbeiten sollte. Die religiöse Symbolik, die Gaudí für die *Sagrada Familia* entwickelte, ist für Nichteingeweihte einigermaßen verwirrend, ja kabbalistisch: zwölf Türme sollen nach und nach für die zwölf Apostel entstehen, dazu ein zentraler Hauptturm als Christus unter den Evangelisten, denen vier weitere Glockentürme zugedacht sind.
Gaudí konnte nur eine einzige der drei vorgesehenen Fassaden errichten, die Geburtsfassade: einen abenteuerlichen, in der Sonne glitzernden Tropfsteinwald voller wilder Tiere und Pflanzen aus Stein. Durch die vielen eingearbeiteten Glassplitter und Keramikstückchen schillert die Fassade wie Eidechsenhaut.
Gaudís Schüler Luis Bonet i Gari, der nach dem Tod des Meisters eine Zeitlang die Bauarbeiten an der Kathedrale weiterführte, erklärte über sein Vorbild: »Der ganze Mittelmeerraum regte ihn bei seinem Tun an. Er griff zurück auf die Palmen Ägyptens und die Säulen von Karnak, auf Byzanz, die Höhlen Kretas und die Tempel Griechenlands. Er liebte die Etrusker mit ihren kräftigen Farben und ihrer sicheren Linienführung. Aber auch Rom ist in seinem Werk gegenwärtig, die großen Baumeister, die unerschrocken Aquädukte über die Täler spannten. Er richtete den Blick aufs Mittelmeer, und so war nichts Provinzielles an ihm.«
Luis Bonet wäre kein Katalane gewesen, wenn er nicht hinzugefügt hätte: ». . . Aber in erster Linie war er doch Katalane. Der katalanische Volkscharakter gelangte in ihm zu höchster Blüte. Ein Genie seiner Art konnte nur aus *Cataluña* kommen.«

Heute leitet Sohn Jordi Bonet die Bauarbeiten – sehr zum Verdruß der fortschrittlich Gesinnten unter Barcelonas Künstlern und Intellektuellen. Eine private Stiftung treibt den Bau der Kathedrale voran und veranstaltet zu diesem Zweck jährlich Sammlungen auf den Straßen der katalanischen Hauptstadt. Jüngst hat man einen Computer angeschafft, der errechnen soll, wie Gaudí wohl seine *Sagrada Familia* weitergebaut hätte. Zumal faktisch keine originalen Pläne und Aufzeichnungen mehr existieren, sorgt diese Frage selbst bei weniger nachdenklichen Gaudí-Epigonen für zeitweilige Verunsicherung.

Also wird »im Stile von Gaudí« weitergewerkelt, was indes im Gefolge eines derart originellen Genies schlicht unmöglich ist. Jedenfalls ist den bisher errichteten Teilen der *Sagrada Familia* unschwer anzusehen, was vom Meister und was von seinen Nachfolgern stammt. Größerer Schaden konnte umständehalber noch nicht angerichtet werden, weil während des Bürgerkrieges und in den ersten Jahren danach das Geld für einen unsachgemäßen Weiterbau fehlte. Erst in den fünfziger Jahren, in der tiefsten Franco-Zeit, nahmen die Konservativen unter den Gaudí-Verehrern die Arbeiten wieder auf: ein Sühnetempel, das war so ganz nach ihrem Geschmack. Barcelona war eine Hochburg der Republikaner, die Feuer an so manches Symbol der Kirche gelegt hatten, gewesen.

Mit denselben Argumenten, die von allem Anfang an dagegen vorgebracht worden waren, begann sich neuerlich eine Opposition gegen die Weiterführung der Bauarbeiten zu formieren. Die Kirche selbst, hieß es nun, habe sich seit dem Zweiten Vatikanischen Konzil geändert. Man wolle keine bombastischen Tempel mehr in die Welt setzen, sondern mit dem Geld lieber den Armen helfen. Und Gaudí werde am ehesten dadurch geehrt, daß man die noch von ihm selbst errichteten Teile der *Sagrada Familia* als Monument unverändert stehen lasse.

Die Gegner weiterer Arbeiten an der *Sagrada Familia* verfaßten ein Manifest, das 1965 von der Tageszeitung *La Vanguardia* – die politisch eher den Konservativen zugeneigt ist – veröffentlicht wurde. Unter diesem Aufruf standen die Namen prominenter Künstler, darunter die von Joan Miró, Le Corbusier, Antoni Tapies, Oriol Bohigals – und pikanterweise auch der von Josep Maria Subirachs. Le Corbusier schlug vor, den Bau mit einer Decke aus modernem Material abzu-

schließen, damit er benutzt werden könne. Jedenfalls möge man damit aufhören, billige Gaudí-Imitationen anzufügen.
Der Protest zeitigte keinerlei Ergebnis, wurde aber zehn Jahre später wiederholt. Nun initiierte die Architekturzeitschrift *CAU* eine Kampagne. Weitere zehn Jahre später engagierte das Patronat der *Sagrada Familia* den früheren Gegner des Weiterbaus Subirachs, damit dieser Skulpturen für die Passionsfassade schaffe – für das Werk der Epigonen. Nicht nur der jähe Meinungsumschwung des Bildhauers erregte Aufsehen, sondern vor allem die Skulpturen selbst, die – so Lluis Permanyer, der einflußreichste Architekturkritiker Barcelonas – »schlicht und einfach häßlich sind.«
Im Juli 1990 sah sich die Opposition – die heute eine rein ästhetische ist, wie Lluis Permanyer versichert – genötigt, zur Tat zu schreiten. Vincenc Altaio, Herausgeber der Kunstzeitschrift *Artics*, trat den Aufstand los.
Alles begann, als Altaio kurz vor dem Drucktermin feststellen mußte, daß bei der nächsten Ausgabe seines Blattes eine Seite übrig war. Also machte er aus der Notwendigkeit, dieses Manko rasch auszugleichen, eine Tugend und ließ auf der leeren Seite den Satz einrücken: »Subirachs, laß die heilige Bildhauerei in Frieden!« Darunter stand in kleinen Lettern: »Gratisanzeige; eine Aufmerksamkeit von *Artics*.«
Das Echo auf diese aus purer Verlegenheit zustandegekommene Anzeige war derart laut, daß Altaio beschloß, dieses Thema weiter zu verfolgen: »Wir wollen, daß die Leute sich eine Meinung bilden, daß sich ein kritisches Bewußtsein entwickelt – abgesehen davon, ob nun weitergebaut wird oder nicht. Während jene, die die Fertigstellung der Kirche vorantreiben, Stein auf Stein setzen, werden wir Wort auf Wort folgen lassen.«
Die Kampagne gedieh zur Demonstration vor Ort, und die Worte, die Subirachs bei dieser Gelegenheit zu hören bekam, waren recht drastisch. So erklärte der Abgeordnete zum Europaparlament Xavier Rubert de Ventos: »Ich glaube, es handelt sich um einen Irrtum. Die Tatsache, daß es sich um einen Sühnetempel handelt, bedeutet nicht, daß wir uns mit diesen Skulpturen kasteien müssen.«
Das alles ficht die *Junta Constructora,* das Baugremium, nicht an. Man arbeite ausschließlich mit privaten Spendengeldern. Weder die Kirche

noch politische Institutionen hätten dabei mitzureden. Solange die Bürger von Barcelona das Geld dafür aufbrächten, werde gebaut. Nötigenfalls weitere hundert Jahre lang, wie es Gaudí selbst ja veranschlagt habe. 1990 waren für diesen Zweck immerhin 282 Millionen Peseten zusammengekommen.

Lluis Permanyer zuckt lächelnd die Schultern: »Natürlich ist es absurd, heutzutage eine gotische Kathedrale zu bauen. Noch dazu weiß kein Mensch, wie es weitergehen soll – zum Beispiel, was innen geschehen soll. Klar legen die Leute von der Junta Pläne vor – doch die sind von ihnen, nicht von Gaudí. Aber die Arbeit geht zügig voran. Neuerdings kommt dafür auch etliches Geld aus Japan ... Und letzten Endes dienen Aktionen wie die von *Artics* nur dazu, daß die Leute wieder an die Sache erinnert werden und mehr Geld spenden.«

Das Faszinierende an der *Sagrada Familia* ist gerade ihre Unvollendetheit: eine Kathedrale im Entstehen, eine Großbaustelle, innerhalb derer man sich gleichzeitig im Mittelalter, am Beginn unseres Jahrhunderts und doch auch in der Gegenwart fühlen kann. Eine heilige Verrücktheit somit, die nur unvollendet erträglich ist. Selbst eine von Gaudí fertiggestellte *Sagrada Familia* wäre gewiß eine ziemliche Zumutung geworden – zuviel des Guten. So bleibt zu hoffen, daß der gegenwärtige Zustand beibehalten wird, samt der katalanischen Streitkultur; daß nicht zuviel japanische Effizienz die bodenständige, tramuntanabedingte Verrücktheit verdirbt.

Requiem für eine Muse

Variationen über die Kunst, Dalís Werk und Wirkungsstätte zu besichtigen

Zur Begrüßung findet sich der Besucher vor einem alten, schwarzen Cadillac; darauf thront eine überlebensgroße, üppig proportionierte Todesgöttin als Kühlerfigur, welche ein hoch über den Häuptern der Betrachter schwebendes Boot zieht. Das wiederum erhebt sich auf einer aus Autoreifen errichteten Säule.

Na und? Die Touristen, zu einem nicht geringen Anteil in Autobussen an das Dalí-Museum – richtiger: *Teatro Museo Dalí* – herangekarrt, gehen vielfach gähnend an diesem Monument des Surrealismus vorbei. Auch die schrägen Youngsters, denen der Museumsbesuch einen schulfreien Tag einträgt, machen in Coolness. Allenfalls wird das Blech des alten Autos mit routinierten Griffen auf seine Authentizität geprüft. Da weckt ein kurzer spitzer Aufschrei aus einer Damenkehle Aufmerksamkeit: Plötzlich strahlt ein Scheinwerfer im Auto auf, beleuchtet einen stoisch dreinblickenden Chauffeur, auf der hinteren Sitzbank einen eher tot wirkenden Greis neben einer lebhaft auf ihn einredenden jungen Frau (ohne Unterleib; ein gewissenhafter Franzose hat sich davon überzeugt und den Umstehenden dieses Detail nicht vorenthalten).

Inzwischen stecken Leute, die vor wenigen Minuten noch so taten, als wandelten sie geistesabwesend über die Wasser, ihre Nasen durch die künstlich (künstlerisch?) zerbrochenen Seitenfenster des Cadillac. Im Wageninneren nämlich, dort hat es zu regnen begonnen. Regentropfen lösen sich aus dem Efeu, der sich zwischen den Sitzen emporrankt. Man könnte sagen, es gießt dort drinnen.

Nach etwa einer Minute beginnt eine neue Trockenzeit. Die gerade beendete Einlage wird mit Gelächter belohnt. Doch nicht nur. »Das ist ein bißchen zu dick aufgetragen«, findet die kleingewachsene mollige Französin hinter mir, während eine Schar von Japanerinnen die Barriere, welche das Auto umgibt, emsig erklimmt, um herauszufinden, wohin denn all das Wasser abfließe.

Ein bäuchiger Mensch in kurzen Hosen beschließt angesichts Dalís Säulenkonstruktion, sich auf das Sammeln von alten Autoreifen zu verlegen und somit Künstler zu werden. Ein Franzose, dessen Habitus keinen Zweifel daran zuläßt, daß er es soweit schon gebracht hat, spricht mit ausladenden Gesten von der »superben Psychoanalyse: der Alte, die Junge, das schwarze Auto, das Boot des Charon ...«

Das Auto steht im geräumigen Innenhof des besagten Museums, das eher Spektakelplatz, Geisterbahn, Spielplatz des Unbewußten und nicht zuletzt ein grandioses Denkmal der Eitelkeiten ist, welches sich Meister Dalí und Muse Gala schon zu Lebzeiten gesetzt haben. Unübersehbar mit seinem überwiegend marzipanfarbenen Anstrich und allerlei draufgesetzten und -gepappten Objekten steht das Gebäude wie eine Riesentorte in der Geburtsstadt des umtriebigsten aller Surrealisten: in Figueres, Katalonien, Bezirk *Alt Emporda* – mithin recht nahe der schon etwas zu beliebten *Costa Brava.*

Diese Landschaft am Fuß der Pyrenäen hat ihre Schönheiten, sie ist bizarr – bedeutet *Costa Brava* doch auch *Wilde Küste* – und ihre Besonderheiten – darunter eine besonders einprägsame: den *Tramuntana*, einen wilden Wind, der mitunter tagelang mit bis zu 160 Stundenkilometern von den Bergen herab zum Meer hin wütet. Viele Menschen brächten sich um in dieser Gegend. Der Wind mache verrückt, heißt es. Man denke bloß an den Architekten Gaudí oder an den Bajazzo Dalí, der seine Bilder in die Vereinigten Staaten oder gar nach Madrid verkauft habe, anstatt sie seiner Heimatstadt Figueres zu überlassen.

Nach Figueres (von den Kastilianisch sprechenden Spaniern *Figueras* genannt) kommt der Fremde wegen Dalí. Das sollte man indes vor Ort nicht zu laut sagen. Doch außer der das Stadtbild beherrschenden künstlerischen Grottenbahn hat Figueres nicht viel zu bieten. Die Dalí-Hinterlassenschaft hat es freilich in sich, und das haben die geschäftstüchtigen Katalanen bald erkannt. Rund um das *Teatro Museo* stehen die erstaunlichsten Lockobjekte. Etwa ein ganz wörtlich zu nehmender Fernsehturm: unten ein Fernsehgerät in einem Glaskasten, darüber türmen sich – immer kleiner werdende – Exemplare eingegipster Fernseher, von einem Minervakopf gekrönt, dem zwei Antennen wie Fühler aus dem klugen Kopf wachsen.

Davor werden Familienfotos gemacht; das gibt etwas fürs Album oder den Dia-Abend. Der gute alte Schmalfilm kommt auch nicht zu kurz, obwohl sich der mit der Zeit gehende Reisende natürlich längst eine Videokamera angeschafft hat, mit der das Museumsfeld rigoros eingefangen wird. Drinnen allerdings, im Objekt des Interesses, werden jegliche lichtbildnerischen Gerätschaften meist höflich, in jedem Fall aber bestimmt gleich hinter der Pforte eingezogen. Es sei denn, man versteht es, sich via Telefax ausreichend wichtig zu machen, und ist dazu bereit, eine nicht zu knapp bemessene Summe an die *Fundacio Gala – Salvador Dalí* zu zahlen. Dann darf man ausgewählte Teile der Kollektion im Bild festhalten.

Pha, sagen die Katalanen (die nicht im Dienste der *Fundacio* stehen), pure Wegelagerei sei das, denn alles von Wert habe dieser Dalí ohnedies nach Madrid (ausgerechnet!) gegeben und dem Museum nur den Abfall gelassen...

Wie immer dem sei: Was da ausgestellt wird, ist gewiß sehenswert. Daran kann ebensowenig gezweifelt werden wie an der Tatsache, daß Dalí ein bewundernswerter Geschäftsmann war. Das sprechen ihm nicht einmal die über die Tändeleien des Meisters mit den *Spaniern* erbosten Katalanen ab. Muse Gala wiederum wird eine geniale Begabung in Sachen Marketing zu bescheinigen sein. Und was derlei Dinge angeht, sind die Leute von Figueres dem großen Sohn ihrer Stadt recht wesensverwandt. Es gibt Restaurants á la Dalí, die Souvenirläden bersten vor Kuriositäten á la Dalí. Dalí ist 365 Tage im Jahr das beherrschende Thema. Genau das dürfte der Meister im Sinn gehabt haben, als er nach jahrzehntelangem Ringen mit Bürgern und Stadtverwaltung endlich das ausgebrannte Stadttheater in Beschlag nehmen konnte, um in dem Gemäuer sein Museum einzurichten.

Geheuer war den braven Figueresern dieser vom *Tramuntana* affektierte Sohn der Stadt gewiß nie. Sogar sein Vater, ein Witwer und angesehener Notar, hatte die Frucht seiner Lenden enterbt und verstoßen, nachdem ihm zu Ohren gekommen war, der Junior habe in Paris verkündet: »Ich spucke auf das Bild meiner Mutter!« Zu allem Überfluß war da auch noch Gala – zu der Zeit mit dem Dichter Paul Eluard verheiratet, gleichwohl Dalís Frau. Noch viele Jahrzehnte lang hieß es im biederen Bezirk Alt Emporda, diese – nebenbei: vom Teufel besessene – Weibsperson habe Figueres niemals gemocht und Dalí seiner Vaterstadt zu entfremden versucht.

Keineswegs nur Spekulation scheint zu sein, daß der impotente Künstler in Gala die Muse schlechthin und das ideale Objekt für seinen Voyeurismus gefunden hatte. Seine Sexualneurosen lebte er beharrlich und schaffensfroh auf der Leinwand aus. Neben eigenen Werken beherbergt sein Museum allerdings auch Werke von Künstlern mit verwandten Obsessionen. Zum Beispiel die *Weibliche Nackte* von John de Andrea, eine hyperrealistische Skulptur, neonblau beleuchtet und in einem Glaskasten zentral postiert.

Über die Figur montierte Dalí eine aus Dessertlöffeln gebildete Spirale, die in einen lachenden Frauenkopf mit verbundenen Augen mündet. Der Nackten gönnen die meisten Besucher kaum einen flüchtigen Blick. Hingegen wird die Spirale lange betrachtet und ausführlich kommentiert. Lediglich Kleinkinder betapsen den gläsernen Schrein im Bereich des Unterleibs der Hyperrealistischen. Ein Liebespaar habe ich an diesem Ort kichern sehen, und eine ältere Person (weiblich) fand die schwellenden Brüste der Figur nach betont kurzem Hinsehen »magnifique«.

Dalís sexuelle Visionen sind in seinem Museum sogar begehbar. Da gibt es etwa die Installation *Das Gesicht der Mae West.* Kommentar eines Museumswärters zu dem Raum: »Kann als Wohnzimmer benutzt werden. Das Sofa sind die Lippen, die Nase ist der Kamin, darauf steht eine – hm – banalen Geschmack parodierende Uhr, die Augen sind zwei impressionistische Bilder von Paris, 1930 hat er das gemacht – ein Prophet der Pop Art.«

Klassenweise werden französische und spanische Schüler jeglichen in Frage kommenden Alters durch das Gesamtkunstwerk getrieben. Naturgemäß durch das Schlafzimmer ebenso. »Der Wandteppich ist von Aubusson – mit den typischen weichen Uhren«, erklärt ein Kunstlehrer seinen Zöglingen. Die Kinder befühlen die Matratze. »Das Bett ist von Castiglione, modernistischer Stil, die Badewanne von Edward-VII. und der berühmte Suru Mico Fi ...« Die Kinder zweifeln an der Echtheit der Lilien, die der berühmten Badewanne zu entwachsen scheinen.

Gänzlich vom Publikum ignoriert wird der geheimnisvolle Riesenvogel, der am Aufgang zu den Galerien wacht. Ein Fenster läßt Einblick nehmen in den Bauch des Viehs: Dort drinnen leuchtet das gekrönte Haupt eines Chinesen ... »Der macht mir Angst«, stottert ein Kleiner, der seiner Gruppe hinterherzockelt und dabei als einziger dieses Objekt bemerkt hat.

Das Riesengemälde *Labyrinth* unter der einen Teil des *Patio* bedeckenden Glaskuppel, die mittlerweile ein Wahrzeichen der Stadt Figueres geworden ist, wird gleichfalls kaum beachtet. Fasziniert ist die Mehrzahl der Museumsbesucher hingegen von zwei Guckkästen, die auf eine Art Altar mit changierender Gala-Rückenansicht gerichtet sind. Für fünf Peseten erwartet man intimere Einblicke, wirft seine Münze in den Sehapparat – und tritt mit ratloser, enttäuschter Miene wieder ab. Man hat den riesigen Raum für sein gutes Geld in Weitwinkelperspektive gesehen.

Ansonsten wird der Besucher freilich selten von Dalís erotischen Visionen enttäuscht. Zeugen berichten, nichts habe auf den Meister einen größeren Reiz ausgeübt, als anderen beim »Nähmaschine machen«, wie er sich auszudrücken beliebte, zuzusehen. Damit das, was er zu sehen bekam, nicht eintönig wurde, mietete der Künstler Paläste, engagierte Artisten, Zwerge, Transvestiten, Tiere ... Gala gestattete er jegliche Nähmaschinen-Freiheit – seiner eigenen Schlaffheit eingedenk.

Die habe er sich, lautet die Legende, als Knabe auf dem Klavier seines Vaters bei der Betrachtung eines Buches mit lehrreichen Abbildungen zum Thema Geschlechtskrankheiten zugezogen; diesen Schock habe er Zeit seines Lebens nicht mehr überwinden können. Zwar wollen ihn Zeitgenossen später in Paris gelegentlich von Bordellbesuchen getroffen haben. Doch stets sei Dalí auf Abstand zu den nackten Prostituierten bedacht gewesen. Hingesehen muß er dafür um so aufmerksamer haben, was zahlreiche seiner Werke belegen. Das Thema beschäftigte jedenfalls nicht nur ihn. Sein Jugendfreund, der Dichter Federico Garcia Lorca, zweifelte vehement an Dalís Fähigkeit, sich dem weiblichen Geschlecht – und sei es dem der angebeteten Gala – auf konventionell-sexuelle Weise zu nähern: »Sein Haß auf weibliche Brüste und Genitalien, seine Furcht vor dem Koitus machten das unmöglich«, überlieferte Lorca, was für die Kunstgeschichtsschreibung gewiß von Belang sein wird. Dalí jedenfalls setzte sich mit seinen Ängsten, mit seinem Unvermögen beharrlich in seinem Medium auseinander: der Malerei, der Plastik. Im Museum zu Figueres hängt das Gemälde *Der große Masturbator:* Sein Gesicht ist ein schlaffer Sack, aus dessen Öffnungen Insekten kriechen, und die gesamte Szenerie wird durch Krücken aufrechterhalten. Dalí als Interpret seiner selbst: »Sie halten aufrecht, was sich nicht von allein halten kann.«

Selbstzweifel scheinen dem Meister trotz aller Allüren und der großen Show, mit der seine Hofhaltung verbunden war, nicht fremd gewesen zu ein. Aus einem seiner Objekte bricht tatsächlich rosa Scheiße aus einer rosa Leinwand auf eine rosa Staffelei …

Die emsig kolportierten Eskapaden seiner Gala bemühte sich der Surrealist, mit Gelassenheit hinzunehmen: »Ich bin der König der Hahnreie.« Als er einmal ein Telefonat Galas mit einem ihrer zahlreichen Liebhaber mitanhörte, ließ Dalí seine Gäste wissen: »Ist das nicht wahnsinnig nett? Er liebt sie, und das macht Gala sehr, sehr glücklich.«

Im Museum ist Gala allgegenwärtig. Überall fällt der Blick auf die knabenhafte Figur, das herbe Gesicht und vor allem auf ihre Füße – Füße, Schuhe: zur Schau gestellt, gespiegelt, mit dem Pinsel berührt.

Die verehrte Frau, die Dalí trotz aller Gegensätze nie verließ, blieb – die lebende Antithese zu diesem Mann – bis ins hohe Alter bewundernswert aktiv. Als Siebenundsiebzigjährige holte sie den Hauptdarsteller des Broadway-Musicals »Jesus Christ Superstar«, Jeff Fenholt, als Trophäe heim auf Schloß Pubol bei Gerona – ein Geschenk Dalís an Gala –, das der alte Meister erst nach schriftlicher Voranmeldung betreten durfte, damit das Liebespaar nicht gestört wurde. Der bleiche, rothaarige Jüngling hatte im übrigen der rüstigen Greisin wegen seine Frau verlassen.

Mit dem Ende der Affaire Fenholt scheint das diffizile emotionale Geflecht zwischen Gala und Dalí zerrissen zu sein. Zumindest sah man die beiden sich auf offener Straße prügeln, die alte Gala den großen Masturbator mit ihrem Stock traktieren – und so mancher Augur gibt

Dalí indirekt die Schuld am Tode seiner Frau, die sich auf ungeklärte Weise das Bein gebrochen hatte und nach langwierigen Komplikationen in Port Ligat starb.
Dalí ließ die Gefährtin seines Lebens in Schloß Pubol bestatten, nahm an der Beisetzung des Sarges aber nicht teil.
Der Tod, seine Riten und Zeremonien faszinierten den Künstler ebenso wie die Geheimnisse der Sexualität. Neben seinem Bett steht ein vergoldetes Gerippe. Immer wieder änderte er sein Testament, um einen anderen Ort zu seiner letzten Ruhestätte zu bestimmen. Schließlich landete er in seinem Museum.
»Die Leiche liegt unter dem schwarzen Cadillac!« doziert ein nordamerikanischer Fremdenführer, von keinerlei Zweifel geplagt. Eine ältere Dame klärt ihre Freundin auf: »Dalís Tochter ist mit diesem Auto verunglückt. Das ist ihr Grabmal!« – »Laßt's uns in den Keller geh'n«, schlägt ein gemütlicher, rotwangiger Bayer in buntem Hemd seiner Gefolgschaft vor. »Dort liegt er, hinter Glas, einbalsamiert wie eine Mumie!« Es ist ein grauer Raum, hell erleuchtet von weißen Neonröhren. Ein überschaubarer Raum. Eine Art Flur, der nirgendwohin führt. Kein Bild, kein Schmuck, kein Schmock. Sachlicher, moderner Granit. Nur eine Platte an der Stirnseite des Raumes:
Salvador Dalí i Domenech
Marques de Dalí de Pubol
1904 - 1989
Kein Theater hier, kein Museum, keine Geisterbahn, allenfalls riecht es etwas seltsam. Die Touristen ziehen lange Gesichter. Warten fünf Sekunden. Vielleicht öffnet sich ja doch die Gruft, und er steigt heraus – das Gespenst mit seinem hochgezwirbelten Schnurrbart, seinem ewigen Stock, seiner komischen Zipfelmütze. Vielleicht kommt er hervor aus dem Stein, ordenbedeckt, kommt auf sie zu mit weit aufgerissenen Augen ...
Nein. Auch mit seinem Grab hat Dalí Verwirrung zu stiften verstanden, hat Erwartungen enttäuscht und – wer weiß – sogar so manchen eigenständigen Gedanken in träge dahinglosenden Gehirnen entzündet. Lautete doch sein Credo: »Ich will meinen Werken keinen Namen geben. Jeder soll sich seinen eigenen Reim darauf machen können.«

Die Hölle sind die anderen

Vergebliche Versuche, in Pamplona Hemingway zu widerlegen

Zugegeben, wir waren gewarnt – aber wie: »Nach Pamplona sollten Sie nie mit Ihrer Frau fahren. Mit ziemlicher Sicherheit wird sie dort krank, verletzt oder verwundet werden, zumindest wird man sie anrempeln und mit Wein beschütten; oder aber Sie verlieren sie. Vielleicht auch alles auf einmal.«

Dieser Rat kam von Ernest Hemingway. Die Rede war dabei von *San Fermín,* der *Fiesta,* über die er einen Roman geschrieben hat und die noch immer alle Jahre wieder am 6. Juli pünktlich um zwölf Uhr mittags beginnt: »Es ist eine *Fiesta* der Männer, Frauen machen da nur Ärger, natürlich nie absichtlich; aber sie machen oder bekommen fast immer Ärger dort.«

Derart sattes Gebrumme fordert heraus, will widerlegt werden. Also nichts wie hin, das wollen wir gesehen haben. Und dann passiert es, daß man am frühen Morgen zur besten Schlafenszeit – eingekeilt in eine barbarisch stinkende Menschenmasse, bedroht von den Gummiknüppeln nervöser Polizisten, verlassen vom bewährten Begleiter, der auf der Höhe seiner Mannesjahre der Versuchung nicht widerstehen konnte, vor einem Rudel Stieren herzulaufen – dem Alten widerwillig recht geben muß.

Krachend bricht eine Verkehrsampel unter dem Gewicht ihres Besetzers zusammen. Mann und Gerät landen auf den Köpfen der Masse. An Ausweichen ist nicht zu denken, nicht einmal daran, seine Zehen vor den Hacken des Vordermannes in Sicherheit zu bringen. Die Menge wogt hin und her, es bilden sich Menschenstrudel, wo ein paar besonders Brutale sich unter heftigem Einsatz der Ellenbogen in irgendeine

Richtung vorwärtszudrängen trachten, meist noch betrunken nach einer durchzechten Nacht. Die Schuhsohlen kleben am Pflaster fest, das mit dubiosen Flüssigkeiten getränkt ist. Saure Alkoholfahnen wabern durch das allgemeine Odeur nach ungewaschenem Mensch. Auch abgehärtete Gemüter reagieren unter solchen Umständen leicht panisch und wünschen nur eines: Flucht, egal wie, egal wohin, nur weg hier! Die mitteleuropäische Wohlerzogenheit kapituliert vor den niedrigen Instinkten, und stoßend, schnaufend, boxend, heulend gelingt es mir schließlich, der Meute zu entkommen. Eine Frau am Rande des Nervenzusammenbruchs. Man läuft ziellos durch die engen Gassen der mittelalterlichen Stadt, dem Menschenstrom entgegen, froh, wieder Herr seiner Schritte zu sein. Rechts übergibt sich schäumend ein blonder Riese in kurzen Hosen. Links pißt einer, ganz in sein Tun versunken, in einen Hauseingang. Wohin noch laufen? Die Hölle, das sind die anderen.

Warum kommen sie in dieser Woche von überall her, aus England, aus Australien, aus Neuseeland, natürlich aus den USA, um einander das Leben zur Hölle zu machen?

Die angelsächsischen Saufbrüder sehen das anders: »It's the biggest party in Europe!« Die *größte*, natürlich – darauf kommt es an.

Andere, die Einheimischen aus Navarra und Spanier aus allen Landesteilen, kommen wegen der Stiere. Die *Sanfermines*, wie das Fest allgemein geheißen wird, drehen sich um Stiere und alles, was damit zu tun hat. Auch wir hatten unser unglückseliges Bad in der Menge genommen, um Stiere zu sehen: den *Encierro*, das Treiben der Stiere vom *Corral* an der *Plaza Santo Domingo* durch die engen Gassen der Altstadt zur Arena, wo sie am Nachmittag kämpfen und sterben werden.

Vielleicht ist es dieser frühmorgendliche Auftrieb, der Pamplona seinen Ruhm beschert hat: Es gilt als besonderes Vergnügen und dem Selbstwertgefühl äußerst zuträglich, vor den wilden Stieren herzulaufen. Wer einmal ein solches 600-Kilo-Vieh galoppieren sah, weiß, daß es sich dabei um Angstlust handeln muß, vermischt mit einem archaischen Bedürfnis nach Riten. Die da wären: Um sechs Uhr morgens bricht der *Corredor*, der Läufer, auf, weiß gekleidet, rot gegürtet, und, was am wichtigsten ist, das rote Tuch des *San Fermín* um den Hals geknotet. Unterwegs nimmt er einen *Caldico* zu sich, Rinderbrühe, die in Pam-

plona naturgemäß Stierbrühe heißt. Die Fama will, daß die Suppe aus den am Vortag in der Arena getöteten Stieren gekocht wird. Ein Schluck Rosé darin soll Mut und Animo heben.
Unentbehrlich ist des weiteren die Morgenzeitung, in der die *Toros*, vor denen die Kerle gleich herlaufen werden, die Hauptrolle spielen. Zusammengerollt fungiert das Morgenblatt beim *Encierro* als imaginäre Verteidigungswaffe. Der erste wirkliche Kampf gilt der Polizei, welche die Läufer an ihrem Tun zu hindern trachtet. Die 800 Meter lange Strecke zwischen *Corral* und Arena ist von hohen Palisaden gesäumt, die der *Corredor* im richtigen Augenblick – wenn die Stiere losgelassen werden und die Polizisten sich hüten, nachzuspringen – überwinden muß. Um Punkt acht Uhr wird eine Rakete abgeschossen, und dann geht alles blitzschnell. Die Stiere, begleitet von wegweisenden Ochsen, galoppieren los, die Menge innerhalb der Absperrungen läuft vor ihnen her. Die weit weg vom *Corral* sind, noch eher gemächlich. Dann bewegt sich der Pulk immer schneller vorwärts, je näher die Hörner kommen. Die mutigsten, die richtigen *Corredores*, laufen knapp vor und neben den Stieren her. Hinter den Tieren herzudackeln gilt als lächerlich, kann aber gleichfalls gefährlich werden, wenn ein verwirrter Stier plötzlich anhält und kehrt macht. Zwischen drei und sechs Minuten pflegt der Auftrieb zu dauern, und anschließend hat das Rote Kreuz – an diesem Morgen – einen Schwerverletzten und 31 leichtere Fälle einzusammeln. Am nächsten Morgen sind es gleich vier und 57 – und so weiter. Die örtliche Tagespresse meldet den jüngsten Stand jeweils präzise – samt einer farbigen Skizze, aus der zu ersehen ist, wo sich die exzeptionellsten Unglücksfälle ereignet haben.
Stierhörner mit einer halben Tonne Kraft und Wildheit dahinter sind kein Spielzeug. Obwohl – der Versuch, wenigstens ein Stückchen *Toro*-Schwanz zu sehen zu bekommen, mutet angesichts der rabiaten, halbalkoholisierten und übernächtigen Menge kaum weniger gefährlich an als die Lauferei. Nach der physischen und psychischen Hochleistung, die selbst das passive Beiwohnen beim *Encierro* darstellt, läßt man sich unter den Arkaden des *Café Iruña* nieder und labt sich an einem Glas Mineralwasser zu umgerechnet vier Mark. Am Vortag hatten wir hier Schutz gesucht, als das passierte, was Hemingway mit bislang unübertroffener Exaktheit so beschrieb: »Es brach die Fiesta aus.«

Als um zwölf Uhr die Rakete, die anzeigte, daß der Moment gekommen war, in der Luft zerbarst, die dicht gedrängt die Gassen und Plätze des Altstadtkerns füllenden Massen wild hüpfend und halstuchschwenkend *»Viva San Fermín«* schrien und die Leute trotz des kühlen Windes damit beschäftigt waren, sich gegenseitig mit dem ausgezeichneten spanischen Sekt, dem *Cava*, vollzuspritzen, hatten die Kellner längst den Rückzug ins Lokal angetreten. Unter den Arkaden aber hatte eine Gruppe krebshäutiger Barbaren einen Kreis aus Stühlen gebildet und schüttelte ernst und konzentriert die *Cava*-Flaschen. Es spritzte und schäumte denn auch wie vorherzusehen, wie lustig, und die Stimmung erfuhr erst nach der Eruption einen Dämpfer, als die sparsamen Angelsachsen feststellen mußten, daß ihre Flaschen kaum noch zur Hälfte voll waren, was dem geplanten Besäufnis abträglich sein würde. Kurzum, nachdem sich die Bespritzungsorgie gelegt hatte, lief jedermann mit einer Flasche in der Hand herum, trank demonstrativ aus derselben – die barbarischsten Stämme aus Literflaschen Bier.
Die *Plaza Castillo* vor dem *Café Iruña* ist während der *Fiesta* fest in den Händen von allerlei Stämmen. Um solche handelt es sich, denn nichts geht in Pamplona im Alleingang, auch Paare sind selten. Alles passiert in der Gruppe, der Clique, dem Stamm – der *peña*. *Peñas* sind Vereine von jungen Leuten mit Hunderten vom Mitgliedern. Ihnen obliegt es zum großen Teil, die *Sanfermines* zu organisieren und für ein Minimum an Ordnung zu sorgen. Sie sind an ihrer Kleidung zu erkennen, was wiederum nicht bedeutungslos ist, denn *peñas* gibt es nicht nur in Pamplona, sondern überall, wo sich *Aficionados* der *Fiesta* zusammenfinden. Sie entwickeln ihre eigenen Riten und Traditionen. Bei den Katalanen beispielsweise ist es Brauch, sich im Morgengrauen voll bekleidet aus dem zweiten Stockwerk des *Club Larraina* in den Swimmingpool zu werfen.
Ein besonders vehementer Anhänger dieser Verrücktheit, Santi Trias de Bes, Bruder immerhin eines Abgeordneten, hat sich längst mit dem Polizisten angefreundet, der ihm Jahr für Jahr Strafe für solches Tun androht. Und jedes Jahr überzeugt ihn Santi mit demselben Argument: »Wenn du von mir eine Strafe kassieren willst, komme ich einfach nicht aus dem Wasser.« Es ist kalt am frühen Morgen im Pamplona.
»Die *Fiesta* hatte wirklich begonnen«, beschrieb Hemingway das Ereig-

nis in seinem 1926 erschienenen Roman »Fiesta«: »Sie dauerte Tag und Nacht, sieben Tage lang. Man tanzte und trank unentwegt, und der Lärm nahm kein Ende. Das, was so passierte, konnte nur während einer *Fiesta* passieren. Schließlich wurde alles ganz unwirklich, und es schien, als ob nichts während der *Fiesta* irgendwelche Folgen haben könne. Es schien gänzlich unangebracht, während der *Fiesta* an Folgen zu denken. Die ganze *Fiesta* über hatte man das Gefühl, selbst wenn es ruhig war, daß man alles, was man sagen wollte, schreien müsse, damit die anderen es hörten. Und so war es mit allem, was man tat. Es war eine *Fiesta*, und sie dauerte sieben Tage lang.«

Im »Gefährlichen Sommer« 1959 sah er die Sache dann so: »Es ist alles noch so wie früher, nur daß jetzt noch 40 000 Touristen dazukommen. Als ich vor fast vier Jahrzehnten zum erstenmal dort war, waren keine zwanzig Touristen da. Heute sollen an manchen Tagen bis zu hunderttausend in der Stadt sein.«

Weitere dreißig Jahre später pflegen nicht wenige Pamplonesen die Stadt während der Woche der *Sanfermines* zu verlassen, um den »Wikingern und Gringos« zu entgehen, die von Traditionen keinen Schimmer haben, aber sich wie die Herren vom Pamplona aufspielen, wie das der Autor eines Leserbriefes an eine örtliche Zeitung schilderte. Er hatte, festlich gekleidet, zusammen mit seiner Frau mittags die *Plaza Castillo* zu überqueren beabsichtigt. Seine *Plaza*, gewissermaßen. Da zerbrach klirrend eine Flasche vor seinen Füßen, und er sah sich acht blonden, rothäutigen Riesen in Unterhosen gegenüber, die Flaschen über die *Plaza* warfen und ihn in einer unverständlichen Sprache beschimpften.

Wem nicht so direkt bedeutet wird, daß er in seiner Stadt gegenwärtig nichts zu suchen habe, den verjagen die Preise. Umgerechnet 25 Mark für einen Hamburger kann und mag nicht jeder hinlegen. Selbst viele eingesessene Gastronomen pflegen nämlich während der *Fiesta* in die Ferien zu fahren und ihre Bar vorübergehend an Branchenfremde zu vermieten, die in einigen Tag- und Nachtschichten, ohne Furcht vor schlechter Nachrede, einen Superprofit herausschlagen wollen.

Angesichts des Exodus seiner Mitbürger sah sich der Bürgermeister zu einem dringenden Aufruf veranlaßt: »Ich wende mich an jene, die die Stadt verlassen und damit zulassen, daß die *Fiesta* so wird, wie die anderen sie haben wollen. Ich wende mich an das Pamplona, das wegläuft, und das Pamplona, das bleibt, seinem Schicksal überläßt – nämlich daß die *Fiesta* von Pamplona zu einer *Fiesta* in Pamplona wird.«

Auf der *Plaza Castillo* kampieren rund um die Uhr abenteuerliche Gestalten. Punks und Junks beiderlei Geschlechts liegen in der grellen Mittagssonne wie tot auf dem Pflaster, zwischen Scherben und der mutmaßlich eigenen Kotze. Langsam und taumelnd bewegen sie sich, schon die Flasche in der Hand ist an Gewicht zu viel. Brennend rote Augen stieren aus deformierten Gesichtern. Hier, im Zentrum vom Pamplona, ist das Gebiet der *Marginados*, der an den Rand gedrängten, hoffnungslosen – jener, die man ansonsten nicht sieht, wenn man sie nicht sehen will. Hier feiern sie multinational ihr armseliges Fest der Drogen aller Art und Provenienz. Nichts von fröhlichem Rausch, sondern ein kalter Nebel, schwanger von krimineller Energie.

»Plaza Castillo?«, sagt ein Einheimischer, der sein Leben damit fristet, *Toreros* nach erfolgreichem Kampf auf die Schultern zu heben und aus der Arena zu tragen: »Dort braucht man ein Maschinengewehr.«

Durch Pamplona verlaufen in den Tagen der *Fiesta* mancherlei Fronten, und auch die alten Traditionen bleiben davon nicht unberührt – etwa der *Riau-Riau,* den Hemingway so erlebte: »Am Nachmittag war die große religiöse Prozession. San Fermín wurde von einer Kirche in die andere überführt. An der Prozession nahmen alle städtischen und kirchlichen Würdenträger teil. Wir konnten sie nicht sehen, weil das Gewühl zu groß war. Vor und hinter der formellen Prozession tanzten die Riau-Riau-Tänzer. Eine Gruppe in gelben Hemden tanzte in der Menge auf und ab. Alles, was wir durch die dichtgedrängte Masse, die auch alle Bürgersteige und Kurven anfüllte, von der Prozession sehen konnten, waren die Riesen, die Indios aus dem Zigarrenladen, dreißig Fuß hoch, Mauren, ein König und eine Königin, die feierlich zum Riau-Riau sich drehten und walzten.«

Traditionell begleicht das Volk bei dieser Prozession seine Rechnungen mit der Obrigkeit, erweist Dankbarkeit (selten) oder schüttet Wasser aus dem Fenster, wirft Obst und dergleichen mehr. Schon seit etlichen Jahren hat es am ersten Tag der *Fiesta* keinen *Riau-Riau* im ursprünglichen Sinn mehr gegeben, weil Sympathisanten der baskischen ETA

ihrer Forderung nach Amnestie für die Gefangenen damit Nachdruck zu verleihen suchen, daß sie die Prozession der Honoratioren nicht von der Stelle kommen lassen. Die Burschen aus den *Peñas,* die ihr Fest ordnungsgemäß durchziehen wollen, prügeln sich dann mit den Blokkierern. Auch das ist mittlerweile Teil der Pamplona-Folklore und folgt dem tieferen Sinn des *Riau-Riau* – nämlich, der Obrigkeit die Meinung zu sagen. Also bläst die Kapelle *Pamplonesa* ziemlich ratlos das *Txunda ta Txunda,* eine Art navarrischen Walzer, und die Riesen tanzen dazu: acht an die fünf Meter hohe Puppen, Königspaare verschiedener Rassen darstellend, in deren Innerem jeweils ein Mensch sich dreht. Die Riesen werden begleitet von den *Cabezudos,* den Großköpfen, die, spanische Adelige darstellend, sinnigerweise auf das Volk in den Straßen einschlagen. Allerdings mit einem weichen Federball.
Nachmittags pünktlich um halb sieben ereignet sich endlich, was Pamplona nach der Überzeugung der *Aficionados* einzigartig macht: die *Corrida.* Nach Pamplona werden von den Züchtern die besten Stiere geschickt, und die gegenwärtig besten *Toreros* werden verpflichtet. Pamplona kann sich das leisten, es ist eine reiche Stadt – seit jeher. Der Römer Pompeius hat sie im Jahre 75 vor unserer Zeitrechnung gegründet, Karl der Große hat ihre Mauern geschliffen, sie sah die Goten durchziehen und die Mauern sich niederlassen. Pamplona wurde das reiche städtische Zentrum des Agrarlandes Navarra. Als anderswo noch mit unausgewachsenen dreijährigen Stieren gekämpft wurde, setzten die Pamplonesen schon einen Preis aus für jeden Stier mit *Boca cerrada* – jedes erwachsene Tier, das bereits alle Zähne im Maul hat.
Stierkampf in Pamplona ist anders. Das Publikum ist strenger als anderswo – ausgenommen Madrid. Aber es ist hier auch lauter, ausgelassener, unruhiger als in jeder anderen Arena. Einem *Picador,* der mißfiel, wurde schon einmal aus dem Publikum eine ganze Wassermelone an den Kopf geworfen. Die Südkurve der Arena, mit den Plätzen an der Sonnenseite ist ein gefürchtetes Schlachtfeld. Hier ist es Brauch, die jeweils tiefer sitzenden Zuschauer zum Zeichen der Fröhlichkeit, aber auch des Protestes mit Wein zu bespritzen und mit Obst zu bewerfen. Die großen Blonden aus dem Norden erfreuen sich vor allem an dieser Schlacht und kümmern sich nicht besonders darum, was da unten bei den Stieren passiert.

»Da, willst du einen Schluck?« heißt es plötzlich, und man hat einen Eimer gekühlten *Sangria* in der Hand. Auch die Australier nebenan werden versorgt. Sie scheinen in Wein gebadet worden sein und dann in Mehl gewälzt. Orangenschalen hängen in ihrem Haar. Die *Gringos* sehen nicht sehr glücklich aus. Der *Sangria*-Spender drückt einem von ihnen den Eimer in die Hand: »Los, schütte ihn mir über den Kopf. Los, mach schon!« Der Gebadete zögert, dann scheint ihn die Rache doch zu reizen, und der gute *Sangria* ergießt sich über das Haupt des Spenders. »Mein Gott«, sagt der später achselzuckend, »mir ist das egal, und der arme Kerl geht zufrieden nach Hause.«

Der Wein: Natürlich spielt er eine Hauptrolle bei den *Sanfermines*. Aber die Pamplonesen – die wenigen, die noch in der Stadt verblieben sind – legen Wert darauf, daß er mit Stil getrunken wird – *con gracia*. Von den Fremden sagen sie, die könnten einfach nicht trinken. Bloß saufen. Wir hatten das Glück, einen begnadeten Trinker kennenzulernen, Rociendo. Das war irgendwann zu Beginn der zweiten Nacht an einem Tresen, wo Rociendo neben uns einen *Mini* trank. So heißen die drei Schluck Bier für zwischendurch. Wir hatten einen Becher mit *Tinto* vor uns stehen – Rotwein, der die Aufmerksamkeit des Nachbarn erregte. Vorsichtig hob er einen Becher gegen das Licht und eröffnete die Unterhaltung mit dem Befund: *»No vale«* – nichts wert.

Wir wollten schon beteuern, daß wir in dieser Stadt inzwischen Kummer gewohnt seien, doch in dem Moment hatte Rociendo bereits die Becher zur Seite gewischt und dem Burschen hinter dem Tresen Beine zu machen begonnen. Das Ergebnis der Intervention war eine gut gekühlte Flasche *Clarete*, Roséwein aus der Gegend. »Na, wie schmeckt der?« fragte der Spender mit herbem Charme und beschloß, uns noch mehr Einblick in die Kunst des Trinkens zu verschaffen.

So an die drei Kneipen und Flaschen später erfuhren wir, daß Rociendo ein Kleinbauer aus einem Nest weit außerhalb von Pamplona ist. Seine Hände sind schwielig, und die Zähne beginnen ihm auszufallen, weil er nicht dazukommt, zum Zahnarzt zu gehen. Aber jetzt, während der *Fiesta*, macht er ein paar Tage und Nächte durch. Nebenbei klagt er über den niedrigen Getreidepreis. Auf unseren Vorschlag, ihn eines Tages in unserer Heimat mit den dortigen Weinen vertraut zu machen, lacht Rociendo. Wie könnte er sich eine solche Reise leisten?

Als wir die – wer weiß wie vielte – Flasche *Clarete* bezahlen können, bevor er dem Kellner verboten hat, unser Geld anzunehmen, ist Rociendo beleidigt. Unsere Argumente läßt er nicht gelten. Es ist *Fiesta*, einmal im Jahr sein großes Fest, da will er feiern und zahlen. Das läßt er sich nicht nehmen. Wir sollen ihn begleiten und mit ihm trinken, und nach und nach beginnt sich auf diese Weise auch uns die *Fiesta* zu erschließen – der Klang der Flöten und der Trommeln, die während der ganzen Nacht in den engen Gassen nicht verstummen, und die Tänzer, die nicht müde werden, sich dazu zu drehen. Die Fähigkeit, berauscht und nicht betrunken zu sein und Müdigkeit erst gar nicht aufkommen zu lassen, bis im Morgengrauen bei *Marcelano* an der Markhalle, dem besten Wirtshaus vom Pamplona, was schon Hemingway nicht entgangen war, der brennheiße *Caldico* mit viel *Clarete* darin ausgeschenkt wird, der in Schüben die Lebensgeister wieder weckt.
Rociendo schwebt schweren Schrittes und mit gleichbleibender Euphorie durch dieses Fest – aber er läßt sich nicht ausnehmen. Auch in schwankendem Zustand weiß er genau, welche Kneipe man meiden muß und wo es gut und billig ist – *bueno y barato*. Er ist einer jener inzwischen rar gewordenen Bauern, die Hemingway beschrieben hat: »Die Bauern saßen in den außerhalb liegenden Weinhandlungen. Dort tranken sie, um sich für die *Fiesta* vorzubereiten. Sie waren so frisch von den Ebenen und Bergen hereingekommen, daß es notwendig war, sich langsam an alle Werte zu gewöhnen. Sie konnten nicht von Anfang an die Preise in den Cafés bezahlen. Sie bekamen entsprechendes für ihr Geld in den Weinhandlungen. Das Geld hatte für sie noch den Wert von soundso viel Arbeitsstunden und soundso viel Scheffeln verkauften Getreides. Am Ende der *Fiesta* war es ihnen ganz gleich, was sie bezahlten und wo sie kauften.«
Das war, als Rociendo die Kreditkarte zückte.

Kein bißchen Frieden

Einsichten aus dem gewaltgeplagten Land der Basken

Sie stehen auf der *Plaza Guipuzcoa* und schweigen. Ältere Damen mit dem gewissen bläulichen Schimmer im Haar, ein paar junge Frauen in Strandkleidung, gestylte Sekretärinnen, Mütter, deren Sprößlinge zwischen den Beinen der Demonstranten Verstecken spielen. Einige Frauen haben ihre Männer, Freunde oder Bekannten mitgebracht. Die alles in allem vielleicht zweihundert schweigenden Menschen irritieren im lauten, geschäftigen Treiben des baskischen Seebades San Sebastián. Einige Fotografen und Kameraleute warten, ob etwas Ablichtenswertes passiert, überraschte Passanten erkundigen sich nach dem Sinn der Kundgebung, Touristen bahnen sich mit Anzeichen von Verlegenheit ihren Weg durch die Versammlung.
Es ist zwanzig Uhr, in diesen Breiten Hauptverkehrszeit, die Stunde, Einkäufe zu erledigen, ein Glas Wein in einer der unzähligen Bars zu trinken, Verabredungen für den Abend zu treffen oder auf der Strandpromenade zu flanieren. Doch da stehen diese Leute – mehrheitlich Frauen – mit ihrem Transparent: »Sag es mit deinem Schweigen« – in spanischer und baskischer Sprache. Sie sagen damit: Schluß mit der Gewalt im Baskenland, Schluß mit den Morden der separatistischen Untergrundorganisation ETA, Schluß mit den Morden der vorwiegend aus spanischen Polizisten bestehenden Todesschwadrone, die unter dem Kürzel GAL auftreten – hört endlich auf mit dem sinnlosen Blutvergießen!
Am Tag zuvor hatte der nach zwanzigjähriger Dauer im Rest von Europa fast vergessene Krieg zwischen dem spanischen Zentralstaat und den baskischen Separatisten ein weiteres Mal mehrere Opfer gefor-

dert. In der unwegsamen Schlucht *Foz de Lumbier* waren zwei Landgendarmen auf vermutlich drei junge Leute gestoßen. Laut ihrem letzten Funkspruch hatten die Polizisten anfänglich geglaubt, Autoknacker beim Verteilen der Beute überrascht zu haben. Was dann geschah, wird vermutlich nie exakt geklärt werden können. Nur soviel weiß man: Es wurde geschossen, die beiden Polizisten starben, ebenso zwei der Überraschten, ein Dritter überlebte mit einem Kopfschuß. Die vermeintlichen Diebe gehörten einem Kommando der ETA an. Für deren Kader und Sympathisanten war damit alles klar: Am nächsten Tag wird in San Sebastián ein pensionierter Polizist erschossen, städtische Autobusse gehen in Flammen auf.

Um die Ecke der *Plaza Guipuzcoa,* auf der breiten *Alameda del Boulevard,* bereitet man sich mit Einbruch der Dämmerung auf ein vertrautes Ritual vor. Die gerade noch bei der Schweigedemonstration postierten Fotografen ziehen nun hierher. Oben, neben dem Rathaus, stehen schon die Wannen der *Guardia Civil,* und in den engen Seitengassen versammelt sich allerlei junges Volk. Plötzlich läuft ein Vermummter auf den *Boulevard* hinaus, wirft einen Stein. Andere türmen Müllsäcke und Absperrgitter auf die Fahrbahn, versuchen, eine Barrikade zu errichten. Ein Autoreifen beginnt stinkend zu qualmen. Weitere Steine fliegen in Richtung der Polizisten und werden von denen mit Gummigeschossen beantwortet. Binnen weniger Augenblicke ist der *Boulevard* leergefegt, verlagert sich die Keilerei in die Seitengassen. Etwas abseits sammeln sich Passanten und verfolgen das gewohnte Schauspiel.

Soviel ist rasch zu erkennen: Auf der Seite der Polizisten steht hier kaum noch jemand, und wenn einer der jungen Steinewerfer die ETA hochleben läßt, huscht ein komplizenhaftes Lächeln über manches Bürgergesicht. Mögen diese drei Buchstaben auch in allen anderen Teilen Spaniens als Synonym für Terroristen stehen – hier im Baskenland gibt sogar der biedere Kleinhändler mit bedächtigem Kopfwiegen zu verstehen, daß man das so nicht sehen könne. Auch er sei für einen baskischen Staat – aus »sentimentalen Gründen«, wie er einräumt, nachdem wir ihn auf die ökonomische Fragwürdigkeit eines solchen Unternehmens hin angesprochen haben. Und ETA steht schließlich für *Euzkadi ta askatasuna* – Baskenland und Freiheit. Im Hinblick auf dieses Ziel wachsen selbst jugendliche Steinewerfer zu heroischen Patrioten.

»Ach, das ist immer dasselbe: ein Räuber und Gendarm-Spiel«, sagt anderntags Amparo, eine junge Frau, die wir bei der Schweigekundgebung auf der *Plaza Guipuzcoa* kennengelernt haben: »Auf der einen Seite stehen halbe Kinder, die von ETA-nahen Organisationen aufgestachelt werden, indem man ihnen das Gefühl gibt, sie würden ernst genommen. Die spanischen Polizisten auf der anderen Seite sehen sich lächerlich gemacht und wollen gar nicht mehr ausrücken zu solchen Einsätzen.«

Amparo Aracama Parez unterrichtet Englisch und Französisch in San Sebastián, ihrer Geburtsstadt, wird aber auch häufig an Schulen in kleine Orte im Inneren des Baskenlandes geschickt. Sie kennt die Jugendlichen in den Dörfern und in der Provinzmetropole. »Ständig wird aus irgendeinem Grund gestreikt, von einem normalen Schulbetrieb kann keine Rede mehr sein«, erzählt die Lehrerin: »Mit der Zeit begann mir das gegen den Strich zu gehen, daß sich alle maßlos aufregen, wenn einem *Etarra* etwas passiert. Die sind immer die armen Opfer, alles wird gerechtfertigt. Ich habe das selbst lange Zeit getan – als ob das Leben eines Polizisten nichts wert wäre. Die kleinen Landgendarmen in *Foz de Lumbier* waren bestimmt nicht schuld am baskischen Debakel. Doch über deren Tod regt sich scheinbar niemand auf.«

Amparo kommt aus einer für das Baskenland typischen Familie: einer gemischten Sippe, in der man einerseits stolz auf sein Baskentum ist – die Abstammung von einem Volk, dessen Ursprung sich in der Dunkelheit der Frühgeschichte verliert, dessen Herkunft, Kultur und Sprache sich von denen aller anderen Völker Spaniens erheblich unterscheiden, einem Volk, das sich seit Menschengedenken rabiat gegen jegliche Fremdherrschaft zur Wehr setzte. Schon im Jahre 200 vor unserer Zeitrechnung konstatierten römische Geschichtsschreiber den »kantabrischen Wahnsinn«, mit dem sich diese Küsten- und Bergbewohner gegen die Unterwerfung durch die damalige Besatzungsmacht zur Wehr setzten. Zu staatlicher Einheit brachten es die Basken über die Jahrhunderte dreimal für kurze Zeit, doch immer wieder erkämpften sie ihre *Fueros* – Sonderrechte im Rahmen des Zentralstaates, dem sie eingegliedert waren. Und jedesmal verloren sie diese Privilegien wieder. Andererseits gibt es die rein baskische Gesellschaft faktisch nicht mehr. Hier, wo die vielen Kleinbauern kaum Ackerbau, sondern allenfalls etwas Viehzucht betreiben konnten, gab es Häfen und Minen – ideale Voraussetzungen für die expansive Industrialisierung, die um die Jahrhundertwende einsetzte. Etwa ein Drittel der spanischen Schwerindustrie befindet sich im Baskenland. Doch mit den Fabriken kamen die Arbeitskräfte aus den weniger entwickelten Teilen Spaniens. Wenigstens ein Drittel der heutigen zwei Millionen Bewohner des spanischen Baskenlandes sind Zuwanderer: »Spanier«, wie man hier sagt. Nur noch in ganz wenigen Familien wird vorwiegend *Euzkara* gesprochen – aber nicht selten schlagen die Nachfahren spanischer Einwanderer die radikalsten baskischen Töne an.

Daß sich dies bei Amparo anders verhält, führt sie in der Hauptsache auf ein »persönliches Schockerlebnis« zurück: »Natürlich hatte ich schon die längste Zeit ein gewisses Unbehagen an allen ungerechtfertigten Rechtfertigungen für die Taten der ETA. Zugleich war da dieses Tabu: Man weiß von seinen nächsten Arbeitskollegen nicht, wie sie zur ETA stehen. Darüber wird nicht gesprochen. Und dann – es hatte gar nichts mit diesen Angelegenheiten zu tun – hat sich mein Bruder umgebracht. Das hat mich erschüttert, über den Wert des Lebens nachdenken lassen – und darüber, wie gering es in unserer baskischen Gesellschaft geachtet wird.«

Amparo, eine zierliche, energische, hyperaktive Person, mußte etwas tun. Sie schloß sich der Organisation *Gesto por la paz* (Friedenskreuzzug) an. Seither steht sie mit anderen, ihr vielfach fremden Menschen pünktlich um acht Uhr abends auf der *Plaza Guipuzcoa,* wenn am Vortag im Baskenland ein Mensch aus politischen Gründen gewaltsam zu Tode gekommen ist. Gestern stand sie für die toten Polizisten und die toten *Etarras* da. *Gesto* ist für alle offen, für Leute aus allen Parteien und mit den unterschiedlichsten Ansichten über das, was Amparo das »baskische Debakel« nennt. Einig ist man sich nur in der Ablehnung der *Violencia* – der Gewalt als Mittel der Politik.

Dieses Debakel in seiner heutigen Erscheinungsform ist vorwiegend ein unseliges Erbe aus den Jahrzehnten der Franco-Diktatur. Guipuzcoa, Vizkaya und Alava, drei der vier Baskenprovinzen Spaniens, schlugen sich im Bürgerkrieg zumindest vorderhand auf die Seite der Republik und wurden nach dem Sieg der Falangisten – im Gegensatz zur Navarra, wo die Mehrheit der Bevölkerung noch immer einen ganz

eigenen Weg gehen will – von Franco als »Verräterprovinzen« bestraft: Alles Baskische war über drei Jahrzehnte lang verboten – *Ikurrina,* die Fahne, *Euzkara,* die Sprache, jegliche eigene kulturelle Äußerung.
Die verbotene Honoratiorenpartei PNV *(Partido National Vasco)* hatte dem nichts entgegenzusetzen. Erst nachdem sich 1959 von ihr eine Gruppe junger Leute abspaltete, aus der in den Sechzigern die ETA entstehen sollte, kam es zu ersten spektakulären Widerstandsaktionen. Vorerst galt das Prinzip: Gewalt nur gegen Sachen. Francos Unterdrükkungsapparat reagierte trotzdem mit Todesurteilen, Folter und faktisch lebenslänglichen Gefängnisstrafen. Die Spirale der Gewalt wurde nach oben gedreht und fand ihren vorläufigen Höhepunkt, als es einem ETA-Kommando gelang, Francos designierten Nachfolger Carrero Blanco in die Luft zu sprengen – zur klammheimlichen Freude vieler Spanier und offen beklatscht von nahezu allen Basken.
Nun ist auch der Diktator schon seit fünfzehn Jahren tot. In Spanien existiert eine parlamentarische Demokratie – in der man es wie überall mit den Grundsätzen der Demokratie nicht immer sonderlich genau nimmt. In Madrid regiert die *Sozialistische Arbeiterpartei* – die wie alle Parteien dieser Art weder die Sache mit dem Sozialismus noch die mit den Arbeitern zu eng sieht. Diese PSOE regierte bis 1990 in Koalition mit der baskischen Nationalpartei auch im Baskenland, wo es nun eine autonome Regionalregierung in Vitoria gibt. Trotz aller Versäumnisse gibt es einiges, wovon andere nationale Minderheiten in anderen europäischen Staaten nur träumen können: baskische Zeitungen, Rundfunk- und Fernsehsender, baskische Schulen und Kindergärten, eine autonome baskische Polizei, die neben der zentral gelenkten *Guardia Civil* agiert ...
In *Euzkadi* kann niemand mehr eine Position im öffentlichen Dienst erreichen, ohne *Euzkara* zu beherrschen. Doch für die ETA ist das alles nur eine Verschleierung der anhaltenden Unterdrückung. Für die Leute im Untergrund und ihre in der Legalität wirkende Anhängerschaft – an erster Stelle *Herri Batasuna,* die zahlreiche Dorfbürgermeister stellende Partei der »Volkseinheit« – bleiben die alten Formen der Gewalt die einzige Antwort auf die neuen Verhältnisse. Und dies scheint von einem nicht geringen Teil der Basken zumindest stillschweigend geduldet zu werden – soweit man diese Gewalt noch wahrnimmt. Die örtlichen

Zeitungen enthalten nahezu täglich Meldungen über Bombenexplosionen, Mordanschläge oder wenigstens gewaltsam ausgetragene Streitigkeiten darüber, ob bei einem Volksfest neben der baskischen die spanische Flagge aufgezogen werden darf...

An das alles denkt Amparo, wenn sie vom »baskischen Debakel« spricht, an dem sie leide. Und nicht nur sie – im Grunde sei diese ganze Gesellschaft krank. Ist ihre Teilnahme am Friedenskreuzzug also eine Art Therapie? »Manchmal ist es sehr hart«, sagt die junge Frau, »wenn wir da stehen und schweigen, und es kommen ETA-Sympathisanten und beschimpfen uns oder bewerfen uns mit Geld. Es ist etwas Demütigendes, mit Geld beworfen zu werden. Außerdem habe ich oft Streit mit Freunden, deren Haltung früher die meine war. Ich muß mich jetzt dafür verteidigen, daß ich bei *Gesto por la paz* mitmache. Oft fällt es mir schwer, das alles wieder und wieder zu diskutieren.«

Amparo hat sich immer als Baskin verstanden. Doch um Lehrerin in einer öffentlichen Schule werden zu können, mußte sie die baskische Sprache erst gründlich lernen. Man schickte sie nach Hernani, eine ländliche Industriegemeinde mit einer radikalisierten Bevölkerung: »Die Kinder hatten ETA-Embleme in ihren Schulheften, sogar die aus den ersten Klassen. Die Haltung meiner Lehrerkollegen war klar: Sie waren alle für *Herri Batasuna*. Trotzdem gab es dort wunderbare menschliche Beziehungen, ich fühlte mich sehr wohl. Aber ich mußte immer daran denken: Was wird sein, wenn sie erfahren, daß ich bei *Gesto* bin?«

Mittlerweile gibt es mehr als sechzig *Gesto*-Gruppen im ganzen Baskenland – vorwiegend sind darin Frauen aktiv, deren Rolle in der baskischen Gesellschaft eine andere ist als in den meisten anderen Gegenden des spanischen Staates. Baskische Männer kehren den harten Kerl hervor und neigen zur Kraftmeierei – sie dreschen auf den kleinen *Pelota*ball ein, messen sich im Holzhacken und Steineheben. Zugleich fühlen sie sich aber in einer milden Form des Matriarchats geborgen. »Den *Machismo* haben uns die Spanier gebracht – wie alles Übel«, kann man im Baskenland häufig hören. Immer wieder ist die Rede von dominierenden, verehrten Mutterfiguren: von der mythischen *Andrea Mari* (Große Mutter), von Hexen und heilkundigen weisen Frauen. Oder von legendären Gestalten aus der eigenen Verwandtschaft: Zum wie vielten Mal wohl erzählt der vierschrötige Mann hinter dem Tresen einer Dorfkneipe auf der französischen Seite der Grenze seiner Stammkundschaft mit dröhnender Stimme von der Großmutter, die eigenhändig Schweine schlachtete, danach den Mais schnitt und nach ein paar labenden Schlucken aus der Weinflasche zu einer Schmuggeltour ins Spanische hinüber aufbrach? Und alle seine Zuhörer nicken begeistert dazu, als würden ihre eigenen Großtaten gewürdigt.

Im Gegensatz zu den zwei Millionen spanischen Basken leben jenseits der Grenze nur etwa 200 000 in relativem Frieden mit dem französischen Staat. Die drei dortigen Baskenprovinzen bilden denn auch das Rückzugsgebiet für Verfolgte aller Art, *Etarras* keineswegs ausgenommen. Die Begrüßungsformel für die Flüchtenden ist über Generationen die gleiche geblieben: »Ich weiß nicht, wer ihr seid, und will es nicht wissen. Ich weiß nicht, was ihr getan habt, und will es nicht erfahren. Wann wollt ihr über die Grenze?«

Eingangs schroff anmutend, die einladenden Züge ihres Wesens erst nach und nach offenbarend, so sind hier nicht nur die Leute, so ist auch die Landschaft, in der sie leben – ein unverkennbarer Gegensatz jedenfalls zu allen vertrauten Vorstellungen von Spanien: grüne Berge, Nadelwälder, Kühe auf abschüssigen Weiden, die häufig nur ein schmaler Klippengürtel vom anbrausenden Atlantik trennt. In den engen Tälern vermischt sich die tiefhängende Wolkendecke mit dem Rauch aus den Industrieschloten, neben denen Arbeiterwohnsilos auf Betonstelzen an die Abhänge gedrängt stehen. Viele der alten Bauernhäuser aus unbehauenen Steinen auf den Höhenzügen, viele *Caserios*, stehen verlassen. Von der Landwirtschaft allein kann und will kaum noch jemand leben. Die meisten Basken sind Industrieproletarier geworden und in ihren Köpfen Einschichtbauern geblieben – aufsässige, mißtrauische Bergler, deren dumpfer Zorn über ihr Schicksal oft genug in mit sturer Beharrlichkeit ausgeführte Exzesse mündet. Ein solcher Exzeß war der Mord an Yoyes.

Maria Dolores Gonzales Katarein, genannt Yoyes, galt lange Zeit als eine der Ikonen der ETA. Zwei Jahre vor Francos Tod war die Studentin aus dem rund um einen riesigen Verschiebebahnhof in einem engen Talkessel gesetzten Industriekaff Ordizia neunzehnjährig bei der *Guer-*

rilla gelandet und nach zähen internen Machtkämpfen in die oberste Führungsebene der ETA aufgerückt. Die veränderten politischen Verhältnisse und wohl um nichts weniger eine persönliche Erschöpfung nach sechs Jahren des Lebens im Untergrund veranlassen sie 1980, auszusteigen und ins Exil nach Mexiko zu gehen. Dort studiert sie Soziologie, promoviert, heiratet, gebiert ein Kind. Nach fünf Jahren zieht sie das Heimweh zurück nach Europa, ins Baskenland. Dort will sie mit ihrem Kind in Ruhe leben, mit der ETA nichts mehr zu tun haben. Aber sie steht zu ihrer Vergangenheit, verrät niemanden. Trotzdem fürchtet sie ihre ehemaligen Gefährten mehr als die Institutionen des spanischen Staates – nicht ohne Grund, wie sich zeigen soll. 1986 wird Yoyes in Ordizia auf offener Straße vor den Augen ihres dreijährigen Sohnes erschossen – »hingerichtet«, wie man das hier nennt, falls überhaupt darüber gesprochen wird. Jeder weiß, wer der Auftraggeber der Mörder war: ein junger Mann, der gleichfalls aus Ordizia stammt, sich *Artapalo* nennt und dem Zweig der ETA angehört, der keine Fragen, sondern nur Antworten kennt. Vorwiegend solche, die aus Gewehrläufen kommen.

Ein halbes Jahr vor ihrem Tod schrieb die Soziologin in ihr Tagebuch: »Diese Gesellschaft macht mich fertig ... eine Gesellschaft, deren Ideologie sich aus der Welt des ländlichen Agrarbetriebs und dem Kapitalismus des letzten Jahrhunderts zusammensetzt. Wo alles, was mit Kultur und Humanismus zu tun hat, noch immer in den Händen des Klerus ist... Ich bin von hier weggelaufen, ja, ich glaube, ich wollte fort, auch wenn ich nicht gezwungenermaßen weggemußt hätte, wäre ich gegangen, um eine andere Form zu suchen.«

Über die ETA und deren politischen Arm *Herri Batasuna* notierte Yoyes: »Wie könnte ich HB unterstützen, der zum Hanswurst eines Militarismus faschistischen Zuschnitts geworden ist? Wie soll ich mich mit Führern identifizieren, die nichts weiter können, als den Anschlägen der ETA zu applaudieren und nach mehr Toten zu verlangen? Was ist das für eine politische Linie?«

Mancher *Etarra* denke im Geheimen ähnlich, vermutet heute Yoyes' Schwester Glori Katarein, eine junge Lehrerin, die der Militanz wohl auch einmal nicht allzu fern gestanden haben dürfte. Doch keiner wage es, solche Gedanken zu äußern. Der Mord an Yoyes habe jede noch so zaghafte Kritik innerhalb der Organisation erstickt. Im Untergrund scheinen die Reihen wieder fest geschlossen. Und im Alltag werden Widersprüche verdrängt: die Angehörigen, die Freunde des Mörders und der Ermordeten, leben nach wie vor im gleichen kleinen Ort – und blicken aneinander vorbei, wenn sie sich auf der Straße treffen. Alle anderen tun so, als sei nichts geschehen.

Oder eben doch nicht alle. *Gesto por la paz* sei auch schon in Ordizia aktiv geworden, erzählt Ana Katarein, eine andere Schwester von Yoyes. Mit einem selbstverfaßten kleinen Theaterstück hätten die Leute vom *Friedenskreuzzug* auf den Wahnsinn des ewigen Mordens aufmerksam gemacht. Dem sei einhellig applaudiert worden – auch von den *Herri Batasuna*-Wählern im Publikum. Offenbar habe sich niemand betroffen gefühlt.

Trotzdem scheint sich nichts verändert zu haben. Es gibt ausgestiegene *Etarras*, vor allem Frauen, die nicht mehr mitmachen, aber vorderhand jeden öffentlichen Auftritt scheuen. Alle, die wir kennengelernt haben, waren erst nach langem Zögern und unter der Bedingung, daß ihr Name nicht genannt wird, zu einem Gespräch bereit. Und sie kamen alle zum selben Schluß: die ETA habe keine Perspektive mehr – das versuche sie mit blindwütigem Aktionismus zu kaschieren.

Ein Trumpf in den Händen der ETA waren lange Zeit die Gefangenen in spanischen Gefängnissen. Seit die Madrider Regierung die ETA-Häftlinge im ganzen Land verstreut einsitzen läßt, der Gruppendruck wegfällt, nehmen immer mehr die von der Staatsmacht offerierte individuelle Amnestie in Anspruch – viele unter dem Einfluß ihrer Familienangehörigen, die nicht mehr ausnahmslos der ETA nahestehende Anwälte engagieren, sondern vom Rechtsbeistand vor allem eines verlangen: »Bringen Sie meinen Sohn aus dem Gefängnis!«

Für die *Organisation*, wie die ETA im Milieu genannt wird, ist das ein Sakrileg: Ein gefangener *Etarra* hat bis in alle Ewigkeit zur Sache zu stehen und zu leiden. Sein Leiden bringt der ETA Sympathien und *Herri Batasuna* Wählerstimmen; und es nährt den Haß der Bevölkerung auf den spanischen Staat. Doch dieser Kreislauf wird da und dort durchbrochen. Die Mutter eines Gefangenen vertraute uns an: »Das ist nicht mehr das gleiche wie vor zehn Jahren, und es hat keinen Sinn, für nichts und wieder nichts im Gefängnis zu verfaulen.« Die Aktivisten von *Gesto*

por la paz schreiben regelmäßig Briefe an die Gefangenen, suchen mit ihnen in Kontakt zu treten. Direkt hat noch keiner geantwortet. Wohl aber wachse das stillschweigende Umdenken unter den Angehörigen der Häftlinge, glauben die *Gesto*-Leute erkannt zu haben.
In der kleinen Industriestadt Irun besteht die *Gesto*-Gruppe ausschließlich aus Frauen – alle sind Hausfrauen, einige dazu in kirchlichen Organisationen aktiv, andere bei *Amnesty International,* in feministischen oder kulturellen Zirkeln. Nichts sei für sie so problematisch, sagen sie übereinstimmend, wie die Arbeit für *Gesto*. Fast alle Ehemänner seien damit gar nicht einverstanden. Da ist der Mechanikermeister, zu dessen Kunden nicht wenige HB-Wähler zählen, der Anwalt, der für alle Fälle nützliche Abgaben an die ETA leistet, der Arzt, der auch zahlt und HB wählt – überhaupt, es sei viel Angst im Spiel und viel komplizenhaftes Schweigen, sagen die Frauen. Aber gerade deshalb müsse man etwas tun.
Wann immer sich die *Gesto*-Gruppe von Irun vor dem örtlichen Rathaus vesammelt, um gegen das Blutvergießen zu demonstrieren, gesellt sich zu ihr eine zierliche, gepflegte Dame, deren Jahre man erst auf den dritten Blick wahrnimmt: Doña Marta Bergareche, die Mutter des im Baskenland legendären ETA-Führers Pertur – des ersten Opfers der internen Auseinandersetzungen in der *Organisation*. Am 23. Juli 1976 war er einer telefonischen Verabredung gefolgt, wurde kurz darauf ein letztes Mal in einem Auto gesehen, das Artapalo steuerte – der zehn Jahre später den Mord an Yoyes veranlassen wird.
Seither fehlt jede Spur von Eduardo Moreno Bergareche, genannt Pertur. Bei unserem Treffen mit seiner Mutter spricht Doña Marta leise und hastig. Nach fünfzehn Jahren noch steigen ihr die Tränen in die Augen, wenn sie von der letzten Begegnung mit dem Verschwundenen berichtet: »Er sagte, ich habe eine gute Nachricht für euch. Wir werden uns jetzt in eine politische Partei verwandeln. Das sagte er, weil er wußte, daß wir – mein Mann und ich – immer gegen Gewalttaten waren.«
Pertur hatte zuvor an einer ETA-Aktion, der Entführung und Ermordung eines Industriellen – wie auch sein Vater einer war – scharfe Kritik geübt und war daraufhin ein erstes Mal von seinen eigenen Gefährten verschleppt worden. Nach einigen Tagen tauchte er wieder auf und verfaßte folgende Erklärung: »Diese Bestien haben ein Klima in der

Organisation geschaffen, das ETA verändert hat, von einem Kollektiv von Revolutionären zu einem Polizeistaat, in dem jeder jedem mißtraut. Es gelingt mir nicht, dieser grauenhaften Dynamik von Verschwörungen, Verdächtigungen und Lügen zu entkommen. Es ist die Lüge, die anstrebt, die politischen Gegner auszuschalten – nicht mit Argumenten, sondern mit schmutzigen Machenschaften im Namen von ›Disziplin‹ und ›Sicherheit‹, die an die Stelle von Diskussion und politischen Kriterien getreten sind.«

Diese Anklage kostete den damals Fünfundzwanzigjährigen wahrscheinlich das Leben. Seine Leiche wurde niemals gefunden. Kein Fetzen seiner Kleidung, kein Hinweis, keine Spur. Doña Martas Stimme wird noch leiser: »Das alles hat sich ja in Frankreich zugetragen. Wir haben uns also an die französische Polizei gewandt. Mein ältester Sohn hat mit Artapalo gesprochen. Der hatte kein Alibi für die zwei entscheidenden Stunden. Aber die Polizei hat sich nicht gekümmert. Nicht um den Mörder und nicht um den Ermordeten. Klar, sie wollten nicht, daß sich die *Violencia* über die Grenze hinweg zu ihnen verlagert. Für sie gab es bloß einen Flüchtling weniger – um so besser.«

Doña Marta hat sich *Gesto* angeschlossen, nachdem sie von dieser Initiative hörte. Die Verhältnisse haben sich geändert, sagt sie. Das Flackern in ihrer Stimme beruhigt sich, die Augen trocknen. Sie und ihr Mann seien ja sehr gegen Franco gewesen und – ja, das könne sie so sagen – die Familie habe baskisch-nationalistisch gefühlt. Im universitären Milieu, dem Pertur Anfang der siebziger Jahre angehörte, habe man schon vollständig verblödet sein müssen, um nicht radikalisiert zu werden. Mit den heutigen Gegebenheiten sei das nicht zu vergleichen. »Wir haben zu Hause viel mit unseren Kindern diskutiert«, sagt sie. »Wir waren zwar gegen den bewaffneten Kampf, aber wir haben die Jungen verstanden. Wir hatten einen guten Kontakt zueinander, und Eduardo war besonders liebevoll. Er war sehr idealistisch. Ich glaube, wenn er weitergelebt hätte, wäre er Sozialist geworden. Ja, das wollte er sein...«

Man habe nach Francos Tod vorerst nicht daran geglaubt, daß sich der Übergang zur Demokratie so rasch vollziehen werde. In der Familie seien jedenfalls alle politisch interessiert. Doña Marta hat sieben Kinder geboren: »Seit Perturs Verschwinden habe ich noch sechs«, sagt sie.

Fast alle haben die Erfahrung des Exils, der Deportation gemacht. Heute gehen einige von ihnen mit ihrer Mutter auf die *Plaza*, wenn *Gesto* zu einer Schweigekundgebung aufruft.
»Der Gedanke hat mir gleich gefallen«, erklärt Doña Marta: »Ich gehe für den von der ETA mit Genickschuß umgebrachten alten Militär und für den zu Tode gefolterten *Etarra*. Ich glaube, damit etwas zu bezeugen – für den Wert des Lebens zu demonstrieren. Mitunter kommen ETA-Sympathisanten und beschimpfen uns. Doch das macht mir nichts aus, darüber bin ich hinweg.«
Tags darauf wird ein Jugendlicher von einer Bombe zerrissen, die er in einem Supermarkt deponieren wollte, in dem sich zu dieser Zeit Hunderte von Menschen aufhielten. In der etwas außerhalb von San Sebastián gelegenen ländlichen Industriegemeinde Usurbil, dem Heimatort des Jungen, ruft *Herri Batasuna* zum Generalstreik auf. Die HB-Mehrheit der Gemeinderäte erklärt den beim versuchten Anschlag umgekommenen Täter in einer Sondersitzung zum »herausragenden Sohn von Usurbil.«
Scheinbar verschlafen liegt dieses Nest da. Nicht eine Bar, nicht ein Laden ist geöffnet. Plötzlich geht alles ganz schnell. Autos fahren vor, Menschen steigen eilig aus, entfalten die *Ikurrina*, die rot-weiß-grüne, lange Zeit verbotene Baskenfahne. Ein Trauerzug formiert sich. Mit einem Mal ist der Sarg da, Musiker, die den Trauermarsch intonieren, Jungen und Mädchen in Landestracht, die Girlanden in den Nationalfarben zu einem Ehrenbogen halten. Als der Sarg über die Schwelle des Rathauses getragen wird, brandet Applaus auf. Die Leiche wird im Sitzungssaal des Gemeinderates aufgebahrt. Auf dem Sarg, der in die *Ikurrina* eingehüllt ist, liegt plötzlich auch eine blaue Fahne mit dem Emblem der ETA. Es hat den Anschein, als zöge die gesamte Ortsbevölkerung an der Bahre vorbei – Leute mit verschlossenen Gesichtern und doch allesamt biedere Bürger, ländliche Gestalten jeglichen Alters. Einzig ein kleiner Dicker, der in einem grauen Trainingsanzug steckt, ballt über dem Katafalk die Faust.
An diesem Abend stehen nicht sehr viele Menschen auf der *Plaza Guipozcoa* in San Sebastián. Vielleicht fünfzig sind es, unter ihnen Cristina Cuesta, die Initiatorin von *Gesto por la paz*. Sie ist eine auffallend hübsche Frau um die Dreißig und arbeitet in der Verwaltung der

örtlichen Telefonanstalt – jener Behörde, in der ihr Vater ein hohes Amt innehatte, weshalb er von der ETA vor acht Jahren ermordet wurde. Er war kein Militär mit Blut an den Händen, lediglich ein Beamter, dessen Vorgänger gleichfalls zu einem Opfer der ETA geworden war.

»Meine Mutter war deshalb ein wenig beunruhigt, als mein Vater diesen Posten antrat, aber es war eine fantastische Stelle«, erinnert sich Cristina: »Ich habe mir damals überhaupt keine Gedanken gemacht, habe zwar Publizistik studiert, aber mich für Politik nicht interessiert. Zwar habe ich mich immer als Baskin gefühlt, schließlich stamme ich von hier, aber zu den nationalistischen Kreisen hatte ich nie Kontakt. Als dann die Sache mit meinem Vater passierte, fühlte ich erst einmal Wut und Haß, schrie nach Rache – die ETA sollte endlich verschwinden. Ich war geschockt und verwirrt, das Problem wurde für mich mit der Zeit nicht kleiner, sondern erdrückender.«

Cristina suchte nach einer Möglichkeit, mit ihrem »Gewissen«, wie sie sagt, ins Reine zu kommen – fügt aber schnell hinzu, daß man dieses Wort nicht religiös deuten dürfe. Sie sei Agnostikerin, seit sie selbständig denken könne. Sie habe etwas Positives aus all dem Horror machen wollen und nicht reagieren wie die anderen Frauen, Töchter, Mütter von Opfern – Frauen, die aus dem Baskenland wegziehen, die hierbleiben und sich von der Außenwelt abschließen oder aber hilflos Rache schwören: »Ich habe das alles nun viel genauer gesehen und gedacht, die Angehörigen der Opfer der GAL (der rechtsradikalen Todesschwadrone) leiden genauso wie ich. Ich wollte etwas Neues hervorbringen, habe mich dabei aber sehr einsam und unverstanden gefühlt, und mir wurde klar, daß ich mich mit anderen zusammentun müßte.«

Cristinas Idee nimmt langsam Gestalt an. An die Öffentlichkeit tritt sie damit spontan im April 1986 anläßlich einer Diskussionsveranstaltung über »Journalismus und Gewalt«. Dort steht sie auf, erklärt, daß sie sich als Opfer der Gewalt von niemandem der Herrschaften auf dem Podium, verstanden und vertreten fühle, skizziert die ihr vorschwebende Initiative. Cristina wird für das Fernsehen interviewt, Leute reagieren mit Leserbriefen an Tageszeitungen, sie bekommt innerhalb von zwei Monaten 1500 Zuschriften von Menschen – vor allem von Frauen – aus dem gesamten Baskenland. Cristina erfährt, daß viele denken wie sie, und so entsteht *Gesto por la paz:* »Es geht auch darum, den ETA-Sympathisanten nicht die Straße zu überlassen. Sie waren bisher die einzigen, die man gehört hat. Wir anderen waren einfach nicht vorhanden.«

Auch Cristina spricht von der Kluft, welche die Menschen im Baskenland trenne und daran hindere, über den eigenen engen Horizont hinauszublicken – daher sei es wichtig, daß sich die »Feinde« kennenlernten. *Gesto* protestiert gegen das provozierende Antiterrorgesetz der Regierung, bringt Polizistenwitwen mit Hinterbliebenen von ETA-Leuten zusammen: »Erst waren beide Seiten erschrocken und reserviert, aber dann haben sie miteinader gesprochen. So etwas ist nicht spektakulär, aber für uns ein Erfolg im Kampf gegen die *Violencia,* die Angst und Vereinzelung. Oft genug gibt es aber auch Rückschläge, und ich fühle mich hilflos – zum Beispiel, wenn mir die Tochter eines ermordeten HB-Politikers sagt, sie wolle nicht mit mir reden, weil ich auf der anderen Seite des Schützengrabens stehe und daß für sie kein Gesprächspartner sein könne, wer nicht auf ihrer Seite sei. Schützengraben! Allein dieses militaristische Wort...«

In den drei Jahren des Bestehens von *Gesto* haben dessen Aktivisten in Schulen für Toleranz und Gewaltlosigkeit zu werben versucht, zu Demonstrationen, Friedensmärschen aufgerufen, sich an Kampagnen von *Amnesty International* beteiligt: »Wir haben ein gewisses Prestige erlangt«, resümiert Cristina, »aber für viele Leute hier ist unsere Idee noch immer unverständlich. Einige kommen nur, wenn ein Polizist umgekommen ist, andere nur dann, wenn es einer der ihren war...«

Der junge Bombenleger, der selbst zerrissen wurde, ist nur für wenige Anlaß, auf die *Plaza Guipuzcoa* zu kommen. Cristina steht da, wie immer. Amparo hält vor ihr das Transparent. Bestimmt steht Doña Marta zu diesem Zeitpunkt in Irun vor dem Rathaus.

Eine halbe Stunde kann lang sein – stehen, schweigen, sich von Passanten angaffen lassen. Es ist keineswegs einfach, sich dort für den Frieden hinzustellen, wo es offenkundig keinen gibt. Sein Gesicht für etwas hinhalten, wie Cristina sagt. Für eine Utopie: das Ende der täglichen Gewalt in einem Land, in dem Gewalt die einfachste Antwort ist.

Wo Königs kurten

Touristische Wechselbäder in Kantabrien

»Was, keine Engländer?« Der stämmige Kerl, dessen Bekanntschaft wir eben am Straßenrand gemacht hatten, schien das kaum für möglich zu halten. Geglaubt muß er es letztlich wohl doch haben. Jedenfalls wandte er sich ab, um seiner im Hintergrund das Vieh beaufsichtigenden Sippe in einem absonderlichen Dialekt etwas zuzurufen, das ins Schriftspanisch übertragen vermutlich lautete: *Ellos no son ingleses!«*
Anschließend ließ uns unser neuer Bekannter wissen, warum dies mitteilenswert sei: gewöhnlich kämen hierher nämlich nur Engländer oder Spanier – abgesehen von den *Montañeros*, den Berglern, wie die Kantabrier von ihren spanischen Landsleuten genannt werden und wie sie sich häufig selbst nennen. Ganz egal, ob sie nun von der Küste oder tatsächlich aus den Bergen stammen.
Doch so genau läßt sich das vermutlich nicht trennen. Berge und Meer liegen in Kantabrien dicht beieinander. Das ist das Besondere dieser zwischen dem Baskenland und Asturien eingeklemmten spanischen Nordprovinz, die zu Kastilien gehörte, bis Franco beerdigt wurde und überall im Land auf Eigenständigkeit drängende Regionalbewegungen hervortraten.
Während der Wintermonate, sagt unser Eingeborener, der sich inzwischen als Eusebio vorgestellt hat, wohne er unten an der Küste. Doch sowie die warme Jahreszeit beginne, packe er allen Hausrat zusammen und ziehe, begleitet von seiner Familie, hinauf in die Berge, um seine Rinder auf den Sommerweiden zu versorgen. Von Hütte zu Hütte ziehe man da, immer höher hinauf, je sommerlicher die Temperaturen würden. Dann im Herbst beginne ebenso etappenweise der Abstieg, auf

dem er sich gerade befinde. Jedenfalls seien wir die ersten Fremden, die er seit Wochen treffe.
Allerdings, fügt Eusebio hinzu, habe er wohl mit einer solchen Begegnung gerechnet. Immer, wenn er sein Vieh hier über die Straße treibe, lasse er sich Zeit, und meistens lerne er bei dieser Gelegenheit durchreisende Fremde kennen. Doch, wie gesagt, zumeist seien das Engländer. Die kämen häufig in die Gegend und seien hin- und hergerissen: einerseits die beeindruckende Landschaft, andererseits die Gefahren der Reise auf einer solchen Paßstraße...
In der Tat sind die Straßen hier oben in kühner Linienführung in die Abhänge gegraben, und während wir uns von Eusebio über weitere Einzelheiten des Lebens in den kantabrischen Bergen ins Bild setzen lassen, zockeln fast ausschließlich rechtsgesteuerte Automobile britischer Touristenpaare vorbei: der Herr am Steuer erkennbar darauf bedacht, mit dem Fuß am Bremspedal das vermutlich etwas unterschätzte Abenteuer nicht ausufern zu lassen; die Dame auf dem Beifahrersitz in einer Haltung, als sei sie an einen Marterpfahl gefesselt, dazu mit schreckgeweiteten Augen der Dinge harrend, auf die man sich in einem Anflug von Verwegenheit eingelassen hat.
Kurzum, dieser Art von Reisenden dürfte der rechte Blick verlorengegangen sein für die schroffen Felswände, die den Horizont begrenzen, für die in sattem Grün bewachsenen Abhänge und die kleinen Dörfer, die ab und an inmitten eines solchen Steilhangs kleben. Spanien stellt man sich gewöhnlich anders vor. Aber es kommt ja noch wilder, noch schroffer, noch beeindruckender, wie wir erfahren, nachdem die willkürlich abseits aller Hauptverkehrsrouten gewählte Straße nach endlosen Kaskaden von Serpentinen bergauf und bergab in das Tal des *Río Deva* mündet. Die Schlucht wird so eng, daß sie über weite Strecken gerade dem Fluß und der Fahrbahn zwischen mehreren hundert Meter nahezu senkrecht aufragenden Kalksteinwänden Platz bietet.
Irritiert nehmen wir zur Kenntnis, daß da gleichwohl schon lange vor unserer Zeitrechnung ein Verkehrsweg gewesen sein muß – noch dazu einer, der von weit her kommenden Völkern genutzt wurde. In einer kleine Taleinbuchtung zweigen wir, einem Hinweisschild folgend, auf einen Seitenweg ab und gelangen zur frühromanischen Kirche *Santa Maria de Lebeña.* Die Steinornamente an Türen und Fenstern lassen

erkennen, daß schon die Mauren bis in diese Ödnis gelangt waren. Und lange vor ihnen die Kelten, die 2000 Jahre vor unserer Zeitrechnung an diesem Ort eine Kultstätte unterhielten. Das sei bei einer 1973 vorgenommenen Kirchenrestaurierung anhand eines am Altarblock entdeckten Steinreliefs mit keltischen Sonnensymbolen festgestellt worden, referiert mit großem Ernst die jugendliche Einheimische, die da der Reisenden harrt, um solches Wissen gegen ein paar Peseten kundzutun. Was die Leute damals dazu bewogen haben mag, sich ausgerechnet in dieser felsumstandenen Wildnis niederzulassen, fragen wir uns auf der Weiterfahrt und können nicht einmal einen einleuchtenden Grund dafür finden, warum in dieser Schlucht noch immer Menschen zäh festhalten am unwirtlichen Leben in kleinen, aus rohem Gestein zusammengefügten Bauernkaten, die sich unter Felsnasen ducken, von denen jeder Sonnenstrahl zuverlässig abgeschirmt wird.

Aber gut, warum wir hier sind, wissen wir: Die *Picos de Europa* müßten wir gesehen haben, hatte man uns mehrfach eingeschärft. Also waren wir aufgebrochen zu den höchsten Gipfeln der kantabrischen Berge, die majestätisch aufragen wie ältere Verwandte der Dolomiten und an deren Fuß dem Reisenden aller Luxus geboten wird, der in einer solchen Bergeinsamkeit noch statthaft erscheint: Der *Parador de Fuente De* steht da, ein Außenposten also jener staatlichen Hotelkette, die einsame Spitze unter Spaniens Beherbergungsbetrieben ist.

Angesichts der behaglichen Gediegenheit dieses Hauses verzichten wir auf eine Seilbahnfahrt zum höchsten Gipfel der *Picos* und schlagen auch die Möglichkeiten aus, in den angrenzenden Wäldern auf Wildsaupirsch zu gehen oder in einem der nahen Bäche nach Lachsen und Forellen zu angeln. Statt dessen pflegen wir der Kontemplation und verkosten dazu eine örtliche Spezialität namens *Orujo*: einen Traubenschnaps, dem *Grappa* nicht unähnlich, aber ungezuckert.

In diesem Ambiente beginnen wir zu ahnen, warum sich die Kantabrier so viel auf ihre Berge zugute halten. Und warum die Spanier – das tun sie nämlich – in erster Linie nach Kantabrien fahren, wenn sie Ferien machen. Das hat gewiß nicht zuletzt mit dem Klima zu tun, das vor allem zu schätzen weiß, wer im Sommer aus der Backofenhitze der Städte im Landesinnern der iberischen Halbinsel fliehen will. In Kantabrien regnet es auch im Sommer mitunter, weht zumeist eine erfri-

schende Brise vom Atlantik her und sorgen die gleich hinter der Küste aufragenden Gebirgszüge für kühlere Temperaturen, als sie zu dieser Zeit in den anderen Landstrichen Spaniens vorherrschen.
Und, wie gesagt, hier sieht es anders aus. Wir waren vom Baskenland her nach Kantabrien gekommen und hatten angesichts der saftigen grünen Wiesen, die – da und dort von einem langgezogenen Sandstrand abgelöst – sanft geschwungen zur See hin abfallen und weithin nur durch eine schmale Felsenbarriere vom Meer getrennt sind, vorerst geglaubt, uns nach England verirrt zu haben. Auch die Dörfer und Kleinstädte, die wir passierten, sahen auf dem ersten Blick eher britisch aus: etwas grau und herb.
Die erste derartige Stadt, auf die wir stießen, heißt Castro-Uridales, und sie schien uns einzig zu einem aufzufordern: zum Weiterfahren. Doch weil wir es genau wissen wollten und durch die Gassen kurvten, bis sich das Meer vor uns auftat, konnten wir feststellen, daß dies ein Ort ist, der dem Ankommenden den Rücken zukehrt und seine gute Seite dem Atlantik präsentiert. Vom Ufer aus gesehen, entpuppte sich Castro als schmucke Siedlung, deren bunte Hausfassaden mit verglasten Balkonen, Erkern und Veranden glänzen – ein für die bodenständige Architektur typisches Element, wie wir bald erkennen sollten. Die Reize von Castro haben vielleicht schon zu viele entdeckt. Zumal die Bewohner der baskischen Industriezentren um Bilbao hier ihre Ferien zu verbringen pflegen.
Oder in Laredo, dessen kleine Altstadt umstellt ist von Betonungetümen, die Hotels, Restaurants, Supermärkte und Discos beherbergen. Irgendwo, dachten wir, muß es ja auch Einheimische geben, die ihr ursprüngliches Leben führen. Wir fanden sie nach einigem Suchen am alten Fischerhafen, wo gerade aus dem Meer gefischte Sardinen über Holzkohlefeuern geröstet und zu jungem Weißwein aus der benachbarten Rioja verzehrt werden.
Weil es in Kantabrien überall jemanden zu geben scheint, der sich tätig darum sorgt, daß Fremde einen richtigen Eindruck von seiner Heimat gewinnen, fand sich ein soignierter Herr, der uns dringend riet, zwei weiter westlich gelegene Städtchen aufzusuchen: Comillas und Santillana del Mar. Letztere kam er freilich nicht umhin, und als die »Stadt der drei Lügen« anzukündigen, weil sie weder heilig *(santa)* sei, noch in der

Ebene *(llano)* liege und dazu einige Kilometer vom Meer *(mar)* entfernt. Doch Jean Paul Sartre, gewiß ein Mann von verfeinertem ästhetischen Empfinden, soll diese Ortschaft »die schönste Spaniens« genannt haben, was seither in keinem Text über Santillana zu erwähnen vergessen wird. In der mündlichen Überlieferung wurde aus diesem Lob gar die Formulierung »schönste der Welt«, wie wir mehrere Male hörten.
Derart eingestimmt, schritten wir zur Bestandsaufnahme vor Ort, registrierten eine frühromanische Kirche und daneben ein Kloster, das vermutlich aus dem 12. Jahrhundert stammt. In dessen Arkadengängen bestaunten wir die steinernen Särge, in denen die Mönche bestattet wurden, und lauschten den Mutmaßungen anderer Reisender, wozu diese Steinbottiche gedient haben mochten. Darin seien die für diesen Landstrich typischen Milchprodukte zubereitet worden, belehrte ein Franzose seine Begleiter.
Daraufhin wandten wir uns dem profanen Teil der Siedlung zu, dessen Kern ein in seiner Ursprünglichkeit erhaltenes mittelalterliches Ensemble bildet, ab und an mit Renaissance- und Barockelementen ergänzt. Auf fast keiner der Hausfassaden fehlt ein *Escudo*: ein in Stein gehauenes Familienwappen – manche übermannshoch –, das anzeigt, hier war ein *Hidalgo* zu Hause, ein *hijo de algo*. Wörtlich übersetzt: ein Sohn von jemandem (etwas). Ein Mann von Adel also, was freilich nicht auf sonderlichen Reichtum schließen lassen muß.
Dies hat wiederum mit einem prägenden Wesenszug der Kantabrier zu tun, die sich seit der Besetzung durch Römer, Goten und Mauren stets störrisch gegen jegliche Fremdherrschaft zur Wehr setzten. Wo viel gekämpft wurde, kam es zu vielen Nobilitierungen – nur waren die Häuser, die sich die neuen Adelsherren leisten konnten, häufig nicht viel prächtiger als gewöhnliche Bauernhäuser. Das wiederum sind noch immer viele der Häuser von Santillana. Aus alten Gemäuern, die eine hervorragende Kulisse für einen Ritterfilm abgeben würden, dringt frischer Stallgeruch, und durch die mit Feldstein gepflasterten engen Gassen holpert immer wieder ein Traktor mit einer Fuhre dampfendem Stallmist auf dem Anhänger.
Kurzum, wer seine Eignung für herrschaftliches Landleben prüfen will, ist hier richtig – zumal im örtlichen *Parador*, der in einem nach dem Fabelhelden *Gil Blas* benannten alten Herrenhaus untergebracht ist.

Hier schreitet der Gast auf alten Teppichen über dezent knarrende Holzdielen vorbei an Ritterrüstungen, kostbaren Wandteppichen und rustikalem Mobiliar der gehobenen Antiquitäten-Preisklasse auf sein Zimmer, das der Bezeichnung *Gemach* würdig ist.

Durch derart noble Beherbergung in zivilisatorischen Fragen auf ein gediegenes Anspruchsniveau gehoben, streben wir einer weiteren Attraktion von Santillana zu, auf die uns die Bedienten des *Parador* hingewiesen hatten, wobei sie von der »Wiege der Kunst der Menschheit« und der »Sixtinischen Kapelle der primitiven Malerei« sprachen. Die Rede war von den wenige Kilometer außerhalb des Ortes gelegenen Höhlen von Altamira mit ihren um 12000 vor unserer Zeitrechnung entstandenen prähistorischen Wand- und Deckenmalerein, die somit älter sind als alles, was man im Orient als älteste Zeugnisse menschlicher Kultur gefunden hat.

Diese Malereien seien derart kostbar, hatte man uns bedeutet, daß sie nicht durch einen übermäßigen Besucherandrang gefährdet werden dürften. Daher sei es nicht immer einfach, Zutritt zu den Höhlen zu erlangen – das Kontingent sei häufig über Wochen im voraus ausgebucht. Zu unserem Glück kamen jedoch nicht alle, die sich angemeldet hatten, also durften wir unter der Aufsicht eines Führers in die hallenartigen Grotten hinabsteigen, die einem unbekannten Menschengeschlecht als Kultstätten gedient hatten und daher von Künstlern dieser Zeit mit Abbildungen von Pferden, Bisons und Hirschen ausgestaltet worden waren. Der Führer wies auf die naturgetreue Form der Malerei hin, die sensationell sei. Die Relikte von um zehntausend Jahre jüngeren Kulturen aus der Bronzezeit zeugten nämlich von einer wesentlich niedrigeren Kulturstufe, was darin zum Ausdruck komme, daß man sich da in Symbolen ausgedrückt habe und nicht in anschaulich realistischen Darstellungen wie hier in Altamira.

»Oh yes, very modern«, kommentierte ein Nordamerikaner, der wohl einiges mißverstanden hatte und die Arbeiten der Uraltmeister »absolutly trendy« fand.

Dies mag eher für die Sehenswürdigkeiten im zwanzig Kilometer entfernten Comillas gelten, welcher Ort in Spanien als das neben Wien und Barcelona bedeutendste Architekturdenkmal des Jugendstils gepriesen wird. Kaum eine spanische Zeitschrift, die auf sich hält, hat es in

jüngster Zeit versäumt, einen großzügig illustrierten Bericht über dieses ehemalige Fischerdorf zu drucken, das seinen Aufstieg einem gewissen Antonio Lopez verdankt. Der war ein *Indiano* – so nennt man in Kantabrien die nach Amerika ausgewanderten Einheimischen, die dort zu Geld kamen und dieses in der Heimat investierten. Lopez war der Gründer einer transatlantischen Schiffahrtsgesellschaft und damit so erfolgreich, daß er vom spanischen König zum ersten *Marqués de Comillas* befördert wurde. Als solcher benötigte der neue Graf naturgemäß eine standesgemäße Behausung und ließ sich 1878 in seiner Heimatgemeinde einen eindrucksvollen neugotischen Palast bauen.
Damit war sein Schaffensdrang nicht erschöpft. Lopez betrieb in Kuba ein florierendes Handelsunternehmen – dies zusammen mit Angehörigen der traditionsreichen Barceloneser Handesbourgeoisie. Dank solcher Kontakte konnte der Graf etliche Herrschaften aus Barcelona dazu bewegen, ihre Sommerferien in Comillas zu verbringen, womit hier Spaniens erstes mondänes Seebad entstand. Die Barcelonesen ließen sich Ferienvillen bauen und beschäftigten dabei die Avantgarde der katalanischen Architekten – lange bevor diese in Barcelona selbst ihre Ideen verwirklichen konnten. Wieder war es der Graf, der mit kühnem Beispiel voranging und im weitläufigen Park, der den Palast umgibt, für seine Tochter vom später weltberühmt gewordenen Antoni Gaudí eine Villa in dem für diesen Architekten typischen verspielten Stil errichten ließ: das *Capricho*, nun eines der radikalsten Zeugnisse der katalanischen Erscheinungsform des Jugenstils, hier *Modernismo* genannt.
Nach Comillas kam schließlich sogar die königliche Familie, die 1881 und 1882 hier ihre Ferien verbrachte. In ihrem Gefolge kam aus ganz Spanien, wer zu den besseren Kreisen gezählt werden wollte. Heute ist es das eingesessene spanische Bürgertum, dem Marbella zu neureich und Ibiza zu schrill ist und das sich daher sommers in Comillas einfindet, um sich morgens am langgezogenen Sandstrand niederzulasen oder ein ruhiges Plätzchen auf den wiesenbestandenen Abhängen oberhalb der angrenzenden Klippen zu suchen, nach der *Siesta* über die Hügel hinter der Ortschaft zu spazieren oder durch die Gassen zu flanieren.
Ausländische Feriengäste sind noch in der Minderheit und dementsprechend ist das Ambiente von spanischem Lebensstil geprägt: zwar

nicht immer leise, doch gemächlich, familiär. Mit der spanischen Art zu leben geht freilich die Tücke einher, zwar auf eine repräsentative Fassade zu achten, dahinter aber einen bemerkenswert schlichten Bedürfnishaushalt zu pflegen. Dieser Zwiespalt entspricht den Gegebenheiten in den meisten Hotels von Comillas. Mit der örtlichen Eßkultur verhält es sich nicht besser. Im Gegenteil – das verhehlen nicht einmal aufgeklärte Einheimische. Der Besitzer des nicht anheimelnden, doch gut geführten Caféhauses oberhalb der *Plaza* hatte uns gewarnt, in Comillas existiere nur ein einziges uneingeschränkt empfehlenswertes Restaurant – doch das sei seit drei Jahren wegen Erbschaftsstreitigkeiten geschlossen. Trotzdem waren wir entschlossen, einen guten Eindruck zu gewinnen, und streiften durch den Ortskern, um die ausgehängten Angebote der Restaurants zu studieren. Ein Aushang vor dem *Restaurante La Bahera* versprach örtliche Spezialitäten. Die wollten wir unbedingt probieren. Auf der Speisekarte war davon freilich nichts mehr zu finden, und was auf der Karte verzeichnet war, gab es auch nur zu einem Bruchteil. Was uns letztendlich von einem mißgelaunten Flegel vorgesetzt wurde, war ein Hohn auf jegliche Küchenkultur. Allerdings hätte die präsentierte Rechnung einem Spitzenrestaurant angestanden.

Anderntags lernten wir in einer Bar einen einheimischen Psychologen kennen, einen Mann also, der es gewöhnt ist, den Phänomenen auf den Grund zu gehen. Zudem erwies er sich als kantabrischer Patriot. Jedenfalls zuckte der Mann bei jeder gastronomischen Unverfrorenheit, von der wir ihm berichteten, schmerzlich getroffen zusammen und meinte dann, das Übel liege darin, daß die meisten örtlichen Gastbetriebe Familienunternehmen seien. Da gelte: Wen ich in mein Haus lasse, der hat mit dem zufrieden zu sein, was ich ihm vorsetze.

Als uns das mitgeteilt wurde, befanden wir uns allerdings schon in Kantabriens Hauptstadt Santander und somit auf versorgungstechnisch zivilisiertem Terrain. Um exakt zu sein: In der *Bodega Bringas* in der *Calle Hernan Cortez,* einem Gewölbe auf Straßenniveau, ausstaffiert mit riesigen Weinfässern und frequentiert hauptsächlich von einheimischer Kundschaft, die weiß, wo der Wein billig, aber gut ist und die dazu gereichten Oliven und *Rabas* (Innereien) die Fitneß bewahren helfen.

Dies ist wichtig für einen Besucher von Santander, der nichts auslassen will, was diese Stadt zu bieten hat. Beflissen, wie sich das gehört für jemanden, der die Wahrheit und nichts als die Wahrheit sucht, hatten wir Santander bis zu dessen in Form einer felsigen Hügelkuppe ins Meer hinausragender äußerster Spitze durchmessen und auf dieser Halbinsel ein klassizistisches Schloß erblickt, *La Magdalena* genannt, das, so machten wir uns in örtlichem Schrifttum kundig, Anfang dieses Jahrhunderts im Auftrag der Stadtväter erbaut wurde, um der königlichen Familie ein schmuckes Feriendomizil zu schaffen: »... im britischen Stil mit französischem Interieur.«
Gleichwohl kommen Königs gewöhnlich nicht mehr. Auf den Wiesenarealen rund um das Schloß stoßen wir auf eine unüberschaubare Anzahl einheimischer Sippschaften, die sich zum Zwecke des Verzehrs von Mitgebrachtem da ausgebreitet haben, während der hoffnungsvolle Nachwuchs über den Rasen tobt. Doch derlei spielt sich nicht zu nahe am noblen Bauwerk ab, aus dessen Fenstern vielfältige Klangfragmente dringen und in dessen Eingang uns scharenweise bedeutungsvoll dreinblickende Herren begegnen.
Hier, erfahren wir, finden jeden Sommer Musikwettbewerbe und -kurse statt. Dazu ist das Schloß der Sitz einer renommierten Sommeruniversität, wo von Kapazitäten zahlreicher Disziplinen die Zukunft vermessen wird. Weil es sich an diesem Ort zumal sommers höchst angenehm leben lasse, reisten regelmäßig die führenden Intellektuellen und Künstler an, desgleichen die politische und ökonomische Elite des Landes. Santander sei, sagt unser Psychologe, gewissermaßen die Sommerhauptstadt Spaniens.
Die hochkarätige Anwesenheit derartig vieler Berühmtheiten hat wiederum ein Internationales Kulturfestival nach sich gezogen – und so fort. Der freundliche Psychologe ist eifrig bemüht, uns die Stadt von ihrer besten Seite zu zeigen und hält uns zu einem Bummel an der Promenade entlang des breiten Stadtstrandes an, der *El Sardinero* heißt und sich bei freundlicher Betrachtungsweise mit Ríos *Copacabana* beinahe messen kann.
Unterhalb des noblen Casinos kehren wir in eines der dort ansässigen Caféhäuser ein und finden uns einmal mehr in der Ansicht bestätigt, daß das Bemerkenswerteste, das die spanische Küche – zumal im

Norden des Landes – hervorbringt, die hier *Pinchos* genannten Happen sind. Auch die Gärten und der Golfplatz auf der Halbinsel *Piquio* wurden uns bei diesem Rundgang nicht vorenthalten sowie der Leuchtturm hoch über den Klippen, gegen die der Atlantik anbrandet.
Inzwischen war die Stunde der Nachtschicht angebrochen, die man in Santander gemächlich in einem der Cafés mit Ausblick auf den alten Fischer- und nunmehrigen Jachthafen zu beginnen pflegt, wo in der einbrechenden Dämmerung gerade das Fährschiff nach Southampton ausläuft. Dieser Anblick ist von einer von allen Gezeiten abgeschirmten Caféhausnische aus besonders dann erbaulich, wenn draußen der berüchtigte Südwind tobt. Doch derlei Witterungsunbilden zwingen nicht zu übertriebener Seßhaftigkeit. Es ist nicht weit bis zu den zahlreichen Bars, *Bodegas* und *Discos* zwischen der *Plaza Canadio* und der *Calle Santa Lucía,* wo die *Movida* von Santander kreist.
Zu fortgeschrittener Stunde wollen wir in einer dieser Bars von unserem Psychologen einiges über die kantabrische Seele erfahren. Eingangs doziert er über die Abgeschlossenheit des Landes durch Meer und Berge, welche die Wesensart der Leute bestimme. Dann schwenkt er unversehens auf den zu dieser Zeit wirkenden Präsidenten der Regionalregierung um, einen Herrn Juan Hormaechea, über den unser Gewährsmann allerlei Narreteien zu berichten weiß, die angeblich nicht untypisch für Kantabrien seien. Jedenfalls besitze der Präsident einen stabilen Rückhalt bei den Wählern.
Wenige Tage später lesen wir in der angesehensten aller Madrider Tageszeitungen, Señor Hormaechea habe gegen Morgengrauen in einer Bar von Santander lauthals die Führer der konservativen Parteien des Landes als Schlappschwänze abgetan, sich stolz darüber geäußert, daß die Reiterstatue des Generals Franco noch immer im Zentrum von Santander steht, und mit erhobenem Arm das Lied »Verschneite Berge« angestimmt. Das könnten wenigstens zwanzig Personen bezeugen. Ebenso, daß der Präsident abschließend einen Tango getanzt habe.
Nach tagelangen Polemiken und einer ausführlichen Würdigung sonstiger Eigenheiten des kantabrischen Landesfürsten in allen Medien des Landes rafften sich die von ihm verhöhnten Granden der Rechten von Madrid aus dazu auf, in Santander einen Sozialisten zum neuen kantabrischen Regierungschef wählen zu lassen, um gegen diesen

hohen Preis ihren Gesinnungsgenossen Hormaechea absägen zu können.
Soviel zu den Eingeborenen. Mit dem Wirken des Herrn Hormaechea waren wir zuvor noch einmal in San Vincente, nahe der Grenze zu Asturien, konfrontiert worden. Ein zwischen zwei weit ins Land hinein reichenden Meeresarmen gelegenes Fischerstädtchen ist das – im Norden gesäumt von sanften Wiesenhügeln, die ein kilometerlanger Sandstrand vom Meer trennt, und im Süden von felsumstandenen Fjorden. Über San Vincente thront eine Festung aus dem 13. Jahrhundert, und Handwerker waren gerade dabei, auf das mittelalterliche Gemäuer einen imposanten Turm zu setzen, wie ihn die ursprünglichen Bauherren wohl nicht vorgesehen hatten. Als Begründung für die späte bauliche Maßnahme hörten wir die stets lachend vorgetragene Einschätzung: »Der Präsident ist verrückt.«
Derlei scheint in San Vincente niemanden zu beunruhigen. Nachdem wir lange genug ohne jeglichen Leistungszwang unter den ausladenden Arkaden der Stadt flaniert waren, um die Entscheidung hinauszuzögern, welches der bodenständigen Restaurants wir aufsuchen sollten, erschloß sich auch uns diese vernünftige Haltung. In der Abenddämmerung wanderten wir hinauf zur romanischen Kirche oberhalb der Stadt, sahen vor uns die ausfahrenden Fischerboote hinter dem Horizont verschwinden und hinter uns die Sonne hinter den Gipfeln der *Picos de Europa* untergehen. Wozu soll man sich in einer solchen Umgebung über einen verrückten Politiker erregen? Zumal, wenn der mitten in Spanien nicht umhin kann, »Verschneite Berge« zu besingen.

Die Partei hat immer recht

Einblicke in Spaniens real existierenden Sozialdemokratismus am Beispiel Asturien

Pablo trägt zwar einen ansehnlichen Kugelbauch zur Schau, der das knallgelbe Hemd über dem Bund der ausgewaschenen Jeans spannen läßt. Doch fraglos ist der kleingewachsene Mittvierziger ein Dynamiker. Hurtig tippen seine Finger Zahlen in den Taschenrechner, bis Pablo von der Digitalanzeige die gewünschten Daten ablesen kann: 20 304 Kolleginnen und Kollegen seien bei den Gewerkschaftswahlen 1986 im Bereich des staatlichen Minenkonzerns HUNOSA im asturischen Kohlerevier wahlberechtigt gewesen, bei den nächsten Wahlen im November 1990 seien es exakt 17 105.

Soviel zu unserer Frage nach der Arbeitsmarktlage für die asturischen Kumpel. Was den anhand dieser Zahlen festzustellenden Verlust von 3199 Arbeitsplätzen betreffe, seien deren ehemalige Inhaber größtenteils in die Rente gegangen oder anderswo untergekommen. Für jeweils zwei ausscheidende HUNOSA-Arbeitnehmer werde ein neuer eingestellt, dies hätten Gewerkschaften und Betriebsleitung ausgehandelt. Faktisch werde aber jeder in den Kohlebergwerken gekappte Job in einer anderen Sparte ersetzt – dank konsequenter Gewerkschaftsarbeit. Alles klar? Noch Fragen?

Pablo ist sichtlich in Eile und daher etwas ungeduldig. Gewerkschaftswahlen stehen vor der Tür, und dabei geht es letztendlich auch um seinen Arbeitsplatz. Unser Informant ist nämlich Organisationssekretär der Minenarbeitersektion SOMA in der sozialistischen Gewerkschaftszentrale UGT für die asturische Zechenstadt Sama. Allein hier gibt es 21 Gruben, und hinter dem nächsten Berg, im fünfzehn Kilometer entfernten Mieres, weitere neun. Dazu qualmen an einem Ortsende von Sama ein riesiges Kohlekraftwerk und am anderen eine Koks-Fabrik.

Zweifellos: Dieses enge Tal in den asturischen Bergen ist eine Hochburg der spanischen Arbeiterbewegung und insbesondere eine uneinnehmbar scheinende Bastion der seit 1982 in Madrid regierenden *Sozialistischen Arbeiterpartei Spaniens* (PSOE), die den Chef der in Oviedo amtierenden Regionalregierung und weit und breit jeden Bürgermeister stellt. Wahlergebnisse bis zu 40 Prozent der Stimmen fahren die Kumpel regelmäßig für die PSOE ein, und was dann zur absoluten Mehrheit noch fehlt, steuert locker die *Vereinigte Linke* (IU) bei, in welche auch die traditionsreiche *Kommunistische Partei Spaniens* eingegangen ist.

Minenstädte wie Miers und Sama sind somit ein Exempel des in Spanien nach 40 Jahren Franco-Diktatur im Handumdrehen installierten real existierenden Sozialdemokratismus. Das faktische Ortszentrum ist da jeweils die *Casa del Pueblo*: zwar rundum grau und angerußt wie alles in solchen Orten und was die Innenausstattung anlangt, vom herben Charme der Hinterhöfe – doch erfüllt von geschäftiger Betriebsamkeit. In der ebenerdig gelegenen Kantine – hier *Bar y Restaurante* genannt – treffen sich die Rentner zum Kartenspiel. In den Bürotrakten residieren die Dutzendschaften von Sekretären der UGT, hat die PSOE ihre Geschäftsstelle und die Arbeiter-Sozialversicherungsanstalt UNIAL (mit der deutschen »Volksfürsorge« verflochten) ihre Niederlassung. In den Versammlungsräumen schließlich, zu denen der Weg vorbeiführt an Porträts von Carlos Marx und Pablo Iglesias, dem Gründer der spanischen SP, treffen sich nach getaner Hausarbeit die Frauen der Bergleute, um an einem Kurs für Maschineschreiben oder Körperpflege teilzunehmen.

Die *Häuser des Volkes* sind Zentren einer eigenständigen, geschlossenen Kultur der Arbeiterbewegung und zugleich die jeweilige örtliche Machtbasis der regierenden Sozialisten. Von hier aus, so scheint es, geht in Spanien alles unumkehrbar seinen (Partei-) sozialistischen Gang.

Trotzdem: Pablos Hektik kommt nicht von ungefähr. Seine UGT kann die anstehenden Gewerkschaftswahlen keineswegs als nicht zu verlierendes Heimspiel betrachten. Pablos Kollege José Manuel, Sekretär des gerade im Gemeinderat von Sama seinen Lokalpolitikerpflichten nachkommenden örtlichen UGT-Generalsekretärs, hatte uns zuvor schon kurz in die schwierige Lage eingewiesen: Die weltweite Kohlekrise finde auch hier ihren Niederschlag, es müßte in den Zechen mehr investiert werden, doch dafür sei objektiv nicht genug Geld vorhanden, worauf die mit der *Vereinigten Linken* verbündeten *Comisiones Obreros* (CCOO) naturgemäß im Wahlkampf keine Rücksicht nähmen und dadurch mitunter knapp die Nase vorn hätten. Die stellten unrealistische Forderungen, wie sie eine mit der Regierung verbündete Kraft nicht erheben könne, und kämen damit gut an. Viele Kollegen, die bei Wahlen zu politischen Körperschaften zuverlässig für die PSOE stimmten, weil sie der IU nichts zutrauten und der Rechten nicht in die Hände spielen wollten, votierten bei den Gewerkschaftswahlen für die CCOO. Deren Transparente hängen unübersehbar von vielen Fördertürmen und proklamieren im Grunde dasselbe wie jene der UGT: Vorwärts im Kampf um die Erhaltung der Kohlegruben!

Die Kohle und die Arbeiterbewegung – diese beiden Elemente sind historisch untrennbar mit Asturien verflochten, der Keimzelle auch der spanischen Monarchie. Hier wurde das erste christliche Königreich auf der damals maurisch iberischen Halbinsel gegründet; von hier aus wurde die *Reconquista* vorangetrieben, die 1492 nach achthundertjährigem Kampf in die endgültige Vertreibung der Mauren und die Schaffung des ersten Zentralstaates Europas mündete. Spaniens Thronfolger firmiert seither als *Prinz von Asturien* und die nach Francos Tod installierte autonome Regionalregierung, der gegenwärtig der Sozialist Pedro de Silva vorsitzt, nennt sich *Principado de Asturias.*

Doch dergleichen hat allenfalls noch dekorative Bedeutung. Lebensbestimmende Realität ist seit der Mitte des letzten Jahrhunderts die Kohle, die 85 Prozent des spanischen Bedarfs deckt. Von den insgesamt etwa 1,2 Millionen Asturiern hängen an die 200 000 direkt oder indirekt von der HUNOSA *(Hulleras del Norte, Sociedad Anónima)* ab, die – als Folge ausgebliebener Investitionen heruntergewirtschaftet und schwer defizitär – 1967 unter Franco vom Staat den privaten Eigentümern abgekauft wurde. Zu einem unverschämt hohen Preis, was einmal mehr zu ihren Lasten gegangen sei, wie die Kumpel sagen.

Die Bergarbeiter, das waren ursprünglich aus allen Landesteilen herbeigeholte Bauern. In den Minenstädten stehen noch einige Häuser mit aschgrauen Bretterfassaden, die ahnen lassen, wie die damaligen Massenquartiere der Arbeiter beschaffen waren. Und unter Tage, berichten die *Mineros*, die Kumpel, sei bis vor wenigen Jahren ausschließlich von Hand gearbeitet worden – unter gemeingefährlichen Sicherheitsbedingungen.

In Asturien wurden aus obrigkeitshörigen Landleuten klassenbewußte Proletarier, hier wurden die ersten großen Arbeitskämpfe Spaniens ausgetragen. Im Oktober 1934, nachdem die Regierung der Zweiten Republik zurückgetreten war und deren Nachfolgerin die erst kurz zuvor eingeführten Sozialgesetze kassieren wollte, während das Realeinkommen der Arbeiter als Folge der Weltwirtschaftskrise ohnehin bereits um die Hälfte gesunken war, erhoben sich die asturischen *Mineros* unter der Führung von Anarchosyndikalisten und Sozialisten. Sie entwaffneten die örtlichen Armeegarnisonen und gründeten Revolutionskomitees. Als sie schließlich nach Madrid marschieren wollten, wurde der damals jüngste General Spaniens, Francisco Franco, mit der Niederwerfung der Arbeitererhebung betraut. Seine Fremdenlegionäre zauderten nicht: »In Asturien wurde in einem Maße gewütet, als wäre es ein aufständisches marokkanisches Zeltdorf. Mehr als viertausend Tote – das war das Ergebnis des Kampfes und des Terrors vom Oktober 1934«, bilanzierte Dolores Ibarruri, die legendäre *Pasionaria*, in ihrem Erinnerungsbuch »Der einzige Weg«. Sie stammte aus den Minengebieten der Biskaya, wurde aber von der asturischen KP ins Parlament nach Madrid entsandt.

Zwei Jahre später machte sich Franco mit seinen Legionären aus Marokko auf, um die Volksfrontregierung mit Hilfe der deutschen und italienischen Faschisten zu stürzen. Asturiens Hauptstadt Oviedo wurde zwei Jahre lang belagert, bis sie in Fancos Hände fiel. Der Rest war Rache. »Viele von uns gingen ins Exil. Sozialisten und Kommunisten, die zuvor gemeinsam regiert hatten, schoben sich gegenseitig die Schuld am Desaster zu«, erzählt Manolo. Wir hatten den weißhaarigen Mann im PSOE-Sekretariat von Mieres kennengelernt, wo er gerade Beitragsmarken abrechnete und den Besuchern von einem Parteisekretär als »heroischer Veteran« präsentiert wurde, der etliche Verhaftungen und andere Repressionen zu erdulden gehabt habe.

Nein, nein, verhaftet sei er nie worden, wehrte Manolo ab. Er habe bloß häufig keine Arbeit bekommen oder die schlechteste Arbeit und sei von den Aufsehern in den Minen als bekannter Sozialist systematisch schikaniert worden. »Für unsereinen ging es darum, trotzdem ein gutes Beispiel zu sein«, erzählt Manolo und berichtet dann von den Streiks, die es auch unter Franco gegeben habe: »Die Gewerkschaften waren im Untergrund tätig, und wenn sie einen Streik ausgerufen haben, hat keiner etwas gesagt, aber alle sind zu Hause geblieben. Wenn es dann dick gekommen ist, hat immer jemand die Streikführer verraten. Da waren viele Spitzel eingeschleust.«

Viel, sagt Manolo, habe man nicht tun können – nur dafür sorgen, daß »der Geist der Partei überlebt. Das ist geschehen. 1975, als Franco starb, hat die Organisation sofort wieder gestanden. Und seither haben wir eigentlich alles erreicht, wofür wir früher gekämpft haben.« Manolo muß nach diesen Worten eine Pause einlegen. Er zieht einen kleinen Inhalator aus der Tasche und hält ihn an den Mund. Das *Spanische Institut zur Erforschung der Silikose* hat in Asturien ein reiches Betätigungsfeld.

Mitte der sechziger Jahre, als die Franco-Diktatur für den Rest der Welt spanische Normalität repräsentierte, verfügten die Sozialisten gerade noch über ein paar Zellen in Madrid – und eine schlecht koordinierte Untergrundorganisation in den Minengegenden von Asturien und Biskaya, wo ein bulliger Baske namens Nicolas Redondo, der über die Jahre vierzehnmal inhaftiert wurde, die klandestine Opposition anführte.

Zu diesem Zeitpunkt begann von Sevilla aus eine Gruppe junger Intellektueller um den Arbeiteranwalt Felipe Gonzalez und den Universitätsassistenten Alfonso Guerra neue Fäden zur Reaktivierung der Sozialistischen Partei zu knüpfen. Über spanische Exilanten in Frankreich suchten sie zunächst Kontakt zu den Genossen in den alten Arbeiterhochburgen Asturien und Biskaya. 1974 dann, beim Exil-Kongreß der PSOE in Suresnes bei Paris, waren es die von Nicolas Redondo angeführten Delegierten aus dem Norden Spaniens, die den Ausschlag dafür gaben, daß der junge Andalusier mit dem Tarnnamen *Isidoro*, der stets in einer Windjacke herumlief und erklärte, er könne keine Krawatte um seinen Hals aushalten, zum neuen Generalsekretär

der Partei gewählt wurde. 1982 brachte Felipe Gonzalez die Sozialisten an die Regierungsmacht.
Nicolas Redondo ist inzwischen Generalsekretär der UGT. Ministerämter hat er mehrmals abgelehnt und nach dem historischen 14. Dezember 1988, an dem UGT und CCOO gemeinsam zu einem Generalstreik gegen die neoliberale Wirtschaftspolitik der PSOE-Regierung aufriefen, auch seinen Sitz im Kongreß abgegeben. »Felipe spricht heute eine konservative und reaktionäre Sprache«, sagt Redondo nun. »Ich erkenne in ihm *Isidoro* nicht wieder.« Gleichwohl meint der UGT-Chef, damals – 1974 – keine Fehlentscheidung getroffen zu haben: »Mit einem wie mir an der Spitze wären wir in der Opposition.«
Dafür muß nun die mit der Partei seit mehr als 100 Jahren verflochtene sozialistische Gewerkschaftszentrale viele Prügel einstecken – und das nicht zuletzt in Asturien. Der gegenwärtige CCOO-Generalsekretär Antonio Gutierrez, in dieser Funktion Nachfolger des legendären kommunistischen Gewerkschafters Marcelino Camacho, der gerade unter dem Applaus der bürgerlichen Presse in Madrid seine Memoiren präsentiert, in denen er ein letztes Gefecht gegen die Eurokommunisten um Santiago Carillo führt, ist nach Mieres gekommen, um vor dem Tor der Mine *Nicolasa* zu den zur Frühschicht einfahrenden *Mineros* zu sprechen. Spanien sei das Land mit der größten Ölabhängigkeit in Europa, predigt er, daher müßte die Regierung ihre Energiepolitik endlich vorrangig auf die Kohle ausrichten. Dazu könne man die Bonzen in Madrid nur mit einem neuen 14. Dezember zwingen. Doch dazu fehle es der UGT an Mut, weil diesen Vasallen der PSOE das Hemd der Regierungspfründe näher sei als der Rock der Arbeiter, die zu vertreten sie vorgäben. Einige der *Mineros* murmeln Zustimmung, bevor sie in den Förderkorb steigen und in der Tiefe des Schachts verschwinden.
Am Abend dann, ist in den Bars der Minenstadt der Auftritt des CCOO-Chefs das Hauptgesprächsthema. Der Barmann schenkt mit faszinierendem Geschick die *Sidra* aus, den asturischen Apfelmost, indem er die Flasche in der hoch über den Kopf erhobenen rechten Hand hält und den Strahl zielsicher in das in der linken Hand in Kniehöhe schräg gehaltene Glas rinnen läßt – gleich neben der Kirche steht ein lebensgroßer steinerner *Sidra*-Ausschenker in dieser Pose auf einem Denkmalssockel.

Die *Mineros* trinken einen Schluck und schütten den restlichen Inhalt des Glases auf den Boden. Vermutlich sei die Sache nicht so einfach, wie sie Gutierrez dargestellt habe, sagt einer der Kumpel. Aber in einem habe der CCOO-Mann gewiß recht: Die Bäume der PSOE dürften nicht in den Himmel wachsen, sonst würden die andalusischen Zigeuner, die nun in Madrid das Sagen hätten, Asturien ganz vergessen.

Ja, ja, das sei alles nicht so einfach, meint anderntags in der *Casa del Pueblo* von Mieres José Joaquín, der örtliche Informationssekretär der UGT. Er habe selbst von 1968 an 21 Jahre lang unter Tag gearbeitet und wisse daher, wovon er rede. Aber es sei nun einmal so, daß die *Comisiones Obreros* weniger zu verlieren hätten als die UGT, die mit der Regierung identifiziert werde: »Wir können nicht den Himmel auf Erden versprechen. Zwanzig Prozent Lohnerhöhung sind ganz einfach nicht drin. An der Schwelle zum 21. Jahrhundert muß man eine realistische Politik machen. Aber natürlich gefällt es vielen, wenn man ihnen mehr verspricht.«

Und was die Probleme der Minen anlange: Natürlich müsse die Produktivität durch zuverlässige Mechanisierung erhöht werden, natürlich gäbe es im Hinblick auf die Sicherheit in den Stollen noch einiges zu tun. Selbstverständlich müsse verstärkt diversifiziert werden, müßten viel mehr Ersatzarbeitsplätze in anderen Sparten geschaffen werden: »Aber man darf nicht übersehen, wieviel in den letzten Jahren schon geschehen ist. Die HUNOSA hat investiert, die Regierung hat Subventionen bei der EG lockergemacht. Ich habe es selbst erlebt, wie die Aufseher früher mit den *Mineros* umgesprungen sind. Heute verkehren die Vorarbeiter mit den Kollegen auf einer Ebene. Es werden hier ständig neue Thermokraftwerke gebaut, in denen die Kohle ungewaschen verheizt werden kann. Koksfabriken entstehen, Zukunftsbetriebe werden hierher geholt.«

Der Informationssekretär verweist auf eine Zeitungsmeldung, derzufolge ein US-Flugzeughersteller in Asturien einen Zulieferbetrieb zu installieren beabsichtige.

Freilich, räumt der UGT-Mann zuletzt ein, gewisse Strukturprobleme seien nicht so einfach auszuräumen. Es müsse weiterhin mechanisiert werden, weil die Produktion noch immer doppelt soviel koste, wie die Kohle einbringe. Mechanisierung bedeute aber Verlust von Arbeitsplätzen. Wenn es nach einem von der Konzernleitung 1987 vorgelegten Plan gegangen wäre, hätte man schon 12000 Kumpel nach Hause geschickt. Tatsächlich würden lediglich die Leute mit 55 in die Rente verabschiedet – weshalb nun niemand da sei, der die Jungen anlernen könne. Die suchten nämlich noch immer in erster Linie in den Minen Arbeit. Ansonsten gäbe es hier ja nichts. Gut, man bemühe sich, möglichst viele Junge bei der Stadtverwaltung und bei anderen öffentlichen Diensten unterzubringen. Doch dem seien Grenzen gesetzt. Irgendwer müsse das schließlich bezahlen.

Aber Arbeitslosigkeit? Er könne sich nicht vorstellen, daß die hier höher sei als anderswo, sagt der Informationssekretär. Mit Zahlen könne er freilich nicht dienen, er verfüge über keine zuverlässigen Angaben.

Zahlen sind in Spanien gewiß mit Vorsicht zu genießen. In einer Madrider Tageszeitung lesen wir, seit dem EG-Beitritt des Landes betrage die Arbeitslosigkeit 18 Prozent, 22 Prozent sind es in Asturien. Bei den Spaniern, die jünger sind als 25 Jahre, sogar 42 Prozent. Wenn 1992 die Vollmitgliedschaft Spaniens in der EG vollzogen werde, sei vor allem mit einer weiteren Verschlechterung der Situation in den Bergbauregionen zu rechnen, weil die internationale Kohlekrise dann voll nach Spanien übergreife und in anderen EG-Staaten wie der BRD ungleich kostengünstiger produziert werde.

Die UGT, die mit der Losung »Effizienz und Festigkeit« in den Gewerkschaftswahlkampf gezogen ist und unter anderem die Einführung der 35-Stunden-Woche sowie die Angleichung an das EG-Lohnniveau in den Minen fordert, führt in dieser Situation einen Mehrfrontenkampf: Gemeinsam mit der CCOO rang sie der von der PSOE-Regierung eingesetzten HUNOSA-Konzernleitung in neunmonatigen Verhandlungen – während derer insgesamt an die vier Monate gestreikt wurde – den jüngsten Kollektivvertrag ab und wird nun von den *Comisiones Obreros* beschuldigt, hinter dem Rücken der Arbeiter mit dem PSOE-Wirtschaftsminister Solchaga zu konspirieren – einem neoliberalen Arbeiterverräter! Die sozialistischen Gewerkschafter sollen die Arbeiter davon überzeugen, daß nur eine starke PSOE-Regierung die Arbeitsplätze in den alten Industriezentren sichern könne. Und sie müssen zugleich ihren Einfluß in der Regierungspartei verteidigen, die längst zur politischen Heimat von Trittbrettfahrern geworden ist.

1982, als sie an die Regierung kam, hatte die PSOE 107 000 Mitglieder – 1990 waren es mit 263 000 schon mehr als doppelt so viele. Wer unter diesen Genossen den Ton angibt, wurde anläßlich des im November 1990 in Madrid abgehaltenen 32. Kongresses der PSOE deutlich: Von den nicht ganz 900 Delegierten kamen 25,1 Prozent aus Andalusien und 13,2 Prozent aus der Region Valencia – aus den traditionellen Arbeiterhochburgen Asturien 3,19 und Baskenland 2,62 Prozent. Das Durchschnittsalter der männlichen Delegierten betrug 42, das der weiblichen 38 Jahre. 60 Prozent haben ein Universitätsstudium absolviert, 67,2 Prozent waren Berufspolitiker: Bürgermeister, Stadträte, Abgeordnete... Die restlichen Berufsgruppen repräsentierten unter anderen 112 Lehrer, 73 Anwälte, 12 Bauern, 11 Studenten, jeweils vier Pensionisten und Arbeitslose und drei Hausfrauen. Als Arbeiter wurde keiner der Delegierten zum Kongreß der *Sozialistischen Arbeiterpartei* ausgewiesen. Doch das war vielleicht nur eine Frage der Benennung. Unter ihnen saßen auch zwölf *Mineros*.

Einer von ihnen war José Angel aus Mieres, ein stolzer, hagerer und schnauzbärtiger Sechsundvierzigjähriger, der schon in der dritten Generation als *Militante* in der sozialistischen Gewerkschaft und der sozialistischen Partei aktiv tätig ist. Bislang war eine solche Doppelmitgliedschaft für alle PSOE-Mitglieder obligatorisch. Doch zuletzt hielt sich nahezu die Hälfte nicht mehr daran. Und zur anderen Hälfte gehörten viele – darunter vier amtierende Minister –, die ihren UGT-Beitrag seit längerem schuldig blieben. Dies zumeist aus Protest gegen die Politik der UGT-Führung um Nicolas Redondo.

Nach dem von der UGT unterstützten Generalstreik vom 14. Dezember 1988 hatte der mächtige PSOE-Vizegeneralsekretär Alfonso Guerra (zugleich Vizepräsident der Regierung und unrühmlich bekannt geworden als Bruder von Juan Guerra, der sich als Privatmann im Gebäude der andalusischen Regionalregierung einquartierte und dort fortan beidhändig nützliche Abgaben entgegennahm) verkündete, die Gewerkschaften seien ein Hindernis bei der Verwirklichung des sozialistischen Projekts. Die PSOE werde andere Partner unter den neuen sozialen Bewegungen suchen – Pazifisten, Feministinnen, Ökologen... Als Nebenprodukt dieses Streiks wurde in der PSOE eine 25-Prozent-Quote für Frauen festgeschrieben.

Der Generalstreik gegen die Wirtschaftspolitik der Regierung war freilich nur der Höhepunkt eines seit langem schwelenden Konfliktes. So verlangte Redondo im Gegensatz zu PSOE- und Regierungschef Felipe Gonzalez den Austritt Spaniens aus der NATO und die Schließung der US-Militärbasen in Spanien. Die organisierte Linke innerhalb der Partei, die ganze fünf Prozent der Kongreßdelegierten stellte, war dabei stets an der Seite der UGT.
Bevor der Delegierte José Angel zum Kongreß nach Madrid fuhr, focht ihn das alles nicht sonderlich an. Es gebe überall in der Partei solche, die eher rechts, und solche, die eher links seien, sagte er. Das dürfe man nicht überbewerten. In der praktischen politischen Arbeit, wie er sie hier als Gewerkschafter und *Militante* der PSOE Tag für Tag verrichtete, spiele das keine Rolle. Da sei auch viel Wunschdenken der bürgerlichen Presse im Spiel, die sich nicht damit abfinden könne, daß die PSOE nun schon so lange an der Macht sei und noch immer ausgezeichnete Wahlergebnisse erziele.
Die PSOE sei eben eine moderne Partei, deren Kader sich aus modern denkenden Leuten zusammensetzten, hatte José Angel zum Schluß kategorisch angemerkt und dann den nächsten der Genossen hereingerufen, die vor seinem Büro in der *Casa del Pueblo* geduldig warteten, um um Unterstützung zu bitten: Wohnungssachen, Arbeitsplatzangelegenheiten...
In Madrid dann, als ein Nameloser unter den 900 Delegierten, hatte José Angel ein wenig irritiert den Debattenbeiträgen der *Matadores* gelauscht. Wirtschaftsminister Solchaga und Erziehungsminister Solana hatten leidenschaftlich für eine ideologische Verbreiterung der Parteigremien und für eine Öffnung der Partei plädiert. Nur mit den drei Millionen Stimmen der Mittelklasse könne die PSOE eine absolute Mehrheit erringen.
Die Gefolgsleute von Alfonso Guerra aus dem Apparat hatten dagegengehalten, es dürfe in der PSOE nicht wie bei den französischen Genossen kommen, bei denen stets alle *Barones* zusammentreten müßten, wenn es bloß ein Flugblatt abzusegnen gelte. Der traditionelle Charakter der Partei müsse gewahrt bleiben und der *Vereinigten Linken* dürfe kein Spielraum gelassen werden.
Graue Eminenzen der Partei hatten dazu in den Wandelgängen des

Kongreßpalastes höhnisch gelacht und erklärt, Alfonso Guerra sei weder links noch rechts, sondern nur machtbesessen.
Felipe Gonzalez hatte sich für keinen der Flügel stark gemacht und war mit den Worten von Octavio Paz, dem eben gekürten Literatur-Nobelpreisträger, in philosophische Höhen entrückt: Wenn sich die kommunistischen Antworten als falsch erwiesen hätten, bedeute das nicht, die Fragen seien verschwunden.
Im übrigen hatte der Generalsekretär den Liberalen des Landes Avancen gemacht und zuletzt angemerkt, es sei die UGT gewesen, die den historischen Pakt zwischen sozialistischer Partei und sozialistischen Gewerkschaften gelöst habe. Er sei mit diesem Ergebnis einverstanden, wolle aber festhalten, auf wessen Konto dieser Schritt gehe.
Nicolas Redondo, der am letzten Kongreßtag doch noch erschienen war, hatte verlauten lassen, die UGT habe ein Recht auf Autonomie und sei nicht bereit, die Hypotheken irgendeiner anderen Organisation zu tragen. Es freue ihn aber, daß PSOE und UGT weiterhin die gleichen Ziele verfolgten.
Zuvor hatte der Sohn des UGT-Chefs den Antrag gestellt, die Bestimmung über die obligatorische Doppelmitgliedschaft in PSOE und UGT aus den Parteistatuten zu streichen. Dort heißt es jetzt nur mehr, die Mitglieder der PSOE sollten in einer sozialen Bewegung tätig werden. Falls dies eine Gewerkschaft sei, empfehle man die UGT. Dagegen waren lediglich die asturischen Delegierten gewesen und mit ihrem Antrag, alles möge bleiben wie bisher, restlos in der Minderheit geblieben.
Zum Schluß, als es um die Besetzung der Parteigremien ging, hatten sich die asturischen *Mineros* von der SOMA-UGT um den Vizegeneralsekretär geschart und dazu beigetragen, daß Alfonso Guerra und seine Leute aus dem Apparat gestärkt aus den Neuwahlen hervorgingen. Wenige Wochen später war Guerra von seinem Regierungsamt zurückgetreten. Die Asturier selbst, die seinerzeit die Eroberung Madrids durch die Arbeiterbewegung anführen wollten, sind unter den Führungskadern kaum noch vertreten. Sie dürfen sich damit trösten, daß ihr vormaliger Parteisekretär Luis Martinez Noval als Arbeitsminister dem Kabinett von Felipe Gonzalez angehört.
José Angels Vertrauen in den spanischen Weg zum Sozialdemokratis-

mus wird dadurch nicht erschüttert. Während der Heimfahrt im Zug nach Mieres liest er in der Zeitungskolumne eines hauptstädtischen Intellektuellen, die PSOE habe zwar auch kein Rezept zur Lösung der Strukturkrise in den alten Industrie- und Bergwerkszentren, aber sie verwalte diese Krise sozialer, als man dies von den Rechtsparteien erwarten dürfe. Da schüttelt der PSOE- und UGT-*Militante* unwillig den Kopf.

Zu Hause wird er den Genossinnen und Genossen berichten, er habe am Rande des Parteikongresses wichtige Gespräche über das geplante Schlackeverwertungsprojekt führen können. Wie hier jeder wisse, fielen bei der HUNOSA jährlich vier Millionen Tonnen Schlacke an, die bis 1982 einfach auf Halde gelegt worden sei, was die Landschaft tatsächlich nicht sehr schmücke. Nun werde diese Schlacke bald zu Ziegeln und Zement verarbeitet.

Auch mit den Genossen von der Regionalregierung habe er über das Angebot der UGT sprechen können, einen Beitrag zum sozialen Wohnungsbau zu leisten, wird José Angel sagen. Wie hier gleichfalls jeder wisse, existiere noch immer ein beträchtliches Defizit an modernem Wohnraum, wovon vor allem die Kolleginnen und Kollegen unter 40 Jahre betroffen seien. Viel sei schon geschehen, doch es müßte noch mehr getan werden. Auch aus politischen Gründen. Es sei leider eine Tatsache, daß die Wahlbeteiligung insbesondere in der Altersgruppe unter 25 Jahre regelmäßig sinke, daß sich die Jungen kaum noch für Politik interessierten und häufig der Gewerkschaft fernblieben. Da müsse etwas geschehen.

Die Genossinnen und Genossen werden zustimmend nicken. Die meisten von ihnen sind zwischen 40 und 50 Jahre alt, haben die Franco-Diktatur somit noch bewußt erlebt und danach die Altgenossen, die während der Zeit der Illegalität die Partei repräsentierten, als Funktionsträger abgelöst. Dynamische Männer und Frauen sind das, die wissen, daß man etwas tun muß für den Fortschritt: Verantwortung und Mandate übernehmen, zu Sitzungen erscheinen, den Standpunkt der Partei offensiv vertreten. Für die Arbeiterbewegung und für Asturien.

Fortschritt, das ist für sie beispielsweise das neue Hallenbad mit Sauna, das in einem Anbau der *Casa del Pueblo* von Mieres entsteht. Oder neue Wohnblocks, wie rundum neben Kohle- und Abraumhalden, im Schatten von Förder- und Kühltürmen, in der Nachbarschaft von Kohleförderbändern und Frachtbahnhöfen schon viele aus dem Boden gestampft wurden, wo immer diese gebirgige Ecke Asturiens Platz dafür bietet.

Gut, diese gesichtslosen Betonkästen mögen schon angerußt sein, bevor die ersten Mieter einziehen. Doch derlei fällt hier niemandem auf. Dem durchreisenden Fremden mag scheinen, daß asturische Siedlungen – abgesehen von ein paar Küstenorten, in denen etliche Spitzen der PSOE die Sommerferien zu verbringen pflegen – abgrundtief trostlose Stätten zur Aufbewahrung von Arbeitskraft während der unerläßlichen Regenerationsphasen seien. Für asturische *Mineros* sind das uneinnehmbare Festungen das spanischen Sozialismus, der sich – wie alles im Leben – etwas gewandelt hat. Im deutschen Kohlenpott mag sich jede Stadt ein Theater und manche dazu noch ein Opernhaus leisten. In Mieres gibt es ein Kino mit Namen *Esperanza* – Hoffnung. Dort wird gerade »Pretty Woman« gezeigt.

Eine Partei hat immer recht. Hier ist es die, in der ein andalusischer Napoleon namens Guerra die Fäden zieht. Der Fortschritt ist nicht aufzuhalten.

Am Ende der Welt

Relikte einer Frauenherrschaft in Galicien

Tief hängen die grauen Wolken über dem Ende der Welt. Wie in Zeitlupe schleudert der Atlantik seine Gischt gegen das steile Kap, ein Sprühen von weißem Schaum. Der Mensch, der sich hierher, an den äußersten westlichen Punkt Spaniens, verirrt hat, schlägt den Mantelkragen hoch und stemmt sich gegen den Wind – die Winde, die ihn von allen Seiten zu packen suchen. Der Leuchtturm sieht verlassen aus, der dahinterliegende Militärposten ist eine Ruine. Ein paar zusammengenagelte Bretter und zerbeulte Cola-Dosen zeugen von einem vergeblichen Versuch, aus *Cap Finisterre* ein Touristenziel zu machen. Am Ende der Welt rentiert sich keine Imbißbude.

Bis vor einem halben Jahrtausend galt dieser wüste Ort als der äußerste Rand der Erdscheibe, jenseits dessen das Meer zu kochen begänne – angesichts des von den Stürmen aufgewühlten Atlantik eine durchaus nachvollziehbare Vorstellung – oder auch versumpfe, jedenfalls aber von schrecklichen Ungeheuern bewohnt sei, die einem mit Sicherheit den Garaus machten, noch bevor man das Ende der Platte erreicht habe und in Nichts stürze. *Cap Finisterre* ist so wüst und öde, daß es darauf einen Vorgeschmack gibt.

Cap Finisterre liegt in Galicien. Diese spanische Provinz liegt am Ende der Welt. Das merkt man jeden Augenblick in diesem düsteren Land. Man sieht es an den grauen Nebeln und dichten Regenschleiern, man fühlt die schleichende feuchte Kälte auf der Haut, man riecht den ewigen Grünkohl überall. Galicien ist das Land, wo der Kohl wächst. Und man hört das Schweigen, in das nur der Fernseher in den muffigen Bars plärrt. Bis der Strom ausfällt. Dann sitzen sie im Dunkel mit ihrem

Schnaps zum Frühstück und sprechen mit rauhen, ungeübten Stimmen über die gestrige Hochzeit im Dorf Finisterre. So eine stattliche Braut. Und der Bräutigam – eine halbe Portion. Der werde nicht viel zu melden haben im Haus der Schwiegermutter. Alle nicken, keiner lacht. Die Rede ist von einer in ganz Restspanien undenkbaren galicischen Realität: Bei der Hochzeit erhält der junge Mann von seinen Eltern eine Aussteuer und zieht ins Haus der Schwiegermutter, der obersten Autorität in der Familie. Wenn seine Eltern zu arm sind, um ihm etwas in die Ehe mitgeben zu können, wird er dieses Manko in den nächsten Jahren abarbeiten und von seinem Verdienst allenfalls ein kleines Taschengeld für Wein und Zigaretten behalten dürfen. Hinter vorgehaltener Hand heißt es, nicht nur im Hause hätten die Frauen das Sagen, sondern sie seien es auch, welche die Familie in der Öffentlichkeit verträten.

Früher sei das möglicherweise so gewesen, sagt Carmelo aus dem Fischerdorf Camariñas. Er könne sich daran erinnern, daß die Frauen gefischt haben. Oder – wie seine Mutter – in den Dünen gesessen haben, um den Männern Anweisungen zu erteilen. Jedenfalls sei es gut für den Fang, beim Fischen von Frauen zu reden. Das zöge die Fische an. Also sei immer, wenn die Männer mit den Booten hinausführen, von den Frauen die Rede.

Die Frauen von Camariñas verkaufen Spitzen. Wer die Spitzen tatsächlich klöppelt, erfährt der Fremde nicht. Es geht die Mär, die Männer hätten sich früher auf diese Weise die Zeit vertrieben. Bis das Fernsehen kam, um die klöppelnden Männer zu filmen. Seither wollen sie nicht mehr. Sie wollen keine Kuriosität sein.

Carmelos Schwägerin Maite gehört ein Spitzenladen am Eingang des Ortes. Sofort erkennt sie unseren deutschen Akzent, und ihre düstere Miene hellt sich auf: »Dreizehn Jahre war ich in Solingen, mit meinem Mann. Zwei Kinder habe ich in Deutschland geboren. Dreizehn Jahre lang haben wir nur gearbeitet und gespart. Keine *Fiesta*, und wir sind nie ausgegangen. Aber ich habe immer an Camariñas gedacht. Jetzt haben wir das Geschäft hier und können uns ausruhen«, erzählt sie.

Camariñas liegt sehr nahe bei Finisterre und strahlt den gleichen herben Charme aus. Die Menschen gleichen der Landschaft: spröde und kompakt, keiner Grazie verdächtig.

Spitzenklöppelnde Männer? Davon will Maite nichts hören: »Das ist

Frauensache. Der Mann taugt doch nichts im Haus. Unsereine hat doch immer etwas zu tun, immer eine Abwechslung. Aber die armen Männer. Wenn sie nicht mehr arbeiten können, wissen sie nicht, was tun. Dann gehen sie in die Bars und geben Geld aus. Schrecklich!«

Der Kunst des Spitzenklöppelns hat man in Camariñas ein Denkmal auf dem Hauptplatz gesetzt. Natürlich eine Spitzenklöpplerin.

Galicien ist, wenn schon nicht das Ende der Welt, so doch das Ende von Europa in mehr als einer Hinsicht. Liegt Spanien schon am Rande Europas, so liegt Galicien gewiß am Rande Spaniens. Nur die im Süden an der Grenze zu Portugal liegende Extremadura ist – statistisch gesehen – noch weniger entwickelt. Galicien ist zweifellos die abergläubischste, rückständigste und politisch reaktionärste Ecke Westeuropas. Kein Zufall, daß hier – in Ferrol – die Wiege des Diktators Francisco Franco stand, der ganz Spanien vierzig Jahre lang in das finsterste Mittelalter seiner Heimatprovinz zwang. Dort steht der Regionalregierung nun mit Manuel Fraga der letzte noch aktiv politisierende ehemalige Franco-Minister vor. Hier wird er hochgeschätzt, während Fraga überall sonst in Spanien selbst für die Konservativen ein Fossil ist, mit dem man keinen Stich mehr machen kann. Nur hier in Galicien wird Fraga noch andächtig zugehört, wenn er auf salbungsvolle Weise hahnebüchenen Stuß daherredet, daß man meinen könnte, die Großmutter eines Riesenstaatsmannes aus Oggersheim vor sich zu haben.

Galicier sind anders als andere Spanier. Mißtrauisch und neugierig zugleich. Sie haben mehr als nur eine Ahnung von der Welt da draußen, gibt es doch Emigranten in jeder Familie. Der Boden, längst in Kleinstgrundstücke – *Minifundios* – aufgeteilt, gab noch nie genug für alle her. Immer noch leben dreimal mehr Menschen von der Landwirtschaft, als rentabel wäre. Sie fühlen sich diesem kargen, sauren Boden auf unerklärliche Weise verbunden. In ihrer Religiosität ist das Katholische nicht mehr als ein Element – neben Hexenglauben und Animismus. Galicier glauben an »beseelte Orte« wie alle Völker keltischen Ursprungs. Wie Bretonen, Waliser, Iren.

Ein solcher *beseelter Ort* ist der Hügel Santa Thekla bei dem Städtchen La Guardia am äußersten Süden der Provinz, an der Grenze zu Portugal. Auf dem Hügel wurden Anfang des Jahrhunderts zum Entzücken der keltophilen Bevölkerung die Überreste eines keltischen Dorfes gefunden, und man grub es mit mehr Enthusiasmus als Sachkunde aus: eine Ansammlung sich rundender Mäuerchen, die eine Vorstellung von der Größe einer keltischen Behausung geben – die Fläche eines mittleren Eßtisches.

Einzig die Lage des Dörfchens auf dem Hügel, weit ins Land und weit aufs Meer hinaus blickend, fasziniert hier auch den Nicht-Kelten. Zwischen den Mauern wachsen Farne und allerhand dorniges Gestrüpp. Regentropfen glänzen im Moos auf den noch nicht restaurierten Ruinen. Es ist sehr still im keltischen Dorf, das wie von Zauberhand plötzlich im Sonnenlicht strahlt. Jetzt wäre es durchaus glaubhaft, wenn eine jener sagenhaften Weißen Frauen vorbeikäme. Es raschelt. Oder kichert zwischen den durch Jahrhunderte magisch aufgeladenen Steinen eine Hexe? Habe ich etwas gesehen, oder ...

Das Keltische ist der Urgrund der galicischen Identität. In der Provinzhaupt- und Studentenstadt Santiago de Compostella pflegen junge Leute keltisches Brauchtum und Liedgut, während Pilger aus Restspanien und der Restwelt sich dem Gebein des Heiligen Jakobus zu Füßen werfen. Die Pilgerei ist für die Einheimischen schon seit Jahrhunderten ein lohnendes Geschäft.

Die Galicier haben durchgesetzt, daß ihr Dialekt – schlampig gesprochenes Kastilisch, vermischt mit Portugiesisch – in den Rang einer eigenständigen Sprache erhoben wurde. Galicien hat, als Franco dem nicht mehr im Weg stand, seine Autonomie durchgesetzt. Es will nicht Spanien sein, sowenig wie Katalonien, Andalusien oder gar das Baskenland. Mitunter scheint es, Galicien lebe in einem anderen Jahrhundert.

Das Kloster von Poyo ist ein finsterer Bau aus dem 12. Jahrhundert, von immerwährenden Regenböen gepeitscht und von Frösten zernagt. Der Wind treibt uns vor sich her in den Hof. Nirgendwo in dem verschwommenen Grauschwarz eine Spur menschlicher Anwesenheit. Nur die Kirche steht offen, eine Fluchtburg in der galicischen Wetterhölle. Unter den schlichten romanischen Kreuzgewölben muten die süßlichen, in Pastell gekleideten Heiligenpuppen doppelt grotesk an. Zwei Kerzen flackern am Hauptaltar: Es muß Menschen geben an diesem Ort. Auch das Kloster von Poyo ist beseelt, erfahren wir wenig später.

»Hast du die Quelle gesehen, die so mächtig rauscht, dort beim Kloster?« fragt Consuelo, der die Bar in Barcia gehört. Barcia sind ein halbes Dutzend geduckter Steingelasse wenige Serpentinen oberhalb des Klosters. Eines dieser Häuser ist Consuelos Bar. Der Anfang unserer Bekanntschaft war nicht eben vielversprechend. Durchnäßt und frierend hatten wir um Kaffee gebeten. Gibt es nicht. Consuelo zog sich in den hinteren Teil ihres Kabuffs zurück. Es gab auch keinen Tisch, keinen Stuhl. Widerwillig rückte die Frau schließlich Orangensprudel heraus.

Eigentlich bestand die Bar nur aus einem Tresen und einem großen Fernseher. Dem galt Consuelos ungeteilte Aufmerksamkeit und die unseres einzigen Mitgastes, Consuelos Mann, wie sich herausstellen sollte. Plötzlich jedoch, als die beiden uns Deutsch sprechen hörten, wurden sie mit einem Schlag freundlich, und Consuelo begann Fragen zu stellen. Ihr Mann hörte aufmerksam zu. Im Kloster seien wir gewesen, aha. Die Quelle hätten wir auch bemerkt, aha. Das sei nämlich eine der Quellen, die nie austrockneten, nicht einmal in einer so schrecklichen Trockenheit wie der des letzten Frühjahrs, als man nicht einmal mehr Wasser für die Kaffeemaschine gehabt habe. Ein Glück, wenn man nahe einer solchen Quelle wohne.

Sicher, das sei ein Vorteil, sagen wir. »Eine besondere Quelle, heilkräftig«, insistiert Consuelo. Aha. »Die Leute kommen in der Nacht, vor Sonnenaufgang, wenn sie zum Beispiel ein krankes Baby haben. Kommen, ohne ein Wort zu sprechen auf dem einen Weg und gehen auf dem anderen wieder zurück.« Warum das? »Damit sie keine anderen Leute treffen. Dann waschen sie das Kind in der Quelle und ziehen ihm frische Kleider an. Anschließend spritzt man dem Kind Wasser über die Schultern und spricht dazu ein bestimmtes Gebet. Man muß neun Tage kommen und das jeden Tag neunmal machen. Dann ist das Kind gesund. Wir haben Glück mit der Quelle. Es gibt nicht viele wie diese!«

Überhaupt hat Consuelo Glück: Ihr Mann hat Arbeit in der Fischfabrik der nächstgelegenen Stadt, die Tochter arbeitet in Zürich im Hotelgewerbe. Vom Land allein könne hier keine Familie leben. Die Erde gebe nichts her. Ein bißchen Gemüse für den Eigenbedarf. Kohl für Mensch und Vieh. Aber Milch sei auch nicht mehr zu verkaufen, weil im Laden billiger ...

»Also gibt man das Vieh zum Schlachten. Das Leben ist hart hier. Die Jungen gehen alle weg, recht haben sie. Früher. sind nur die Männer gegangen, und wir Frauen haben auf dem Land geschuftet. Heute gehen fast mehr junge Mädchen. Oder Paare. Acht junge Paare aus der Nachbarschaft arbeiten in Zürich im Hotel.«

Und ihre Bar? Consuelo macht eine wegwerfende Geste. »Die Bar bringt nichts. Fast muß ich draufzahlen. Aber man hat ein bißchen Kontakt, vor allem abends. Wir sind sehr weit weg von allem. Man braucht sich bloß dieses Wetter anzusehen, so bleibt das bis in den März.« Kein Wunder, daß ein großer Fernseher auf dem Hausaltar steht.

Am Strand von Lanzada kämpfen ein paar Angler mit den Elementen. Lanzada muß früher ein mystischer, ein sagenhafter Ort gewesen sein: eine Landenge, bestehend aus Dünen, ein breiter, sehr breiter Sandstrand, von Klippen und allerlei merkwürdigen Steinbrocken gesäumt. Tatsächlich werden den Wogen, die in der Bucht von Lanzada stranden, seit jeher wunderbare Kräfte zugesprochen: befruchtende.

Da nun in Galicien – auch das ganz im Gegensatz zum übrigen Spanien – unehelich geborene Kinder keineswegs als Schande gelten, ja der Mann eher als lästiger, aber notwendiger Helfer in Sachen Vermehrung gilt, nahm man angeblich im Bade zustande gekommene Schwangerschaften mit Gelassenheit. Der galicische Soziologe Carmelo Lison Tolosana berichtet von Müttern, die ihren Schwiegersohn geradezu aus dem Haus geekelt und in die Emigration getrieben hätten, sobald die Tochter geschwängert war. Der junge Mann hatte seine Aufgabe erfüllt und war jetzt nur noch ein unnützer Esser. Da ist ein Bad in der Bucht von Lanzada eindeutig praktischer.

Die katholische Kirche schien der Sache auf den Grund gehen oder sie zumindest im Auge behalten zu wollen. Also wacht eine Einsiedelei auf einem weit ins Meer hinausragenden Felsen über das Treiben in der Lanzada. Ob heute noch Fruchtbarkeitsbaderinnen dorthin kommen, bleibt ein Geheimnis. Eine Schnellstraße führt durch die Dünen zum nahegelegenen Seebad La Toja. Entlang der Straße reiht sich Hotel an Familienpension und Campingplatz. Die jungen galicischen Frauen arbeiten in der Schweiz und sind gewiß nicht mehr so sehr auf Fruchtbarkeit versessen. Und die älteren scheuen die kalten Wellen und die Blicke der Touristen. Allerdings, in der Johannisnacht...

In der Johannisnacht, schreibt Lison Tolosana, tanzen die Hexen am Strand: »In lokalen Berichten heißt es: ›Die Frauen gehen hin, halten ihr Parlament und tanzen. Im Parlament beschließen sie, welche Übel sie über die Nachbarn verhängen. Zum Schluß sagen sie, wenn irgendein Nachbar ihnen zugehört hat, muß man ihn erschlagen. Einmal hat einer zugehört, und es heißt, die Hexen hätten Nägel nach ihm geworfen, bis sie ihn an die Tür genagelt hatten, und da blieb er viele Jahre angenagelt.‹«

Zum Schutz gegen die Hexerei werden in jener Nacht die Johannisfeuer entzündet. Noch heute hört man in Galicien häufig die Feststellung: »Ich glaube nicht an Hexen, aber es gibt sie.« Hier gibt es Tote, die wiederkehren, Nachbarinnen, die das Vieh verhexen, und meeresschwangere Frauen.

In das Dorf Barreiras hat uns gelegentlich einer Fahrt auf kleinen Nebenstraßen nach Orense der Hunger getrieben. Als wir vor der kleinen Dorfkirche parken, fühlen wir neugierige Blicke auf uns gerichtet. Doch niemand ist zu sehen. Lediglich zwei alte Leutchen stehen vor einem Hauseingang, hinter dem wir eine Bar ausgemacht haben. Sie seien fremd hier, sagen sie, könnten uns also nichts zu Essen herausgeben. Wir sollten ein wenig warten, die Frau sei auf dem Friedhof.

Barreiras ist der Friedhof eines Dorfes. Ruinen überall – Ruinen von Ställen, Wohnhäusern, Einfriedungen, Vorratsspeichern. Ab und an fährt ein Auto durch das Dorf oder ein wackeliges, dröhnendes Moped. Keiner bleibt. Gegenüber der Kirche entdecken wir einen Laden mit der Aufschrift *Ultramarinos*, was auf Eßwaren schließen läßt. Wir werden nicht enttäuscht. Eine fest im Fleische stehende, robuste ältere Frau, ganz in schwarz gekleidet und auch ansonsten absolut der Typ, den wir mittlerweile als typische Galicierin kennengelernt haben, bereitet *Bocadillos* – Schinkensandwiches für uns zu.

Es ist so finster im Laden, daß wir um die Finger der Frau bangen, die mit einem scharfen Messer hantiert. Von der Decke des Gewölbes hängt alles, was die Hausfrau benötigt: Töpfe, Pfannen, Klobürsten ... In einem Schränkchen wird die Kosmetik verwahrt: Nagellack, Seife, Haarlack.

Würste und Schinken baumeln über der Theke, und dahinter prangt an der Wand ein vergilbtes farbiges Plakat mit einer vorteilhaften Aufnahme des Generalissimus Franco – »Referendum Nacional 14 de Octubre 1966« ist unter dem Bild zu lesen. Die gleich daneben plazierte Ankündigung eines Keks-Sonderangebots dürfte jüngeren Datums sein.

Wieder einmal stellt sich ein schon vertrautes Phänomen ein: Die Ladenbesitzerin hört uns Deutsch sprechen und strahlt über das ganze Gesicht: »Meine Schwester war in Deutschland, lange Zeit. Und die Schwägerin meiner Schwester auch, die hat einen Deutschen geheiratet und wohnt dort...«

Über den kleinen Platz vor der Kirche trippelt langsam ein Dutzend alter Weiblein in Schwarz. Die kämen vom Friedhof, sagt die Ladenbesitzerin: »Nur mehr wir alten Frauen sind hier, die Jungen gehen alle weg. Früher nach Deutschland. Jetzt, wo sie da zugemacht haben, in die Schweiz. Wir alten Frauen arbeiten noch auf dem Land, das nichts hergibt, höchstens ein bißchen Futter für das Vieh. Ja, Vieh hat jede hier, ein paar Kühe, Schafe, Ziegen. Aber das reicht nicht. Meistens kriegt einer in der Familie eine Rente, der andere geht arbeiten, der dritte in die Schweiz...«

Und das Matriarchat? Die weibliche Erbfolge, von der wir gelesen haben, daß sie in Galicien üblich sei? »Es ist schon so, daß das Land fast immer der Frau gehört, auch das Haus, wenn es geerbt ist und nicht von dem Paar gekauft. Aber was hilft das, wenn der Boden nichts wert ist?«

Die Schwester der Krämerin ist eingetreten, die einzige blondgefärbte Galicierin, die uns begegnet ist. Sie gilt hier als »die Deutsche«. Sie könne nur Gutes über Deutschland und die Deutschen sagen, wiederholt sie ständig. »Fünfzehn Jahre war ich dort, erst in Bremerhaven, dann in Hildesheim und Dortmund. In Bremerhaven war es am schönsten. Mein Mann und ich haben in einer Fischfabrik gearbeitet. Die Vorgesetzten dort – ich kann nichts sagen. Die haben uns besser behandelt als die Spanier. Ich würde gern wieder hinfahren. Wir mußten leider weg, als ich das kleine Kind hatte. Leider!« Zum Abschied drückt und küßt uns die Bremerhavnerin und wünscht mit Tränen in den Augen eine gute Reise. Vielleicht sehen wir uns ja wieder, sagt sie – morgen, auf der *Feria* in Monteroso.

Die *Feria*, Kirchweihfest und Viehmarkt in einem, ist der Höhepunkt im dörflichen Leben. Alle Ausfahrtstraßen zu dem kleinen Flecken sind längst beidseitig zugeparkt, als wir ankommen. Alles wirbelt im Festtagsstaat durcheinander, Autos hupen sich durch die Menge. An den Ständen am Straßenrand werden Hühner verkauft und Ohrringe, Unterhosen und Sonnenbrillen, Käse in Brustform, *tetas* genannt, Regenschirme und Kohl, Kohl, Kohl.

Das unumstrittene Zentrum des Treibens ist jedoch der Viehmarkt. Aus all den umliegenden Dörfern haben die Bauern ihre Kühe, Ochsen, Kälber nach Monteroso getrieben oder gefahren. Die Clans der Käufer stehen diskutierend beisammen und betrachten mißtrauisch den Verkäufer, der sein Tier möglichst vorteilhaft zu präsentieren sucht, es losbindet und umherführt. Schnelle Entscheidungen fallen hier nicht. Auch sehen die Rindviecher samt und sonders nicht sehr vielversprechend aus. Von den Kleppern von Pferden, die gleichfalls zum Verkauf stehen, gar nicht zu reden.

Die Männer promenieren in Trauben zwischen den Tieren und fachsimpeln, die Frauen halten sich eher im Hintergrund. Oder täuscht der Eindruck? Behauptet doch der Soziologe Lison Tolosa, die Frauen hätten das Sagen – sogar auf dem Viehmarkt! Er weiß zu berichten, daß sie mit Vorliebe den Rat fremder Männer einholten, weil sie dem eigenen Ehemann nichts zutrauten. Daß das letzte Wort bei dergleichen Händeln stets die Frau habe, auch wenn der Handel manchmal aufgrund zu geringer Kenntnisse und mangelnden Geschicks zu ungunsten ihrer Sippe ausgehe.

Dieser Erforscher der galicischen Eigenheiten hat seine Erfahrungen vor zwanzig Jahren veröffentlicht. Franco lebte, und das Mittelalter in Galicien war ungebrochen.

Heute gehen die jungen Mädchen zur Arbeit in die Schweiz, und die älteren träumen von Deutschland. Das Fernsehen hat Einzug gehalten am Ende der Welt, und dagegen ist sogar der böse Blick machtlos. Die Hexen sterben aus. Obwohl man nicht an sie glaubt.

Der Prado

Spiegelbilder spanischer Geschichte in der Kunst

Schräg gegenüber, auf der anderen Seite der *Plaza Canoves de Castilla,* steht ein Würfel von der Größe eines stattlichen Gebäudes – eingepackt in Plastikplanen. War Christo hier?

Die Verpackung hat ihre Ursache in Bauarbeiten. Hinter den Planen wird renoviert, um ein repräsentatives Domizil für die Sammlung Thyssen zu schaffen – eine der wertvollsten privaten Kunstsammlungen Europas, um die es ein entsprechendes Gezerre zwischen etlichen Städten und Staaten gab, bis der Eigentümer sich entschloß, die Werke dauerhaft in Madrid zu präsentieren. Ein paar hundert Meter weiter nördlich, wo das ursprüngliche *Hospital San Carlos* steht, früher Sitz der medizinischen Fakultät, steht nun das *Centro de Arte Reina Sofia,* das es binnen kurzer Zeit zu dem Ruf brachte, eine der bedeutendsten Ausstellungsstätten für zeitgenössische bildende Kunst zu sein. Mit seinen vorgebauten gläsernen Personenaufzügen wirkt der ehemalige Krankenhausbau selbst wie eine monumentale Skulptur.

Madrid ist bedacht auf seinen Ruf als Stadt der Künste – im Hinblick auf das Kolumbusjahr 1992, wenn in Sevilla die EXPO steigt und in Barcelona Olympische Spiele stattfinden, hat man sich zur *Kulturhauptstadt Europas* ausgerufen. Doch allem Neuen zum Trotz: Das Herz von Kunst-Madrid schlägt weiterhin, und das unangefochten, im klassischen Granit- und Ziegelsteinbau am nördlichen Ende der *Plaza Canovas de Castilla* – dem *Prado,* legendär wie kaum ein anderes Kunstmuseum. Gewiß hat das mit der bewegten Geschichte dieser Institution zu tun, in deren Entwicklung sich nicht nur das Spanien der Kunst spiegelt.

Zwanzig Jahre lang war die Idee gegen Ende des 18. und zu Beginn des 19. Jahrhunderts durch mehr oder minder bedeutende Köpfe am spanischen Hof gegeistert. Zwanzig bewegte Jahre hindurch tauchte immer wieder das Wort *Museo* im Schriftverkehr der wechselnden Machthaber auf. Ein neues Wort, eine geradezu revolutionäre Idee: die königlichen Gemäldesammlungen dem Volk zugänglich zu machen.
1793 war in der Hauptstadt des revolutionären Nachbarn Frankreich der *Louvre* eröffnet worden. Zehn Jahre später war jene Revolution längst Geschichte, und Manuel Godoy, der starke Mann hinter dem dümmlichen König Carlos IV., beförderte die Errichtung des *Museo de S.M.* zur Staatsangelegenheit. Godoy, der Bauernbub, der sich als Liebhaber der ebenso ehrgeizigen wie häßlichen Königin Maria Luisa zum *Príncipe de la Paz,* zum Friedensfürsten und de facto Regenten hochgedient hatte sowie durch eine opportune Heirat sogar Mitglied der königlichen Familie geworden war, suchte wohl ein Defizit in seinem kulturellen Profil auszugleichen. Er förderte avantgardistische Maler wie Goya und ebensolche Ideen – eben die eines Museums. Beide überlebten den Sturz des Mächtigen. Josef Bonaparte, nächster Regent des Landes, kam nicht dazu, ein Josefinisches Museum in Madrid zu installieren. Das dafür vorgesehene Gebäude existierte bereits – und mußte in den napoleonischen Kriegen als Pferdestall herhalten. Die Bleidächer wanderten in die Munitionsfabriken.
Erst der Nachfolger des Franzosen, Fernando VII., *El Deseado,* eine wahre Schreckensgestalt in der Geschichte Spaniens – man betrachte Goyas Porträt des dem Namen nach angeblich Erwünschten – gab der inzwischen nicht mehr ganz neuen Idee Gestalt. Eine angesichts des Charakters dieses Herrschers nahezu unbegreifliche Tat.
Zwei Jahre lang hatte man sich auf das Ereignis vorbereitet, hatte das klassizistische Villanova-Gebäude, dem, kaum endgültig fertiggestellt, schon durch Wassereinbrüche der Ruin drohte, behelfsmäßig hergerichtet, hatte 1510 Gemälde aus diversen königlichen Schlössern angefordert. Fernando hatte sich persönlich samt Gefolge eingestellt, um die Arbeiten zu inspizieren. Am 20. Oktober 1819 wünschte er anläßlich der Ankunft seiner neuen Königin, Isabel II., die Eröffnung des neuen Museums auf der Wiese des Heiligen Hieronymus, dem *Prado de San Jeronimo*, zu feiern.

Allein, es war – in Spanien eher die Regel denn die Ausnahme – der Katalog noch nicht fertig gedruckt. Man bat um einen Monat Aufschub. Am 19. November erwachte eines der bedeutendsten Museen der Welt ohne jede Begleitmusik zum Leben. Weder König noch Volk schienen das lange vorbereitete Ereignis zur Kenntnis zu nehmen. Ganze 311 Bilder wurden gezeigt – bis an die Decke dicht an dicht gehängt, so daß kaum ein Finger zwischen den Rahmen Platz fand. Für die Betrachtung der weiter oben hängenden Gemälde stand ein Fernglas zur Verfügung. Die gezeigten Werke erscheinen aus heutiger Sicht als abenteuerliche Mixtur – gut gemeint, doch mit absoluter Ahnungslosigkeit ausgewählt. Es dominierten Exponate, die dem gerade gängigen Zeitgeschmack entsprachen – etwa »Der Hunger von Madrid« eines José Aparicio oder, als Nummer Eins der Ausstellung, eine Madonna von Jacinto Geronimo Espinosa, dessen Name und Werk inzwischen selbst intimen Kennern der Materie fremd sind.
Dazwischen hing immerhin Velazquez' »Übergabe von Breda«, etliche Murillos waren zu finden und zwei Goyas – ausgerechnet Porträts der Eltern Fernandos, die der König noch inniglicher haßte als den Künstler selbst. Vermutlich wurden neben den Gemälden naturwissenschaftliche Kuriositäten gezeigt. Ursprünglich sollte das Gebäude insgesamt die naturgeschichtliche Sammlung von Carlos III. beherbergen. Jedenfalls erinnerte sich Sanchez Canton, mehr als ein Jahrhundert später Direktor des Prado, im Museum eine enorme ovale Truhe gefunden zu haben, die getrocknete Vögel enthielt.
Fest steht, daß das Museum in seinen frühen Jahren gewiß kein übermäßig einladender Ort war. Die Fußböden bestanden teilweise aus gestampfter Erde, die gegossen werden mußte, damit nicht der Staub die Sicht auf die Bilder verwehrte. Im Winter war es in den Räumen schneidend kalt. Geheizt wurde mit drei Kohlebecken. Natürlich nur am Mittwoch, dem Besuchstag.
Eingelassen wurde, wer nicht barfuß oder schlecht gekleidet kam. Oder einen Stock bei sich trug – »ausgenommen Personen, die ihn ihrem Charakter und ihrer Bildung gemäß mit sich führen.« Dem König war ein Extrasalon vorbehalten. Dort hingen die Aktgemälde – Rubens, Tizian – und wurde Schokolade gereicht.

Allem Anschein nach ist der Prado heute der meistbesuchte Ort Spaniens. Wer immer sich mit Bosch, Velazquez, Goya beschäftigt, muß die hier hängenden Originale gesehen haben. Picassos »Guernica« läßt sich ebensowenig auf dem Kalenderblatt erleben. Doch nicht nur für die Eingeweihten ist der Prado Pilgerziel, sondern darüber hinaus für eine Million Touristen pro Jahr, die mehrheitlich ziemlich blick- und ahnungslos durch die Säle schlurfen. Längst ist der Prado ein Mythos: ein ehrfurchtgebietendes Muß für die einen, ein in seinem Charakter und Reichtum einmaliger Schatz für die anderen.

Die anderen haben nach kurzer Zeit die Orientierung gefunden, wissen, wo ihre Lieblinge hängen, und erforschen danach weniger populäre Sphären. Die einen irren mit der schriftlichen Besichtigungsanleitung in der Hand durch ein Labyrinth, vergleichen Schilder und Nummern mit den Angaben im Buch und geraten darüber in Konfusion. Ihr Glückserlebnis im Prado ist die Identifizierung von Gemälden.

Freilich, es wurde schon in anderen Sphären gedacht. Nachdem die USA um die Jahrhundertwende das spanische Weltreich entgültig per Blitzkrieg um Kuba und die Philippinen verkleinert hatten, bedauerte der nordamerikanische Sammler Henry O. Havemeyer lauthals das Versäumnis seiner Regierung, nicht einen Tausch des Prado für die Philippinen erzwungen zu haben.

Der besondere Charakter der Gemäldesammlung des Prado liegt in der Natur einer über Jahrhunderte hinweg gepflegten und erweiterten, stets am neuesten Stand der Dinge gehaltenen Privatsammlung – der Sammlung der spanischen Könige, der Habsburger und der Bourbonen. In ihr spiegeln sich politische Vorgänge und Tendenzen ebenso wie der persönliche Geschmack der verschiedenen Herrscher. Wesentlich für das Zustandekommen eines solchen Schatzes war die kluge Verfügung von Felipe IV., einem leidenschaftlichen Kunstliebhaber und Sammler, die Verfügungsgewalt über die Sammlung jeweils an die Thronfolge zu binden.

Auf diese Weise wurden die Bestände beisammengehalten. Jeder Regent trug zur Erweiterung der Sammlung bei – sei es aus Tradition oder Passion. Mit den Habsburgern kam durch deren politische Vormachtstellung in jenen Ländern vor allem die niederländische und italienische Malerei an den Hof, mit den Bourbonen die französische

Kunst. Es fehlen – abgesehen von zwei Rembrandts – die Holländer des 17. Jahrhunderts. Eine Folge des Aufstandes der Niederlande gegen die spanische Besetzung.
Die Einzigartigkeit des Prado liegt in seinen Schwerpunkten, der Fülle und der ausgezeichneten Qualität, die er in den verschiedenen Schulen vorweist. Allen voran naturgemäß in der spanischen – in erster Linie Velazquez und Goya, Hofmaler beide.
Eines der bedeutendsten Gemälde, die der Prado beherbergt, ist Goyas »Familie Karls IV.«. Als erster Maler des Königs auf dem Gipfel seiner Karriere angelangt, hat Francisco Goya in seinem offiziellen Porträt der Herrscherfamilie die Wahrheit über jene Hoheiten zum Ausdruck gebracht und zugleich ein wunderbares Bild geschaffen, in dem das Licht die Hauptrolle spielt: Betörend glitzern Gold und Edelsteine auf der Ordensbrust des einfältigen, dicken Königs; daneben überstrahlt die abstoßend häßliche Maria Luisa hoch erhobenen Hauptes, im Gesicht den Ausdruck von Schläue und Machtgeilheit, ihre mediokre Sippe. Ist es Zufall, daß Kronprinz Fernando, der künftige Despot, nur halb im Licht steht, mit einem kleinen, grausam-perversen Lächeln?
Das Werk wurde von den Majestäten gnädig aufgenommen, obwohl es, wie Eugenio d'Ors, der Autor des profundesten Werkes über den Prado, festhielt, »die Apotheose der Unehrbietigkeit war.« Obwohl die Ähnlichkeit des jüngsten Prinzen mit Manuel Godoy unübersehbar war.
Fernando VII. mußte den liberalen »Fanzösling« Goya aus ganzem Herzen hassen. Gleichwohl beschützte er ihn vor der von ihm selbst wiedereingeführten Inquisition und ließ den alten Künstler bei vollem Gehalt als Hofmaler ins französische Exil ziehen – unter dem Vorwand eines Kuraufenthaltes.
Jahre zuvor hatte Goya sich am Stadtrand von Madrid, am Ufer des Manzanares, ein Landhaus gekauft. Im Volk wurde das Anwesen in Anspielung auf das Gebrechen des Malers bald als *Finca del sordo* bekannt – Hof des Tauben. Das Eßzimmer der *Finca* bemalte der damals Dreiundsechzigjährige mit Fresken, den sogenannten Schwarzen Malerien, die vielen Kunstkennern als Goyas reifste Werke, biederen Zeitgenossen indes abstoßend erscheinen: den Hexensabbat, Saturn, der seine Kinder frißt, Judith und Holofernes ...
Nach dem Tod des Künstlers wurde die *Finca* verkauft, zuletzt an den

deutschen Baron Emil d'Erlanger, der die durch den Verfall des Hauses bedrohten Fresken auf Leinwand übertragen und anläßlich der Pariser Weltausstellung 1878 im Trocadero ausstellen ließ, wo kaum jemand von ihnen Notiz nahm.

Erlanger stiftete die Fresken daraufhin dem Prado, dessen Bürokratie das großzügige Geschenk mit gemischten Gefühlen annahm. Handelte es sich doch um das bei weitem revolutionärste Werk Goyas. Um so mehr muß erstaunen, daß die damalige spanische Regierung vier Gemälde aus diesem Zyklus als Leihgaben anforderte. Angeblich, um den Regierungssitz damit zu dekorieren. Vermutlich jedoch in der Absicht, die subversiven Werke auf elegante Art vor unberufenem Publikum zu bewahren.

Ähnlich dürfte die damalige Direktion des Museums gedacht haben, denn der Zyklus blieb im Verborgenen, bis ein Sohn des Baron Erlanger den Prado aufsuchte, vergeblich nach den großzügig gestifteten Werken fahndete und schließlich die Direktion um Aufklärung bat. Er mußte erfahren, daß die Gemälde nicht nur im hintersten Versteck des Hauses gelagert wurden. Man hatte es auch nicht für nötig gehalten, den Stifter zu erwähnen.

Doch nun konnte man nicht mehr umhin, die Werke auszustellen, woraufhin der Zyklus eine Wanderung durch alle Stockwerke des Prado antrat. Kein Platz war den Direktoren geheuer für ein so ungeheures Werk. Heute hängt es im hintersten Raum des unteren Stockwerkes, wo es stets von eifrigen Japanern umlagert wird, die – angeleitet von einer kundigen Führerin – Alptraum und Schrecken des Unbewußten im Crash-Kurs sich anzueignen bestrebt sind.

Es gibt kunstbegeisterte Spanier, die allen Ernstes erklären, im Prado wohnten Geister. Das ist nicht sonderlich überraschend, blüht doch der Aberglaube im ganzen Land. Über die speziellen Prado-Geister hat indes ein Psychiater ein Buch geschrieben – Juan Rof Carballo: *Los Duendes del Prado.*

Ein *Duende* ist kein gewöhnliches Gespenst, sondern eher ein Kobold – ein nicht als Materie zu beschreibender Funke Leidenschaft und Besessenheit, eine Manifestation des kollektiven Unterbewußten, ohne die beispielsweise der Flamenco nicht bestehen kann. Auch große Malerei habe ihren *Duende,* sagen die Spanier und lokalisieren ihn im Prado.

Und da wiederum in ganz bestimmten Werken. Allen voran im »Garten der Lüste« des Hieronymus Bosch, einem Tafelbild, das zu beschreiben schlicht unmöglich ist, über das aber seit der Mitte des 16. Jahrhunderts bis auf den heutigen Tag an die zweihundertfünfzig Theorien entwickelt worden sind. Dem *Duende* angemessen erscheint die Deutung des Kunsthistorikers Wilhelm Fraenger, es handle sich bei dem Tryptichon um eine Art Lehrbuch für Novizen der ketzerischen Sekte der Adamiten, die sich während des Mittelalters in Nordeuropa ausbreitete. Sie predigten die Rückkehr zur Reinheit vor dem Sündenfall – was sexuelle Freiheit und Riten einschloß, in denen nackte Menschen mit Hilfe ihres Körpers die Befreiung der Seele suchten. Wahrscheinlich, so Fraenger, war Bosch selbst ein Adept der Sekte.
Wie erstaunlich – doch dies spricht wieder für den *Duende* –, daß ausgerechnet Bosch der Lieblingsmaler des streng katholischen, asketischen Felipe II. war, der dessen »Sieben Todsünden« in seinem Schlafzimmer im *Escorial* aufgestellt hatte. Das Werk hat die Form eines Mandalas – laut Fraenger ein Initiationsaltar der Adamiten.
Möglicherweise entging dem frommen König der ketzerische Inhalt seiner Lieblingsbilder und er sah sie einfach an wie Comic strips mystischen Inhalts. Die vielen nackten Körper auf den Bildern galten zu Felipes Zeit noch nicht als anstößig. Somit waren auch die in den Prado gelangten Rubens- und Tizian-Akte, Lieblingsbilder der ersten königlichen Sammler, nicht Ausdruck einer klammheimlichen Obsession ihrer Besitzer.
Ende des 18. Jahrhunderts hingegen wurden sie als dermaßen anstößig empfunden, daß man ernsthaft erwog, diese Werke zu verbrennen. Fernando VII. sah zwar vom Scheiterhaufen ab, war aber ängstlich darauf bedacht, daß derlei Gemälde nicht dem Publikum zugänglich gemacht wurden. Man hängte sie in einem gesonderten Raum auf, den zu betreten der sittlich gefestigten Persönlichkeit des Herrschers allein vorbehalten war. Dürers »Adam und Eva« befand sich in diesem Kabinett, die meisten im Besitz des Prado befindlichen Werke von Tizian und Rubens – und zwischen all die nackten Frauen ließ Fernando die jüngste Erwerbung des Museums hängen: »Die Familie Karls IV.« von einem gewissen Goya.
Eine weitere Entweihung des Museums im Zuge der Restauration

konnte gegen Ende des 19. Jahrhunderts gerade noch abgewendet werden. Entrüstet erinnert sich Rodrigo Soriana in seinem Tagebuch *Diario de Regoyos – Historia de una Rebeldia:* »Dieser sevillianische Kazike, der Minister José Luiz Albareda, schlug dem Direktor der Akademie der Schönen Künste vor, in dem Museum, ich glaube, zu Ehren ausländischer Fürsten, nächtens einen Ball zu veranstalten! Don José Luiz, ein Mann von Imagination, beschrieb im voraus ein neronisches Fest. Tausend Lichter würden das Gold der Velazquez und Goya erglühen lassen... Schöne Damen entblößten ihre Dekolletés und Rundungen neben der *Venus* von Tizian und den *Drei Grazien* von Rubens. Das Buffet sollte in der Rotunde aufgestellt werden und irgendwann – das hat Pepe Luiz nicht gesagt, nehme ich an – würde irgendein sevillianischer *Señorito,* den es schon langweilt, wilde Stiere umzubringen, die *Drei Grazien* anzünden und damit das ganze Museum. Diese diabolische Idee wurde nicht in die Tat umgesetzt, da mein guter Vater ein solches Ansinnen zurückwies...«

Noch heute nimmt der sorglose, in mitteleuropäischen Augen sogar lieblose Umgang der Prado-Verwaltung mit Spaniens wertvollstem Kunstschatz wunder. Werden in anderen, vergleichsweise bedeutungslosen Museen Spaniens dem Besucher sofort Mantel und Taschen, vor allem aber Kameras entrissen, so darf er im Prado lediglich kein Blitzlichtgerät über die Schwelle tragen. (In der Expositur verhält sich das etwas anders, worüber später zu berichten sein wird.) Also wird dort geknipst, daß Kodak sich vor Wonne schüttelt, manch einer lehnt sich ermattet gegen den Tisch der »Sieben Todsünden«, und immer wieder wird in örtlichen Tageszeitungen darüber geklagt, daß zum Beispiel die Fenster offenstehen und somit die Sonne auf die wertvollen Gemälde knallt.

Auch zahlreiche spanische Besucher des Museums zeigen mehr Attitüde als Sachverstand. Da ist etwa ein kleingewachsener Eingeborener, der seine Großfamilie vor Velazquez' »Meninas« vergattert, rasch das neben dem Bild angebrachte Schild inspiziert und dann den Seinen mit großer Geste kundtut: »Das sind die Hofdamen am spanischen Hof. Das Bild ist 333 Jahre alt.«

Der Mann ist kein Einzelfall. Sei es der »Garten der Lüste«, »Die Übergabe von Breda«, die »Familie Karls IV.« – der Großteil der Besucher konsultiert zuerst das bewußte Schild, bevor das Werk betrachtet wird – und dann malt sich kein Erkennen in den Zügen. Oder es ist von der Art der jungen Nordamerikanerin, die sich angesichts der »Meninas« an ihre Begleiterin wendet: »Oh, dieses da kenne ich. Darüber mußten wir in der Schule eine Bildbeschreibung machen. Habe mich lange damit herumgequält.« Vor Goyas Familienporträt starrt die Bildbeschreiberin auf Maria Luisa und findet: »Sieht sie nicht aus wie Mami? Wie eine alte Frau vom Land.«

Wochentags arbeiten die Kopisten vor den berühmtesten Werken – meist junge Japaner. Ein Blick über ihre Schulter lehrt häufig die subtilen Qualitäten des Originals erst richtig sehen.

Naturgemäß gibt es auch den Typ Besucher, der kommt, um sich zu inszenieren – der kopfschüttelnd quer durch den Saal auf ein Bild losstürmt, die Ecke rechts unten in Augenschein nimmt und sich schließlich mit einem »tsss« auf den Lippen abwendet. Nicht wenige dieser Besucher tragen Samtbarett und weiten Umhang.

Ab und an ergießt sich eine Schulklasse in einen der Ausstellungsräume, schlägt flott ihre Klappstühlchen um den dozierenden Lehrkörper auf, dessen Erkenntnisse eifrig mitgeschrieben werden: »Ein Humanist der damaligen Zeit wußte weniger als ein durchschnittlicher Schüler heute ...«

Die vielen blauuniformierten Wächter und Wächterinnen nehmen derlei gelassen, geben kundig Auskunft, schäkern miteinander, weisen den Weg zu Gemälden, Kantine und Toiletten. Es scheint hier mehr Personal zu geben, als in jedem vergleichbaren Museum. Gewiß aber ist es nachsichtiger als anderswo.

Was heute als Sorglosigkeit und vielleicht mangelndes Bewußtsein für die unersetzbaren Werte erscheint, hat Tradition – die ist gewissermaßen älter als das Museum selbst. Brände, Diebstahl und Verschwinden von Werken standen seit jeher nahezu auf der Tagesordnung und wurden häufig hingenommen wie Naturkatastrophen.

Der erste Brand, dem ein Teil der königlichen Sammlung zum Opfer fiel, wurde 1604 registriert – also lange vor der Errichtung des Prado. Der damalige König Felipe III. tröstete sich darüber erst, als man ihm meldete, seine »Antiope« von Tizian – heute im Louvre – habe unversehrt geborgen werden können. In der Christnacht 1734 stand der

Alcazar von Madrid, damals zugleich Aufbewahrungsort eines nicht unwesentlichen Teiles der königlichen Sammlung, in Flammen. Der Brand war in einem der Zimmer ausgebrochen, in dem die Angestellten des Hofmalers Ranc Weihnachten gefeiert hatten. Jedermann versuchte zu retten, was zu retten war – man schnitt die Gemälde mit Messern aus den Rahmen. 537 Werke gingen verloren, darunter etliche von Velazquez – so »Die Vertreibung der Moren.«
Als 1891 innerhalb von drei Tagen zweimal im Prado Brände ausbrachen, die freilich rechtzeitig gelöscht werden konnten, nahm dies ein junger Reporter namens Mariano de Cavia zum Anlaß, auszumalen, was hätte passieren können. Die Zeitung »Liberal« druckte seine mit viel Vorstellungskraft geschriebene Geschichte unter der Schlagzeile: »Die Katastrophe der Nacht – Ganz Spanien in Trauer – Das Museum in Flammen.« Die dramatische Schilderung schloß mit einer Notiz des Autors an den Chefredakteur: Dies sei die erbetene Talentprobe ... Im übrigen könne das dargestellte Ereignis jeden Tag eintreten. Auch diese Notiz wurde ins Blatt gehoben, doch offenkundig von vielen Lesern nicht mehr zur Kenntnis genommen. Jedenfalls strömten die Madrilenen anderntags in Scharen zum Prado, um die Folgen der Katastrophe in Augenschein zu nehmen.
Immerhin zeitigte das Mißverständnis einen Erfolg. Der zuständige Minister inspizierte den Prado und fand haarsträubende Zustände vor: Der Keller entpuppte sich als Brennholzlager, das dem Minister bei Kerzenlicht präsentiert wurde. Auf dem Dachboden, inmitten des leicht entzündlichen Balkenwerkes, lebten fünf Familien – Museumsangestellte. Eine Unsitte, die seit der Gründung des Museums üblich war. Küchenabzüge und Kamine verliefen direkt durch einen Stapel Brennholz.
Ansehnlich ist auch die Chronik der Diebstähle – wobei zweifelhaft ist, ob tatsächlich alle registriert wurden. 1861 entdeckte man das Fehlen eines männlichen Porträts aus dem 17. Jahrhundert und bestrafte den Hausmeister sowie zwei Wächter. Am 18. Januar 1870 fehlten sechs große Goya-Kartons – Vorlagen für Wandteppiche. Sie sind bis heute nicht wieder aufgetaucht und beflügeln immer noch die Phantasie einschlägig interessierter Schatzsucher.
Nie restlos geklärt wurde das Verschwinden einer Murillo-Skizze zu

dem Gemälde »Die Heilige Anna unterrichtet die Jungfrau« zwischen 1892 und 1900. Der phantasievolle Journalist Mariano de Cavia erfuhr 1911, daß die Skizze einem französischen Museum angeboten worden sei. Er informierte die Direktion des Prado, die um Stillschweigen bat und nie ein Wort über die Angelegenheit verlauten ließ.
Im September 1918 entdeckte man den bislang bedeutendsten Raub: Stücke aus dem Schatz der französischen Könige, dem *Tesoro del Delphin,* fehlten. Die Kriminalpolizei trat auf den Plan, Fingerabdrücke wurden gesichert. Schließlich stellte sich heraus, daß ein Wächter bereits zwei Monate zuvor das Fehlen der Schmuckstücke gemeldet hatte, worauf der Hausmeister nur die Achseln gezuckt habe.
Später erklärte der damalige Prado-Direktor Villegas, am 1. Juli, bevor er sich einer Augenoperation unterzogen habe, seien die Juwelen noch da gewesen. Er mußte sich fragen lassen, wie er sich dessen sicher sein könne, da er doch schlecht gesehen habe.
Die Angelegenheit wurde zur Affäre. Es kam ans Tageslicht, daß der Direktor und seine Untergebenen im Museum ihre Maler- und Bildhauerateliers unterhielten, Modelle empfingen, Käufer abfertigten – alles, während die Säle dem Publikum geöffnet waren. Ein gewisser José Lazaro berichtete, ein berühmter Antiquar habe ihm vor einiger Zeit zwei Bilder gezeigt und auf die Frage, wo er die gekauft habe, in aller Gemütsruhe geantwortet: »Im Museum des Prado«.
Der Räuber der Preziosen wurde letztendlich ausfindig gemacht und zu einer lächerlich geringen Strafe verurteilt. Er hatte Gemmen und Edelsteine aus dem Zierrat gebrochen, billig verkauft und den Rest zerbrochen in den Abfall geworfen. Die führenden Intellektuellen Spaniens unterzeichneten als Reaktion auf diese Affäre eine Erklärung, in der sie effiziente Schutzmaßnahmen für den Prado forderten. Unter den Unterzeichnern war freilich nicht ein bildender Künstler. Kenner von Land und Leuten erklärten dieses Phänomen mit einer traditionellen Feigheit der Bildenden, die sich von allen öffentlichen Angelegenheiten fernhielten. Picasso hat später mit dieser Tradition gründlich gebrochen.

Immer wieder wurde bei Durchsicht der Bestände festgestellt, daß dieses oder jenes fehlte. Vor allem aber fehlte die Übersicht, ob das Werk beim Restaurator oder in Diebeshänden gelandet war. Die gegenwärtige Direktion läßt versichern, daß derlei inzwischen undenkbar sei – abgesehen von den vorzüglichen Alarmanlagen, die man habe installieren lassen.

Der letzte bekannte Einbruchsversuch ereignete sich in den Siebzigern und endete tragisch: Ein bestens mit allem erforderlichen Werkzeug ausgestatteter maskierter Mann stürzte beim Versuch, über das Dach einzusteigen, in flagranti ab und brach sich das Genick.

Häufig schienen sich die Direktoren des Museums nicht dessen Bedeutung bewußt gewesen zu sein. Als 1917 bekannt wurde, daß in London ein Herzstück der spanischen Malerei, Velazquez' »Venus mit dem Spiegel«, zum Verkauf stünde, reagierte Direktor Villegas nicht. Die *National Gallery* erstand das Werk für 45 000 Pfund. Gewiß ein stolzer Preis – doch in Spanien fehlte es vorrangig an den geistigen Voraussetzungen für den Ankauf. Dabei gibt es in diesem Land nicht wenige Kunstliebhaber, für die der Verlust der »Venus«, ihr Exil ausgerechnet in England, ein zweites Gibraltar bedeutet.

Die Interesselosigkeit der Direktion war um so unverständlicher, als der Prado unter anderem eine Velazquez-Kultstätte ist. Der Saal XII, in dem 26 Velazquez-Werke versammelt sind, das hohe, ovale Herz des Gebäudes, ist für viele Besucher der ausschließliche Grund, den Prado aufzusuchen.

Der Sevillaner Diego Velazquez de Silva war bereits als Vierundzwanzigjähriger der Hofmaler von Felipe IV., einem kunstsinnigen Sammler und Intellektuellen, doch glücklosen Politiker, der darüber hinaus mit Rubens freundschaftlichen Umgang pflegte. Der Herrscher hielt beispielsweise seine schützende Hand über die Maler Herrera el Viejo und Alfonso Cano, als diese beiden Künstler wegen Falschmünzerei, beziehungsweise Mord angeklagt werden sollten. Velazquez wiederum schickte der König zweimal nach Italien, wo der Hofmaler Gemälde für die königliche Sammlung einzukaufen hatte. Er ersteigerte den Löwenanteil der Sammlung von Karl I. von England, der gerade hingerichtet worden war. Der eigentliche Henker, Oliver Cromwell, steigerte mit.

An dem kunstsinnigen Hof macht Velazquez auch Karriere als Höfling. Er wird zum Türhüter, Kammerherrn und zuletzt Hausmarschall ernannt. Seinem Streben nach einem Adelstitel kommt der König entgegen, indem er dem Künstler den Eintritt in den Santiago-Orden ermöglicht, der eigentlich dem Hochadel vorbehalten ist. Als letzte Ehre nach Velazquez' Tod läßt Felipe dem Selbstporträt des Malers auf den »Meninas« das Kreuz des Ritters von Santiago auf die Brust malen.

»Las Meninas«, die Hofdamen, gilt unter Kunsthistorikern als das bedeutendste Werk von Velazquez – als »Theologie der Malerei« hat es Lucas Jordan bezeichnet. Nicht nur Leute seiner Zunft haben sich mit dem Werk befaßt, auch Philosophen wie Ortega y Gasset und Michel Foucault, der in »Die Ordnung der Dinge« einen Aspekt der Faszination analysiert, die von dem Gemälde ausgeht: »Der Platz, auf dem der König mit seiner Gattin thront, ist gleichermaßen der des Künstlers und der des Zuschauers. Im Hintergrund des Spiegels könnten und müßten das anonyme Gesicht des Vorübergehenden und das von Velazquez erscheinen... Das Bild in seiner Gänze blickt auf eine Szene, für die es seinerseits eine Szene ist.«

Häufig gewürdigt wurde der impressionistische Eindruck, den das Werk hinterlasse – der Eindruck einer Momentaufnahme aus dem königlichen Privatleben, die unerhörte Raumtiefe. Es ist bei allem Charme, den das blonde Kind unter so vielen Erwachsenen in dem finsteren Saal ausstrahlt, ein rätselhaftes Bild. Die Infantin wird von allen Seiten beobachtet. Sie selbst sieht dem Betrachter direkt in die Augen. Am Rande tritt ein Zwerg einen Hund, der keineswegs ein zu jenen Zeiten übliches Schoßhündchen einer Prinzessin ist.

Von J. Brown stammt die vollständigste Erklärung der Bildhandlung in der jüngeren Zeit: Die Infantin ist gekommen, um Velazquez malen zu sehen – tatsächlich hat er gerade sie sehr häufig gemalt. In zahlreichen Museen hängen ihre Porträts. Er muß vernarrt in die kleine Prinzessin Margarita gewesen sein. Während ihr eine der Hofdamen ein Glas Wasser reicht, betritt das Königspaar den Raum und wird im Spiegel des Hintergrundes sichtbar. Mehrere der anwesenden Personen haben den Eintritt der Herrscher bemerkt und heben den Blick, der sich auf einen Punkt außerhalb des Bildes richtet. Velazquez ist nicht dabei, die Majestäten oder die Infantin zu malen, sondern er malt das wichtigste Bild seines Lebens, das heißt: *Las Meninas*.

Ein Bild, das bis in die Gegenwart immer wieder Maler anregt, als Zitat verwendet wird und zur Reflexion über den Beruf des Malers anregt. Eindrucksvollstes Beispiel: Picassos 44 Variationen über die *Meninas* aus dem Jahr 1957, zu studieren leider nicht im Prado, dessen Direktor der Künstler immerhin drei Jahre lang war, sondern im *Museo Picasso* in Barcelona. 1936, anläßlich des Franco-Putsches, der zum Bürgerkrieg führte, hatte sich der in Paris lebende Spanier Picasso an die Seite der Republikaner gestellt, die ihn zum Museumsdirektor beriefen. Entgegen der weitverbreiteten Legende, Picasso habe die Schätze des Prado evakuiert und mit ihnen gemeinsam das Land verlassen, hat er seinen Direktorenposten im belagerten Madrid nie angetreten. Hingegen tat er alles in seiner Macht Stehende, um die Welt auf die Gefahren aufmerksam zu machen, die dem Prado drohten.

Ernst Toller, der im Zuge seiner Bemühungen, eine Hungerhilfe für die notleidende spanische Republik zu organisieren, zu der Zeit nach Madrid kam, hat den Prado in seinem traurigsten Zustand erlebt. Er schrieb in sein Tagebuch: »Die Säle des Prado sind geräumt. Im Anfang, als Madrid keine Flugabwehrgeschütze hatte, flog ein faschistisches Geschwader über die Stadt und suchte sich ein Ziel: den Prado. Das Museum, das die größten Kunstwerke der Menschheit beherbergt, ... kostbar und unersetzlich. Auf dieses Museum warfen die Flugzeuge Brandbomben.

Der alte Museumsdiener erkennt mich ... ›Sie sind lange nicht hier gewesen, Señor‹, sagt der Alte. Er gibt mir eine Brandbombe, die nicht explodiert ist. Auf der weißen Metallfläche sehe ich ein Zeichen: *65RH.S.K/134.* Das sind keine Hieroglyphen. Die Buchstaben sind mir wohlbekannt. ›Rhein-Stahl Krupp‹ bedeuten sie. Die Visitenkarte des Herrn Adolf Hitler für den Prado.

Der alte Diener führt mich in den Keller. Hierhin hat man die Gemälde gebracht. Ich zünde ein Streichholz an. ›Nein, Señor, kein Streichholz‹, sagt er und holt eine elektrische Taschenlampe. Er beleuchtet die nebeneinandergeschichteten Gemälde. Er zeigt mir neue Grecos, meine Goyas, die während des Krieges entdeckt wurden. Man fand sie in Spitälern und Banken, in alten Dorfkirchen. Oft waren sie übermalt und verunstaltet. Während vor den Toren der Stadt die Soldaten in Schützengräben liegen, wenige Meter vom Feind entfernt, werden hier in unermüdlicher Arbeit Bilder untersucht und restauriert. Die alten Gemälde werden alle paar Tage untersucht. Sie sollen keinen Schaden leiden von der ungewohnten Temperatur der Verliese.

›Führen Sie mich in die oberen Säle‹, bitte ich den alten Mann.
›Die sind leer‹, sagt er, ›und die sind traurig.‹
›Ich möchte sie trotzdem sehen.‹
Wie gehen durch die Hallen, die ich so oft besucht habe. Einige sind von Bomben zerstört. Wir kommen in den Saal, in dem die Bilder Goyas waren. Ich zeige auf die leere Wand. ›Hier hing die königliche Familie‹, sage ich. Der Alte nickt. Wir kommen in ein Kabinett. ›Hier hing der Christus von Goya‹, sage ich.
Der Alte sieht mich an. Seine Augen glänzen. Vierzig Jahre hat er diesem Museum gedient. Jedes Bild war ihm vertraut, jeder Winkel. Fremde aus aller Welt hat er umhergeführt mit leisen, bedachtsamen Schritten. Das Haus war seine Heimat, sein Leben. Wir gehen weiter. Jetzt spricht der Alte. ›Hier hing Murillos *Empfängnis*‹, sagt er, ›hier Velazquez *Übergabe von Breda,* hier seine *Teppichweberinnen* und hier seine *Hofdamen.*‹«
1937 blieb keine andere Wahl: Die Bilder mußten nach Valencia evakuiert werden, 1938 nach Katalonien und schließlich in einem Lastwagenkonvoi in die Schweiz, wo im Historischen Museum der Stadt Genf eine Ausstellung von 152 Werken des Prado gezeigt wurde, die bis Ende August 1939 zu sehen war. Noch hingen die Bilder an den Wänden, als am 3. September 1939 der Zweite Weltkrieg ausbrach, und man beeilte sich, die Werke wieder nach Spanien zu bringen, wo nach dem Sieg Francos Friedhofsruhe herrschte.
Die Männer, denen die Rettung der Sammlung des Prado zu danken war, hatten sich zum Großteil ins Exil nach Frankreich geflüchtet, wie Manuel Azaña, der Intellektuelle und Präsident der Zweiten Republik: *dimisionario y desamortizado,* wie er schrieb – demissioniert aber ungebrochen.
Als er während der Belagerung Madrids erfuhr, in welcher Gefahr sich der Prado befinde, soll er ausgerufen haben: »Der Prado ist für Spanien wichtiger als die Republik und die Monarchie zusammen!« Seine letzte Nacht in Spanien verbrachte Azaña damit, die Lastwagen zu zählen, die mit den spanischen Nationalschätzen über die Grenze nach Frankreich rollten. Wenig später starb er im Exil.
Pablo Picasso, der nominelle Prado-Direktor, hatte die bedrängte Republik nicht nur mit Spenden und Aufrufen unterstützt. Nachdem

am 26. April 1937 deutsche Bomber im Einsatz für Franco die baskische Stadt Guernica zerstört hatten, wußte er, was er für den spanischen Pavillon bei der Weltausstellung 1937 in Paris malen würde: *Guernica* – sein gewiß bedeutendstes Werk, eine neue Kunstkategorie. Das haarsträubende Votivbild gigantischen Ausmaßes. Picasso hatte sich sofort nach dem Kriegsverbrechen wütend ans Werk gemacht und nach zehn Tagen Skizzenarbeit zu malen begonnen. In bedrückenden Grautönen ließ er die Folgen des Krieges zum Himmel schreien: Das Kind ist tot, das Haus steht in Flammen, zerfetzte Körper, Schreie der Agonie, Blicke voll Entsetzen. Ratlos betrachtet der Stier die Szene. Der Krieger liegt unter den Hufen des Pferdes und umklammert immer noch ein zerbrochenes Schwert.

Am bewegendsten sind die Figuren der vier Frauen, ihr Ausdruck von Verzweiflung, Angst und allumfassendem Schmerz. Die Erkenntnisse des Kubismus, die Reinheit der neoklassischen Linien, die Verzerrungen der kurz zuvor gemalten Akte vereinte Picasso in »Guernica« zu einem Mahnmal menschlicher Verzweiflung.

Der Künstler war und ist auch nach seinem sowie nach dem Tod Francos ein Todfeind der Faschisten. »Guernica« ist heute in der Expositur des Prado, dem *Cason del buen Retiro,* in einem Käfig aus schußsicherem Glas untergebracht. Die Besucher dieses Nebengebäudes müssen eine Sicherheitsschleuse passieren wie auf dem Flughafen. Sofort springt ein Wächter hinzu, wenn ein Betrachter dem Glas zu nahe tritt. Die Museumsangestellten tuscheln häufig nervös von *Navaja* – einem Taschenmesser.

Offenkundig ist Picasso noch immer politischer Zündstoff, und das war gewiß seine Absicht. »Was glauben Sie, was ein Künstler ist?« fragte er aufgebracht, als diverse Kunstlemuren seinen Eintritt in die kommunistische Partei Frankreichs nach der Befreiung dieses Landes degoutant fanden: »Ein Schwachsinniger, der nur Augen hat, wenn er ein Maler ist, oder Ohren, wenn er Musiker ist, oder eine Leier in jeder Kammer seines Herzens, wenn er ein Dichter ist...? Im Gegenteil, er ist zugleich ein politisches Wesen... Nein, Malerei dient nicht dazu, Wohnungen zu dekorieren, sie ist ein Instrument des Krieges, um den Feind anzugreifen und sich gegen ihn zu verteidigen!«

In den Nebenräumen des *Cason* werden die Vorstudien zu »Guernica«

gezeigt. Eine davon – »Traum und Lüge des Franco« zeigt den *Caudillo*, der mit der Spitzhacke das Bildnis der Künste attackiert, es dann mit Stacheldraht umzäunt und dem Götzen des Geldes kniend opfert, worauf ihn der Stier wütend aufs Horn nimmt. Picasso hat das Spanien der Franco-Diktatur nie betreten, seine Werke konnten erst nach dem Tod des Diktators aus dem Exil geholt werden.

Solange der kleine dicke General über Spanien herrschte, befand sich der Prado bestenfalls im Dornröschenschlaf – wenn die Faschisten nicht gerade in ihrer Ahnungslosigkeit für Schaden sorgten. 1941 einigten sie sich mit dem Vichy-Regime darauf, eine im Louvre hängende »Unbefleckte Empfängnis« von Murillo – von der sich bereits zwei weitere Variationen im Prado befanden – gegen einen Velazquez zu tauschen. Spaniens Kunstfreunde ballten die Fäuste in den Hosentaschen.

Alvarez de Sotomayor diente dem Diktator 21 Jahre lang als Direktor des Prado. Als das *Metropolitan Museum* ihm im Tausch die romanischen Fresken aus der *Erimitage de San Beudelio* überließ, rief der oberste Kunstbeamte angesichts des unakademischen Stils eines Künstlers aus dem 12. Jahrhundert aus: »Diese Malereien auszustellen ist, wie einen Picasso im Prado aufzuhängen!«

Er ahnte wohl nicht, wie recht er damit hatte.

Die Spaß-Guerilla

Heiterkeitserfolge im Kampf gegen die Grundstücksspekulation in Madrid

Natürlich nahm diese bedeutende Friedensinitiative wieder einmal kein zuständiger Mensch zur Kenntnis: Die provisorische Regierung des Königreiches Belmonte bot sich an, im Golf-Konflikt zu vermitteln. Es handelt sich zwar ausnahmslos um einfache Leute – Handwerker, Taxifahrer, viele schon Rentner. Aber sie verstehen etwas von solchen Dingen. Ihr Staat entstand in monatelangem Barrikadenkampf gegen einen scheinbar übermächtigen Gegner. Und daß sie auf internationale Verwicklungen rasch und phantasievoll zu reagieren wissen, haben sie erst recht bewiesen.

Das war am 25. Juli 1990. Eigentlich waren die Belmontesen ja vor das Rathaus von Madrid gezogen, um mit Bürgermeister Agustín Rodriguez Sahagun ein ernstes Wörtchen zu reden. Aber der dachte nicht daran, eine Delegation der Demonstranten zu empfangen. Also disponierten die kurzerhand um, enterten mit Kind und Kegel, Fahnen und Transparenten einen Linienbus und fuhren – die Polizei mit viel Getute immer hinterher – zur kubanischen Botschaft in Madrid.

Im fernen Havanna waren gerade irgendwelche Regimegegner in die dortige spanische Botschaft eingedrungen, es gab Stunk zwischen den beiden Regierungen. Die sogenannte Botschaftskrise beschäftigte Spaniens Massenmedien sehr. Und an der Aufmerksamkeit der Medien waren auch die Leute aus Belmonte in höchstem Maße interessiert.

Fidels Leute in Madrid glaubten zuerst, da braue sich eine Demonstration gegen sie zusammen, und machten den Laden dicht, als vor ihrer Botschaft Transparente entrollt und Sprechchöre skandiert wurden. Doch so war das gar nicht. Die demonstrierenden Belmontesen ersuchten auf diese Weise um politisches Asyl in Kuba. Der Botschafter war nicht anwesend, und der ihn vertretende Geschäftsträger ließ erst nach langem Zureden zwei Abgesandte der Asylsuchenden ein, damit diese ihr Begehr in aller Form vortragen konnten.

»Er hat gesagt, es täte ihm leid, aber da sei vermutlich nichts zu machen – es kämen so viele, die Asyl wollten«, erinnert sich eine der zwei Eingelassenen: »Aber einen Brief hat er angenommen, in dem wir unser Problem erklärt haben.«

Am nächsten Tag, es war der kubanische Nationalfeiertag – *Sturm auf die Moncada* –, wurden am nördlichen Stadtrand von Madrid von hilfsbereiten Eingeborenen zwei Angehörige der kubanischen Botschaft aufgelesen, die dort vergeblich das *Barrio Belmonte* gesucht hatten.

Belmonte ist in der Tat nicht einfach zu finden. Obwohl inzwischen, wie gesagt, ein Königreich, ist es in keiner Landkarte verzeichnet. Nicht einmal in den Stadtplänen von Madrid. Genaugenommen sah sich die Stadtverwaltung erst zur vielversprechenden Namensgebung *Belmonte* veranlaßt, nachdem sie große Pläne für diesen unscheinbaren Hügel geboren hatte, in dessen Umgebung es aussieht wie überall rund um das Stadtzentrum von Madrid: eine unübersehbare Ansammlung von rotbraunen Ziegelsteinhochhäusern – Wohnturm neben Wohnturm. Die jüngsten Exemplare sind noch nicht fertiggestellt – Rohbauten, die wie vorgeschobene Posten in einem zähen Stellungskrieg erste Breschen zu schlagen versuchen.

Auf dem kleinen Areal dazwischen nämlich, da sieht es ganz nach Dorf aus: da oder dort eine windschiefe Holzhütte, hinter Bretterzäunen mitunter ein Schrottplatz, doch in der Hauptsache ebenerdige, weißgetünchte Häuschen, umgeben von Ziersträuchern und Blumenbeeten. Eine ärmliche, aber gepflegte Idylle im Vorstadtdschungel.

»Hier bekommen uns die Verbrecher aus dem Rathaus nur als Leichen heraus«, ruft Justine Garcia Eran erregt. Die untersetzte vierunddreißigjährige Hausfrau wurde in einem dieser Häuschen geboren. »Noch vor wenigen Jahren ist bis hierher kein Taxi gefahren und erst recht kein Arzt gekommen«, erklärt Elvira Fernandez Polo die Bedeutung dieser Aussage. »Wir haben alle unsere Kinder mit Hausgeburten zur Welt gebracht und einander dabei geholfen.«

Auch Elvira ist Hausfrau und von erdschwerer Statur, doch schon 64.

Sie hat drei Söhne zur Bevölkerung des Königreiches Belmonte beigetragen. Zusammen mit ihrem Mann, einem Automechaniker, der jetzt in Rente, doch bei kämpferischer Stimmung ist: »Kein Wasser, keinen Strom, keine Straßen und Wege hat es hier gegeben, als wir vor vierzig Jahren hergezogen sind. Das haben wir alles mit eigener Arbeit und eigenem Geld installiert. Die Stadtverwaltung hat sich um diese Gegend nicht gekümmert. Da waren nur ein paar Gemüsegärten, daher war das Land billig. Wir haben uns trotzdem Geld leihen müssen, um ein Stück Land zu kaufen, auf dem wir dann gebaut haben. Zuerst nur einen Raum, und dann ist nach und nach ein Zimmer nach dem anderen dazugekommen – eben so, wie die Familie gewachsen ist und wir Geld dafür aufbringen konnten.«

Eine der ersten von 125 Familien, die inzwischen in Belmonte leben, war die von Manolo Alvarez Ramon, 71. Mehr als dreißig Jahre, sagt er, habe er für dieselbe Firma als Bäcker gearbeitet. Vor vierzig Jahren zog er hierher. Manolo ist ein kleingewachsener, drahtiger Mann mit einem schneidigen Schnauzer auf der Oberlippe: »Jeden Stein haben meine Frau und ich selbst auf den anderen gelegt«, berichtet er und führt die Besucher stolz durch die Räume, die rund um einen kleinen Innenhof über die Jahre hinweg entstanden sind. Da, das Badezimmer hat er erst vor wenigen Monaten installiert. Dabei haben ihm seine vier Kinder geholfen. Die sind längst erwachsen, wohnen aber noch immer bei den Eltern.

»In Madrid kann sich doch kein junger Mensch mehr eine Wohnung leisten«, sagt Manolo. Hinter der Mauer des *Patio* ragt ein Baukran auf – bedrohlich wie ein Galgen. Manolos Haus steht schon im Schatten des Rohbaus der nächsten Appartementburg. Eine 45 Quadratmeter große Wohnung wird dort 40 Millionen Peseten kosten, hat er gehört – etwa 700 000 Mark.

Für die eingesessenen Bewohner von Belmonte ist das unerschwinglich. Daher sollen sie auch weg – doch unter welchem Vorwand: »Weil es hier Drogenleute, Kriminalität und Zigeuner gäbe«, habe die Stadtverwaltung verlauten lassen, sagt Manolo. »*Mierda!* Natürlich gibt es das da auch, aber nicht mehr als sonstwo in Madrid. Und auf jeden Fall weniger als im Süden der Stadt, wo die Lumpen vom Rathaus uns hinhaben wollen!«

»Hier geht es um Grundstücks- und Bauspekulation, wie sie in Madrid seit jeher auf der Tagesordnung steht – doch besonders, seit im Rathaus die Rechten regieren«, ist Ester Castillanos Garcia überzeugt. Die achtundzwanzigjährige Rechtsanwältin ist die Tochter eines Lebensmittelhändlers, der vor Jahrzehnten ein kleines Grundstück im nunmehrigen Königreich Belmonte gekauft hat. Daher kennen sie die Leute von dort und kamen zu ihr, als ihnen die Stadtverwaltung Ende März 1990 einen Enteignungsbescheid zustellen ließ.

»Das passiert überall so«, berichtet die große, schlanke Frau, die in ihrer weißen Bluse und dem die Knie züchtig bedeckenden Rock ein wenig bieder wirkt. Doch schon der erste Blick in ihr Gesicht verrät, daß das nur ein Irrtum sein kann. Von ihrer Sprechgeschwindigkeit nicht zu reden. Die ist olympiareif: »Die Stadtverwaltung enteignet, zahlt lächerliche Entschädigungen und verkauft den Boden dann an private Bauunternehmen. Die Leute von Belmonte, die jetzt Häuschen mit 150 und mehr Quadratmetern haben, sollen in 40-Quadratmeter-Wohnungen im Süden ziehen und dafür noch fünfzehn Jahre lang zwanzig Prozent ihres Bruttoeinkommens abliefern. Wie soll da jemand leben, der im Monat eine Rente von 40 000 Peseten (etwa 700 Mark) bekommt? Das ist purer Raub! Dafür sollen in Belmonte Luxuschalets gebaut werden. Ich habe mich nämlich über Freunde in der Bauwirtschaft erkundigt, was dort geplant ist. Daraufhin bin ich ins Rathaus gegangen und habe den Kerlen dort gesagt, so wird das nicht gehen, da gibt es Ärger. Sie haben mir geantwortet, ich soll mich nicht aufregen – was das Grundstück von meinem Vater anlangt, so kann er das nach der Enteignung geräuschlos zurückbekommen. Das habe ich natürlich abgelehnt. Seither ist keiner der Herren mehr für mich zu sprechen.«

Ester wird von ihrer Sekretärin ans Telefon gerufen. Sie hat ihre Wohnung und Kanzlei unweit von Belmonte in einem der rotbraunen Ungetüme – kleine Räume, vollgestellt mit samtbezogenen Polstermöbeln (blau), einer Schrankwand (braun) voller Nippes und Nachschlagewerken mit goldbedruckten Rücken, dazu etwas schwülstige Vasen, Lampenständer und Kerzenhalter. Eine typische spanische Mittelständlerwohnung. Auf dem Klavier steht ein Promotionsfoto und daneben, in einem üppig verschnörkelten Goldrahmen, ein Foto, das die Anwältin zusammen mit Fidel Castro zeigt.

»Ach ja, Fidel«, nimmt sie den Gesprächsfaden wieder auf. Also, soviel sei gleich klar gewesen: Das erpresserische Angebot der Stadtverwaltung dürfe niemand akzeptieren: »Die alten Leute sind zwar leicht einzuschüchtern, weil sie befürchten, ansonsten gar nichts zu bekommen. Aber die Jungen, auch die, die schon lange nicht mehr drüben wohnen, haben zu ihnen gestanden und ihnen den Rücken gestärkt. Und wenn jemand den ersten Schritt tut, marschieren auch die Ängstlichen mit.«

Jedenfalls habe man zuerst vor dem Rathaus demonstriert, und weil das nichts bewirkt habe, bei den Kubanern um Asyl gebeten. Die zwei auf der Suche nach dem *Barrio Belmonte* verirrten Botschaftsleute waren schließlich bei Ester gelandet und hatten ihr berichtet, der *Máximo lider* habe die letzten zwanzig Minuten seiner an diesem Tag gehaltenen Moncada-Rede dazu benutzt, die Kubaner am Beispiel Belmonte über die Zustände in Spanien aufzuklären. Als er zuletzt auf das Asylansuchen der Belmontesen zu sprechen gekommen sei, hätten die kubanischen Massen spontan verlangt: »*Que vengan! Que vengan!*«

Kurzum, so die *Compañeros* von der Botschaft: Sie hätten eine Einladung zu überbringen. Zwanzig Leute aus Belmonte sollen für zehn Tage nach Kuba kommen – für die ersten zehn ist alles gratis, die anderen zehn würde der gesamte Spaß nur 70 000 Peseten kosten, etwas mehr als 1000 Mark.

In Belmonte legte man zusammen, um die Spesen für die zweiten Zehn aufzubringen, und loste zwanzig Reiseteilnehmer aus: Der jüngste war sechs, der älteste achtzig Jahre alt. Fast alle waren aus Madrid noch nicht herausgekommen und hatten noch nie das Meer gesehen. Weil bei ihnen in Kastilien im Sommer alles trocken und grau ist, glaubten sie bei der Ankunft im tropischen Kuba, in Galicien an der spanischen Nordküste gelandet zu sein. Dort, hatten sie gehört, sei es im Sommer grün.

In Havanna gab es einen großen Bahnhof und ein üppiges Programm für die Belmontesen. Sogar ein Wohnblock wurde ihnen gezeigt, in den sie einziehen könnten, falls sie tatsächlich Asyl wollten. Zum Schluß empfing der *Comandante* alle zwanzig, sprach mit ihnen zwanglos über den Tomatenanbau, das Ozonloch, Kochrezepte ...

In Belmonte, wo immer schon mehrheitlich links gewählt wurde, wenn

gewählt werden durfte, wird seither in manchem kleinen Garten Zuk-kerrohr gezogen, und läßt man jedenfalls nichts auf Fidel kommen.
Nach der Rückkehr, als in Madrid wieder etwas für die Medien getan werden mußte und drei Belmonteser Frauen mit zwanzig Kindern eine Kirche in der Innenstadt besetzten, aber vom zuständigen Pfarrer mit der Begründung hinauskomplimentiert wurden, Freunde von Castro hätten dort nichts zu suchen, wurde Manolo, der pensionierte Bäcker, ganz fuchtig und knöpfte sich den Pfaffen vor. Da gehöre schon lange ein Fidel her, rieb er ihm unter die Nase, damit endlich einmal das Kuttengesindel zu ehrlicher Arbeit angehalten werde.
Freilich, es kam auch zu kleinen Pannen. So etwa, als die Kinder von Belmonte Zeichnungen in eigener Sache anfertigten und zum Königspalast zogen, um ihre Werke dem Monarchen darzubieten. Das mit dem Akt der Übergabe betraute Mädchen hielt einen Offizier der Palastwache seiner prächtigen Uniform wegen für den König und drückte ihm die Zeichnungen in die Hand. Der vermeintliche Herrscher war verwirrt und nahm die Blätter mit den Worten »*gracias, guapa*«, danke, meine Hübsche, an. Um die Ecke wartete die Presse und wollte von den Jungbelmontesen wissen, ob sie zum König gelangt seien und was Seine Majestät gesagt habe.
»*Gracias, guapa*«, habe *El Rey* gesagt, wurde den Reportern arglos in die Notizblöcke diktiert.
Mit Kleinigkeiten wollten sich die Belmontesen zu dieser Zeit ohnehin nicht mehr abgeben. Am 7. September 1990 hielten sie ein Referendum über die Unabhängigkeitserklärung ihres *Barrios* ab. 2300 stimmten dafür, zwei dagegen, zwei enthielten sich der Stimme und drei Stimmzettel mußten für ungültig erklärt werden, weil darauf der Bürgermeister ein *Ziegenbock* geheißen worden war.
Am 20. September erklärte sich Belmonte zum unabhängigen Königreich und bot die Krone vorerst einmal Spaniens Juan Carlos an. Der scheint sich noch nicht entschieden zu haben, jedenfalls steht seine Antwort aus. Er wäre insofern eine praktische Wahl, als Belmonte die Wiedervereinigung mit Spanien ins Auge faßt, falls das Enteignungsverfahren anulliert wird.
Vorerst hielt man sich indes an den Rat eines anderen großen Staatsmannes: Optimismus ist gut, Vorsorge ist besser. Die Belmontesen

verbarrikadierten die Zugänge zu ihrem Reich. Die Polizei kam zwar immer wieder und versuchte, die Barrikaden zu schleifen, doch es kam zu keinen nennenswerten Grenzverletzungen.
»Natürlich haben wir uns gewehrt«, erzählt Manolo, der Bäcker im Ruhestand: »Sobald die unsere Sperren irgendwo niedergerissen haben, sind wir vorgerückt und haben sie wieder aufgebaut.« Das ging drei Monate lang so. Dann setzte die Stadtverwaltung das Enteignungsverfahren für ein Jahr aus. Im Mai 1991 waren in ganz Spanien Gemeindewahlen angesagt. Da wollten die ohnedies von allerlei Skandalen gebeutelten Stadtoberen zumindest an dieser Front vorerst Ruhe haben.
Was sich in Madrid so alles tut, erfuhren die Belmontesen während ihrer Kampfphase im Herbst 1990, als sie regelmäßig zum Rathaus zogen, um dort zu demonstrieren. Das Beispiel machte Schule, und es kamen auch andere Gruppen mit anderen Anliegen. Beispielsweise Mütter von Schülern, deren Schule neben einem soeben stillgelegten Friedhof liegt, auf dem nun – na, was? – Nobelappartements entstehen. Bei der Arrondierung des Grundstückes warfen die städtischen Bauarbeiter die auf dem Friedhof ausgebuddelten Knochenreste einfach über die Mauer in den Schulhof.
Oh ja, da sei es hoch hergegangen vor dem Rathaus, erinnert sich Elvira, die stämmige Hausfrau. Auch die vielen obdachlosen Afrikaner, die gewöhnlich auf der *Plaza España* zu Füßen des Cervantes-Denkmals campieren, hätten regelmäßig Abordnungen entsandt, die heimatliche Stammestänze zum besten gaben.
In Belmonte wurde zugleich die Konsolidierung des Staates vorangetrieben. Ester, die Anwältin, formulierte ein juristisch lupenreines Memorandum an das UNO-Komitee für Deskolonialisierung, mit dem die Aufnahme des Königreiches Belmonte in die Weltorganisation beantragt wurde. Eine Antwort der Herrschaften im fernen New York steht noch aus.
In einem kollektiven Kreativitätsschub bescherten sich die Belmontesen alles, was ein unabhängiger Staat braucht: eine eigene Währung (1 *Belmonte* ist zwischen 3000 und 5180 *Peseten* wert; exakt so viel, wie die Stadtverwaltung für einen Quadratmeter Boden als Entschädigung angeboten hat), eine Flagge (rot-weiß-rot mit einem roten Stern in der

Mitte; rot steht für den Kampf, weiß – *blanco* – für die zweite Bedeutung dieses Wortes im Spanischen: blank sein, wie das den Belmontesen nach dem Willen der Stadtverwaltung widerfahren soll; den roten Stern hat man sich aus dem Stadtwappen von Madrid als Beute geholt), eine provisorische Regierung und sogar einen Wirtschaftsentwicklungsplan. Das Königreich will durch die Errichtung eines Spielcasinos, einer Freihandelszone und Ankurbelung des Tourismus für allgemeinen Wohlstand sorgen. Natürlich hat das Königreich eine eigene Hymne. Ester singt sie uns in ihrem Wohnzimmer mit fester Stimme vor, während sich in der Kanzlei nebenan die wartenden Klienten stauen: *»Queremos pan, queremos vino, queremos a Sahagun colgando de und pino...«* Frei übersetzt: »Wir sollen Brot, wir wollen Wein; den Bürgermeister hängen seh'n, wär' auch recht fein...«

Im Rathaus reagierte man beleidigt und ließ verlauten, man fühle sich für Belmonte vorderhand nicht mehr zuständig – das sei jetzt Sache des Außenministeriums.

Da trifft es sich gut, daß man in Belmonte erste Möglichkeiten gefunden hat, den Kontakt zur Welt auf eigene Beine zu stellen. Aus Los Angeles hat ein dort lebender Spanier geschrieben und um Übersendung einer Fahne und eines Beglaubigungsschreibens ersucht, damit er sich im Weißen Haus als Botschafter von Belmonte akkreditieren lassen könne. Für ihn wäre das sehr praktisch: Er bekäme ein CD-Schild für sein Auto und könne dann überall parken.

Der humanitäre Aspekt kommt gleichfalls nicht zu kurz: In Belmonte haben bereits sechzig Obdachlose in einem gemeinsam errichteten Notaufnahmelager Asyl gefunden. Daraufhin tauchte freilich wieder einmal die Polizei auf und versuchte bürokratische Scherereien zu bereiten. Um dem ein Ende zu setzen, kündigten einige alte Belmontesen einen Hungerstreik an. Der Rathauspolitiker José Maria Alvarez del Manzano ließ wissen, wenn dabei jemand zu Tode komme, werde die Stadtverwaltung sich nicht lumpen lassen und eine Begräbnisstätte zur Verfügung stellen.

Dabei waren die Belmontesen zu den Magistratsherren im Rahmen des Möglichen durchaus nett. Um den Bürgermeister endlich zu einer Aussprache zu bewegen, brachten sie einmal sogar ein Geschenk mit – eine riesige Torte. Tatsächlich stellten sie Señor Sahagun, als er gerade

schutzlos auf seinen Dienstwagen wartete. Das Stadtoberhaupt reagierte hysterisch und wollte die Torte nicht einmal anrühren.
Nachdem er sich endlich in den Wagen hatte flüchten können und davongebraust war, gingen die Belmontesen zu seiner Sekretärin und schenkten ihr die Torte. Die Frau schnitt sich auf der Stelle ein Stück ab und schüttelte den Kopf über ihren Chef – eine so gute Torte ausschlagen!
Inzwischen ist man in Belmonte davon überzeugt, daß mit diesem Bürgermeister und seinen Ratsherren wirklich nicht zu reden sei. Das hat seinen Niederschlag in der Verfassung des Königreiches gefunden, die in 33 Artikeln die Grundsätze *Gerechtigkeit, Gleichheit, Pluralismus und Glücklichsein* näher umreißt sowie kaum Restriktionen enthält. Eine bezieht sich auf das Verbot der Enteignung von Grundstücken aus Spekulationsgründen, und im Artikel 17 heißt es: »Jeder hat das Recht auf eigenes Aussehen, solange er nicht dem Bürgermeister von Madrid oder anderen für Gaunereien verantwortlichen Rathausfunktionären ähnlich sieht.«
Der Bürgermeister und sechs weitere Politiker wurden zu unerwünschten Personen erklärt und wie Herr Waldheim in den USA auf die *Watch List* von Belmonte gesetzt. Bei Señor Sahagun scheint ja auch einiges zusammengekommen zu sein: Kurz vor den Wahlen vom Mai 91 verzichtete er auf eine neuerliche Kandidatur.
Ansonsten zeigen die Belmontesen wenig Berührungsängste. Als jüngstes Vorhaben betreiben sie die Teilnahme der in ihrem *Barrio* kickenden Fußballmannschaft als Delegation des Königreiches Belmonte an den Olympischen Spielen 1992 in Barcelona. Bezahlen soll den Spaß ein Mann, den in Spanien jeder kennt, weil er als Bauunternehmer ebenso wie als Präsident des proletarischen Fußballklubs *Atlético* regelmäßig in Skandale verwickelt ist. Das hindert ihn nicht daran, das Bürgermeisteramt in der Jet set-Enklave Marbella anzustreben.
Jesús Gil y Gil, so heißt dieser Zweizentnermann, kennt jedenfalls den Zusammenhang zwischen Politik und Sport: »Ich bin der Wohltäter der Regierung, denn ich gebe dem Volk das Opium, mit dem es seine Sorgen vergißt«, verkündete er in einem Interview und machte keinen Hehl aus den dubiosen finanziellen Praktiken, die im Profifußball vorherrschen. Wenn er »das Geheimnis lüften« würde, sagte der *Atlé-*

tico-Chef, wanderte der Großteil seiner Präsidentenkollegen in den Knast – »ich als erster«. So ein Mann gefällt den Belmontesen. »Ja, ja, ein Verrückter«, lachen sie und hoffen, daß die mit ihm aufgenommenen Verhandlungen erfolgreich verlaufen.

Kurzum, die Geschichte des Königreiches Belmonte ist ein klassischer Filmstoff, und das ist der Branche nicht entgangen. In wenigen Monaten will der italienische Regisseur Giuseppe Tornatore (»Cinema Paraiso«) an den Originalschauplätzen zu drehen beginnen. Noch ist nicht entschieden, wer die junge Anwältin Ester Castellanos Garcia spielen soll, ohne die es dieses Königreich vermutlich nicht gäbe und die dessen provisorischer Regierung nun als *Ministra portavoz*, als Regierungssprecherin, angehört.

Ester selbst muß nicht lange überlegen, wem sie diese Rolle anvertrauen würde: »Jane Fonda – wenn sie zwanzig Jahre jünger wäre.«

El Escorial

Literarische Durchsuchung eines düsteren Gemäuers

Das Ende des großen Königs Felipe II. – *El Señor* – war schrecklich und zugleich der makabre Höhepunkt eines Lebens, das dem Tod geweiht war wie kein anderes. Sein Abgang aus dieser Welt vollzog sich in der monströsen Gruft, die Felipe um sich hatte erbauen lassen, einem Gebirge aus Granit, dem *Escorial*. 53 Tage lag der König in Agonie, mit langsam verfaulendem Körper, doch bei vollem Bewußtsein.

»... Aber endlich sagte er: ›Nur meine Augen, meine Zunge und meine Seele sind noch gesund.‹

In der letzten Nacht jedoch weckte ihn ein ungewohntes Kitzeln ... Er faßte mit wächsener Hand an die Nase und zog einen weißen Wurm heraus; er unterdrückte einen Schrei; er schneuzte sich ins Taschentuch: Eine ganze Kolonie kleiner, weißer Eier brach auf in dem feinen Batist: Die Brut des weißen Wurms, der sich auf der Handfläche von *El Señor* schlängelte. Er schrie ... Mutter Milagros kam mit einem Leuchter in der Hand, und *El Señor* sagte mit stockender Stimme: ›Stellt ihn hierher, es ist soweit.‹

Er befahl, daß sie alle zusammen ihn in die Kapelle bringen sollten, auf die Schmerzen kam es nun nicht mehr an, auf den Gestank und alles übrige, sie sollten ihn bereits in seinen Sarg legen ...«

Ein Mexikaner ist es, der unvergleichliche Carlos Fuentes, der uns mit seinem Roman »Terra nostra« einführt in die Tiefen eines europäischen Mythos. Den literarischen Spuren des Dichters sind wir gefolgt und in Felipes Schlafzimmer im *Escorial* gelangt, in eine spartanische Kammer: die Wände weiß getüncht, bis Hüfthöhe blau gekachelt. Auf diesem wackeligen, schmalen Himmelbett hat er gelegen, während sein

Körper sich zersetzte – ein Leib, den man nicht mehr bewegen durfte, nicht einmal, um ihm eine Schüssel für die Notdurft unterzuschieben. Schließlich schnitt man ein Loch in das Bett, um den Abfluß zu ermöglichen.

In diesem Vorzimmer, dem schlichten, weißen Gewölbe, das die beiden Kammern des Königs vom Blick auf den Garten trennt, jenem Labyrinth streng ornamental gestutzter Buchsbaumhecken, das den *Escorial* an der Süd- und der Ostseite flankiert, in diesem Vorzimmer also haben sie Wache gehalten, die Nonnen, die Ärzte, die Hellebardiere. Fackeln beleuchten die Szene, ein Kerzenleuchter hängt vor der Schlafkammer von der Decke. Auf der gegenüberliegenden Seite des Königsbettes öffnet sich eine Flügeltür zur *Capilla real*, dem Hauptaltar der Basilika des *Escorial.* So konnte der fromme Felipe der Messe beiwohnen, als er schon nicht mehr in der Lage war, das Bett zu verlassen.

»... Und so mischten sich Trauergesänge und düsterer Glanz der niedergebrannten Kerzen, die Lesung St. Johannis und der Weihrauch ... er war zurückgekehrt auf die braune, verdorrte Hochebene, auf ihr hatte er einen Palast erbaut, Kloster und Königsfriedhof, auf dem viereckigen Grundriß eines Rostes, dem ähnlich, der das Martyrium des Hl. Laurentius miterlebt hatte, eine Ordnung strenger Linien, asketische Nüchternheit, Ablehnung jeglichen sinnlichen, ungläubigen, heidnischen Schmucks, Zusammenfassung des verworrenen Universums zu einer einzigen Mitte, dem Ruhme Gottes und der Verherrlichung der Macht geweiht: Aus seinem Sarg sah er, Hauptperson und Zeuge seines eigenen Begräbnisses, das flämische Gemälde an ... und er fragte es, befragte es, ob dieser fortschreitende Todeskampf Verdienst genug sei, um dem, der so litte, die Tore des Paradieses zu öffnen.«

Vom historischen Felipe II. ist verbürgt, daß er, als der Tod sich ihm ankündigte, seine Kinder rufen ließ, die zweiunddreißigjährige Infantin Isabel Clara Eugenia und den zwanzigjährigen Thronerben Felipe, vor ihnen das Laken vom verfaulenden Leib zog und sprach: »Ich wollte Euch gegenwärtig, damit ihr seht, wie alles endet. So endet der König. So endet die Macht – das ist der Mensch zuletzt.«

Er richtete sich ein letztes Mal auf, verlangte nach dem silbernen Sterbekreuz seines Vaters, Carlos I., und nach der Sterbekerze. Der

Priester betete, »Fahre hin, christliche Seele«, während der Mönchschor die Frühmesse sang.
Um fünf Uhr morgens, am Sonntag, dem 13. September 1598, brach der König endlich zusammen. Man bettete ihn in einen Sarg, der aus dem Holz der Galeone *Las cinco Llagas* gefertigt worden war – einem der in der Schlacht von Lepanto gegen die Türken siegreichen Schiffe. Im Leben wie im Tod bedurfte Felipe der Symbole. Das grandioseste, eindeutigste unter allen ist der *Escorial*, die dräuende Gottesstadt auf einem kargen Hochplateau. Der König selbst hatte den Platz über der Talsohle des Guadarrama-Massivs ausgesucht. Ein armseliges Dorf lag in der Nähe: *El Escorial*, die Schlackenhalde. Früher waren hier Eisenschmelzen betrieben worden. Im Frühjahr 1563 wurde der Grundstein zum *Achten Weltwunder* gelegt, wie Felipe sein Projekt nannte.
»... Draußen, oben auf der weiten Ebene türmen sich die Granitblöcke. Sechzig Steinmetze mit ihren Gesellen bearbeiten den Marmor, und mit Steinen beladene Ochsenkarren rollen herbei. Maurer, Schreiner, Schmiede, Sticker, Goldschmiede und Zimmerleute haben ihre Werkstätten, Schenken und Hütten unter der brennenden Sonne aufgeschlagen, während für die ersten Bauten der Grundstein gelegt wurde, neben dem Kastanienwäldchen, dem letzten Zufluchtsort auf Ebene und Gebirge, die kahlgeschlagen sind von der Wut übereilten Bauens, das *El Señor Don Felipe* befohlen hatte, als er von seinem Sieg über die flandrischen Ketzer heimgekehrt war: Die Äxte haben für alle Zeiten die Pinienwälder abgeholzt, die den Palast vor den Unbilden von Sommer und Winter schützen sollten.«
Rötlich gleißend liegt die Festung *Monasterio de San Lorenzo el Real de el Escorial* über der brennenden kastilischen Sonne, grau in den Winternebeln. Kalt ist sie immer, eiskalt, diese feste Burg, die Felipe für seinen Gott gebaut hat. Ein Kloster birgt dieses trutzige Geviert, ein Mausoleum, eine Kathedrale und einen Königspalast.
Carlos I. von Spanien, zugleich Karl V. von Österreich, der Vater Felipes, jener Habsburgerkaiser, über dessen Reich die Sonne nie unterging, hatte den Sohn in Erwartung des Todes beauftragt, eine würdige Begräbnisstätte für ihn zu bauen, und Felipe errichtete ihm ein Kloster von nie dagewesener Größe. Um einiges würdiger wohl, als es sich der vitale, leutselige Karl gedacht hatte.

Kurz vor Karls Tod, am 10. August 1557, dem Tag des *San Lorenzo*, hatten die spanischen Truppen die französischen bei Saint Quentin vernichtend geschlagen. Daher der Name des Klosters. Anderen Versionen zufolge habe der Monarch am Laurentiustag ein Gelübde abgelegt, im Falle der Einnahme der Stadt dem Heiligen eine Kirche zu weihen. Wieder andere behaupten, bei den Kämpfen um Saint Quentin sei die Laurentiuskirche niedergebrannt und Felipe habe sein Gewissen erleichtert, indem er den neuen, mächtigen Bau diesem Heiligen widmete.

»... Der Palast: Höfe sollten sich an Höfe reihen und Gemächer für die Mönche, für die Dienerschaft und die Truppen an die Räume des ursprünglichen Gevierts. Ein granitenes Geviert, so breit wie lang, sollte den Mittelpunkt des Palastes bilden, der als römisches Lager gedacht war, streng symmetrisch, oder als der Rost, auf dem der heilige Laurentius das Martyrium erduldet hatte, und in diesem Mittelpunkt sollte sich die große Basilika erheben, von außen eine Trutzburg, bewehrt mit Bastionen an den Ecken, von innen ein einziges Schiff, ungeheuer und leer; und das Ganze umgeben von einem Mauergürtel, so daß der Palast von ferne einer Festung gleichen sollte, deren gerade Linien sich auf der Ebene bis an den endlosen Horizont verlieren würden, ohne Zugeständnisse an die Willkür, ein einziger grauer Granitblock auf einem Schachbrett von weißgeschliffenen Platten, deren Helle als Kontrast zu dem grauen Gebäude den düsteren Eindruck noch unterstreichen sollte.«

Von einem zwei Kilometer entfernt liegenden Platz, der heute noch zu besichtigenden *Silla de Felipe II.*, beobachtete der König die Bauarbeiten, die einundzwanzig Jahre in Anspruch nahmen, obwohl *con toda furia*, mit aller Energie, gearbeitet wurde. Der König fürchtete, die Vollendung seines Werkes nicht mehr zu erleben. Sein Baumeister, Juan Bautista de Toledo, war nach fünf Jahren Arbeit am Kloster gestorben. Juan Herrera folgte ihm nach. Immer wieder griff Felipe selbst in Planung und Raumgestaltung ein. Es heißt, er habe sogar vom *Palacio Real* in Madrid aus mit dem Fernrohr den Fortgang der Arbeiten verfolgt.

Das Einweihungsfest, das zwei Jahre nach der Schlußsteinsetzung stattfand, zählte zu den Höhepunkten im Leben von *El Señor*. Man hatte den *Escorial* mit Tausenden von Öllichtern erleuchtet. Felipe, so die Überlieferung, kniete nieder und weinte. Er hatte sie geschaffen: seine spanische Totenstadt, die steinerne Verherrlichung des zentralen Staates, des einen Gottes. Ein Monument seiner selbst: mächtig und asketisch, traurig und schrecklich, dramatisch. Für den Herrscher der Himmel auf Erden: die Apotheose der Intoleranz. Eine Behauptung, fest gemauert in der Erden.

Seit der Schlacht bei Saint Quentin hatte Felipe an keinem Feldzug mehr teilgenommen. Der *Escorial* hielt ihn fest. Als der Palast – mit Ausnahme der Krypta – fertiggestellt war, mochte der König ihn kaum mehr verlassen. Im Gegensatz zu seinem Vater unternahm er keine Reisen durch sein riesiges Reich. Es war ihm unangenehm genug, wenn ihn seine Pflichten – und Felipe war gewiß einer der pflichtbewußtesten Regenten aller Zeiten – in die Hauptstadt Madrid riefen, fünfzig Kilometer entfernt von *El Escorial*. Diese Strecke kostete ihn sechs Stunden zu Pferd und noch viel länger in Kutschen oder Sänften, als ihm die Gicht – oder würde man heute konstatieren: der Krebs? – das Reiten unmöglich machte. Sechs volle Tage dauerte die Reise, als er sich zum letzten Mal, den Tod im Nacken, von Madrid nach *Escorial* begab, an den Ort zum Sterben schlechthin.

Ohne Zweifel war Felipe ein schwieriger Mensch, einer, der mit sich selbst lebenslang im Kampf lag und darum mit gewaltigen Anstrengungen Gott zum Schiedsrichter aufrief. Die unentwegte Inzucht der Habsburger – als Heiratsmärkte kamen nur Wien, Madrid und Lissabon in Frage –, die erbliche Belastung durch seine Großmutter *Juana la Loca*, Johanna die Wahnsinnige, und ein tiefverwurzelter Vaterkomplex beeinflußten den melancholischen Charakter des Königs. Er liebte weder Krieg noch Jagd. Er aß und trank wenig. Seit seinem vierzigsten Lebensjahr kleidete er sich schwarz. Seine Geschäfte erledigte er vom Schreibtisch aus.

Felipe war ein Bürokrat. Seine innere Unsicherheit äußerte sich in Launenhaftigkeit. Seinem Lächeln, so äußerten die Diener, sei nicht zu trauen. Er liebte es, Gesprächspartner zu verunsichern, und schaffte das selbst bei solchen wie der gewiß sprachgewandten nachmaligen Heiligen Terese von Avila. *Sosiego* – war sein Lieblingsausspruch: beruhigt euch.

Beiderseits des Hauptaltars der Basilika von *El Escorial* sieht der Besucher zwei betende Figurengruppen, in Bronze gegossen und vergoldet: die Familie von Carlos I. und die von Felipe II. Weniger ihres künstlerischen Wertes wegen interessieren die von Pompeo Leoni mit wenig Kunstfertigkeit und viel Emotion gegossenen Statuen, sondern der Tatsache wegen, daß Felipe sich nur mit drei der insgesamt vier Gemahlinnen, zu denen er es im Laufe seines Lebens gebracht hatte, darstellen ließ. Es fehlt Mary Tudor, die im übrigen auch in nahezu allen Geschichtswerken über diesen König allenfalls am Rande erwähnt wird.

Carlos Fuentes nennt diese zweite Frau Felipes in »Terra nostra« *Isabel* – wohl nach Elisabeth von England, der Hauptfeindin des spanischen Throns, gegen die der König später seine Armada schickte. Der Dichter läßt die Frau unter anderem an den schlimmen Lebensbedingungen im *Escorial* verzweifeln:

»›Dürfen, *Señor*, die Hirten unter meine Fenster kommen, ihre Schafe scheren und mir vielleicht einige Liedchen vorsingen?«

›Hier gibt es keinen Jahrmarkt, sondern unablässigen Dienst an den Toten bis ans Ende der Zeiten!‹

›Einige Bäder vielleicht, *Señor*...?‹

›Das Bad ist eine arabische Sitte und gehört nicht in meinen Palast. Nimm dir ein Beispiel an meiner Großmutter, die niemals ihre Schuhe wechselte, und als sie starb, mußte man sie ihr mit einem Spaten abkratzen.‹ ...

›Du sprichst von den Toten; ich bitte dich nur um ein wenig Schmuck für mich... für die Lebenden...‹

›Der einzige Schmuck dieses Hauses soll die Kugel mit dem Kreuz sein, Symbol des Christentums und seines Siegs über den heidnischen Stil... Sieh an diesem Bau empor, den ich als achtes Weltwunder errichte, und sieh ihn von goldenen Kugeln bekrönt: Damit gedenke ich meiner Vorfahren, als sie die maurischen Städte zurückeroberten, unserer Glaubenssiege: Sieh in diesen Kugeln die der Ungnade Gottes ausgelieferten Häupter der Ungläubigen.‹ (...)

›Ein großer Herr will stets das Wunder der Welt sein.‹

›Das Staunen dieser Zeit soll meine Askese sein, *Señora*, und auch der kommenden, denn sind wir einst tot, wird dieser Palast auf immerdar für eine ununterbrochene Totenmesse bestimmt, und ständig sollen zwei Mönche vor dem Allerheiligsten Altarsakrament für meine Seele und die meiner verstorbenen Vorfahren beten, bei Tag und Nacht, immer zwei Mönche, die sich alle zwei Stunden abwechseln, vierundzwanzig Mönche täglich, eine köstliche Aufgabe erfüllend, da das Gebet keine schwere Bürde ist.‹«

So geschah es. Zeugen berichten, daß die Gebete Anfang des letzten Jahrhunderts immer noch gesprochen worden seien.

Woher diese schreckliche, wahnhafte Angst um seine Seele, eine Angst, deren Ausdruck der *Escorial* letztendlich ist? Welchen Grund hatte dieser pflichtbesessene, überkorrekte Mann, so viel geweihten Stein zwischen sich und den Himmel zu legen? Durch vier Jahrhunderte dringen Gerüchte um Don Carlos, den Sohn Felipes, und um Don Juan d'Austria, seinen Halbbruder. Don Carlos kennen wir aus Schillers Tragödie, die naturgemäß mehr der Feder des Dramatikers als der des Historikers entflossen ist. Schiller stellt Felipe als eifersüchtigen Vater dar, der Don Carlos und seine Frau Elisabeth de Valois des Ehebruchs verdächtigt und der Konspiration mit den freiheitshungrigen Niederlanden. Tatsächlich aber scheint der Geisteszustand des Thronfolgers von Jahr zu Jahr beklagenswerter geworden zu sein, wie auch seine Physis immer mehr verkrüppelte. Das Gerücht nährt der Umstand, daß Don Carlos, von seinem Vater arretiert, einem nicht näher definierten Leiden erlag und Felipe sich sogar dem Papst gegenüber weigerte, eine Erklärung abzugeben.

Ebenso geht das Gerücht, Felipe habe seinen Halbbruder Juan, den Sohn Karls V. mit Barbara Blomberg, vergiften lassen, damit jener ihm nicht den Thron streitig mache. Juan d'Austria, der Sieger der Seeschlacht von Lepanto, war in den Niederlanden vom Fleckfieber befallen worden und im Taubenhaus eines Bauern gestorben. Er mußte im *Escorial* begraben werden, doch weder wünschte Felipe, daß die Franzosen, durch deren Gebiet der Leichnam transportiert werden mußte, von Juans Tod erführen, noch mochte er die Kosten für einen derart langen, prunkvollen Leichenzug tragen. Kurzerhand ließ er den Körper des toten Bruders in Stücke hacken und diese mit der Kurierpost nach Spanien befördern.

Der gigantische, symmetrische Komplex des *Escorial*, von Felipe

geplant als steinerne Faust Gottes, zeugt von der enormen Anstrengung dieses Königs, das ererbte Reich zusammenzuhalten, unter seines Glaubens Banner zu zwingen. Luther hatte bereits kurz vor der Geburt Felipes die Reformation ausgerufen. Zwingli und Calvin marschierten. Die Niederlande standen auf. England sagte sich von Rom los. Humanismus, Aufklärung, das bürgerliche Zeitalter kündigten sich an. Europa begann, sich grundlegend zu verändern, Spaniens Herrscher versuchte das für sein Land durch Isolation abzuwenden.
So wurde der *Escorial* Felipe zur Trutzburg gegen die neue Zeit, gegen seine Ohnmacht, das, was er aufkommen fühlte, zurückzuhalten, abzuwenden: Christliches Mittelalter in alle Ewigkeit, kündet das Mausoleum. In der Tat hat diese düstere Zeit, von kurzen Unterbrechungen abgesehen, in Spanien bis 1975, bis zum Tod des Diktators Franco gedauert.
Felipe hat vor vierhundert Jahren die Weichen gestellt: Für die absolutistische Monarchie, für den katholischsten aller Götter, für den Formalismus, für Ehre und Vaterland, für die Inquisition, für die Keuschheit, für Grausamkeit und Zeremoniell. Eine Begebenheit, die so recht in den *Escorial* paßt, schildert Isabel/Mary, die Königin, in Fuentes Roman ihrem Liebhaber:
»Ich begriff nicht das Ausmaß des Protokolls, das von nun an mein Leben bestimmen würde, bis ich eines Tages in der Sänfte von einem Ausflug aufs Land zurückkehrte, mein Gemahl war auf einem Feldzug gegen irgendwelche gegnerischen ketzerfreundlichen Fürsten, und als ich ausstieg, stolperte ich und fiel rücklings auf die Fliesen des Burghofes. Ich rief um Hilfe, denn wie ich da lag, in gebauschten Röcken mit eisernen Reifen, konnte ich mich nicht allein erheben... Um mich herum standen sie und betrachteten mich bekümmert und erschrocken; und der Hauptmann der Wache warnte: Daß sie ja niemand anrührt. Sie ist die *Señora*, und nur die Hände von El *Señor* dürfen sie anfassen. Der Nachmittag verging; die Nacht brach herein, und nur meine treuesten Kammerzofen und die hartgesottensten Soldaten blieben bei mir... Nur die Arme meines Gemahls durften mich aus dieser Lage erlösen, die zunächst unerwartet, dann lächerlich und schließlich erbärmlich war...
So verbrachte ich dreiunddreißig und einen halben Tag, Geliebter: Das

Leben in der Burg ging weiter seinen gewohnten Gang; die Hofdamen fütterten mich mit Löffeln, sie mußten mir die Speisen im Mörser zerkleinern, denn anders konnte ich sie nicht schlucken; ich trank aus gewöhnlichen Weinschläuchen, denn alles andere tropfte mir das Kinn herunter. Und mit großem Geschrei scheuchten die Hofdamen die frechen Wachen fort, wenn sie mir das porzellanene Nachtgeschirr unterschoben, obwohl ich manchmal meine Notdurft nicht zurückhalten konnte, bevor sie kamen, immer zu bestimmten Stunden, ohne auf meine Nöte und Bedürfnisse zu achten...«

Nach dem *Prado* ist der *Escorial* heute der meistbesuchte Ort Spaniens, ein *Monumento Nacional,* ein Museum. Wie überall schaffen die vielen lauten, buntgekleideten Menschen es auch hier, die feierliche Bedrohung, die von diesem Bauwerk ausgeht, zu bannen – zu trivialisieren. Im Winter, wenn der Touristenstrom fast versiegt, hallen die granitenen Wände wider von nicht weniger respektlosem Geschrei: Die Augustinermöche, denen die Führung des *Escorial* übertragen wurde, haben darin eine Schule installiert. In den Pausen verlieren sich Hunderte von spielenden, schreienden, laufenden Kindern auf den beiden riesigen *Lonjas,* den Vorplätzen an der Nord- und Ostfront des Komplexes.

Wenig sei übrig geblieben von dem *Colegio,* wie er es erlebt habe, erzählt José Maria Garcia Millan, der sozialistische Bürgermeister des Ortes und selbstverständlich Zögling der Klosterschule des *Escorial,* des *Colegio Alfonso XII.,* welches ehemals für eine strenge, konservative und religiöse Erziehung gestanden habe. Er erinnert sich der paramilitärischen Aufzüge und Hymnen, der obligatorischen Messen und Rosenkränze.

Der positive Aspekt: »Es war doch von Vorteil für die Leute von *El Escorial,* daß diese Schule da war. Immerhin ist die Mehrzahl zu den Augustinern in die Schule gegangen, als es noch keine staatlichen Bildungsinstitute gab.«

Das Dorf mit seinen nicht ganz 10 000 Einwohnern verfügt dank dem *Escorial* über allerlei, was es in solchen Orten sonst nicht gibt – sogar über ein Theater. Garcia Millan: »Das kommt daher, daß sich die Elite und die Aristokratie immer in der Nähe dessen aufhielten, der die Macht hatte. Und wer die Macht hatte, ist immer hierhergekommen.«

Neben der Lehrtätigkeit widmen sich die Augustiner traditionell klösterlichen Aufgaben: im Kleinen wie der Chemieprofessor Bruder Agustin, der Kräuterlikör aus den Pflanzen der Umgebung herstellt, und im Großen – etwa der Betreuung der berühmten Bibliothek, die jeden Monat an die dreihundert Leser aufnimmt. Kurioserweise vor allem Forscher auf dem Gebiet der Arabistik.

Dies ist das andere Gesicht des Felipe II. Derselbe Mann, der die Inquisition wieder einführte, gnadenlos gegen Juden und Mauren vorging, sammelte mit großem Interesse arabische Texte. Seine eigenen 4000 Bände, die er aus seinen verschiedenen Besitzungen heranschaffen ließ, gestiftete und gekaufte Sammlungen, machten die Bibliothek des *Escorial* zu Lebzeiten des Bauherrn zur bedeutendsten Europas. Zum ersten Mal wurde explizit zu diesem Zweck eine Bibliothek gebaut: ein 54 Meter langer Saal mit prächtigen Deckenfresken, Marmorböden und Bücherschränken aus edlen Hölzern. Im offenen Giebel über dem Eingang befindet sich ein falscher Grabstein, dessen Inschrift jeden, der Bücher aus der Bibliothek entfernt, mit Exkommunikation bedroht.

Felipe II., der Asket, liebte die Bücher und die Bilder, sammelte Werke von Tizian, Van der Meyden und – vor allem – Hieronymus Bosch, seinem Lieblingsmaler. Nicht nur sinnlich sind dessen Bilder, sondern höchst ketzerisch. Dies besagt zumindest die Theorie des Kunsthistorikers Wihlem Fraenger. Er sieht in dem mandala-förmigen Gemälde »Die sieben Todsünden«, von dem es ebenso wie von Boschs »Heuwagen« heißt, der Monarch habe es in seiner Schlafkammer aufgehängt, um es immer vor Augen zu haben, einen Initiationsaltar der Adamiten: einer zu der Zeit sich ausbreitenden Sekte, die den sexuellen Genuß zur Befreiung von der Sünde predigte. In Boschs »Garten der Lüste«, dem Lieblingsbild Felipes, erkennt Fraenger eine Art Instruktionstafel zur Einweisung von Adepten. Auch dieses Gemälde hat Felipe im *Escorial* aufgehängt und wieder und wieder betrachtet.

»... *El Señor* ... schloß für einen Augenblick die Augen, bedachte sich dann und wandte den Blick auf die zweite Ebene des Mittelfeldes, wiederum den Jungbrunnen, um ihn herum eine Reiterschar von nackten Männern und Frauen auf Pferden, Einhörnern, Wildschweinen, Tapiren, Drachen, Ziegen, Tigern, Bären, ein ewiger Kreis von Lüsten und Wehklagen, Beben und Orgasmen und erschöpften Wonnen, weiße Frauen, schwarze Frauen baden sich in der Quelle, von Vögeln gekrönt: ... *El Señor* trat näher, die Figuren waren so winzig, es war so schwer, die Gesichter zu erkennen, und hier, aus der Nähe, waren sie so entsetzlich, als er sie erkannte: *El Señor* bedeckte das Gesicht mit der Hand und sah durch die Ritzen der Finger, ja, er sah jedes Gesicht vervielfältigt, hier und dort, er, er selbst, nackt in ein Faß gezwängt, gefüttert von einem ungeheuerlichen Vogelschnabel, Isabel, *La Señora*, seine Gemahlin, auf der Liebeskahnfahrt mit einem Schwarzen, seine Mutter, die Wahnsinnige, eingesperrt im Turm einer Burg, bohrte sie einer in einem anderen Faß steckenden Gestalt einen Finger in den Hintern, Felipe, Felipito, mein Söhnchen, soll ich dir meinen Finger in dein Ärschchen stecken?«

Lange vor der Fertigstellung des Gruftpalastes schickte Felipe Kommissionen in alle Windrichtungen, um die Gebeine seiner Vorfahren einsammeln zu lassen, damit sie in einem noch zu errichtenden Pantheon würdig begraben werden könnten. Erreichten die königlichen Leichenzüge die Bronzetore des *Escorial*, kam es zum rituellen Wortwechsel:

»›Wer begehrt Einlaß?‹ fragten die Mönche.

›Der Kaiser des spanischen Reiches.‹

›Wer begehrt Einlaß?‹

›Der König von Spanien.‹

›Wer begehrt Einlaß?‹

›Eine arme Seele.‹«

Dann erst wurden die Tore geöffnet, und der Tote wurde dem Mausoleum einverleibt. In der Wiener Kapuzinergruft, der Begräbnisstätte des österreichischen Zweiges der Habsburger, werden die führenden Häupter dieser längst zur Abdankung gezwungenen Sippe noch immer nach exakt diesem Rutual bestattet.

Felipe hatte sein Pantheon der Könige einfach und schmucklos geplant: als einen achteckigen Kuppelbau unter dem Hauptaltar der Basilika. Mehr als fünfzig Jahre nach dem Tod des Bauherrn weihte Felipe IV. eine Gruft von barocker Pracht ein: roter und schwarzer Marmor, Gold und Jaspis. Fünfunddreißig Stufen führen hinab in einen Gang, rot und gold wie eine Luxushölle. Auf dem Treppenabsatz zweigt links der *Pudriderio* ab, der Verwesungsraum, in dem die Särge zehn Jahre lang blieben, ehe man sie im Pantheon beisetzte.

Da liegen sie nun, Carlos, Felipe und die meisten ihrer Nachfolger, im innersten Herzen des *Escorial.* Hier liegen ihre Frauen, so sie Nachkommen zur Welt gebracht haben, hier liegen – ein Stück weit entfernt und weniger prächtig ausgerüstet – die Infanten, hier liegen Don Carlos und Don Juan. Im prächtigen Pantheon der Könige stehen drei marmorne Katafalke, die im Gegensatz zu allen anderen noch ohne Aufschrift sind.

»... Diese Mächte anrufend, flatterte die Fledermaus blindlings, von Nähe und Ferne der Grabstätten geleitet, bis in die tiefen Krypten, die den Vorfahren von *El Señor* in seiner Kapelle vorbehalten waren. Als die blinde Fledermaus den Marmor seines Grabes berührte, gewann sie die nackte Gestalt der *Señora* zurück, nackt, aber unempfindlich gegen die Grabeskälte wegen der Fieberhitze ihrer Sinne; ohne Zeit zu verlieren, in Furcht vor der nahenden Morgenröte, die sie aller ihrer Macht berauben würde, hob *La Señora* schwitzend und keuchend die Platten von den Gräbern, schlug die Glasfenster der Särge entzwei, in denen die königlichen Mumien ruhten, riß vermoderte Nasen, bröckelige Ohren, kalte Augen, verstaubte Zungen, verdorrte Glieder von den Leichnamen und flüsterte dabei Verfluchungen, von denen sie nicht wußte, (...) ob sie sich sogleich oder morgen oder in vielen Jahrhunderten erfüllen würden. (...) Niemand in diesem Palast sollte ihn je verlassen können, dies ewige Gefängnis und Grab, oder wenn seine Bewohner ihn verließen, müßten sie ihn ewig auf dem Rücken mitschleppen wie die Schnecke ihr Haus oder Kain sein Verbrechen ...«

Don Quijote wohnt hier nicht mehr

Spurensuche nach einem unzeitgemäßen Helden in der Mancha

Der Mensch, erfahren wir vom berühmten Sacho Panza, ist so, wie Gott ihn geschaffen hat – und manchmal schlechter. Das heißt, er bedarf ordnender Institutionen. Oder zumindest sinnstiftender Vorbilder. Da oder dort gibt es die sogar noch. Sogar für schreibende Menschen: sittlich gefestigte Herausgeber mit einem das ganze Weltall erfassenden staatsmännischen Blick beispielsweise, die den darüber gewiß glücklichen Kollegen in den Redaktionen liberaler Organe den rechten Weg weisen. Doch wir sind auf Vorbilder angewiesen, die nichts oder nur wenig Spesen kosten. Wo findet man die?

Angehende Religionsstifter, soviel ist bekannt, haben sich in die Wüste zu begeben. Unsere Absichten indes sind geringer, also reisen wir in die Mancha. Der Name dieser Hochebene im Südosten Neukastiliens, haben wir gelesen, ist von der maurischen Benennung *al-Mansha* hergeleitet – trockenes Land. Jedenfalls, erkennen wir rasch, ist sie eben, soweit das Auge reicht, und als Folge dessen von einem beeindruckend hohen Himmel überwölbt. Auf schnurgeraden Straßen passieren wir Olivenhaine, Weizenfelder und Rebstöcke. Die Mancha, lernen wir, ist die üppige Verwandte der Wüsten.

Hier, so heißt es, habe ein Mann gelebt, der uns immer schon vorgehalten wurde, wenn wir unbeugsam erscheinen wollten. Wo finden wir diesen Mann, dessen Geist wir uns erschließen wollen? Das einschlägige Schrifttum empfiehlt den Ort Argamasilla de Alba, wo dem Vernehmen nach zur fraglichen Zeit jener Mann gelebt haben soll, von dem wir alles über unseren Mann wissen.

Dieser Gewährsmann heißt Miguel de Cervantes Saavedra, soll 1547 in

Alcala de Henares als Sohn eines Arztes geboren worden sein (doch dafür verbürgen wir uns ebensowenig wie für die folgenden Daten; in Alcazar de San Juan wird eine Urkunde aufbewahrt, derzufolge Cervantes dort geboren wurde) und ein bewegtes Leben geführt haben soll. Umständehalber soll er einen nicht geringen Teil seines Lebens Soldat gewesen sein – und dies auch noch, nachdem ihm anläßlich der Seeschlacht bei Lepanto (es ging gegen die Türken) der linke Arm zerschmettert wurde. Da er glücklicherweise Rechtshänder war, stand einer anschließenden Karriere als Schriftsteller nichts im Wege. Die näheren Voraussetzungen dafür soll er sich in einer Art Beamtenstellung geschaffen haben. Cervantes, entnehmen wir der ebenso üppigen wie widersprüchlichen Sekundärliteratur, habe im Auftrag eines Don Quijada, ehemals *Mayordomus* von Carlos I. beziehungsweise Karl V., danach Lehensherr von Argamasilla, dortselbst die *Alcabales,* die königlichen Steuern einzutreiben gehabt.
Große Schriftsteller sind selten besondere Rechenkünstler. Jedenfalls – wie drückt man das vornehm aus? – soll es zu gewissen Fehlbeträgen gekommen sein, welche Cervantes die Festnahme eintrugen. Wo er eingebunkert wurde, scheint festzustehen. Jedenfalls zögern die heutigen Bürger von Argamasilla nicht, uns den Weg zu weisen zu einem gekalkten Flachbau an der Straßenecke, einen Block von der Pfarrkirche entfernt. Die Fassade dieses langgezogenen Hauses ist reichlich brüchig, doch direkt neben dem schweren braunen Holztor mit Sevillaner Kacheln versehen, auf denen geschrieben steht: *Auténtica Prisón donde Don Miguel de Cervantes concibio y comenzo a escribir su Don Quijote de la Mancha* (das Gefängnis, in dem Cervantes seinen Don Quijote konzipierte und zu schreiben begann).
Dieses vormalige Gefängnis soll also der Entstehungsort des Werkes über den Mann sein, auf dessen Spuren wir eigentlich unterwegs sind. Doch vorerst wollen wir uns noch ein wenig unserem Gewährsmann zuwenden, was einer alten Dame in dem noch älteren Haus gegenüber nicht entgangen sein dürfte. Aus dem geöffneten Fenster ihrer Wohnung ruft sie uns zu, der Schlüssel zum historischen Gemäuer, das wir zu inspizieren gedenken, könne bei ihr abgeholt werden. Doch wir sollten uns keinen allzu großen Hoffnungen hingeben, die *Casa Cervantes* befinde sich gerade im Vorstadium einer gründlichen Renovierung.

So ist es wohl. Im Erdgeschoß, in dem es einmal ausgesehen haben mag wie in den alten Bauernhäusern der Mancha, türmt sich der Schutt. Wir steigen hinab in ein Gewölbe, in das durch zwei schräg nach oben verlaufende Lichtschächte etwas Tageslicht eindringt. Der Autor, der hier einsaß – zwischen 1600 und 1603 soll das gewesen sein – und diese Zeit dazu nutzte, den ersten Teil der Geschichte über *El ingenioso Don Quijote de la Mancha* niederzuschreiben, wird da unten zumindest nicht an störender Ablenkung gelitten haben. Derlei soll man gerade als schreibender Mensch positiv sehen. Wer von uns weiß schließlich, was die Finanzbehörden noch einmal mit ihm vorhaben?

Don Quijote, der Mann, hinter dem wir her sind, stammte also offenkundig aus Argamasilla, obwohl unser Gewährsmann nur von »einem Ort der Mancha« schreibt, »an dessen Namen ich mich nicht erinnern will«, damit, wie er an anderer Stelle festhält, »alle Flecken und Dörfer in *La Mancha* miteinander streiten können, ihn zu dem Ihrigen zu machen.«

Dort also »lebte vor nicht langer Zeit ein Junker, einer von jenen, die einen Speer im Lanzengestell, eine alte Tartsche, einen hageren Gaul und einen Windhund zum Jagen haben. Eine Schüssel Suppe mit etwas mehr Kuh- als Hammelfleisch darin, die meisten Abende Fleischkuchen aus den Überbleibseln vom Mittag, jämmerliche Knochenreste am Samstag, Linsen am Freitag, ein Täubchen als Zugabe am Sonntag – das verzehrte volle Dreiviertel seines Einkommens; der Rest ging drauf für ein Wams aus Plüsch, Hosen von Samt für die Feiertage mit zugehörigen Pantoffeln vom selben Stoff, und die Wochentage schätzte er sich's zur Ehre, sein einheimisches Bauerntuch zu tragen – aber vom feinsten!« Kurzum, ein Mensch wie du und ich.

Des weiteren berichtet unser Gewährsmann: »Es streift das Alter unseres Junkers an die fünfzig Jahre; er war von kräftiger Körperbeschaffenheit, hager am Leibe, dürr im Gesichte, ein eifriger Frühaufsteher und Freund der Jagd. Man behauptet, er habe den Zunamen Quijada ... geführt.«

Halt, der Name ist uns schon geläufig. Und das spricht abermals dafür, daß unser Mann tatsächlich in Argamasilla zugange war. Dank der fürsorglichen Anleitung eines Einheimischen stoßen wir noch auf ein weiteres Indiz. In der Pfarrkirche San Juan hängt das Bildnis eines örtlichen Notablen, der im 16. Jahrhundert in diesem Ort gewirkt und auf den Namen Don Rodrigo Pacheco gehört haben soll. Ein wenig streng blickt er auf dieser Abbildung drein, sieht aber ansonsten ganz so aus, wie der Gewährsmann unseren Mann beschrieben hat.

Fraglos haben wir also den richtigen Ort gewählt, um die Fährte von Don Quijote aufzunehmen, der laut Cervantes eine Obsession pflegte, die unsereinem nicht fremd ist: Er las Bücher – in seinem Falle sogenannte Ritterromane. Erzählungen also über die hervorstechendsten Gestalten der erlesenen Ritterorden, die zu Lebzeiten unseres Mannes längst ihr edles Wirken eingestellt hatten. Möglicherweise war das Wirken dieser Orden gar nicht so edel und die fahrenden Ritter eher eine Landplage für das gemeine Volk, auf dessen Kosten sie lebten. Doch unser Thema kann die Frühgeschichte des spanischen Feudalismus angesichts der jüngsten politischen Umwälzungen in Europa nicht mehr sein, also können wir uns hier um den damaligen Stand der Klassenkämpfe allenfalls am Rande kümmern.

Wir waren bei den Büchern stehengeblieben, die unser Mann las. In Spanien kann man die Volksweisheit noch immer häufig hören, übermäßige Lektüre mache verrückt. Sicher ist diese Ansicht nicht nur in diesem Land verbreitet. *Don Quijote de la Mancha,* welchen Namen sich unser Mann zulegte, als er sich in dem im folgenden beschriebenen Zustand befand, scheint der lebende Beweis für die Richtigkeit dieser These gewesen zu sein – hochgradig meschugge und überspannt:

»Zuletzt, da es mit seinem Verstand völlig zu Ende gegangen, verfiel er auf den seltsamsten Gedanken, auf den jemals in der Welt ein Narr verfallen; nämlich es deuchte ihm angemessen und notwendig, sowohl zur Mehrung seiner Ehre als auch zum Dienste des Gemeinwesens, sich zum fahrenden Ritter zu machen und durch die ganze Welt mit Roß und Waffen zu ziehen, um Abenteuer zu suchen und all das zu üben, was, wie er gelesen, die fahrenden Ritter übten, daß heißt jegliche Art von Unbill wiedergutzumachen und sich in Gelegenheiten und Gefahren zu begeben, durch deren Überwindung er ewigen Namen und Ruhm gewinnen würde.«

Derlei würde keinem von uns schlecht anstehen, also folgen wir den Wegen, die unser Ritter einschlug, nachdem er auf dem Rücken seines nicht sonderlich repräsentativen Hengstes Rosinante den Ort seines

bisherigen Wirkens verließ, um ernst zu machen mit der Ritterei. Nach einem Tagesritt, lesen wir in den Aufzeichnungen des Gewährsmanns, langte er an einer Schenke an: »Und da es unsern Abenteurer bedünkte, alles, was er auch immer dachte, sah oder sich einbildete, sei so beschaffen und trage sich so zu wie die Dinge, die er gelesen hatte, so kam es ihm sogleich vor, da er die Schenke sah, sie sei eine Burg ...«
Was ja tatsächlich nicht immer so einfach zu unterscheiden ist – zumal in diesem Teil Spaniens, in dem alte Burgen zu Schenken und Schenken mitunter nach dem Vorbild von Burgen ausgestaltet werden. Bei der nämlichen »standen von ungefähr an der Tür zwei junge Frauenzimmer, aus der Zahl jener, welche man *Die von der leichten Zunft* benennt.«

Bei unserer Ankunft stehen die leider nicht da. Gleichwohl dürften wir den richtigen Ort gefunden haben: eine in einem vierkantigen Gebäude zu Puerto Lapice domizilierende Schenke, die nun den Namen *Venta de Don Quijote* führt. Tatsächlich, im Innenhof, gleich neben dem steinernen Waschtrog, steht unser *Caballero con la triste figura*, Ritter von der traurigen Gestalt, lebensgroß – in Metall gegossen. Fleißige Kellner wieseln um ihn herum und versorgen durchreisende Edelleute vom Orden der Neckermänner an den unter Arkaden aufgestellten Tischen mit Speis und Trank.

Seit Don Quijotes Tagen scheint das Personal kräftig aufgestockt worden zu sein. Von den Preisen nicht zu reden. Wissen wir doch, daß er weder Bargeld noch Kreditkarte mit sich führte, doch dank seines obstinaten Beharrens auf der Ansicht, er sei in einer Burg zu Gast und müsse daher für Logis und Verzehr nichts löhnen, trotzdem bedient wurde. Zuletzt, nachdem er mit den Übel beleumundeten Weibspersonen höfische Konversation gepflegt und unter freiem Himmel die Waffenwacht gehalten hatte, war ihm gar von der Hand des für den Befehlshaber der Feste gehaltenen Schankwirts der Ritterschlag erteilt worden. Derlei Dienstleistungen werden im Angebot der *Venta de Don Quijote* zu Puerto Lapice nicht mehr geführt, was wir natürlich bedauern und was uns innehalten läßt: haben wir etwas falsch gemacht? Wir haben, endlich wird uns das bewußt, ein organisatorisches Versäumnis nachzuholen und unserer Suche nach der ganzen Wahrheit einen kreatürlichen Sinn zu geben, wie das unser Mann tat, nachdem er alle anderen

Reisevorbereitungen getroffen hatte. Da »führte er sich zu Gemüt, daß ihm nichts anderes mehr fehle, als eine Dame zu suchen, um sich in sie zu verlieben; denn der fahrende Ritter ohne Liebe sei ein Baum ohne Blätter und Frucht, ein Körper ohne Seele.«
Wie man weiß, verfiel Don Quijote in diesem Zusammenhang auf ein ihm nur vom Hörensagen bekanntes Bauernmädchen aus einem Ort in der Nachbarschaft: »Sie nannte sich Aldonza Lorenzo, und dieser den Titel einer Herrin seiner Gedanken zu geben, deuchte ihm wohlgetan. Er suchte für sie nach einem Namen, der vom seinigen nicht zu sehr abstäche und auf den einer Prinzessin und hohen Herrin hinweise und abziele, und so nannte er sie endlich *Dulcinea de Toboso,* weil sie aus Toboso gebürtig war.«
Was tun? Gleichfalls verlieben? Wir wollen diese Spurensuche nicht zum Äußersten treiben, sind zudem im Grunde eher praktisch veranlagt und Kinder einer profanen Zeit, in der höchste Huld an der Honorarkasse empfangen wird. Aber eine Herrin unserer Gedanken kann nicht schaden, also beschließen wir, unsere bei der vorliegenden Unternehmung zu erwartenden Abenteuer einer würdigen Chefredakteurin zuzueignen und uns somit eine geistige Orientierung zu schaffen.
Was nun fällig ist, hat unser Gewährsmann präzise festgehalten: »Kaum hatte der rotwangige Apollo über das Antlitz der großen weithingedehnten Erde die goldnen Fäden seiner schönen Haupthaare ausgebreitet und kaum hatten die kleinen buntfarbigen Vögelein mit ihren spitzigen Zungen und mit sanfter honigsüßer Harmonie das Kommen der rosigen Aurora begrüßt, welche, das weiche Lager des eifersüchtigen Gemahls verlassend, sich aus den Pforten und Erkern des Manchaner Horizontes hervor den Sterblichen zeigte, als der berühmte Ritter Don Quijote von der Mancha, die müßigen Daunen verlassend, auf seinen berühmten Hengst Rosinante stieg und des Weges zu ziehen begann über das alte weitbekannte Gefilde von Montiel. – Und in der Tat ritt er eben darüber hin.«
Wir reiten nicht, wir fahren – doch das macht keinen erheblichen Unterschied, solange es mit der richtigen Einstellung geschieht. Die ist uns nunmehr eigen, und auch mit der Skepsis unserer Begleitung wissen wir fertig zu werden wie unser Ritter mit der Ignoranz seines Schildknappen Sancho Panza.

Jedenfalls taucht das erste Abenteuer am Horizont auf, sobald wir uns der Ortschaft Campo de Criptana nähern: ein gutes Dutzend prächtig restaurierter Windmühlen. Zu Don Quijotes Zeiten sollen es gar dreißig oder vierzig gewesen sein, bei deren Anblick unser Ritter zu seinem Knappen sprach: »Jetzt leitet das Glück unsere Angelegenheiten besser, als wir es nur immer zu wünschen vermöchten; denn dort siehst du, Freund Panza, wie dreißig Riesen oder noch etliche mehr zum Vorschein kommen; mit denen denke ich einen Kampf zu fechten und ihnen allen das Leben zu nehmen. Mit ihrer Beute machen wir den Anfang, uns zu bereichern; denn das ist ein redlicher Krieg, und es geschieht Gott ein großer Dienst damit, so böses Gezücht vom Angesicht der Erde wegzufegen.«
Solche Riesen verblüffend ähnlich sehende Windmühlen wurden, entnehmen wir einem klugen Buche, gegen Ende des 16. Jahrhunderts aus dem damals spanisch beherrschten Teil der Niederlande auf der iberischen Halbinsel übernommen. Unser Gewährsmann Cervantes war offenkundig von den fremdartigen Gebilden sehr beeindruckt, was erklärt, warum er den Ritter gegen die Windmühlenflügel anrennen läßt und somit auch uns vor ungewohnte Aufgaben stellt. Unseren jetzt fälligen Text kennen wir: »Fliehet nicht, feige, niederträchtige Geschöpfe; denn *ein* Ritter allein ist es, der euch angreift.«
Wir also nichts wie hin zu den Mühlen, und was sehen wir: Es müssen exakt jene sein, gegen die unser Ritter focht, der dabei dem Vernehmen nach kräftig einstecken mußte, aber gewiß auch ordentlich ausgeteilt hat. Jedenfalls ist ein Flügel der am weitesten vorn stehenden Mühle arg malträtiert. Das läßt uns zögern. Sollten spanische Windmühlen dieselbe Fähigkeit besitzen wie spanische Kampfstiere? Nämlich schon in einem Kampf alle Finten des Gegners erkennen zu lernen und somit in jedem weiteren Kampf unbezwingbar zu sein? Das mögen andere herausfinden – wir treten den Rückzug an.
Doch kein Mensch ist ohne Fehler – auch nicht unser Ritter. Schon in einer der nächsten Ortschaften werden wir dieser Tatsache eingedenk. Das Nest heißt Quintanar, und dieser Name kam uns gleich bekannt vor. Natürlich, wir erinnern uns: »Juan Haldudo der Reiche, Bürger zu Quintanar« – das war der miese Kerl, der seinem Schafhirten, dem Alter nach zu schließen ein Azubi, seit neun Monaten den Lohn schul-

dig geblieben war und den armen Jungen dann noch dazu verprügelte, als er seine kollektivvertraglich festgelegten Rechte einforderte.
Zum Glück kam unser Ritter des Weges, fuhr dazwischen und hielt den zuchtlosen Unternehmer mit vorgehaltener Waffe zu umgehender Lohnnachzahlung und überhaupt zu einer sozial verträglicheren Haltung an. Doch anstatt die Einhaltung seiner Verfügung zu überwachen, zieht er selbstgefällig von dannen: »Daß ich es ihm gebiete, ist hinreichend, damit er mir Gehorsam erweise, und sofern er bei dem Ritterorden, den er empfangen hat, mir es schwört, lasse ich ihn frei gehen und verbürge die Zahlung.«
Natürlich hüten wir uns, in Quintanar auch nur das kleinste Geschäft zu tätigen und sehen uns bloß um, ob auf einem Ladenschild *Juan Haldudo's Nachf.* zu lesen ist. Lebte der noch, wäre er jetzt gewiß ein örtlicher Kazike der *Partido Popular* – und was sollen wir sagen: Prompt sehen wir vor dem Parteihaus der *PePe's* einen dicken Mercedes stehen, wie wir in Quintanar keinen zweiten gefunden haben.
Das ist ein Ort zum Abreisen, und nachdem wir einige Kilometer durch eine sanft gewellte Landschaft voller Olivenbäume und Rebstöcke gefahren sind, stoßen wir auf freiem Feld auf einen großen weißgekalkten Hof mit bunten Sevillaner Kacheln an der Front, die Szenen aus dem Leben und Wirken unseres Helden zeigen. *Venta de Don Quijote* heißt dieses Anwesen gleichfalls, also muß sich hier wohl das nächste Wirtshaus befunden haben, das unser Ritter wieder einmal für eine Burg hielt und daher baß erstaunt war, als der Eigentümer dieses touristischen Betriebes ihm eine saftige Rechnung für Abendessen und Übernachtung präsentierte.
»›So ist dies also eine Schenke?‹ fragte Don Quijote hierauf.
›Und eine höchst angesehene‹, antwortete der Wirt.
›Bis jetzt lebte ich also im Irrtum‹, entgegnete Don Quijote, ›denn ich glaubte wirklich, es sei eine Burg, und das keine geringe. Aber da es sich so verhält, daß es keine Burg, sondern eine Schenke ist, so kann eben für jetzt nichts geschehen, als daß Ihr von wegen der Zahlung mich entschuldigt; denn ich kann der Ordensregel der fahrenden Ritter nicht zuwiderhandeln, von welchen ich mit Gewißheit weiß – ohne daß ich bis jetzt etwas Gegenteiliges gelesen hätte –, daß sie niemals für Herberge oder sonst was in der Schenke, wo sie einkehrten, bezahlt haben.

Denn von Gesetzes und Rechts wegen schuldet man ihnen jegliche gute Aufnahme, die ihnen zuteil wird, zum Entgelt für die unerträgliche Mühsal, die sie erdulden, indem sie auf Abenteuer ausziehen bei Nacht und bei Tag, im Winter und Sommer, zu Fuß und zu Pferd, mit Durst und Hunger, in Hitze und Kälte, allen Unbilden des Himmels und allem Ungemach der Erde ausgesetzt.‹«
Während uns in den Sinn kommt, das dies um nichts weniger für fahrende Reporter gelten sollte und wir somit der Überlegung nähertreten, uns im nächsten Hotel mit den Worten des Vorsitzenden Don Quijote zu empfehlen, sehen wir auf der anderen Straßenseite ein steinernes Kreuz, auf dessen Sockel zu lesen ist: *Franco Franco Franco arriba España.*
Was soll das an einem Ort wie diesem, fragen wir uns und lesen an der Vorderseite des Sockels, hier sei ein uns nicht bekannter Baldomero Fernandez Mieto samt seinen Söhnen im Jahr 1936 für Gott und Vaterland gestorben – umgebracht von der *Canalla marxista.* Na sowas. Sollte Karl hier gewesen sein? *Carlos* wird er hier genannt – Carlos Marx. Was hat der mit unserem Ritter zu schaffen? Man sollte es nicht glauben: sehr viel, entnehmen wir einem Aufsatz, der uns just zum Zeitpunkt dieser Reise in die Hände fällt. »Don Quijote und das Proletariat« ist er überschrieben und stammt von Karl Markus Michel – hier also Carlos M. M.
Für wen habe das männliche Herz unterm Kettenhemd geschlagen, fragt er und bleibt uns die Antwort nicht schuldig: »Für die Witwen und Waisen, die Mühseligen und Beladenen, die Armen und Elenden, kurz, für die Verdammten dieser Erde, die nichts zu verlieren haben als ihre Ketten. Deshalb hüpft ja das Herz des Ritters, wenn er irgendwo Kettenrasseln und Seufzer hört, da gibt er dem Pferd die Sporen ...«
Don Quijote und Carlos M. seien Brüder im Geiste, behauptet Carlos M. M. und belegt dies mit einem Zitat des jungen M.: »Wenn wir den Stand gewählt, in dem wir am meisten für die Menschheit wirken können, dann können uns Lasten nicht niederbeugen, weil sie nur Opfer für alle sind, dann genießen wir keine arme, eingeschränkte, egoistische Freude, sondern unser Glück gehört Millionen, unsere Taten leben still aber ewig wirkend fort und unsere Asche wird benetzt von der glühenden Träne edler Menschen.«

Das ist schön gesagt und könnte somit genausogut von unserem Ritter stammen. Aber beide – zu dieser These versteigt sich Carlos M. M. nun unversehens – hätten ihr Heldenleben jemandem geweiht, der nur in ihrer zügellosen Phantasie so sei, wie unsere Ritter das wünschten und beschrieben: »... Don Quijote, der seine Dulcinea nie gesehen hat und ihr geflissentlich aus dem Weg geht, so wie Don Marx dem Proletariat...« Was soll der Defätismus? Warum will uns Carlos M. M. irre machen? Hegt er gleichfalls Absichten im Hinblick auf die von uns erwählte Herrin unserer Gedanken und will uns daher heimtückisch von ihr weglocken in ideologisches Unterholz?
Vorerst wollen wir Mittag halten, und es dünkt uns, Munera könnte der rechte Ort dafür sein – hier soll die Hochzeit Camachos stattgefunden haben. Mit einem umwerfenden Gelage: »Abgebalgte Hasen und gerupfte Hühner hingen in wahren Mengen ringsum an den Bäumen, um alsbald in den Töpfen zu verschwinden ... Sancho zählte mehr als sechzig Schläuche, jeden von mehr als zwanzig Maß und alle, wie sich nachher zeigte, mit den edelsten Weinen gefüllt...«
Was finden wir vor: Ein Dorf wie alle anderen in der Mancha – im Zentrum eine hohe, aus behauenen Steinen gefügte Kirche, rundum niedrige, gesichtslose Häuser, den einen oder anderen Laden, einige Bankfilialen und am Ortsrand die hochaufragenden Silos und Lagerhäuser, die daran erinnern, daß da Landwirtschaft in großem Stil betrieben wird. Aber nicht ein einziges brauchbares Wirtshaus.
Unser Ritter indes, der muß hier gewesen sein. Zwar begegnet uns weder er noch einer seiner Nachfahren. Doch gegenüber der Kirche von Munera, vor der *Casa de Jubilarios*, steht unverkennbar Sancho Panza. Zwar schon im Rentenalter, dafür aber in dutzendfacher Ausfertigung: Männer von rechteckiger Gestalt – klein und breit und mit einem kürbisförmigen Schädel. Mit anderen Worten: ländliches Proletariat. Das erinnert uns an die Einlassungen von Carlos M. M., denen zufolge Don Quijotisten und Marxisten gleichermaßen hinter einem schön phantasierten Trugbild herliefen.
Das wollen wir genau wissen, also bleibt uns die Fahrt nach El Toboso nicht erspart, die auch unser Ritter in einem fortgeschrittenen Stadium seiner fahrenden Laufbahn doch noch antrat. Er kam nächtens hier an: »Don Quijote ritt voraus, und nachdem er etwa zweihundert Schritte

zurückgelegt hatte, stieß er auf die mächtige Masse, die den Schatten warf, sah einen Turm und erkannte alsbald, daß besagtes Gebäude keine Königsburg, sondern die Hauptkirche des Ortes war.«

Wir finden auf dem Platz vor der Kirche einmal mehr ein gußeisernes Standbild unseres Ritters: Er kniet vor seiner Dame, und so, wie sie dargestellt ist, verspricht sie nicht das liebreizende Wesen zu sein, von dem Don Quijote uns vorgeschwärmt hat. Glücklicherweise, denken wir, ist jeglicher Bezug zu der von uns als Herrin dieses Unternehmens erwählten Dame nicht nur nicht zufällig, sondern gar nicht vorhanden.

Wir machen uns darauf gefaßt, die volle Wahrheit zu erfahren und folgen den an diversen Hauswänden von El Toboso befestigten Aussprüchen Don Quijotes, die den Weg in eine Seitengasse weisen.

»Señor«, bemerkte Sancho seinerzeit, »vielleicht ist's hier Sitte in Toboso, Paläste und große Gebäude in engen Gäßchen aufzuführen.«

Damit lag er nicht ganz falsch. Zwar ist es kein Palast, aber verglichen mit den Nachbarhäusern ein stattliches Gebäude – ein steinernes Wappen über der Haustür –, das uns als das Haus der Dulcinea gezeigt wird. Wir treten ein und lassen uns von einer in blaues Uniformtuch gekleideten Führerin, deren figürliche Erscheinung jener des Dulcinea-Standbildes auf dem Kirchplatz bemerkenswert ähnlich ist, einen gehobenen mittelalterlichen Bauernhaushalt zeigen. Man scheint da nicht unvermögend gewesen zu sein, worauf eine prächtige Geldtruhe mit einem komplizierten Geheimschloß hinweist.

Was aber müssen wir erfahren: Unser Gewährsmann hat uns in die Irre geführt – dieses Haus, das er als jenes der Dulcinea ausgab, war in der Tat die Heimstatt von Cervantes' mutmaßlicher Geliebter Ana Zarco de Morales.

Was soll man da sagen – Sancho Panza trieb es schließlich mit seinem Herrn noch toller und stellte ihm eine von drei zufällig auf ihren Eseln des Weges kommenden Bäuerinnen als die angebetete Herzensdame vor. Er glaubt, seine Lektion gelernt zu haben, und beschreibt sie dem Ritter als betörende Schönheit. Don Quijote indes läßt sich nicht täuschen. Er sieht, daß sie potthäßlich ist, nimmt wahr, daß sie nach Knoblauch und Achselschweiß riecht. Aber er läßt sich auch nicht davon beirren, daß die Realität sich als von seiner Beschlußlage abweichend präsentiert: »Sintemalen der boshafte Zauberer, der mich verfolgt und mir einen Nebelflor und grauen Star auf die Augen gelegt und nur für meine und nicht für anderer Augen deine Schönheit sondergleichen und dein holdes Angesicht in das einer armseligen Bäuerin verwandelt und umgeschaffen hat...« So viel Prinzipienfestigkeit gibt uns die Kraft, noch einmal den Aufsatz von Carlos M. M. zur Hand zu nehmen, in dem es heißt: »So wie Don Quijote dank seiner Verzauberungsthese konnte Don Marx dank seiner Entfremdungstheorie am Herzstück des Wahns festhalten: der erstere, im Banne des Ritterromans, an seiner Herrin, dem Ideal edler Menschlichkeit, in deren Namen er seine Taten vollbringt; der letztere, im Banne der Hegelschen Geschichtsphilosophie, am Proletariat als neuem Subjekt der Geschichte, das, vom Blitz des Gedankens getroffen, die letzte Revolution vollbringt, das Reich der Freiheit errichtet.«

Diese despektierliche Analyse mag objektiv richtig sein – subjektiv ist sie nachweisbar falsch. Um das zu erkennen, müssen wir nur zurückkehren an den Ausgangspunkt unserer Reise, nach Argamasilla, wie es Don Quijote am Ende seines Lebens tat, um dort, versehen mit den Tröstungen der Kirche, in Frieden zu sterben. Dieser Ort in der Mancha ist fest in der Hand des Proletariats: Den Bürgermeister stellt – seit sie das wieder darf – die kommunistische Partei Spaniens!

Das Jerusalem des Westens

Widersprüchliche Bilder und Legenden aus Toledo, Spaniens geschichtsträchtigster Stadt

Wie eine Vision steigt die Stadt aus dem Nichts, eine Fata Morgana, eine Insel in der Ödnis. Ein großer, dramatischer Himmel hängt über Toledo, der spanischsten aller Städte, der Seele dieses Landes. Dies ist sie nicht zuletzt aufgrund ihrer Geschichte als Heimstatt dreier Kulturen, dreier Religionen, die alle demnächst ein wichtiges Jubiläum begehen werden – wenngleich von jeweils höchst unterschiedlicher Art. 1992 jährt sich zum 500. Mal nicht nur die sogenannte Entdeckung Amerikas durch Kolumbus und somit die Besitznahme an diesen *Neuen Ländern* durch die katholischen Könige Spaniens, sondern auch das endgültige Ende islamischer Herrschaft in Spanien und die Vertreibung der spanischen Juden in alle Welt.
In Toledo gedenkt man, die Herausforderung eines von derartigen Gegensätzen geprägten Jubiläumsjahres anzunehmen, was die einzige logische Konsequenz ist an einem Ort wie diesem, wo hinter jeder Ecke Geschichte lebendig ist. Immer noch ist Toledo eine mittelalterliche Festung, für die der Fluß Tajo einen natürlichen Burggraben in die steinerne Ebene gefressen hat. Stadtmauer und Befestigungstürme fletschen die Zinnen. Plump und bedrohlich hockt der *Alcazar* über der Stadt. Er gehöre zu Toledo – so notwendig wie die Nase in ein Gesicht, heißt es.
Jedenfalls ist er ein kriegerisches Symbol, ein Zeichen des Todes. *Viva la muerte!* lautete der Schlachtruf der spanischen Faschisten, die sich in diesem Gemäuer verschanzt hatten. Für den Tod ist die Stadt Toledo seit jeher berühmt.
Von einer *Toledanischen Nacht* wird in ganz Spanien gesprochen, wenn

von einer Nacht des Schreckens die Rede ist: Im Jahre 803 herrschte in der ehemaligen Westgotenhauptstadt Tolaitola Yussuf Ben Amur, der grausame und ungerechte Stadthalter des Kalifen von Córdoba. Die Adeligen der Stadt führten Klage beim Kalifen gegen Yussuf, der schließlich ins Gefängnis geworfen und von den aufgebrachten Toledanern geköpft wurde. Kalif Alhakem setzte daraufhin den Vater des Ermordeten als Statthalter ein, und ganz Toledo zitterte vor dessen Rache. Allein, es geschah nichts. Der neue Herrscher gab sich freundlich und tolerant und behandelte den einheimischen Adel mit Respekt, so daß man mit der Zeit alles Mißtrauen ablegte – bis zur sprichwörtlich gewordenen *Toledanischen Nacht,* als der Statthalter aus Anlaß des Besuches von Prinz Abderramans, des Erstgeborenen des Kalifen, zu einem üppigen Empfang alles lud, was in Toledo Rang und Namen hatte. Kaum hatten die Geladenen die Stadttore passiert, wurde ihnen samt und sonders der Kopf abgeschlagen. Vierhundert Köpfe sollen in dieser Nacht gerollt sein, als der Gouverneur von Toledo späte Rache genoß.

Während wir die Stadt besuchen, herrscht wieder Krieg – weit weg: im Fernsehen, in den Zeitungen. Spaniens Regierung hat eine Armada von drei Versorgungsschiffen in den Kreuzzug gegen die Moros des Kalifen von Bagdad gesandt. Man ist dabei, aber nicht wirklich. Gleichwohl sind die Straßen von Toledo fast leer, und die Einheimischen erklären das mit dem Krieg. Zum ersten Mal, seit der spanische Bürgerkrieg tobte und anschließend aus Ruinen wieder Häuser wurden, ist der Besucherstrom abgerissen. Keine Schulklassen in der Kathedrale, keine faschistischen Pilger im *Alcazar,* keine Japaner im El Greco-Haus. Zu Kriegszeiten verreist man nicht.

Vergeblich locken blanke Ritterrüstungen vor Andenkenläden, vergebens blinken Damaszenerklingen, sei es an Schwertern oder Brieföffnern. Das Kriegswerkzeug des Mittelalters ist obsolet geworden angesichts der aktuellen Schlacht. Unbehagen und Ratlosigkeit herrschen vor ob dieses Krieges der Christen, Juden und Muselmanen. »Der Krieg der Götter« hat ihn eine spanische Tageszeitung genannt. Dabei geht es längst um den einen, ganz anderen Gott.

Toledo, die uralte, kriegerische Stadt verstummt. Die Stadt der drei Religionen, der beispiellosen Toleranz eines glänzenden Mittelalters, das Jerusalem des Westens der Juden, Capitale des Westgotenreiches, Vorposten des Kalifats von Córdoba, die kaiserliche Stadt von Carlos I., der zugleich Karl V. war, die Stadt, die als vollkommenste und charakteristischste Verkörperung dessen gilt, was der urwüchsige spanische Boden und die wahre spanische Zivilisation gewesen sind. Toledo ist in perfekter, glänzendster und eindrucksvollster Weise der Inbegriff der spanischen Geschichte. Aus diesem Grund sollte der Reisende, dem nur ein einziger Tag in Spanien zur Verfügung steht, diesen ohne Zögern in Toledo verbringen, raten Landeskenner einhellig.

Urwüchsig spanisch ist die Vielschichtigkeit, die Widersprüchlichkeit, sind die zwei Seiten der Medaille, die sich hier auf Schritt und Tritt präsentieren. *La otra España,* das andere Spanien, lauert hinter jedem ersten Eindruck. Eine Stadt, die aufblühte durch jahrhundertelange Toleranz, mit der die Angehörigen verschiedener Religionen einander begegneten, eine Stadt der Klöster, Synagogen und Moscheen, zugleich eine der Judenpogrome und Kreuzzüge. Eine uralte Stadt, deren Ursprung sich in Nebeln und Mythen verliert wie jenem, Juden hätten die Siedlung im Jahr 590 vor unserer Zeitrechnung gegründet und ihr den Namen Toldoth – Generationen – gegeben, da sie von Vertretern von zehn Völkern Israels bewohnt worden sei. Karthager, Römer, Westgoten, Mauren und Juden vermischten sich jedenfalls zum »urwüchsigen Spanier« Toledos.

Die maurische *Conquista* Spaniens, der acht Jahrhunderte währende Einfluß der nordafrikanischen Araber und Berber, nahm – der Sage zufolge – in Toledo ihren Ausgang: Der Westgotenkönig Roderich – Rodrigo – habe eines Tages die schöne Florinda nackt im Tajo baden sehen und sie vergewaltigt. Deren Vater, Graf Julian, Gouverneur von Ceuta, rief wutentbrannt den Araberführer Muza zu Hilfe, der in siebentägiger Schlacht bei Jerez de la Frontera das Westgotenheer besiegte und damit der maurischen Vorherrschaft über die Halbinsel den Weg ebnete.

Die schicksalhafte Stelle, an der Rodrigo die Badende überraschte, wird heute noch gezeigt: *Baño de la Cava* heißt ein verfallender Festungsturm, der zum Teil im Fluß steht, ein Ausläufer der ehemaligen Martinsbrücke, die 1203 von einer Wasserflut zerstört wurde. Die Schlacht bei Jerez fand in der Tat ein halbes Jahrtausend vorher statt.

Toledo, die uralte, ist eine Stadt der Legenden und der Kriege. »Die Jüdin von Toledo« heißt eine Legende, die nicht nur der Spanier Phantasie durch die Jahrhunderte beschäftigt hat. »Der König verliebte sich heftig in eine Jüdin, die den Namen Fermosa, die Schöne, trug, und er vergaß sein Weib«, heißt es erstmals in der *Crónica General* des Alfonso X., des Weisen, aus dem Jahre 1270. Erzählt wird die Geschichte seines Urgroßvaters Alfonso VIII., der sich so heftig in die schöne Raquel verliebte, daß er sieben Jahre lang das Kriegführen vergaß und damit seinem Reich eine einzigartige Blütezeit bescherte. Doch seine Granden mochten den Frieden nicht ertragen und töteten die Jüdin. Ein Stoff, der immer wieder aufgegriffen worden ist – vor allem in dramatischer Form: Von Racine, Lope de Vega, Grillparzer. Aus jüdischer Sicht behandelte Lion Feuchtwanger das Thema, den Schrecken des zweiten Weltkriegs im Nacken, den Kalten Krieg im Visier.

1955 schrieb er über seinen Roman »Die Jüdin von Toledo«: »Ich wollte sinnloses Heldentum nicht etwa verklären, ich wollte seinen Glanz und Zauber lebendig machen, ohne jedoch sein Verderbliches zu verstecken. Raquel spürt, wie unheilvoll sich Alfonsos Tollkühnheit auswirken muß – und liebt ihn. Was sie, die Wissende, an dem unheilvollen Manne lockt, sollte zum Sinnbild werden aller Verführung, die von dem Kriegerischen, dem Abenteuerlichen ausstrahlt und zuweilen auch den Erkennenden blendet. Ich wollte versuchen, Menschen wiederzubeleben, die sich mit solchen Gedanken herumschlugen. Ich sagte mir, wer die Geschichte dieser Menschen neu erzählt, schreibt nicht nur Historie, er gibt Problemen unserer Zeit Licht und Sinn.«

Feuchtwanger verlegt in seinem Roman die Handlung des biblischen Buches Esther in das Toledo des 12. Jahrhunderts. Die schöne Raquel ist im zivilisierten, maurischen Sevilla aufgewachsen, schaudert ein wenig vor dem rohen Toledo, der größten Stadt des christlichen Spaniens.

»In dieser kriegerischen Zeit waren alle großen Städte Festungen, sogar das heitere Sevilla. In Toledo aber war jedes einzelne Stadtviertel nochmals von Mauern und Türmen umgeben, und viele der Häuser des Adels waren Festungen für sich. Befestigt waren alle Tore, befestigt die Kirchen und Brücken, die vom Fluß des finsteren, gewaltigen Stadthü-

gels über den Fluß Tajo ins Land führten. Innerhalb der Stadt aber drängte sich auf engstem Raume Haus an Haus, hügelan, hügelab, die Treppenwege waren dunkel und schmal, häufig sehr steil, sie schienen Doña Raquel verdächtige Schluchten, überall waren Ecken, Winkel, Mauern, und immer wieder schwere, riesige, eisenbeschlagene Tore.«
Feuchtwanger beschreibt das Toledo der christlichen Ritter, die seit etwa einhundertfünfzig Jahren, seit dem Ende des Kalifats von Córdoba, wieder in Toledo herrschten. An derselben Stelle wie heute der *Alcazar* erhob sich die Königsburg von Alfonso VIII. – trutzig und primitiv. Maurischer Komfort und Luxus galten den Rittern als verderbt und verweichlicht.
Auf den Fundamenten der westgotischen Kathedrale hatten die Muslime zur Zeit ihrer Herrschaft eine Moschee errichtet, die ihrerseits im Zuge der *Reconquista* einer christlichen Kathedrale weichen mußte – der heute zweitgrößten gotischen Kathedrale Spaniens, dem Herzstück des christlichen Toledo. Etwa zur Zeit der Romanhandlung, 1227, wurde mit ihrer Errichtung begonnen. Zweihundertfünfzig Jahre später, die Epoche der Spätgotik war angebrochen, legte man den Schlußstein.
Naturgemäß ranken sich auch um die Kathedrale der geschichtsträchtigsten Stadt Spaniens viele Legenden. So jene vom Grafen Alvaro de Luna, dessen Marmorsarkophag großartig in einer der Seitenkapellen der Basilika, der *Capilla de Santiago,* aufgestellt ist. Der Conde Alvaro war unehelich und also ohne große Chancen zur Welt gekommen, hatte sich aber durch besondere Geschicklichkeit das Vertrauen des Königs erworben, der ihm die Regierungsgeschäfte überließ. Conde Alvaro wußte dies zu nutzen und wirtschaftete heftig in die eigene Tasche. Seinen eigenen Sturz betrieb er unwissentlich, indem er für seinen König Juan II. die höchst vorteilhafte Heirat mit Isabel von Portugal arrangierte.
Die neue Königin beschloß alsbald, den Diebereien Don Alvaros ein Ende zu bereiten, und ließ ihn unter einem Vorwand verhaften und zum Tode verurteilen. Seine Familie setzte ihn in einer Kapelle der Kathedrale bei und errichtete auf dem Grab eine lebensgroße Statue des Hingerichteten, welche mittels verborgener Ketten zum Sitzen, Stehen und Auf-die-Knie-fallen gebracht werden konnte. Ein Schauspiel, das

Don Alvaros Sippe angeblich dreißig Jahre lang während der Messe zu veranstalten pflegte – bis Königin Isabel die Attraktion entfernen ließ. Eine spätere Isabel, die Katholische, ließ mit der Kirche *San Juan de los Reyes* in Toledo ein frommes Konkurrenzunternehmen zur Kathedrale errichten – zugleich ihre Grabstätte, wie sie verfügte. Gleichwohl wurde sie dann in Granada bestattet. An der Front von *San Juan de los Reyes* hängen indes Zeugnisse ihres und ihres Gatten Fernando größten Triumphes: Ketten, mit denen angeblich Christen gefesselt waren, die man 1492 mit dem Einzug in die letzte maurische Bastion Granada befreit hatte.

Tatsächlich gab es innerhalb der Mauern von Granada, das bereits sieben Jahrhunderte lang unter maurischer Herrschaft stand, zu dieser Zeit längst keine Christen mehr. Im Gegenteil: Nach der Eroberung der Stadt wagten die katholischen Könige nicht, in der *Alhambra* Quartier zu nehmen, weil sie Attentate von seiten der aufgebrachten Bevölkerung fürchteten, die ihre unmittelbar bevorstehende Zwangsbekehrung wohl ahnte.

Toledo, das Jerusalem der Juden und das Rom der Christen Spaniens, hat der Maler und Wahltoledaner El Greco immer wieder als christliche Vision gemalt, in seinem extravaganten, exstatischen, nahezu manieristischen Stil, scheinbar außerhalb aller Schulen und Traditionen der Malerei stehend. So fremd sich seine Gemälde neben jenen seiner Zeitgenossen ausnehmen, so anerkannt war der Kreter doch bei Adel und Klerus von Toledo. *Creta le dio la vida y los pinceles Toledo,* hieß es bereits zu seinen Lebzeiten: Kreta gab ihm das Leben und Toledo die Pinsel.

Ein Gebäude in der *Calle Samuel Levi* wird heute als Haus Grecos gezeigt, obwohl feststeht, daß der Maler weiter stadteinwärts gewohnt hat. Die Grundmauern dieses Hauses stammen aus dem 14. Jahrhundert – einem Jahrhundert später, als sich die Geschichte von der schönen Jüdin zugetragen haben soll – und wurde einst von Samuel Levi bewohnt, dem einflußreichen Schatzmeister des kastilischen Königs *Pedro el Cruel* – Peter der Grausame.

Auch Raquels Vater Jehuda Ibn Esra ist bei Feuchtwanger Schatzmeister des Königs. Sein *Castillo* in Toledo kann man sich bei einiger Phantasie als das angebliche Greco-Haus im Judenviertel denken.

Hohe, schmucklose Mauern umschließen das Innere wie einen geheimen Schatz: »Hinter den Lidern wohnen die Träume...«, dichtete Rilke während einer Spanienreise.
In diesem weitläufigen, fast arabisch anmutenden Haus könnte der stolze Jehuda gelebt haben, hier könnte Raquel im Garten zwischen den Springbrunnen gewandelt sein, hier könnte der Domherr Rodrigue mit seinem Freund, dem gelehrten Muslim Musa, diskutiert haben...
»Da saßen die beiden in der kleinen Vorhalle, schauten hinaus in die Stille des Gartens, hörten auf den leisen, immer gleichmäßigen, immer wechselnden Fall der springenden Wasser und pflogen sachten Gespräches. Die Wände entlang, rot, blau und golden leuchtend, liefen die Friese mit den Weisheitssprüchen. Die krausen Lettern der neueren arabischen Schrift, ineinander verschlungen, umwunden von blumenartigen Ornamenten, verzogen zu Arabesken, bildeten ein buntes Gewebe, das die Wände wie ein Teppich bedeckte.«
Das imaginäre El Greco-Haus, das imaginäre Vaterhaus der Raquel, öffnet sich in seiner Mitte zu einem von einer Galerie umlaufenen Hof, ein Tor lädt ein in den terrassierten Garten. Wie die Stadt Toledo selbst ist dieses Haus die Symbiose zweier Lebensstile: des östlichen, muslimischen, und des westlichen, christlichen. Man findet Kissen als Sitzgelegenheiten auf der Estrade ausgebreitet, in einem Raum ein wackeliges Kinderstühlchen vor einem Spinnrad.
»Die Steinböden, die früher jeden Schritt hatten dröhnen lassen, waren mit sanften, dicken Teppichen belegt. Sofas zogen sich an den Wänden hin mit bequemen Polstern und Kissen. Friese, rot, blau und golden, liefen um den Raum; verwebt in kunstvolle Ornamente, luden arabische und hebräische Inschriften zur Betrachtung. Kleine Fontänen, gespeist durch ein klug erdachtes System von Wasserröhren, gaben Kühlung. Ein weiterer Raum war da für Jehudas Bücher; manche lagen aufgeschlagen auf den Pulten und zeigten die kunstreichen, farbigen Initialen und Randleisten. Und da war der Patio, jener Hof, in dem er damals den großen Entschluß gefaßt hatte, da war die Fontäne, an deren Rand er gesessen war.«
Toledo verfügt noch über zwei Synagogen, wovon die ältere, *Santa Maria de la Blanca,* 1405 im Gefolge eines verheerenden Pogroms einer christlichen Kirche weichen mußte. Zur Zeit Raquels war die spätere

Santa Maria de la Blanca unter acht jüdischen Gotteshäusern Toledos die Hauptsynagoge. Da die Juden sich in ihrer Bauweise stets der Umgebung angepaßt hatten, erinnert die alte Synagoge Toledos an eine Moschee. In einem bescheidenen Garten steht die kleine muslimische Mesquita mit ihren Hufeisen-Arkaden, die wiederum an die ehemalige Moschee von Córdoba erinnert. Vierundzwanzig achteckige, von maurischen Kapitellen gekrönte Säulen und maurische Bögen weisen ausgerechnet auf einen christlichen Altarraum. Ihm gegenüber befindet sich eine marmorne Inschrift zum Gedenken an das Pogrom von 1405. Damals kam ein wortgewaltiger Dominikaner aus Valencia nach Toledo, der später seliggesprochene Vincente Ferrer, und hetzte gegen die Juden, bis seine Zuhörer die Synagoge stürmten, alle Juden, derer sie habhaft werden konnten, auf die nahegelegene Promenade über der Tajoschlucht schleppten, ihnen die Kehle durchschnitten und sie in den Abgrund warfen. Die Toledaner Juden waren damit ausgerottet, und ihre Synagoge wurde zur Marienkirche. Heute steht die Synagoge leer. Doch die Juden mieden erstaunlicherweise nach dem Pogrom Toledo nicht, sondern siedelten sich wenige Jahre später wieder hier an und bekamen eine neue Synagoge, *El Tránsito*, angeblich die schönste Spaniens.
Feuchtwangers Jehuda jedoch kommt nur als Errichter des alten, im maurischen Stil erbauten Gotteshauses in Frage: »Meister Meir Abdeli, ein Schüler der großen moslemischen und griechischen Architekten, hatte das Haus in edlen Maßen gehalten, Arkaden und Balkone gliederten mit weiser Kunst den Raum, organisch ging die Erfahrung der byzantinischen und die der arabischen Meister ineinander. Und alles lenkte hin auf den Schrein, den zu wahren und den zu rahmen das Haus gebaut war, auf die heilige Lade, den Schrein mit den Thora-Rollen... Die Wände der Synagoge waren bedeckt mit Friesen. Inschriften mischten sich da, Arabesken und Ornamente. Wieder und wieder kehrte der Pinienzapfen, das Symbol der ewigen Fruchtbarkeit, der Unsterblichkeit und der Schild mit den drei Türmen – war es das Wappen Kastiliens oder das Siegel Don Jehudas?«
Muslimisch war die Hochkultur des spanischen Mittelalters. Die Zivilisation des Feindes, des Ungläubigen, war überlegen. Sie brachte Wunder zuwege, denen auch die barbarischen Christen nicht widerstehen

konnten. Ein solches Wunder muß die *Galiana* gewesen sein, ein Lustschloß, das der maurische Gouverneur von Toledo, ein Mann namens Galagre, im achten Jahrhundert für seine Tochter bauen ließ. In den Gärten des Palastes soll es neben vielen anderen Wundern eine geheimnisvolle Wasseruhr gegeben haben. Sie kommt auch bei Feuchtwanger vor:

»Da war die Geschichte des Rabbi Chanan Ben Rabua. Der hatte eine wunderbare Wasseruhr konstruiert. Sie bestand aus zwei Brunnen, zwei Zisternen, die mit solcher Kunst und Berechnung angelegt waren, daß sich die eine bei zunehmenden Monden langsam mit Wasser füllte und die andere leerte, mit abnehmenden Monden aber umgekehrt, so also, daß man ihnen den Tag des Monats, ja die Stunde des Tages ablesen konnte. Neidische Nebenbuhler bezichtigten Rabbi Chanan der Zauberei ... und der Alcalde zog Rabbi Chanan gefänglich ein. Da indes leerten sich und füllten sich die Zisternen nicht mehr, wie sie sollten. Man nahm an, der Rabbi habe, bevor man ihn gefangensetzte, die kunstreiche Wasseruhr, an der er dreimal sieben Jahre gearbeitet hatte, beschädigt und man wollte ihn zwingen, sie zu reparieren. Er aber verdarb sie vollends. Da verbrannten sie ihn.«

Hundert Meter flußabwärts der *Puente de Alcantara* liegt am linken Flußufer des Tajo das Schloß *Galiana*. Stolz und still steht es da, inmitten von Äckern und Gemüsefeldern. Nur Juan, der Gärtner, wohnt hier, beschneidet akkurat die Hecken des kleinen Parks und hält Unbefugte fern. Seit den sechziger Jahren ist die *Galiana* Eigentum der Marquese von Araoz, die das im Bürgerkrieg wieder einmal zerstörte Schloß restaurieren ließ. Montags jedoch, erläutert Juan, müsse die *Galiana* der Öffentlichkeit zugänglich sein, da es sich um ein *Monumento Nacional* handle. Indes, kaum jemand fände den Weg hierher, kaum ein Reiseführer erwähne die *Galiana*. Der Gärtner zeigt ein Foto aus dem Jahr 1960: eine einstöckige Ruine, die fast in nichts dem heutigen Lustschloß ähnelt, das dem maurischen Original nachempfunden wurde. Immer wieder im Laufe der Jahrhunderte ist die *Galiana* verfallen, immer wieder war ihr Zauber so stark, daß jemand sich entschloß, sie wiederaufzubauen. Auch Feuchtwangers König Alfonso VIII., der christliche Haudegen, verfällt der geheimnisvollen Ruine in seinem Garten, der *Huerta del Rey*.

»Die Huerta del Rey, kühl an dem sich windenden Flusse Tajo gelegen, war ein weites, von verfallenen Mauern umgebenes Gelände. Einsam stand da ein Tor; von ihm, eingemeißelt in bunten .altertümlichen Lettern, grüßte die arabische Formel: *Alafia*, Heil, Segen. Gebüsch war da, ein kleiner Wald, auch Beete aller Art; doch hatte der Gärtner da, wo früher wohl seltene Blumen kunstvoll gezüchtet worden waren, Nutzpflanzen angebaut, Gemüse, Kohl, Rüben. Inmitten von alledem stand vernachlässigt das Lustschloß, auch ein zierlicher Kiosk, und am Ufer des Flusses verwitterte eine Boots- und Badehütte...

Die Herren saßen unter einem Baum, im Angesicht des Schlosses. Fremdartig stand es da, islamisch durch und durch... Im Hause dann zeigte er die vielen Schäden und erklärte vielwortig, wie schön das alles einmal gewesen sein müsse, die Mosaiken, der Schmuck der Böden, Wände, Decken. Aber immer wieder war der Tajo eingebrochen und hatte alles überschwemmt.«

Der König, unbewußt schon in die Jüdin, die Tochter seines Schatzmeisters Jehuda, verliebt, verliebt sich in die *Galiana*, die ist wie sie. Er läßt das Schloß wiederaufbauen, schenkt es Raquel als Morgengabe. Die glücklichsten Jahre seines Lebens wird er mit ihr in der *Galiana* verbringen, jenem Sinnbild des Friedens, des Wohllebens, der Sinnlichkeit. Nicht umsonst hat die schöne Jüdin den arabischen Spruch an den Wänden anbringen lassen: »Ein Federgewicht Frieden wiegt schwerer als ein Eisengewicht Sieg.«

Ein arabisches Märchenschloß träumt Feuchtwanger als wiederhergestellte *Galiana*, eine *Alhambra* am Ufer des Tajo: »Langsam gingen sie durch den Park. Da waren nun keine Gemüsebeete mehr, sondern bunte Zierpflanzen, Bäume und Boskette, anmutig geordnet. Einen kleinen Wald hatte man gelassen wie er war. Dem stillen Teich aber hatte man einen Abfluß geschaffen, so daß jetzt, mehrmals von Brücken überspannt, ein schmaler Bach zum Flusse Tajo führte... Auf breitem Kiesweg gingen sie dem Schlosse zu. Auch hier grüßte es vom Tor in arabischen Lettern: *Alafia,* Heil, Segen. Sie beschauten das Innere. Diwans liefen die Wände entlang, Gobelins hingen von kleineren Galerien, schöne Teppiche deckten die Böden, überall sorgten fließende Wasser für Kühle...

Der Patio war mehr Garten als Hof. Auch hier war ein großes Wasser-

bassin mit einem Springbrunnen. Arkaden liefen ringsum, matte Spiegel machten, daß sich der Garten ins endlos Weite dehnte . . .«
Blickt man von der *Galiana* auf die Stadt Toledo, so droht eine mächtige Burg von ihrem Hügel herab, in allem ganz und gar Gegenteil der *Galiana*: kalt und monumental, asketisch, gewalttätig. Ort der Macht durch die Jahrhunderte: der *Alcazar* von Toledo. Ein Koloß, der Römern, Mauren und kastilischen Königen als Wehr, Festung und Königsburg diente. Ein Heiligtum der Faschisten aus aller Welt. In seiner heutigen quadratischen, schmucklosen Form wurde das Kastell im 16. Jahrhundert unter Carlos I. und Felipe II. errichtet: eine Kaserne, die 500 Pferde aufnehmen kann. Zeitweise diente der *Alcazar* als Gefängnis, später als Teppichweberei.
Beim Ausbruch des Bürgerkrieges, 1936, war er Sitz der Militärakademie, stand jedoch fast leer, da man die Toledaner Kadetten in andere Kasernen strafversetzt hatte. So blieb der *Alcazar* in der Hut des ältesten Stabsoffiziers, des damals achtundfünfzigjährigen Infanterieoberst José Moscardo e Iriarte, einem leidenschaftlichen Fußballer und zuständig für den Sport beim Heer.
Als Moscardo von Francos Putsch in Afrika hörte, sammelte er im *Alcazar* alle verfügbaren *Guardias civiles*, die sich dann mit Weib und Kind in der Festung verbarrikadierten. Die belagernden Republikaner waren weit in der Überzahl, konnten aber gegen die dicken Mauern des *Alcazar* wenig ausrichten. Schließlich fingen sie der Legende nach den damals sechzehnjährigen Sohn Moscardos und drohten dem Oberst, den Jungen zu erschießen, wenn sich die Besatzung des *Alcazar* nicht ergäbe. Moscardo soll seinem Sohn am Telefon nichts besseres zu sagen gewußt haben als: »Dann befiehl Gott deine Seele und stirb mit den Rufen *Viva España!* und *Viva Cristo Rey!* wie ein Held.«
Ein Rat, der den spanischen Faschisten bis heute als Gipfel patriotischen Mannesmuts erscheint. Ebenso legendär ist die lakonische Meldung des Oberst an die anrückenden Franco-Truppen: »Nichts Neues im *Alcazar*« – während die Eingeschlossenen hungerten, die Festung teils gesprengt und bombardiert wurde.
So wurde der *Alcazar* von Toledo, auch äußerlich symbolisch für *España negra*, das schwarze Spanien, zum Wallfahrtsort für Faschisten aus aller Welt. Was sie nicht wissen wollen, was sie nicht interessiert,

ist, daß jener damals sechzehnjährige Moscardo-Sohn nach dem Krieg frisch und munter in Madrid auftauchte (sein älterer Bruder war Monate nach dem bewußten Telefonat unter ganz anderen Umständen erschossen worden) und daß die Aussage »Nichts Neues im *Alcazar*« wahrscheinlich keine heldenmütige Durchhalteparole war, sondern schlicht die Sicht der Dinge eines schwerfälligen, phantasielosen Soldaten, der sich in der Hauptsache für Fußball interessierte.

Dessen ungeachtet war Moscardo für die Franco-Anhänger *der* Held des Bürgerkrieges – wenngleich er sich durch besondere Ungeschicklichkeit auszeichnete und immer wieder für Peinlichkeiten sorgte. Schließlich nobilitierte man den alten Mann zum *Conde del Alcazar de Toledo* und schickte ihn als Delegationsleiter der spanischen Equipe zu Olympischen Spielen.

Dem faschistischen Geist Toledos entgegengesetzt ist das Projekt *Sefarad 92*, das auf die Versöhnung der drei Kulturen abzielt: Judentum, Islam, Christentum. *Sefarden* nennen sich die von den katholischen Königen 1492 – im Jahr der sogenannten Entdeckung Amerikas, vor allem aber des endgültigen Sieges der christlichen *Reconquista* über das maurische Spanien – vertriebenen spanischen Juden. Für sie war Toledo einstmals das Jerusalem des Westens. Heute noch leben in aller Welt an die vier Millionen Sefarden, in der Türkei erscheint eine sefardische Zeitung, in Paris wird Spanisch-Hebräisch als lebende Sprache gelehrt. Doch nur wenige Sefarden haben sich bis jetzt den alten Traum von der Rückkehr nach Spanien erfüllt.

1992, zum 500. Jahrestag ihrer Vertreibung, wollen die Nachfahren der Opfer zur Versöhnung aufrufen. Die alte Übersetzerschule, Anfang des Jahrtausends von Alfonso VII. gegründet, wo sich über arabische Schriften englische, italienische und deutsche Gelehrte antikes Geistesgut erschlossen, soll wiederauferstehen – mit Zweigstellen in Istanbul, Jerusalem, Kairo und Fes, aber auch in Westeuropa. Der Bürgermeister von Toledo und die kastilische Regionalregierung unterstützen das ehrgeizige Projekt. Der Sitz des Forschungszentrums wird in der bisherigen Kirche *San Marcos* errichtet.

»Da drinnen ist nichts«, versucht ein Bauarbeiter Neugierige von diesem Gebäude fernzuhalten. Das Nichts ist nicht ohne Reiz: eine Kirche am Beginn der Umbauarbeiten. Das Kirchengestühl wurde in einer

Ecke gestapelt, an den staubbedeckten Wänden sind die Umrisse ehemaliger Altarbilder zu sehen. Was wir zuerst für fremdartig bunte Heiligenfiguren und Altaraufbauten im ausrangierten Zustand halten, entpuppt sich auf den zweiten Blick als Karnevalswagen, die in der leerstehenden Kirche für das bevorstehende Narrentreiben gerüstet werden.

Doch wird der Karneval in diesem Jahr überhaupt stattfinden? Und was wird angesichts der aktuellen Weltlage aus *Sefarad 92*? Draußen schlagen sich Christen, Mauren und Juden. Draußen ist Krieg. Ein Krieg, den die Mehrheit der Spanier ablehnt, während ihre sozialdemokratische Regierung in die NATO-Pflicht genommen wird. In Toledo bleiben die Touristen aus, langweilen sich die Soldaten im *Alcazar*. In Toledo zittert eine Handvoll Sefarden um ihr Versöhnungswerk.

»Geh nach Toledo!« rät in Feuchtwangers Roman die alte Königin ihrer eifersüchtigen Tochter. »Das ist eine gute Stadt, und die weiß, wie man mit Feinden umgeht. Schon die alten Könige von Toledo haben es verstanden, die rechte Nacht abzuwarten, bevor sie die Köpfe springen ließen. *Una noche Toledana,* eine Toledanische Nacht, sagen sie auch bei uns. Warte ab, und decke dich gut.«

Sprechende Steine

Erhellende Reise von Burg zu Burg in Kastilien

Der Wind fegt über das karge Hochplateau entlang der Straße von Madrid nach Valencia. Wir sind in der Provinz Cuenca unterwegs, in Neukastilien, biegen in eine Seitenstraße ab und von der in eine Seitenseitenstraße. Nach ein paar Kilometern taucht sie am Horizont auf, die Burg, die wir suchen: Alarcón, wehrhaft auf einer Felsnase sitzend. Ein Turm, dazu Mauerwerk am Hügel vor der Feste, und tief unten in der Schlucht glänzt grün der Fluß Jucar, der an dieser Stelle durch eine Kehre fließt.

Die Böschung fällt steil ab, nahezu senkrecht an manchen Stellen. Nur wenig Grün hat sich zwischen Fels und Geröll, das an eine Wüste erinnert, festsetzen können. Ganz unten in der Schlucht treibt ein Schäfer seine Herde über die steinerne Brücke und hinauf zum Wehrturm, der gegenüber der Burg am Abhang steht – ein Außenposten der Festung, die als uneinnehmbar galt. Ihren Namen soll sie vom Gotenkönig Alarich erhalten haben, der den Wehrbau den Römern entriß. Dann kamen die Mauren und machten die Burg zu dem Schmuckstück, das sie noch immer ist.

Wann wurde mit dem Bau des Gemäuers, wie wir es heute sehen, begonnen? Sehr früh – genaueres ist den örtlichen Chroniken nicht zu entnehmen. Im Jahre 785 muß die Burg jedenfalls schon existiert haben. Damals soll in diesen Mauern ein maurischer Prinz gestorben sein, der den Beinamen *El Ciego* führte – der Blinde. An diesem Ort von archaischer Schönheit ein besonders bedauernswerter Mann. 1184 gelangt die Festung nach neunmonatiger Belagerung durch die von Hernan Martinez de Cevallos geführten Truppen in christliche Hand.

Alarcón ist gewiß eine der eindrucksvollsten Burgen Spaniens, und sie ist nicht nur ein historisches Gemäuer, das man besichtigen kann. Man kann darin auch wohnen: Ihr letzter Besitzer, ein Marquez de Villera, verkaufte es an den spanischen Staat, und der ließ darin einen *Parador* installieren: Ein Glied in der staatlichen spanischen Hotelkette, die in diesem Land unübertroffen ist.
Der *Parador Alarcón* verfügt nur über dreizehn Gästezimmer, ist somit zur Hauptreisezeit ständig ausgebucht – doch wir kommen im Winter und beziehen eine Kemenate im Turm, die mit allem modernen Komfort ausgerüstet, gleichwohl ein in jeder Hinsicht in diese Burg passender, stimmungsvoller Raum ist.
Später, beim Abendessen im Rittersaal unter schweren, schmiedeeisernen Leuchtern, sind ganze vier Tische besetzt. Ein souveräner Oberkellner, mehr Gastgeber denn Bedienungspersonal, läßt keinen Zweifel daran aufkommen, daß in diesem Ambiente nur ein Wein getrunken werden darf: ein trockener kastilischer Roter aus der Mancha.
Der Rat war gut und Alarcón ein gelungener Auftakt zu einer Reise durch das Spanien der Burgen. Das ist, wie der Name sagt, Kastilien – das zentrale Hochland, um das über Jahrhunderte hinweg zwischen Mauren und christlichen Herrschern gekämpft wurde. Beide Seiten bauten in den von ihnen eroberten Gebieten Burgen zur Absicherung ihres Herrschaftsbereiches. Im Gegensatz zu den höfischen Repräsentationsbauten Mitteleuropas waren die spanischen Burgen somit ursprünglich in erster Linie Werke der Militärarchitektur – Kriegerburgen.
Im späten Mittelalter sollen in Spanien an die 10 000 solcher Festungen existiert haben – noch immer stehen fast 2500, wenngleich in höchst unterschiedlichem Zustand: Vom liebevoll ausgestalteten *Parador* bis zur nahezu gänzlich verfallenen Ruine ist alles vorhanden.
Auch die Burg von Belmonte gehörte den Marqueses de Villera, wurde Anfang der Siebziger vom Staat übernommen und wird gegenwärtig restauriert, um einen *Parador* aufzunehmen. Aus der weiten Ebene der Mancha kommend, hatten wir sie über dem Dorf aufragen sehen: Ein wuchtiges Geviert mit runden Wehrtürmen, gesäumt von einer dicken, hohen Mauer, die an einigen Stellen hinabreicht bis in die Siedlung. Das Kastilien der Kriegszeit wurde unter dem Schutz der Burgen neu

besiedelt. Die Vorwerke mußten im Ernstfall Platz bieten für die Bevölkerung der Nachbarschaft und deren Vieh.
In diesen Mauern, die man im 15. Jahrhundert zu errichten begann, soll der Infant Juan Manuel, ein sinnesfreudiger Renaissancemensch, lyrische Schriften moralisierenden Inhalts verfaßt haben – an deren Aussagen er sich natürlich nicht hielt. Im 19. Jahrhundert hat Eugenie de Montijo, die Frau von Napoleon III., in der Burg gelebt – doch nicht nur hier. In ihren Kreisen verfügte man über mehrere Absteigen dieser Art.
Die ursprünglichen Eigentümer wiederum, die Marqueses de Villera, galten durch die Bank als politische Ränkeschmiede, die sich keine Gelegenheit zu einer Intrige entgehen ließen. Vielleicht erklärt das den Hintergrund einer Information, die wir von dem im Pförtnerhaus neben dem Haupttor wohnenden Kastellan erhalten. Er führt uns durch die in Form eines offenen Dreiecks angeordneten, zweigeschossigen, von Spitzbogengalerien gesäumten Wohn- und Repräsentationsgebäude. Die seien ursprünglich noch um ein Stockwerk höher gewesen, erzählt er. Zur Zeit der *Reyes Católicos* seien die oberste Etage entfernt und der Burgfried um neun Meter gekürzt worden.
Isabel von Kastilien und Fernando von Aragon, die Katholischen Könige, unter deren Führung 1492 die christliche Rückeroberung der iberischen Halbinsel abgeschlossen wurde, hatten es zumal nach dem Ende des Krieges gegen die Mauren nicht immer leicht, die eigenen Heerführer, die mangels Gold und Geld mit riesigen Ländereien für Waffendienste belohnt und damit zu Feudalherren gemacht wurden, im Zaum zu halten. Die nun in *Castillos* residierenden Landsknechte, denen ganze Landstriche und Dörfer gehörten, stellten eine ernsthafte Gefahr für die von den Katholischen Königen installierte Zentralgewalt und damit für die Krone dar. Aus diesem Grund ordneten Isabel und Fernando gegen Ende des 15. Jahrhunderts an: »Wir befehlen und verfügen, daß die alten Burgen und Bergfestungen sowie alle anderen in unseren Ländern bestehenden und noch entstehenden Festungsanlagen zerstört und abgerissen werden.«
Wie viele Befehle der Herrscher wurde auch dieser nicht allzu wörtlich genommen – aber vielleicht erklärt er den Abriß des obersten Stockwerkes von Belmonte, wo wohl noch lange gearbeitet werden wird, bis die

ersten *Parador*-Gäste einziehen können. Der Kastellan führt uns über balkengestützte Holztreppen in verstaubte Säle mit offenen Kaminen, über denen steinerne Wappen prangen. Über nahezu jedem Raum, jedem Flur hängt eine kunstvoll geschnitzte Holzdecke im Mudejarstil – beeinflußt von den filigranen Architekturelementen maurischer Baumeister.

Vom Zimmer der *Marquesa* und dem des *Marqués,* zwischen denen ein langgezogener Saal liegt, führen verborgene Türen zu Geheimgängen, die teils bis ins Dorf hinunter führten. Im Gemach der *Marquesa* sind diese Türen aus buntem Glas, in dem des *Marqués* aus massivem Holz. Diesen Raum überspannt eine achteckige Kuppeldecke voller Schnitzereien, die durch einen komplizierten Mechanismus angehoben und gedreht werden konnte. Hier habe der gnädige Herr, raunt der Kastellan von Mann zu Mann, das *Jus primae noctis* bis zur letzten Jungfrau wahrgenommen – und das bis in gar nicht so lange zurückliegende Zeit.

Sieht man von den architektonischen Spuren ab, die von den langjährigen islamischen Herren über diesen Landstrich hinterlassen wurden, so ist das maurische Erbe Spaniens nirgendwo derart gründlich ausgelöscht worden wie in Kastilien – kunstvolle Bewässerungssysteme, intensive Bewirtschaftung des Landes auf kleinen Parzellen im Rahmen eines großzügigen Pachtsystems. Diese Parzellen wurden durch das Feudalsystem abgelöst: großflächige Monokulturen, viel brachliegender Boden – faktische Leibeigenschaft. Daran hat sich in Kastilien weniger geändert als in allen anderen Regionen, sieht man von einigen Gegenden in Andalusien und in der Extremadura ab, die vom Geist Kastiliens okkupiert wurden.

Ein typisches kastilisches Dorf besteht aus einer aus Steinen gefügten Kirche, umringt von niedrigen, schmucklosen Häusern. Am Ortsrand ragen Silos und Lagerhäuser auf. Schnurgerade Straßen und Wege führen hinaus in die Ebenen mit ihren Getreidefeldern und Olivenhainen. Alles überragen die Reste einer Burg, die dem Feudalherrn nicht nur Schutz gegen äußere Feinde, sondern auch vor der eigenen Bevölkerung bot.

Consuegra in der Provinz Toledo ist ein typisches kastilisches Dorf – am Rande der Mancha gelegen und versehen mit einer Eigenheit dieses

Landstriches, den Windmühlen. Sie flankieren auf dem einzigen Höhenzug weit und breit die Reste der Burg von Consuegra. Sie wurde im Auftrag eines maurischen Kalifen von Sevilla erbaut, der die Freundschaft der christlichen Herrscher suchte und das einstmals gewiß prunkvolle Bauwerk 1096 seiner Tochter Zaida zum Geschenk machte – als Mitgift für ihre Heirat mit König Alfonso VI. von Kastilien.
Im Laufe der Jahrhunderte ist die Burg verfallen wie das Versöhnungswerk ihres Erbauers. Einzig die mächtige Außenmauer scheint nahezu unbeschädigt zu sein. Doch vor dem Eingang liegen bereits behauene Steinquader – erste Anzeichen bevorstehender Restaurierungsarbeiten. Zwei Herren von der *Asociación de Amigos de los Castillos,* der Gesellschaft der Freunde der Burgen, die wir hier treffen, sehen das mit Wohlgefallen.
Es sei nicht ohne Pikanterie, sagen sie, daß ausgerechnet eine sozialistische Regierung endlich damit beginne, überall im Lande diese Zeugnisse alter spanischer Geschichte und Kultur vor dem Verfall zu retten. Unter Franco sei zwar ständig von Vaterland und spanischer Größe schwadroniert worden – doch das wahre spanische Kulturerbe hätten die Provinztölpel von Militärs verkommen lassen.
Ja, sicherlich, gibt einer der *Amigos de los Castillos* zu bedenken: Die Genossen versprächen sich davon etwas im Hinblick auf den Tourismus und ließen daher so rührig restaurieren. Dazu käme, daß jegliche bauliche Maßnahme ein üppiges Feld für Steuerersparnis und sonstige Durchstechereien eröffne, zu denen mancher der derzeit Regierenden einen beachtlichen Hang erkennen lasse. Doch das dürfe man nicht zu eng sehen – gewissermaßen sei auch das Traditionspflege. Und unter dem Strich komme etwas dabei heraus – in diesem Fall das Wiedererstehen etlicher alter Burgen.
In Guadamur, nur fünfzehn Kilometer von Toledo entfernt, wurde schon einmal restauriert. Die aus dem 15. Jahrhundert stammende Burg ließ der Graf von Asalto, ein reicher katalanischer Adeliger, um 1887 instandsetzen. Das ist inzwischen einige Zeit her – zu lange, wie es scheint. Äußerlich macht der wuchtige, von einem ausgetrockneten Graben umgebene Bau einen recht gut erhaltenen Eindruck. Doch wie es im Innern aussieht, bekommen wir nicht zu Gesicht. Die Zugbrücke ist zwar herabgelassen, aber das schwere, eisenbeschlagene Tor fest

verrammelt. Prunkvolles Gepräge muß dahinter geherrscht haben: Philipp der Schöne verbrachte in diesen Mauern mit Prinzessin Juana – später: *La Loca*; die Wahnsinnige – seine Flitterwochen; Carlos I. zog sich am Ende seines bewegten Lebens nach Guadamur und in das Kloster La Sisla zurück...

Wir umrunden das Gemäuer und stehen plötzlich auf einer Wiese vor marmornen Badewannen, Kapitellen, Simsen, ganzen Säulen. Aus dem benachbarten Schuppen tritt ein argwöhnisch dreinblickender Mann und erklärt, dieses Burg-Interieur habe man ein wenig ausgelagert, um die Räumlichkeiten herrichten zu können. Keine Rede davon, sagen später andere Dorfbewohner. Das werde alles Stück für Stück verhökert. Es gäbe ja genug Eigenheimbauer, die ein wenig ritterlichen Glanz in ihre Heimstatt bringen wollten.

Die nächste Burg sehen wir auf der Fahrt in Richtung Extremadura über einem Fernstraßenknotenpunkt thronen: ein imposantes Mauergeviert mit runden Ecktürmen. Ein Blick auf die Landkarte belehrt uns, daß das Maqueda sein muß. Wir erklimmen den Burghügel, finden an der Rückseite ein offenes Tor und daneben eine Aufschrift, die keinen Zweifel läßt, wer hier residiert: *Todo por la Patria* – alles für das Vaterland.

Dieser Satz ist an jeder Kaserne der *Guardia Civil* zu lesen. Im nächsten Moment tritt uns ein triefäugiger Geselle entgegen, der eine rauschende Nacht hinter sich zu haben scheint. Auf dem Kopf trägt er den eigentümlichen Lackhut dieser paramilitärischen Polizeitruppe, die Francos ergebenstes Machtinstrument war. Ihre Angehörigen sind noch immer meist ungehobelte Kerle vom Lande, die – das ist eine eiserne Regel – weitab von ihren Heimatorten stationiert werden und mitsamt ihren Familien in isoliert gelegenen Kasernen leben, damit keine Fraternisierung mit der Bevölkerung der Standorte stattfindet. Daran haben auch die nun regierenden Sozialdemokraten nichts geändert, die nicht recht zu wissen scheinen, wie sie dieses Franco-Erbe bewältigen sollen. Als sich im Sommer 1990 innerhalb der *Guardia Civil* bemerkenswert demokratische Regungen zeigten und etliche der Polizisten sich wie alle anderen Arbeitnehmer gewerkschaftlich zu organisieren begannen, fuhr der Innenminister mit der Androhung von Disziplinarmaßnahmen dazwischen.

Unser triefäugiges Gegenüber dürfte mit derlei Tendenzen nie etwas zu tun gehabt haben. Rüde erklärt er, hier dürften wir nicht hinein, wir hätten hier nichts zu suchen. Die Stätte seines Wirkens sieht nicht sehr einladend aus. Innerhalb der Festungsmauern ist das gesamte Gelände eng verbaut mit braunroten Ziegelverliesen: vorn die Amtsräume, dahinter – darauf läßt die zum trocknen aufgehängte Wäsche schließen – die Wohngebäude. Die gesamte Kaserne sieht nach einem ordentlich aufgeräumten Gefangenenlager aus, dessen Insassen lange Zeit der Arm der Staatsmacht waren und die Orientierung verloren haben, seit diese Macht gewechselt hat.

»Spanien ist anders«, lautete zur Franco-Zeit der um Touristen buhlende Werbeslogan für dieses Land. Das hat etwas für sich: Wie immer man Spanien kennenlernt – schon im nächsten Moment präsentiert es sich völlig anders. Dies gilt ebenso für die nächste Burg, Oropesa, die am Rande eines schmucken alten Dorfes hoch über der nach Portugal führenden Nationalstraße auf einer Hügelkuppe steht. Überragt von – Baukränen. Die sind allerding nicht bei der eigentlichen Burg zugange, sondern bei dem vorgelagerten Schloßgebäude, nun gleichfalls ein *Parador,* der gerade einen neuen Dachstuhl erhält.

Die Burg von Oropesa stammt aus der maurischen Zeit, wurde später bei innerchristlichen Machtkämpfen zerstört und im 15. Jahrhundert in ihrer heutigen Form wieder aufgebaut – um danach langsam zu verfallen. Nur noch die hohe Umfassungsmauer und der Burgfried ragen unversehrt auf. Das soll anders werden. Im alten Burghof schleppen junge Leute schwere Steine herbei, andere schmieden Eisengitter oder machen sich an Dachbalken zu schaffen. Von staatlicher Seite wurde hier eine Lehrwerkstatt für Schreiner, Kunstschlosser, Steinmetze, Maurer und dergleichen eingerichtet. In einem Verschlag versuchen sich ein paar junge Frauen an Keramikarbeiten.

Der Meister, wie fast alle Männer in Neukastilien ein kleiner, untersetzter Typ, sagt, damit würden zwei Fliegen mit einer Klappe geschlagen: Die Burg werde von den Lehrlingen Schritt für Schritt restauriert, und die jungen Leute der Umgebung, die früher keine andere Wahl hatten, als in die Landwirtschaft oder wegzugehen, könnten ein solides Handwerk erlernen.

Der Weg vom überwiegend flachen, südlich geprägten Neukastilien in das archaischere, höher und weiter nördlich gelegene Altkastilien führt über die Sierra de Gredos, an deren Abhängen im Mittelalter die Kronfeldherren von Kastilien ihre *Castillos* bauen ließen. Eine dieser Burgen ist die von Mombeltran, um 1460 entstanden und noch immer in tadellosem Zustand. »Die Festung, an der auch italienische Einflüsse zu erkennen sind, gehört zu den herausragendsten spätgotischen Architekturen Spaniens«, schreibt Fernando Chueca Goitia, ein Kunstgeschichtler, der sich wie kein zweiter mit den Burgen Spaniens beschäftigt hat.

In dem fünfeckigen, hochmütigen Bau mit seinen zylindrischen Ecktürmen, errichtet von Beltran de la Cueva, einem wehrhaften Günstling der Krone, spiegelt sich die individualistische Neigung wieder, die das Wesen Spaniens im Guten wie im Schlechten geprägt hat und über die Ortega y Gasset 1927 in seinem »Tagebuch einer Sommerfahrt« notierte: »Im ersten Augenblick erschienen die Burgen uns als Symptome eines Lebens, das uns zutiefst fremd ist. Wir schreckten vor ihnen zurück und suchten Zuflucht bei den antiken Demokratien, die wir unseren Formen des öffentlichen Lebens – des Rechtes und des Staates – verwandter fanden. Aber als wir versuchten, uns als Bürger Athens oder Roms zu fühlen, entdeckten wir einen dezidierten Widerstand in uns. Der antike Staat bemächtigt sich des ganzen Menschen und läßt ihm auch nicht den kleinsten Rest zu seinem Privatgebrauch übrig. So wenden wir uns zurück zu den Burgen und finden, daß hinter ihren theatralischen Gesten ein Schatz von Ideen bereit liegt, die mit den tiefsten Bedürfnissen unserer eigenen Seele zusammenstimmen. Ihre Zinnen und Türme sind errichtet, um die Person gegen den Staat zu verteidigen. Meine Herren, es lebe die Freiheit!«

Hinter Mombeltran windet sich die Straße in eine Hochgebirgsregion von schroffer Schönheit, um schließlich in nahezu 2600 Meter Höhe die Paßhöhe zu erreichen, hinter der sich das Landschaftsbild jäh ändert: Fast baumlos und steppenartig, durchsetzt von merkwürdig grauschwarzen Felsbuckeln, fallen die Hänge zur *Meseta*, der altkastilischen Hochebene hin ab, auf der endlose Kornfelder einen grellen Farbton einbringen. Es ist ein Land, das in allem wie von seiner Vergangenheit ausgezehrt erscheint: das Zentrum einst, das vom Mittelalter an und noch unter Franco den spanischen Zentralstaat in ein

einheitliches Korsett zwang – und das seine Identität verlor, als sich die Völker der diese Zentralregion umgebenden Länder – von Galicien, dem Baskenland und Katalonien im Norden bis nach Andalusien im Süden – ihre Autonomie erstritten.
Kastilien, das ist nun ein hinterherhinkendes Durchzugsland auf dem Weg von den neuen Zentren an der Peripherie zur ungeliebten Hauptstadt Madrid. Der Historiker Claudio Sanchez Albornoz schrieb: »Kastilien schuf Spanien, und Spanien ruinierte Kastilien.«
Die Glanzpunkte Kastiliens sind die der Vergangenheit – wie Avila, in 1130 Metern die höchstgelegene Provinzhauptstadt Spaniens und für den Reisenden, der sich ihr von der Sierra de Gredos her nähert, eine einzige gigantische Festung: umgeben von einem zwölf Meter hohen Mauerring aus dem 11. Jahrhundert, hinter dem die Häuser der Unterstadt nahezu verschwinden. Nur die Kathedrale, am entferntesten Ende der Mauer gelegen und ein Teil von ihr, weist darauf hin, daß hinter diesem lückenlosen Wall mit seinen achtundachtzig Türmen und acht Toren eine lebendige Siedlung liegt.
»Inbegriff einer altkastilischen Stadt«, wird Avila in den Reiseführern genannt – es ist eine ernste, herbe Stadt. Gewiß ist es kein Zufall, daß sie ihre Bekanntheit nicht zuletzt einer in diesen Mauern aufgewachsenen Mystikerin verdankt: der wortgewaltigen *Santa Teresa*, deren sechs Brüder als Konquistadoren in die Neue Welt gezogen waren wie viele der waffentragenden Männer Kastiliens, die nach dem Ende der Maurenkriege in ihrer Heimat keinen Lebenszweck mehr gefunden hatten.
Das andere, das majestätische Gesicht Altkastiliens, zeigt Segovia mit seinem auf einer Felsnase thronenden, weit ins Land hinein blickenden *Alcazar*, der ursprünglich von den Mauren erbaut und schließlich in eine gotische Bilderbuchburg umgewandelt wurde. Alfonso der Weise ging hier seinen Studien nach, Isabel von Kastilien lebte hier, nachdem sie 1474 entgegen aller Voraussicht zur Königin gekrönt worden war, und Felipe II. feierte in diesen Mauern seine vierte Hochzeit mit Anna von Österreich. Der zuletzt 1862 abgebrannte und wiedererrichtete *Alcazar* ist heute ein Museum, eher eklektisch eingerichtet mit Versatzstücken aus verschiedenen Epochen. Gleichwohl vermittelt er einen Eindruck vom höfischen Leben zur bedeutendsten Zeit Kastiliens.
An architektonischem Glanz konkurriert der *Alcazar* mit der Kathe-

drale von Segovia, die Carlos I. von Spanien, zugleich Karl V. von Österreich, erbauen ließ, nachdem seine Truppen den 1520 vom Segovianer Adeligen Juan Bravo angeführten Aufstand der *Comuneros*, der sich gegen die flämischen Statthalter des Kaisers richtete, niedergeschlagen hatten. Die »erste moderne Revolution in Spanien« wird diese Erhebung in spanischen Geschichtsbüchern noch immer genannt – eine Rebellion des Adels, der um seine Privilegien fürchtete.

Ein klassischer Vertreter dieses altkastilischen Adels, indes im richtigen Moment an der Seite von Carlos, war der Bauherr der Burg Coca in der Provinz Segovia: Don Alonso de Fonseca, ein prunksüchtiger Bischof, den Waffen und den Palastintrigen stets zugetan, ließ die Burg im 15. Jahrhundert im Mudejarstil erbauen – im Gegensatz zu den meisten christlichen Burgen also nicht aus Steinblöcken, sondern aus Backsteinen, was den von kunstvoll geformten Zinnen gekrönten Türmen und Mauern ein ebenso imposantes wie vornehmes Gepräge verleiht.

Groß ist freilich die Enttäuschung, wenn man die Brücke über den Burggraben überquert hat und hinter der wallartigen Festungsmauer in das Innere der Feste tritt: Aus rotbraunem Ziegelwerk, wie es in Spanien seit Jahrzehnten für alle öffentlichen Bauten von minderer Bedeutung verwendet wird, wurde ein gesichtsloses Gebäude in den Burghof gesetzt – eine Ausbildungsstätte für Förster, errichtet im Jahre 1959. Auf einer nicht zu kleinen Marmortafel wird in schwülstigen Worten der damalige Diktator Franco gerühmt.

Wie eine zeitgemäße Ausgestaltung des inneren Komplexes einer mittelalterlichen Burg mit sehr viel mehr Einfühlungsvermögen bewerkstelligt werden kann, sehen wir am Beispiel des in der Provinz Valladolid gelegenen *Castillo de la Mota* oberhalb von Medina del Campo. Diese gleichfalls aus roten Backsteinen errichtete Burg wurde zu einem staatlichen Kultur- und Kongreßzentrum umgestaltet. Gerade tagen hier Tuberkulose-Spezialisten in einem Ambiente, das modernen Ansprüchen genügt und doch erkennen läßt, wie es früher einmal in der Burg ausgesehen haben mag.

In diesen Mauern wurde Cesare Borgia gefangengehalten, bis es dem ausschweifenden Papstsohn 1506 gelang zu fliehen. Vor allem aber verbrachte Isabel die Katholische hier ihren Lebensabend – in ständigen Kämpfen mit ihrer Tochter, *Juana la Loca,* der Wahnsinnigen – Gattin von Philipp dem Schönen, der diesem Namen zur selben Zeit in Flandern alle Ehre machte.

Gestorben ist Isabel in einem nicht mehr existierenden königlichen Schloß in Medina del Campo, im Mittelalter ein Zentrum des Welthandels: »Wenn die Bank von Medina wankt, wanken die Banken der Welt«, hieß es im 15. und 16. Jahrhundert, als kein Kaufmann, der im internationalen Handel bestehen wollte, die jährliche Messe in Medina versäumen durfte. Hier wurde der Wechsel in seiner endgültigen Form entwickelt. Heute ist Medina eine ländliche Kleinstadt. Allenfalls die Kathedrale erinnert noch an die ehemals weltweite Bedeutung dieser altkastilischen Siedlung.

Stehengeblieben scheint die Zeit hingegen rund um die alte Burg von Arevalo zu sein, wo Isabel in Gegenwart ihrer (wie später Isabels Tochter) von geistiger Umnachtung heimgesuchten Mutter ihre Kindheit verbrachte. Erzogen von Klerikern, die im Einklang mit der trostlos kargen Landschaft der Umgebung die sinnenfeindliche Religiosität dieser späteren katholischen Königin geprägt haben mögen, die ihren Glauben zur Doktrin des von ihr und ihrem Gatten Fernando – der zugleich reihum illegitime Kinder zeugte – geschaffenen Zentralstaates erhob: ein Katholizismus, den die spanische Kurie noch immer mitunter päpstlicher als der Papst vor Irrlehren zu bewahren versucht.

Düster wie die Burg von Arevalo sind die sie umgebenden Plätze mit ihren Kirchen und Klöstern: authentisches Mittelalter – Ausdruck des *España oculta,* einer scheinbar weitab vom Europa des 20. Jahrhunderts liegenden Welt.

Doch vielleicht trügt der dunkle Schein: An diesen Plätzen verändere man nichts, sagt uns der Besitzer einer in einem solchen alten Gemäuer untergebrachten Bar, weil hier viele Filme gedreht würden. Man müsse bloß die Leuchtreklamen für Bier und Erfrischungsgetränke abmontieren – schon könne man den gewöhnlich solventen Filmproduzenten eine perfekte Kulisse anbieten. Ein solches Geschäft dürfe man sich doch nicht entgehen lassen.

Die harte Erde der Eroberer

Rückblicke in die Gegenwart der Extremadura

Das Etikett auf der Flasche ist vielversprechend: Weine wie diesen *Lar de Barros* aus Almendralejo hätten Hernan Cortes, Pizarro und andere Konquistadoren den mächtigsten Herrschern von Amerika kredenzt und den edlen Rebensaft gegen Gold getauscht, steht da zu lesen.
Das ist zumindest eine reichlich geschönte Geschichtsbetrachtung. Wie man weiß, pflegten die spanischen Eroberer von Mexiko und Peru nicht beschaulich mit den obersten Azteken und Inkas zu bechern, sondern dieselben umbringen zu lassen, um an die Schätze der Indios zu gelangen. Kurzum, näher an der Realität bewegte sich wohl der fettleibige und babygesichtige, prall in einem weinroten Anzug stekkende Kellner, der uns diesen Wein im *Meson La Cadena* an der *Plaza Mayor* von Trujillo auf den Tisch geknallt hatte: Er legte eine unkonventionelle Methode von individuellem Service an den Tag, indem er glaubhaft den Anschein erweckte, er hege gegen jeden einzelnen Gast, der dieses Restaurant betritt, einen ganz und gar persönlichen Haß.
Das scheint ein Aspekt regionaler Folklore zu sein: Wir befinden uns in der Extremadura, der an der Grenze zu Portugal gelegenen ärmsten Ecke Spaniens. Der Name dieses Landes ist Programm: *Extrem hart* – so ist hier ein Großteil der nur mit großen Mühen zu kultivierenden Böden, und so scheint auch ein Großteil der Bewohner zu sein. Dazu vermitteln sie einen abweisenden Eindruck: Grüße werden nicht erwidert, Bestellungen maulfaul und mürrisch entgegengenommen... Nach einiger Zeit erkennen wir indes: Das ist nicht persönlich gemeint – hier ist man so. Selbst Akte ausgesprochener Freundlichkeit werden für uns nicht gleich als solche erkennbar.

Dahingehend läßt der Kellner das *La Cadena*, das uns als eines der besten Restaurants am Platze empfohlen worden war, zumindest keinen Interpretationsspielraum offen. Und was er uns schließlich als Mahlzeit auf den Tisch knallt, weckt Erinnerungen an die freudlosen Hervorbringungen der regionalen Küche Zentralamerikas.

Das macht Sinn und ist nicht die einzige Parallele zu Zuständen, wie wir sie jenseits des Atlantiks kennengelernt hatten. Nach einer Fahrt quer durch das hügelige, von Kork- und Steineichen, Olivenbäumen und Weinreben bestandene Land gelangen wir anderntags in das auf einen Abhang gesetzte Städtchen Jerez de los Caballeros und versuchen, uns dort zum Ziel dieser Reise durchzufragen: Ganz so, wie uns das in Zentralamerika häufig passiert war, werden wir von Einheimischen, die sich absolut informiert geben, kreuz und quer, hügelan und hügelab durch das enge Gewirr der Gassen geschickt, um einmal mehr erkennen zu müssen, daß der angegebene Weg nicht stimmen kann.

Schließlich gelingt es uns, in einer der engen Gassen das kleine Haus zu finden, das eine steinerne Tafel als das Geburtshaus des Mannes ausweist, den wir in Bronze gegossen auf einem peripheren Plätzchen hatten stehen sehen: Vasco Nuñez de Balboa, der sich – wegen Gewalttätigkeiten und kritischer finanzieller Verhältnisse auf der Flucht – in einer Kiste an der Atlantikküste Panamas an Land schmuggeln lassen mußte. Danach überquerte er den zentralamerikanischen Isthmus. Am 25. September 1513 sah der Sohn eines Kleinadeligen aus der Extremadura als erster Europäer den Pazifik, den er umgehend für die Krone von Kastilien und Aragon in Besitz nahm. Er lieferte den Beweis, daß Kolumbus nicht auf der Westroute nach Indien gelangt war, sondern unwissentlich einen bis dahin in Europa unbekannten Kontinent entdeckt hatte. Vor allem aber eröffnete Balboa mit seiner Entdeckung für die spanischen Konquistadoren den Weg zu den unermeßlichen Schätzen des Inka-Reiches in den Anden.

Dem Mann aus Jerez de los Caballeros wurde in Ciudad de Panama – direkt vor der örtlichen US-Botschaft – ein ungleich prächtigeres Denkmal gesetzt als in seiner Heimatgemeinde. Und in Panama heißt die Währung nach ihm: *Balboa*. Freilich, es ist alles nur Schein. Faktisch gilt in dieser zentralamerikanischen de facto-Kolonie der USA der US-Dollar als Zahlungsmittel.

An Jerez de los Caballeros, woher nicht nur Balboa stammt, sondern auch Hernan de Soto, der Entdecker Floridas, sind die Großtaten dieser Söhne des Ortes offenkundig folgenlos vorübergegangen. Wovon die Leute denn hier leben, fragen wir Einheimische in einer Bar. Viele seien arbeitslos, lautet die wortkarg vorgebrachte Antwort. Dazu werde ein wenig Handel und Handwerk betrieben – was eben so anfalle aus dem Bedarf eines landwirtschaftlichen Umlandes.
Auch der Agrarsektor ist hier wohl kein besonderer Ertragsfaktor. In diesem Teil des Landes ist die Extremadura nahezu gebirgig und noch karger als in den weiter nördlich gelegenen Landstrichen um Caseres, Merida und Badajoz. Als Zeichen bäuerlicher Betriebsamkeit sind entlang der Landstraßen gerade ein paar Schafherden auszumachen – und ein weiterer Exportartikel, auf den man in Zentralamerika und in der Karibik häufig stößt: die schwarzborstigen Schweine, die jenseits des Atlantiks *Kreolenschweine* genannt werden.
In der Extremadura weiden stattliche Rudel auf sauren Wiesen unter Eichen. Ab und an schlägt der halbwüchsige Schweinehirt mit seinem Stock gegen das Geäst, woraufhin das Borstenvieh grunzend heranstürmt, um die herabfallenden Eicheln an sich zu bringen.
Solche Begegnungen erinnern uns an einen *Extremeño*, der Zeit seines Lebens Analphabet war, doch mit Zähigkeit, Willenskraft und Brutalität den steilen Aufstieg vom Schweinehirten zum Statthalter Perus und Dynastiegründer der *Marqueses de la Conquista* geschafft hatte: Francisco Pizarro, der Eroberer des Inka-Reiches und Erbauer von Lima.
Knapp unterhalb des ursprünglich von den Mauren erbauten *Castillos* von Trujillo hatten wir in der Nachbarschaft anderer mittelalterlicher Steinhäuser ein Gebäude gesehen, das dem Erzeuger dieses Eroberers gehört haben soll: Gonzalo Pizarro, ein Landsknecht und Hauptmann des königlichen Heeres, der bei der spanischen Eroberung Granadas dabei war. Als gesichert kann gelten, daß er seinen Samen achtlos in alle Winde verstreute und neben einem legitimen Sohn – Hernando Pizarro – und zwei Töchtern mit wenigstens drei weiteren Frauen zumindest vier uneheliche Töchter und drei Söhne zeugte: Francisco, Gonzalo und Juan Pizarro.
Die Mutter des 1478 geborenen Francisco war eine Bauerntochter aus der Umgebung von Trujillo, wo der spätere Konquistador aufwuchs.

Christoph Kolumbus reiste zwischen seiner ersten und seiner zweiten Entdeckungsfahrt über den Atlantik durch die Extremadura und schrieb am 27. April 1493 in sein Tagebuch: »Wohin immer ich komme, jubeln mir die Menschen zu. Die Kunde von der Entdeckung hat sich wie ein Lauffeuer im ganzen Lande verbreitet. Und überall wollen sich mir Abenteuerlustige anschließen, in Trujillo, einem kleinen, unbedeutenden Dorf, bat mich sogar ein dreizehnjähriger Junge, ein Schweinehirt, ich möge ihn mitnehmen.« Robert Grün, der Bearbeiter und Herausgeber dieses Tagebuches, knüpfte an diese Eintragung die Spekulation: »Es ist durchaus möglich, ja wahrscheinlich, daß der dreizehnjährige Schweinehirt Francisco Pizarro war.«

Der bekannteste Sohn von Trujillo, dessen Standbild – hoch zu Roß und mit wehendem Federbusch am Helm – nunmehr vor der Kathedrale auf der *Plaza Mayor* steht, gelangte erst neun Jahre später, 1502, in die Neue Welt. Dort nahm er unter anderem im Gefolge Balboas an der ersten Überquerung des zentralamerikanischen Isthmus teil. Doch Pizarro war es, der aus dieser Entdeckung seines extremeñischen Landsmanns Balboa, der wie viele Konquistadoren – so letztendlich Pizarro selbst – von spanischen Eroberer-Konkurrenten hingerichtet wurde, Kapital schlug. In Begleitung seiner drei ihm nach Amerika gefolgten Halbbrüder segelte Pizarro auf dem Pazifik südwärts und ging am Fuße der Anden an Land, eroberte das heutige Ecuador und Peru und wurde schließlich 1529 von der spanischen Krone zum Oberbefehlshaber über die von ihm raffgierig und brutal regierten Länder ernannt.

Zumindest in der Extremadura scheint dieser Herrschaftsstil nicht als anrüchig gegolten zu haben. Schräg gegenüber von dem Pizarro-Standbild prangt an der Ecke des größten der Stadtpalais, von denen die *Plaza Mayor* in Trujillo umgeben ist, das in Stein gehauene Wappen, das den *Marqueses de la Conquista* von der spanischen Krone verliehen wurde: Auf der einen Seite zeigt es vor Anker gegangene Schiffe, auf der anderen mit Ketten aneinandergefesselte Indios – die Ketten umschlingen nicht nur die Hände, sondern auch die Hälse der Unterworfenen. Gleichfalls an dieser Ecke des *Palacios* befinden sich Steinreliefs, die zwei Paare darstellen – ein Hinweis, daß nicht nur der Vater der Pizarros in unkonventionellen Familienverhältnissen lebte. Francisco unterhielt eine illegitime Beziehung mit einer Inka-Prinzessin namens Yupanqui, mit der er zwei Kinder zeugte – darunter die Tochter Francisca, die achtzehnjährig nach Spanien kam und ihren zu der Zeit einundfünfzigjährigen Halbonkel Hernando Pizarro heiratete. Die Reliefs stellen Fancisco und Yupanqui, Hernando und Francisca dar. Aus dem Inneren dieses Gebäudes sind in der Abenddämmerung dumpfe Trommelschläge zu hören. Das seien die Trommler der *Bruderschaft vom Heil Christi*, die hier für die Prozessionen der Karwoche übten, erklärt uns am nächsten Tag der für diese Breiten ungewöhnlich beflissene junge Mann, der als Faktotum den Pizarro-*Palacio* hütet. Die heutigen *Marqueses de la Conquista* lebten zwar in Madrid und kämen nur noch selten in ihr Familienpalais nach Trujillo. Doch sie ließen es sich nicht nehmen, der örtlichen Bruderschaft *Hermandad del Cristo de la Salud* vorzustehen, weshalb es den Trommlern gestattet sei, in den leerstehenden Sälen des *Palacio* zu üben.

Eigentlich habe Francisco Pizarro ja verfügt, daß aus den Erträgen seines in Peru angehäuften Vermögens in Trujillo eine Kirche und ein Kloster gebaut würden, berichtet der junge Mann. Doch des Eroberers Halbbruder Hernando, der als der einzige legitime Sohn von Gonzalo Pizarro, im Gegensatz zu den drei illegitimen Söhnen, während der Eroberung des Inka-Reiches nie an den Kampfhandlungen teilgenommen, sondern von der Etappe aus das ökonomische Gebaren des Feldzuges geleitet habe, sei dieser Verfügung nicht gefolgt und habe diesen *Palacio* erbauen lassen. Das Faktotum führt uns von dem unterhalb des Straßenniveaus gelegenen Gewölbe, in dem ursprünglich die Pferde untergestellt wurden, bis hinauf in die mit kunstvoll geschnitzten Deckenbalken ausgestatteten Repräsentationsräume der oberen Etagen. Die Enden dieser Balken und die Steinornamente an den offenen Kaminen sind mit den Köpfen von Inka-Göttern und -Priestern geschmückt.

Vom Eckbalkon aus blicken wir hinunter auf die *Plaza Mayor*, an der im Halbkreis Stufen ansteigen. Diese Treppen dienten auch als Tribünen für die Zuschauer bei den mitunter auf dem Platz, der gewiß die schönste *Plaza Mayor* einer spanischen Kleinstadt sei, veranstalteten *Capeas* – der ländlich rüden Erscheinungsform des Stierkampfs –, erklärt unser Führer.

Hinter der *Plaza* erhebt sich im Halbrund bis hinauf zum *Castillo* eine imposante Ansammlung von aus behauenen Steinen gefügten mittelalterlichen Stadtpalais. Im Gegensatz zu anderen Ortschaften der Extremadura hat der Reichtum, den die in diesem Landstrich geborenen Eroberer in der Neuen Welt erbeuteten, das Stadtbild von Trujillo geprägt. Diese Kleinstadt ist indes wie kein zweiter Ort des Landes die Heimat der Konquistadoren schlechthin: Die Namen von 56, die aus Trujillo stammen, sind überliefert. Darunter Francisco de Orellana, der als erster Europäer den Amazonas befuhr, Nufrio de Chaves, der das heutige Paraguay erkundete und Santa Cruz in Bolivien gründete, Diego Garcia Paredes, der Trujillo in Venezuela erbauen ließ, Francisco de las Casas, der im Gefolge von Cortes an der Eroberung von Mexiko teilnahm...

Zwar fiel der größere Teil der den Indios geraubten Schätze der spanischen Krone zu, und viele Konquistadoren kehrten nicht mehr nach Europa zurück – etliche aber kamen doch wieder und ihr Anteil an der Beute war groß genug, um sich in ihrem Heimatort repräsentative Herrenhäuser errichten zu lassen, die nun – teils zu Ruinen verfallen – entlang der engen, zum *Castillo* hin ansteigenden Gassen der Altstadt von Trujillo stehen.

Doch da und dort sind im alten Mauerwerk Bauarbeiter zugange, und an den Resten eines prächtigen *Palacio* hängt ein Schild, dem zu entnehmen ist, daß hier Wohnungen entstünden. Die Telefonnummer, unter der sich Kaufinteressenten melden können, fehlt nicht.

Während wir in der Betrachtung dieses Phänomens versunken sind, spricht uns ein junger Mann an: »Herzlich willkommen!« Auf derlei waren wir inzwischen in der Extremadura nicht mehr gefaßt und können die freundliche Begrüßung erst nach einer Schrecksekunde erwidern. Er heiße Gonzalo wie einer der Pizarros, sagt der junge Mann, und studiere Architektur – mit besonderer Ausrichtung auf die Restaurierung historischer Bauten. Diesbezüglich finde er ja in seinem Heimatort ein reiches Betätigungsfeld vor, und wie man sehe, geschehe bereits einiges.

Gonzalo gibt sich als Anhänger der die Regionalregierung der Extremadura stellenden sozialdemokratischen PSOE zu erkennen, die viel für die Wiederherstellung der Altstadt von Trujillo übrig habe. Das sei kulturhistorisch bedeutsam, und angesichts des bevorstehenen 500. Jahrestages der Entdeckung des amerikanischen Kontinents durch Kolumbus würden von der Regierung in Madrid bedeutende Mittel zur Finanzierung der Restaurierungsarbeiten bereitgestellt.

Natürlich spiele da eine politische Überlegung eine wichtige Rolle, räumt Gonzalo ein: die Arbeitsplatzbeschaffung. Bei aller Pracht, die Trujillo ausstrahle – die soziale Lage sei eher trist: Die Arbeitslosigkeit sei groß, und abgesehen von ein wenig Handel und Handwerk existierten in Städten wie dieser kaum Arbeitsmöglichkeiten. Also falle jeder Bauauftrag ins Gewicht.

So sehen das offenkundig nicht nur die Anhänger der PSOE. Neben dem Eingang zum Rathaus von Trujillo finden wir ein Plakat der kommunistischen *Izquerda Unida*, der Vereinigten Linken, die auffordert: »Investiert in Trujillo!«

Bauarbeiter begegnen uns auch in dem aus dem 16. Jahrhundert stammenden Palast der Herzöge von San Carlos, die sich ihren Adelstitel gleichfalls als Konquistadoren verdienten. Nun beherbergt das Gebäude ein Kloster, und die Nonne, die uns durch das Haus führt, weist auf die besondere Form der Kamine hin, die wohl der Inka-Architektur nachempfunden wurden. Dann skizziert sie ein ehrgeiziges Investitionsprogramm, das sich die Nonnen vorgenommen haben, um den *Palacio* in neuem Glanz erstrahlen zu lassen. Leider müsse man das ohne staatliche Zuwendungen bewerkstelligen. Wir verstehen den Wink.

Auf der örtlichen Ebene komme man mit den politischen Autoritäten recht gut zurecht, beantwortet die Nonne unsere Frage nach den lokalen Gegebenheiten. Der Bürgermeister von Trujillo sei zwar Sozialist – doch dafür müsse man Verständnis haben: die hohe Arbeitslosigkeit, die niedrigen Einkommen ...

Schon immer hat die verheerende wirtschaftliche Lage nicht zuletzt die initiativsten Leute zur Abwanderung aus diesem Landstrich veranlaßt. So ist erklärbar, warum der Großteil der Konquistadoren, die Amerika für die spanische Krone eroberten, ausgerechnet aus dem Binnenland Extremadura kamen, das größer ist als die Schweiz, aber kaum mehr als eine Million Einwohner zählt. Vermutlich noch einmal so viele *Extrameños* leben in den Industriezentren Nordspaniens und im europäischen Ausland. Dort finden sie vielleicht Arbeit und ein besseres Auskommen – mit Ruhm und Reichtum, wie ihre Vorfahren zur Zeit der Eroberung der Neuen Welt, können diese Abwanderer freilich nicht mehr rechnen.

Noch heute lernt, wer durch die Extremadura fährt, verstehen, warum hier so viele Männer bereit waren, ihre Heimat zu verlassen und einem ungewissen Schicksal auf einem fremden Kontinent entgegenzureisen. Medellín ist ein Ort, der das besonders deutlich macht. Die Straße dorthin führt vorbei an Olivenhainen, Weinpflanzungen und Schafweiden. Wo eine auf römische Ursprünge zurückgehende lange Bogenbrücke den Río Guadiana überquert, erhebt sich ein Hügel, auf dem die noch immer imposanten Reste eines *Castillo* thronen.

Vermutlich unterhielten hier schon die Römer vor dem Beginn unserer Zeitrechnung eine Feste. Mit Sicherheit waren die Mauren hier. Nach deren Vertreibung im 13. Jahrhundert wurde das Kastell in seiner endgültigen Form gebaut. Eine Burgherrin soll dort ihren Sohn wegen Erbschaftsstreitigkeiten fünf Jahre lang in einem Turm festgehalten haben, worüber Calderón sein Stück »Das Leben ein Traum« schrieb. Das Dorf zu Füßen des *Castillo* geht wohl auf eine Siedlung des Gesindes und der Pächter der Burgherren zurück – so unansehnlich und unscheinbar wirkt es noch immer. Bemerkenswert ist einzig ein vor dem Rathaus aufgestelltes Bronzestandbild, das mit seinen Dimensionen jeder großstädtischen *Plaza* anstünde, sich auf diesem Dorfplatz aber geradezu absurd ausnimmt: ein Denkmal für den 1484 oder 1485 in Medellín geborenen Hernan Cortes, dessen Streitmacht 1519 die Azteken unterwarf und Mexiko eroberte. Ein paar Meter weiter zeigt ein Stein an, wo sich das Geburtshaus dieses Konquistadors befunden haben soll, der 1504 nach Kuba ausgewandert war und dann im Streit mit dem dortigen Statthalter auf eigene Faust aufbrach, um einen Eroberungsfeldzug auf dem amerikanischen Festland zu starten.

Einer seiner engsten Kampfgefährten war Pedro de Alvorado, der später Guatemala eroberte. Er stammte aus Badajoz, einer unmittelbar an der Grenze zu Portugal liegenden Stadt, einst Residenz eines maurischen Königreiches. Von dieser großen Vergangenheit verrät Badajoz nichts mehr – allenfalls von bescheidenem Wohlstand, den der grenzüberschreitenden Handel mit sich gebracht hat. Nirgendwo sonst in der

Extremadura finden sich so viele große Neubauten: Warenhäuser, Niederlassungen von Großfirmen...
Als erstes fällt dem Besucher die nahe der Stadteinfahrt errichtete neue Stierkampfarena auf – gewiß die größte *Plaza de Toros* in diesem Teil Spaniens. Später finden wir am Rande der Innenstadt die Reste der nahezu gänzlich abgerissenen alten Arena. Man griff aus Pietät zur Spitzhacke: Am Morgen des 15. August 1936 war diese alte *Plaza* Schauplatz eines der fürchterlichsten Massaker des spanischen Bürgerkrieges.
Wie nahezu überall im Armenhaus Extremadura hatte sich die Bevölkerung von Badajoz in ihrer überwältigenden Mehrheit den Kräften der Republik angeschlossen, weshalb die Stadt von den marokkanischen Söldnern des Putschgenerals Franco, die entlang der portugiesischen Grenze vorrückten, angegriffen und besetzt wurde. Alle Einwohner, die man der Regierungstreue verdächtigte, wurden in die Stierkampfarena getrieben, wo die örtlichen Franco-Anhänger von den Tribünen aus das folgende Massaker mitansehen durften: An die 1800 Menschen wurden mit Maschinengewehren niedergemäht.
Jay Allen, ein Reporter der Chicagoer »Tribune«, der kurz darauf nach Badajoz gelangte, schrieb: »Man hält es nicht für möglich, wieviel Blut aus 1800 Leibern fließt.«
Die anhaltende Rückständigkeit der Extremadura hat ihre Ursache auch in der Friedhofsruhe, für die das Franco-Regime nahezu vierzig Jahre lang sorgte. Die Voraussetzungen dafür waren günstiger als in anderen Gegenden Spaniens. Das zur Zeit der christlichen *Reconquista* installierte Feudalsystem, das sich aus den Zuweisungen riesiger Ländereien an die adeligen Landsknechte, die gegen die Mauren gekämpft hatten, an die Kirche und an die Ritterorden ergab, stieß in diesem dünn besiedelten Landstrich auf wenig Widerstand. In der Extremadura lehnte man sich nicht gegen die Herrschaft auf – man zog fort. Mit den Zurückbleibenden hatten die Latifundisten bis vor wenigen Jahren leichtes Spiel.
»Genau diesen Mechanismus müssen wir endlich durchbrechen«, sagt in der alten Römerstadt Merida der Präsident der nach dem Tod Francos dort installierten Regionalregierung, Juan Carlos Rodriguez Ibarra, ein vierzigjähriger Lehrer. Die regierenden Sozialisten der

Extremadura lassen es nicht bei Worten bewenden. In der Ortschaft Zahinos hatten uns Landarbeiter zwei *Fincas* – an die 2500 Hektar Boden – gezeigt, die der Familie der Herzogin von Alba gehörten: »Vierzig Jahre lang haben wir diesen Boden kultiviert und froh sein müssen, wenn wir dafür als Tagelöhner bezahlt worden sind«, berichtete einer von ihnen. Nun habe die Regionalregierung diese beiden *Fincas* im öffentlichen Interesse enteignet und 374 Landarbeitern zugesprochen – ein Rekurs der ehemaligen Besitzer wurde soeben von der zuständigen Behörde abgewiesen.

Fälle wie dieser werden in der Extremadura gegenwärtig mehrere verhandelt. Rund um Alburquerque, nahe der Grenze zu Portugal – die Gegend heißt im Volkmund *raya de la miseria,* Grenze zum Elend –, wo die Zahl der Einwohner in den letzten Jahrzehnten von 16 000 auf 6000 zurückgegangen ist, sollen laut einer Ankündigung der Regionalregierung die Besitzer von 37 000 Hektar Boden enteignet werden, wenn sie nicht binnen zwei Jahren mit einer geregelten Bewirtschaftung des Landes beginnen.

»Die Latifundisten kümmern sich nicht um ihren Besitz«, sagt ein von der PSOE gestellter Dorfbürgermeister. »Da kommt es vor, daß einer das Recht auf die Aussaat hat, ein zweiter auf die Winterfeldfrucht, ein dritter hat das Weiderecht in der Zeit dazwischen und ein vierter Anspruch auf den Ertrag der Bäume – und alle vier interessiert eigentlich nur die Jagd.«

Die müßiggängerischen Nachkommen der alteingesessenen Feudalherren und der reich aus der Neuen Welt zurückgekehrten Eroberer pflegen einander und ihresgleichen aus anderen Teilen Spaniens regelmäßig zur Wildschweinhatz einzuladen. Da rollen dann Dutzende von Luxuskarossen bei den Landsitzen vor, und Hunderte von Treibern schwärmen aus, um den schießwütigen Herrschaften etwas vor die Büchsen zu schaffen. Nicht zuletzt ausländische Waidmänner wiederum zahlen stolze Summen, um in der Extremadura einen Hirsch schießen zu dürfen. Die Jagd ist ein einträgliches Privileg der Reichen, die dafür traditionell minimale Abgaben entrichten. Auch da will die Regionalregierung nun zuschlagen und hat angekündigt, die Steuereinnahmen aus diesem Titel um mehr als das zehnfache auf 2000 Millionen Peseten pro Jahr hinaufzutreiben.

Diese Einnahmen sollen in die Erschließung des Landes investiert werden. Überall in der Extremadura wird zur Zeit an der Errichtung neuer Straßen gearbeitet. In diesem Landstrich, wo man über Dutzende von Kilometern fahren kann, ohne auf eine Ansiedlung zu treffen, wo weithin nur saure Wiesen und Steine zu sehen sind – davon hat man so viele, daß sogar ein nicht kleiner Teil der Weidezäune aus aufgeschichteten Feldsteinen besteht –, kann kaum von einer Landschaftszerstörung durch neue Verkehrswege gesprochen werden.

Abgesehen davon kann man sich den Luxus solcher Überlegungen in der Extremadura kaum leisten. »Es hilft alles nichts«, sagt der Präsident der Regionalregierung, »wenn wir etwas aufbauen und den Menschen Möglichkeiten bieten wollen, die sie davon abhalten fortzugehen, müssen zuerst einmal die Verkehrsverbindungen funktionieren. Sonst kommt keiner her und baut einen Betrieb auf.«

Freilich, der ehemalige Lehrer weiß, daß das alles nur funktionieren kann, wenn auch in den Köpfen der *Extremeños* einiges bewegt wird: »Hier hat man viel zu lange in der Vergangenheit gelebt und nicht in die Zukunft geblickt. Daher müssen wir jetzt alle unsere großen und kleinen *Konquistadores* vom hohen Roß herunterholen – dafür soll uns das Kolumbus-Jahr ein passender Anlaß sein!«

»Wir brauchen auch Geld«

Indizien über die Empfindungen der Spanier im Umgang mit fremden Besuchern

Von außen hatte der Laden recht ordentlich ausgesehen: ein *bürgerliches Restaurant*, würde man in Deutschland sagen, mit Namen *Manolo* und in Triana, also auf der volkstümlichen Seite von Sevilla gelegen. Auch drinnen erweckte die gastliche Stätte vorerst einen vielversprechenden Eindruck. Der verflog erst, nachdem sich einer der massigen Kellner an unseren Tisch bequemt, ohne unseren Gruß zu erwidern, Gläser und Speisekarte hingeknallt sowie mürrischen Blickes die Bestellung entgegengenommen hatte.

Was er schließlich nach langer Wartezeit auftrug, war wenig und schlecht – doch dafür ordentlich teuer. Als wir den guten Mann zuletzt darauf aufmerksam machen mußten, daß einige Dinge auf der Rechnung standen, wie wir teils bestellt, doch nicht bekommen, teils gar nicht geordert und erst recht nicht erhalten hatten, war es um des Kellners Contenance endgültig geschehen. Er tat sich keinen Zwang mehr an zu verbergen, daß er uns am liebsten handgreiflich von dannen gejagt hätte.

Dies alles, erklärten uns später befreundete Einheimische, sei in und um Sevilla zwar noch keineswegs die Regel – doch leider auch nicht mehr untypisch: »Manchen Leuten wird der Wirbel schon zuviel. Vielen ist ihre Ruhe schon wichtiger als der mögliche Verdienst. Daher breitet sich langsam ein Horror vor 92 aus.«

Diese Zahl steht für das Jahr 1992, in welchem die EXPO, die nächste Weltausstellung, in Sevilla stattfindet. Auf der Guadalquivir-Insel Cartuja, wo es dem Vernehmen nach vor wenigen Jahren ein einziges Lebewesen gab, nämlich einen laut der Legende von Kolumbus' Sohn gepflanzten Ceiba-Baum, werkeln an die 3000 Arbeiter nahezu rund um die Uhr, um die Pavillons der 105 Ausstellernationen – ein neuer Rekord – rechtzeitig fertigzustellen. Und das ist nur die größte von Dutzenden Großbaustellen, die gegenwärtig das Bild und das Leben in der und um die andalusische Metropole prägen, damit die Stadt dem touristischen Mega-Ereignis – nichts anderes ist die EXPO – gewachsen sein wird.

Alles expandiert – voran der Tourismus. Die einschlägige Zuwachsrate betrug 1989 in Spanien insgesamt 0,3 Prozent, in Sevilla hingegen 10 Prozent. Im Jahresdurchschnitt kommen schon jetzt pro Tag zwischen 30 000 und 40 000 Fremde in die Stadt – 1992 wird täglich eine Viertelmillion erwartet. Das bedeutet nicht nur, daß der Verkehr in den engen Innenstadtgassen ständig kollabiert, an den Sehenswürdigkeiten wie Kathedrale und *Alcazar* vor lauter Besichtigern nichts mehr zu sehen ist, die Hotels ständig ausgebucht sind und die Besucher hemmungslos zur Kasse gebeten werden. Auch für den Großteil der Einheimischen bringt die Invasion der Reisenden bei weitem mehr Nach- als Vorteile. Allein der durchschnittliche Mietpreis stieg in den letzten Jahren um 430 Prozent.

Wir haben sorgfältige Recherchen über die Entwicklung des Preis-Lohn-Niveaus, die Verschiebungen auf dem Arbeitsmarkt und die Entwicklung der Kriminalität anzustellen versucht – waren dabei aber in einen immer unentwirrbareren Strudel von Widersprüchen geraten. »Vergessen Sie all diese Zahlen, die Sie von offiziellen Stellen bekommen. Die verfügen selbst nur über ungenaue Schätzungen, und die werden je nach Interessenslage manipuliert«, eröffnete uns schließlich ein an der örtlichen Universität lehrender Ökonom: »Die Wahrheit ist leider einfach – die Preise steigen um vieles schneller als die Löhne. An der zumindest ein Viertel aller Erwachsenen betreffenden Arbeitslosenrate in Andalusien ändert der ganze künstlich hochgepushte Tourismus nichts, und was die EXPO betrifft, so verdient an diesem Zirkus nur, wer ohnedies schon reich oder wenigstens wohlhabend ist – also zum Beispiel ein Chalet besitzt, das er dann für eine Millionen Peseten (etwa 16 000 Mark) im Monat vermieten kann. Also eine verschwindende Minderheit. Wir anderen sind die Verdammten und müssen die Folgen tragen.«

Was freilich zahlreiche Einheimische nicht davon abhält zu versuchen, doch ihren Anteil am EXPO-Kuchen zu ergattern – dabei werden bevorzugt Ausländer aufs Korn genommen. Dieser Bogen spannt sich von schlitzohrigen Tankwarten, die den durchreisenden *Gringos* ebenso wirkungslose wie sündhaft teure Mittelchen zur Selbstreinigung des Motorenöls und dergleichen mehr aufschwatzen wollen, bis hin zu in finanzielle Verlegenheiten geratenen Landadeligen, die sich nun durch den Verkauf eines Teiles ihrer Liegenschaften zu sanieren hoffen. Auch sie haben bevorzugt Ausländer im Visier, die bar und ohne lange zu feilschen bezahlen. Bis 1995, hat man bei der andalusischen Zentralbank errechnet, wird eine Million Ausländer an der *Costa del Sol* ihren Wohnsitz genommen haben, und der Grundstücksboom hat inzwischen auch schon das Hinterland erfaßt.

»Es ist nicht gerade so, daß wir darauf versessen wären, Ausländer als Nachbarn zu haben, aber sie werden akzeptiert, weil sie Geld haben und zumeist ohnedies hier nur ihre Ruhe wollen«, bringt in Arcos de la Frontera ein nebenher als Immobilienvermittler tätiger Pferdezüchter seine private Sicht der Dinge auf eine pragmatische Formel. Seine Hausangestellte ist erst nach langem Zögern und nur unter vier Augen bereit, ihre Meinung zum gegenständlichen Thema zu äußern: »Es heißt, die Ausländer zahlen besser und behandeln unsereinen anständiger.«

Eine so hohe Meinung von Fremden scheint in Sevilla wenig zu zählen – dort gelten sie wohl in erster Linie als Freiwild für das Heer der Diebe. Der Wagen des uns begleitenden Fotografen wurde innerhalb von drei Tagen gleich zweimal aufgebrochen und bis hin zu bundesdeutschen Stadtplänen ausgeräumt.

Die Zählkarte, die der Kollege bei der Anzeigeerstattung im zuständigen Polizeirevier zu ziehen hatte, belehrte ihn dahingehend, daß allein bei diesem einen Beamten innerhalb der verstrichenen zwei Tage 368 Geschädigte vorstellig geworden waren. Dementsprechend frustriert reagierte der Polizist, der nur noch dazu da ist, die Diebstahlsbilanz auf den aktuellen Stand zu bringen: »Warum kommen Sie auch mit Ihrem Auto hierher? Warum kommen Sie überhaupt hierher?«

Antonio Carrión, ein Sevillaner Mittelschullehrer, den wir in einer der unzähligen Bars der Stadt kennenlernen, hat über diese Dinge gründlich nachgedacht. »Sie müssen berücksichtigen, daß Andalusien – und somit im Grunde auch Sevilla – eine bis vor wenigen Jahren noch sehr rückständige Gegend war. Dann kamen plötzlich die vielen Fremden, führten ihren für hiesige Begriffe provozierenden Reichtum vor und setzten neue Konsummaßstäbe, denen die Jungen bei uns nacheifern. Ich weiß das von meinen Schülern. Plötzlich verlieren viele die Orientierung, moralische Maßstäbe gelten nicht mehr – es kommt zu Kriminalität, Prostitution, Drogengeschichten und dergleichen. Viele Jungen sehen die Touristen als Leute, die man abzocken muß, und für viele Alte sind die Touristen schuld am moralischen Niedergang. Vermutlich gäbe es alle diese Entwicklungen auch ohne Tourismus – aber der Tourismus bietet eine einfache Erklärung für alles Negative, und daher reagieren die Leute absolut schizophren darauf: Einerseits hoffen sie, durch die Fremden zu Geld zu kommen, andererseetis wollen sie eigentlich unter sich bleiben.«

Gewiß gilt das nicht für alle Spanier in allen Teilen des Landes, in dem im übrigen ausreichend interne Zentrifugalkräfte wirksam sind – wie in Katalonien, dem Hinterland Barcelonas, der Olympiastadt 1992, wo seit jeher die Vertreter der kastilianischen Zentralmacht Madrid als die schlimmsten Fremden angesehen werden.

Ein typisches katalonisches Dorf mag einmal Villatoli gewesen sein – ein Weiler eigentlich, aus allenfalls zwei Dutzend Häusern bestehend, zwischen Figueres und der französischen Grenze am Rande der Pyrenäen-Ausläufer gelegen. Früher waren die Einheimischen hier Köhler, besaßen ein paar Olivenbäume und Weinstöcke. Expansiv war einzig die Armut. Nach und nach wurde ein Haus nach dem anderen von seinen Besitzern aufgegeben und begann, zur Ruine zu verfallen. Die Leute von Villatoli zogen, auf der Suche nach Arbeit, zuerst in das nächstgrößere Dorf San Climente, von dort in die Provinzstadt Figueres und schließlich nach Barcelona mit seinem Industriegürtel.

Möglicherweise existierte Villatoli gar nicht mehr, hätten nicht vor etwa fünfzehn Jahren ein paar Schweizer diese Ansammlung verfallender Steinhäuser entdeckt, zwei der Ruinen für ein Spottgeld gekauft und revitalisiert.

Inzwischen haben sich Grundstücksmakler dieses Weilers angenommen und bieten die noch freien Ruinen zu Preisen von etwa 30 000

Mark an aufwärts zum Verkauf an. Der Wiederaufbau kostet ein Mehrfaches dieses Betrages. Die bewohnbaren Häuser von Villatoli gehören jetzt mehrheitlich Deutschen und Schweizern – ganze vier einheimische Familien leben noch hier: drei Bauern, die ein wenig Ackerbau und Schafzucht betreiben, und Pipon, ein aus Barcelona hierher gezogener einundsechzigjähriger Bildhauer und Schmuckdesigner – und das Bindeglied zwischen den alten und den neuen Bewohnern der Siedlung.

Die örtlichen Bauern sprechen fast nur eine Dialektform des Katalanischen und können sich daher mit den allenfalls die kastilische Form des Spanischen beherrschenden Ausländern ohnedies kaum unterhalten. »Doch die haben nichts gegen die Fremden, denn die haben ein wenig Geld hierher gebracht und sind ja auch zumeist Leute, die da selbst nur Ruhe wollen«, berichtet Pipon über das Zusammenleben der Alt- und Neubürger von Villatoli, wohin sich gewöhnlich kein Tourist der konventionellen Sorte verirrt.

Solche sieht man – gleichfalls höchst selten – in San Climente, wo in jedem der sechs Wirtshäuser an einer zentralen Stelle ein Fernsehapparat angebracht ist, der nahezu ununterbrochen mit maximaler Lautstärke läuft. Das Landvolk, das sich früher vermutlich an diesen Orten traf, um sich zu unterhalten, glotzt beharrlich schweigend auf den Flimmerkasten. Egal, ob da ein Fußball- oder Baskettballspiel, ein Stierkampf oder ein Quiz gezeigt wird.

In der einzigen Gaststätte, in der der Fernseher ein wenig leiser läuft, sitzen ein paar Deutsche und grölen *Bumswallera* und *E viva España.* Die halbwüchsigen Söhne des Wirts können schon *Deutsch gut* sagen und bemühen sich, das Gebaren der Fremden mitzuvollziehen, die für sie wohl Boten aus einer aufregenden Welt sind, in der man reich werden kann.

Pipon, der nicht zuletzt davon lebt, Modeschmuck für die Urlauber an der eine knappe Autostunde entfernten *Costa Brava* zu schmieden, sieht die Dinge realistischer, seit ihm sein Schweizer Nachbar in Villatoli erzählt hat, daß diese Ausländer oft ein Jahr lang unter ihnen verhaßten Bedingungen malochen und sparen, um dann zwei Wochen lang in Spanien den *King* markieren zu können. »Wenn Ausländer hierher ziehen und sich anpassen, dann habe ich nichts gegen sie«, sagt

er. »Wenn sie aber glauben, es muß hier alles so sein wie bei ihnen, will ich sie hier nicht haben.«
Dabei ist er wohl unter allen Bewohnern der Gegend der kritischste Beobachter der Tourismuswelle, deren Ausläufer bis hierher schwappen. Der Großteil der Dörfler begegnet den Fremden mit scheinbar ehrfürchtiger Scheu oder ungekünstelter Freundlichkeit, sobald ein Ausländer sich bemüht, zumindest in ihrer Zweitsprache Kastilianisch mit ihnen Kontakt aufzunehmen. Zumindest im Hinterland der *Costa Brava* scheint sich das vorhandene Potential an Fremdenfeindlichkeit in erster Linie gegen die Leute aus Barcelona zu richten, die einen alten Bauernhof nach dem anderen aufkaufen, um diese Anwesen zu Wochenendrefugien umzubauen.
»Für die Barcelonesen sind wir die Provinzler, die sie wie den letzten Dreck behandeln«, sagt uns am Ende eines langen Gespräches über Gott und die Welt eine alte Bauersfrau: »Die Ausländer hingegen, die lassen mehr Geld da und benehmen sich besser.«
Das gilt nicht für alle, weiß Leonor, die fünf Jahre lang in Hamburg studiert hat und nun in Platja de Pals an der *Costa Brava* in einem Immobilienbüro tätig ist, das jährlich 100 bis 150 Häuser und Appartements teils an Ausländer, teils an Barcelonesen vermittelt, die sie eher abfällig *Spanier* nennt.
Leonor kennt die Ausländer und ihre Macken recht gut. Sie weiß, daß diese Leute hier fast nur mit ihren eigenen Landsleuten verkehren und sich daher jeweils an bestimmten Orten konzentrieren: die Franzosen in La Escala, die Engländer in Estartit und Lloret, die Deutschen in Rosas und Calella, die Schweizer in La Escala und Estartit... Sie weiß, daß die Deutschen hier Häuser suchen, zu denen ein Turm gehört, die Engländer solche, die in der Nähe eines Golfplatzes stehen, und daß die Holländer auf eine Garage unter der Behausung nicht verzichten wollen.
Die schlimmsten Kunden, sagt sie, seien die Deutschen – die führten sich auf wie Herrenmenschen und verlangten, daß man rund um die Uhr für sie da sei. Da seien die Engländer vergleichsweise »gut erzogen«, und auch die Schweizer kennt sie als »ruhig und sauber.«
Soviel steht für Leonor allerdings fest: Ausländerfeindlichkeit als Folge des Tourismus gäbe es keine. Im Gegenteil – erst mit den Urlaubern, so

ab 1960, sei diese Gegend für die Einheimischen lebenswert geworden. Das weiß sie aus ihrer eigenen Familie. Ihr Großvater war ein Fischer, der gerade ein altes Boot besaß und die Langusten, die er fing, häufig mangels Kundschaft wegwerfen mußte.

»Die Leute hier haben zwar etwas Land besessen, aber das hat außer ein wenig Reis nichts hergegeben, daher waren alle arm.« Als die ersten auswärtigen Interessenten an diesem Grund und Boden auftraten, verkauften die Einheimischen, ohne zu zögern, für ein paar Wochenlöhne ihren Besitz und zogen nach Barcelona, um dort Arbeit zu finden.

Für viele von ihnen war dieses kleine Startkapital tatsächlich der Schlüssel zu einem besseren Leben. Fleißig und sparsam, wie die meisten Katalanen sind, stellten sie sich rasch auf die neuen Gegebenheiten ein, investierten ihren Verdienst in Grundstückskäufe an der Küste und veräußerten diesen Boden dann wieder für wesentlich mehr Geld an Fremde.

Leonors Großvater ist an die Küste zurückgekehrt, besitzt nun zehn Fischerboote und ein Hotel – und er sei da keineswegs eine Ausnahmeerscheinung, sagt sie: »Mit dem Tourismus sind Geschäft und Reichtum gekommen, daher hat man hier nichts gegen die Touristen. Fast jeder Einheimische verdient auf die eine oder andere Weise recht gut an ihnen. Aber das hat die Mentalität der Menschen verändert. Es gibt jetzt Dinge, die es früher nicht gegeben hat – Neid, zum Beispiel.«

Wie alle Leute aus dieser Gegend ist Leonor eine eingefleischte Katalanin. Und dieser Umstand läßt sie dann doch zweifeln, ob der Tourismus tatsächlich ein Segen sei: »Neun von zehn Peseten, die hier verdient werden, landen in Madrid. Dieses Geld kommt fast alles aus dem Tourismus – gäbe es den lukrativen Tourismus nicht, würde sich Madrid nicht so sehr dagegen wehren, daß wir unabhängig werden. Als unabhängiger Staat könnten wir unsere Landwirtschaft entwickeln und wären reich wie die Schweiz.«

Doch keineswegs nur deshalb ist selbst an der *Costa Brava* nicht alles eitel Wonne in Sachen Fremdeninvasion. In Rosas, wo die 7000 Eingeborenen während der Hauptsaison mit bis zu 100 000 Touristen, die klobige Hotelkästen und häßliche Appartementburgen beziehen, fertig werden müssen, hat sich bereits eine Initiative *La defensa de las playas,* zur Verteidigung der Strände, gebildet, die monatlich eine Zeitung

herausgibt, um die allerneuesten Baupläne und Bausünden bekanntzumachen.
Doch selbst diese milde Protestform ist in Spanien noch eher eine Ausnahmeerscheinung, wo jährlich an die 50 Millionen Ausländer für Deviseneinnahmen von etwa 15 Milliarden Dollar sorgen und nur die Industrie noch mehr zum Bruttosozialprodukt beiträgt. Hier ist die dominierende Gemütslage die Hoffnung, daß die wenigstens 100 000 Hotels und Pensionen voll werden. Nennenswerte Kritik an der touristischen Monokultur mit ihren vielfältigen negativen Folgen äußern allenfalls Presseerzeugnisse im fernen Madrid. An der mediterranen Tourismusfront selbst sorgen die am Geschäft interessierten Kreise zuverlässig dafür, daß kritische Stimmen nicht an die Öffentlichkeit gelangen. Und sie müssen sich dabei nicht einmal sonderlich anstrengen. Das gilt selbst da, wo der Wahnsinn nicht mehr zu übersehen ist.
In Benidorm beispielsweise – einer der schrecklichsten Erscheinungen an Spaniens Mittelmeerküste. Eine ganze Bucht ist da vollgestopft mit Stahlbetonungetümen, daß man meinen könnte, die Skyline von Frankfurt als Fata Morgana zu sehen. Warum jemand von weither freiwillig in diese Retortenstadt kommt und dafür noch viel Geld zahlt, zählt zu den Mysterien, denen mit Logik nicht beizukommen ist.
Einheimische kommen in Benidorm faktisch nur als Tourismusbedienstete und -unternehmer vor. Die werden sich naturgemäß hüten, etwas gegen ihre – inzwischen ein wenig erschöpfte – Goldgrube zu sagen. Sind sie in gewisser Weise selbst lauter Zugewanderte, denn bevor der Tourismusrausch einsetzte, war an dieser Küste buchstäblich nichts und niemand.
So erzählen das jedenfalls die nächsterreichbaren Eingeborenen, Kleinstbauern, die wir in den Hügeln weit oberhalb von Benidorm aufstöbern. Was diesen Leuten da unten am Strand vor die Nase gebaut wurde, scheint sie nicht zu stören – oder jedenfalls nur auf indirekte Weise: »Warum baut man alle Hotels dort unten, wo schon so viele sind?« fragt eine ältere Frau: »Jetzt sollten endlich bei uns hier oben welche gebaut werden. Wir brauchen auch Geld!«